Bring your own Device

Andreas Kohne · Sonja Ringleb ·
Cengizhan Yücel

Bring your own Device

Einsatz von privaten Endgeräten im
beruflichen Umfeld – Chancen, Risiken und
Möglichkeiten

Andreas Kohne
Sonja Ringleb
Cengizhan Yücel
Materna GmbH
Dortmund, Deutschland

ISBN 978-3-658-03716-1   ISBN 978-3-658-03717-8 (eBook)
DOI 10.1007/978-3-658-03717-8

Die Deutsche Nationalbibliothek verzeichnet diese Publikation in der Deutschen Nationalbibliografie;
detaillierte bibliografische Daten sind im Internet über http://dnb.d-nb.de abrufbar.

Springer Vieweg

Springer Fachmedien Wiesbaden GmbH ist Teil der Fachverlagsgruppe Springer Science+Business Media
(www.springer.com)

Die Umwälzungen auf dem Markt der mobilen Endgeräte, die wir seit 2007 beobachten, stellen Unternehmen seitdem vor große Herausforderungen. Konsumenten, speziell die der jüngeren Generationen, sind die eigentlichen Treiber mobiler Innovationen, Unternehmen hingegen agieren verhalten, da hier häufig andere Anforderungen im Fokus stehen.

Private Nutzer gehen häufig viel unkomplizierter, aber auch risikofreudiger mit Daten im Netz um. Öffentliche Verwaltungen und Unternehmen müssen auf Grund von *Compliance-Bedingungen* und gesetzlichen Vorschriften andere Maßstäbe setzen. Dabei stellt sich immer wieder die Frage, ob und wie sich dieser Widerspruch zwischen privater und geschäftlicher Nutzung der mobilen Technologien auflösen lässt.

In einer zunehmend digitalisierten Welt kann man bei der Kommunikation der Beteiligten nur schwer zwischen Beruflichem und Privatem trennen. Durch die immerwährende Erreichbarkeit verschwimmen auch diese Grenzen. Zur Lösung des Problems gibt es keinen Königsweg, sondern jedes Unternehmen muss für sich entscheiden, welche Auswirkungen der Einsatz dieser Technologien auf das ureigene Geschäftsmodell im positiven wie negativen Sinn hat.

Die Gesellschaft als Ganzes, aber auch speziell die jungen Menschen, sollten lernen, ein Verständnis für das Thema Datenschutz bzw. Datensouveränität zu entwickeln – das ist ein Bildungsauftrag. Unternehmen müssen darüber hinaus im Rahmen ihres Risikomanagements bewerten, inwieweit private Kommunikations- und IT-Endgerate in den Unternehmensalltag Einzug halten. Die damit verbundenen Fragestellungen, die häufig unter dem Schlagwort *„Bring Your Own Device"* nur oberflächlich angeschnitten werden, bedürfen einer tiefgehenden Analyse und danach Bewertung durch alle betroffenen Verantwortlichen bis hin zur Geschäftsführung eines Unternehmens.

Hier möchte das vorliegende Buch einen Leitfaden an die Hand geben, der alle Aspekte des Betriebs privater Endgeräte im Unternehmensumfeld betrachtet. Es gibt dem Leser vielfältige Hinweise zu technischen, rechtlichen und wirtschaftlichen Aspekten bei der Entscheidungsfindung für seine eigene *BYOD-Strategie*.

Dortmund, April 2015

Dr. Winfried Materna
Gesellschafter und Beirat
Materna GmbH

Vorwort

Seit der Einführung des *Apple iPhones* im Jahre 2007 hat sich der Markt der Mobiltelefone rapide verändert. Immer mehr Hersteller drängen auf den Markt und versuchen mit neuer *Hardware* und anderen mobilen Betriebssystemen Kundensegmente für sich zu gewinnen. Mit der Einführung des *iPad* im Jahr 2010 ist es *Apple* sogar gelungen einen komplett neuen Markt für *Tablet-Geräte* zu schaffen. Auch hier diversifizierte sich der Markt sehr schnell. Im Jahr 2013 haben es die mobilen Endgeräte zum ersten Mal geschafft, höhere Verkaufszahlen aufzuweisen als herkömmliche *PCs* (vgl. [37]).

Die dadurch eingeleiteten Veränderungen sind aber nicht nur technischer Natur. Der Umgang von Anwendern mit mobilen System hat sich grundlegend verändert. Heutzutage ist der Einsatz von *Smartphones* und *Tablets* etwas vollkommen Normales; im persönlichen, aber auch im geschäftlichen Leben. In diesem Zusammenhang von einem Trend zu sprechen, ist sicherlich falsch. Es handelt sich vielmehr um eine grundsätzliche Veränderung, wie mit Daten und Anwendungen gearbeitet wird. IT-Abteilungen, die dies unterschätzen, oder nicht weiter beachten, sehen sich zunehmend in die Ecke gedrängt, da mobile Endgeräte in Unternehmen eingesetzt werden; egal ob die IT-Abteilung dies will oder nicht.

Ein möglicher Ansatz, um den Einsatz von mobilen Endgeräten im geschäftlichen Umfeld zu reglementieren, ist der *BYOD-Ansatz* (*Bring Your Own Device*). Hierbei ist es den Mitarbeitern erlaubt, eigene Geräte für private und geschäftliche Zwecke einzusetzen. In diesem Zusammenhang ergeben sich viele technische, rechtliche und finanzielle Fragestellungen sowie neue Sicherheitsrisiken, mit denen sich die entsprechenden Verantwortlichen im Vorfeld einer *BYOD-Einführung* auseinander setzen müssen.

Deswegen haben wir in diesem Buch allen Geschäftsführern, IT-Entscheidern und -Administratoren, allen anderen Verantwortlichen und Technikinteressierten einen fundierten Überblick über das Thema *BYOD* zusammengestellt. Wir möchten unser Buch dabei als Informationsquelle und Entscheidungshilfe verstehen sehen. Sie können das Buch entweder von vorne bis hinten durchlesen, um sich mit allen Aspekten des Themas vertraut zu machen; Sie können aber auch nur diejenigen Kapitel lesen, die für Ihren Verantwortlichkeitsbereich wichtig sind.

Den Abschnitt der rechtlichen Aspekte haben wir nach bestem Wissen und Gewissen und nach ausgiebigen Recherchen erstellt. Wir können hier aber keine Haftung übernehmen und können nicht als juristische Beratung verstanden werden. Wir bitten Sie die relevanten Punkte jeweils in Ihrem Einzelfall juristisch prüfen und bewerten zu lassen. Die Gesetzgebung ändert sich und ist vor allem bei länderübergreifenden Firmen komplex.

Dieses Buch erhebt weiterhin keinen Anspruch auf technische Vollständigkeit. Die IT-Technik im Allgemeinen und im Bereich der mobilen Endgeräte im Speziellen verändert sich so schnell, dass ein solches Buch nur einen Schnappschuss des jetzigen Ist-Zustandes wiedergeben kann. Die in diesem Buch vorgestellten Fragestellungen, Abläufe und Prozesse sind aber allgemeingültig und können auch auf zukünftige Entwicklungen angewandt werden.

Zum Schluss möchten wir noch darauf hinweisen, dass wir aus Gründen der Lesbarkeit im Folgenden bei Wortendungen stets den männlichen Fall berücksichtigen.

Wir wünschen Ihnen jetzt viel Spaß bei der Lektüre und hoffen, Ihnen ein guter Ratgeber auf dem Weg zu Ihrer eigenen *BYOD-Strategie* zu sein.

Dortmund, April 2015   Andreas Kohne
                                                       Sonja Ringleb
                                                       Cengizhan Yücel

Willkommen in der IT-Fabrik

Ihr Weg zu mehr Agilität, Effizienz und Erfolg

Materna bietet Beratung und Technologie für die Transformation Ihrer IT in eine IT-Fabrik. Hierfür übertragen wir Konzepte und Methoden aus der industriellen Fertigung auf die IT.

Erfahren Sie anhand unserer Best Practices mehr über die effiziente Automatisierung und Standardisierung Ihrer IT-Organisation.

Mehr unter **www.materna.de/it-factory.**

Inhaltsverzeichnis

Die IT-Welt und die Arbeitswelt verändern sich zur Zeit massiv. Die Grenzen zwischen Arbeitsplatz und Heim, zwischen Arbeitszeit und Freizeit verschwimmen immer mehr. Arbeit wird heute weniger als ein Ort verstanden, an dem gearbeitet wird, sondern mehr als eine Aktivität, die dort durchgeführt werden kann, wo es die Möglichkeit dazu gibt. Früher hat die Technik vorgegeben, wie ein Arbeitsplatz auszusehen hat. Begonnen bei den ersten Schreibtischen mit Terminals, die mit einem Großrechner verbunden waren, bis hin zu den *PCs* und *Laptops*. Heute geben die Anwender mit ihren Anforderungen an eine flexible Arbeitsumgebung den Ton an. Dies stellt eine große Veränderung im Selbstverständnis der Angestellten dar und stellt die klassische IT-Abteilung vor große Probleme. Der Trend geht dahin, dass jeder Mitarbeiter seinen eigenen, individuellen Arbeitsplatz aus verschiedensten Geräten und Anwendungen zusammenstellt. *Ade McCormack* spricht in diesem Zusammenhang von der *DIY (Do It Yourself)* IT (vgl. [59]).

Der Trend dahinter heißt *Consumerization*. Der aus dem Amerikanischen stammende Begriff drückt aus, dass die Technologien aus dem *Consumer-Bereich*, also dem Endanwenderbereich, immer größeren Einfluss auf den *Business-Bereich* haben. Früher hat der *Business-Bereich* den privaten Bereich beeinflusst, indem zum Beispiel Taschenrechner in jeden Haushalt Einzug hielten und *PCs* nach und nach ihren Weg vom Büro auf den heimischen Schreibtisch gefunden haben. Heutzutage ist es genau andersherum. *Smartphones* und *Tablets* sind aus dem Alltag nicht mehr wegzudenken. Dies hat enorme Auswirkungen auf die Art und Weise, wie Anwender heutzutage *Services* von der Firmen-IT erwarten. Aus dem privaten Umfeld sind sie es gewohnt permanent über das Internet mit ihren Familien, Freunden und Bekannten verbunden zu sein. Sie sind immer erreichbar, legen Daten, Fotos und Musik bei *Cloud-Dienstleistern* ab und verbinden sich über soziale Netzwerke mit anderen Menschen auf der ganzen Welt. Diese *Always-On-Mentalität* und die daraus resultierenden Anforderungen werden von vielen Arbeitgebern und vielen IT-Abteilungen nicht beachtet oder heruntergespielt. Dies ist aber nicht länger möglich, da die Mitarbeiter bereits angefangen haben, ihre privaten Geräte mit zur Arbeit zu bringen. Dort erwarten sie natürlich, dass sie genauso leicht wie im privaten Bereich auf Firmendaten, *E-Mails*

© Springer Fachmedien Wiesbaden 2015

A. Kohne, S. Ringleb, C. Yücel, *Bring your own Device*, DOI 10.1007/978-3-658-03717-8_1

und Kalender zugreifen können. Dabei werden sie oft enttäuscht, da die IT-Abteilung eine berufliche Nutzung von privaten Geräten in vielen Fällen nicht zulässt. Der Anteil solcher Firmen ist im weltweiten Vergleich in Deutschland immer noch überdurchschnittlich hoch. Laut einer Studie von *Fortinet* ignorieren aber 30 % aller deutschen Angestellten unter 30 Jahren diese Verbote einfach. 55 % der Befragten unter 30 sehen es sogar als ihr Recht an, ihre privaten Geräte geschäftlich einsetzen zu können (vgl. [20]).

Wo ein Wille ist, da ist auch ein Weg. So denken viele, vor allem junge Angestellte heute. Daraus ergeben sich für die IT-Abteilungen große Probleme, denn es entwickelt sich eine *Schatten-IT*. Eine IT, neben der geregelten und abgesicherten, die große Löcher in das Sicherheitskonzept der Administratoren reißt: Mobile Endgeräte werden einfach mit dem *Firmen-WLAN* verbunden, oder es werden private *WLAN-Router* mitgebracht und Zugänge mit Kollegen geteilt, Firmendaten werden in überall verfügbaren *Cloud-Speichern* abgelegt und geheime Daten werden über private *E-Mail-Accounts* verschickt. Dies sind nur einige Beispiele, wie bewusst oder unbewusst die bisher ausreichenden Sicherheitsmechanismen der IT umgangen werden.

Die Augen vor diesen Problemen zu verschließen und zu hoffen, dass dieses Übel schon vorüberziehen wird, ist keine Alternative. Vielmehr müssen sich Firmen jetzt aktiv Gedanken darüber machen, wie sie mit den veränderten Tatsachen zukünftig umgehen wollen. Firmen müssen jetzt eine Antwort auf die offenen Fragen im Bezug auf den Einsatz von mobilen Geräten, wie *Smartphones* und *Tablets*, haben.

BYOD oder *Bring Your Own Device* kann eine Antwort auf diese Fragen sein. Mit *BYOD* wird ein Konzept beschrieben, bei dem Angestellte ihre privaten Endgeräte im geschäftlichen Umfeld einsetzen dürfen. Sie erhalten dabei (limitierten) Zugriff auf Firmenressourcen wie zum Beispiel *E-Mail-Dienste*, Kalender, aber auch Daten und Netzwerke. Üblicherweise bezieht sich *BYOD* vor allem auf die mobilen Endgeräte wie *Smartphones* und *Tablets*. Im weiteren Sinne greifen die dahinterliegenden Konzepte aber auch bei anderen IT-Geräten wie *PCs* oder *Laptops*.

In Amerika ist *BYOD* weitverbreitet. In einer Studie aus dem Jahr 2012 zeigt *Cisco* auf, dass in den USA 95 % aller Unternehmen ihren Mitarbeiten (in der einen oder anderen Art und Weise) den Einsatz privater Endgeräte im beruflichen Umfeld erlauben (vgl. [14]). Den Ursprung hat *BYOD* aber in den asiatischen Ländern. In hochtechnisierten Ländern wie Südkorea, Singapur oder Taiwan gehört *BYOD* schon seit Jahren zum Alltag. Auch Deutschland kann sich nicht länger vor diesen Veränderungen verschließen. Laut der *Cisco*-Studie wurden im Jahr 2014 pro US-Mitarbeiter, welcher sich mit der Verarbeitung von Wissen auseinander setzt, im Durchschnitt 3,3 mobile Endgeräte eingesetzt.

Einer der großen Trends der IT, neben der Virtualisierung, der Automatisierung und dem *Cloud Computing*, ist die Standardisierung. Es werden Hardware, *Software* und *Services* standardisiert. Dies reicht von den eingesetzten *PCs*, *Notebooks* und *Servern*, über die Betriebssysteme und Anwendungen bis hin zu den IT-Diensten wie zum Beispiel *Mail*, *Storage* und Netzwerk. Die Standardisierung ist der nächste Schritt auf dem Weg zur IT-Fabrik. Sie bietet viele Vorteile und hilft der IT schneller und agiler zu werden. *BYOD* läuft diesem Trend auf den ersten Blick entgegen, da jeder Mitarbeiter ein beliebiges Gerät mit einem Betriebssystem seiner Wahl mitbringen kann und beliebige Anwendungen installieren kann. Darum ist *BYOD* für viele IT-Leiter ein großes *No-go*.

Richtig betrachtet ergeben sich aber viele Chancen, die es zu nutzen gilt. Durch den gezielten Einsatz von mobilen Endgeräten lässt sich eine Flexibilisierung der Arbeitszeit erreichen und dadurch eine bessere *Work-Life-Balance*. Weiterhin kann *BYOD* die Motivation der Mitarbeiter steigern und sie länger an das Unternehmen binden. Dies kann in den Zeiten von Fachkräftemangel und *War for Talents* ein echtes Differenzierungsmerkmal sein. Junge Menschen (*Generation Y* genannt), die jetzt auf den Arbeitsmarkt drängen, erwarten heutzutage, dass sie ihre mobilen Endgeräte permanent einsetzen können. Eine strikte Missachtung dieser Anforderungen kann Firmen sehr schnell unattraktiv werden lassen. Oft wird aus Unternehmenssicht auch eine Kostenersparnis durch die Einführung von *BYOD* als Motivation gesehen. Diese Erwartung wird meist nicht erfüllt. Die Kosten, welche durch die private Anschaffung der Endgeräte eingespart werden, werden meist durch die zusätzlichen Kosten für das Management und die zusätzlichen Sicherheitsvorkehrungen aufgefressen. *BYOD* kann sogar höhere Kosten erzeugen. Diese müssen dann mit dem Gewinn an Mitarbeiterzufriedenheit und der Steigerung der Produktivität gegengerechnet werden. Ein finanzieller Vorteil kann es sein, dass es bei dem Einsatz von privaten Endgeräten zu einem Verständniswechsel von "ein Gerät" zu "mein Gerät" kommt und es dadurch weniger oft zu Problemen oder Defekten durch unachtsamen Gebrauch kommt.

Natürlich gibt es auch Risiken. Schnell werden private und geschäftliche Daten vermischt, Geräte werden geklaut oder gehen verloren. Dies kann zu einem Datenverlust oder -diebstahl führen. Weiterhin ist es möglich, dass Zugangsdaten für Firmendienste oder soziale Netzwerke gestohlen werden. Ein Angreifer kann mit den geklauten *Log-In-Daten* in das Firmennetz einbrechen und weiteren Schaden verursachen, oder Nachrichten im Namen eines Angestellten im Netz veröffentlichen. All dies kann schwere finanzielle Schäden aber auch *Image-Schäden* für das Unternehmen bedeuten. Natürlich ist auch Industriespionage ein wichtiges Thema. Die Firma *Watchguard* geht sogar so weit und sagt: *BYOD = Bring Your Own Danger*. All diese Risiken sind nicht von der Hand zu weisen und müssen frühzeitig erkannt und dann gemanagt werden. Dabei können entsprechende *Software-Lösungen* wie zum Beispiel *Mobile Device Management* (*MDM*) Tools unterstützen.

BYOD ist dabei aber nichts, was sich mit der Integration eines Tools einführen oder abwenden lässt. Vielmehr handelt es sich um ein neues Paradigma, welches den Umgang mit privaten Geräten im geschäftlichen Umfeld regelt. *BYOD* ist eine Strategie, die hochgradig individuell an jede Firma, ihre Strategien und ihre Mitarbeiter angepasst werden muss.

Die Erstellung einer solchen Strategie wird dabei oft unterschätzt. Auch wenn es im Grunde genommen um die Integration von IT-Geräten in einen Firmenkontext geht und es sich somit augenscheinlich um ein IT-Projekt handelt, müssen viele unterschiedliche *Stakeholder* berücksichtigt und eingebunden werden. Dazu gehören die Geschäftsleitung, die IT, die HR-, Finanz- und Rechtsabteilung, genauso wie ein Betriebsrat und nicht zu vergessen die Anwender selbst. Die *BYOD-Strategie* stellt dabei das Herzstück eines solchen Projekts dar. Sie legt die unterschiedlichen Aspekte des Umgangs mit den privaten Geräten fest und gibt sozusagen die Leitplanken, innerhalb derer sich die Anwender bewegen dürfen, vor. Dabei sind menschliche, technische, juristische, finanzielle und sicherheitsbezogene Aspekte zu berücksichtigen. Darum sollte die Strategie mit sehr viel Bedacht und Umsicht entwickelt werden.

Die Umsetzung einer *BYOD-Strategie* sollte im Rahmen eines gut geplanten Projekts geschehen. Dabei werden die neuen Regeln allen Mitarbeitern bekannt gemacht und deren Einhaltung zum einen mit Vertragsergänzungen und zum anderen mit entsprechenden Tools und Techniken sichergestellt.

In den folgenden Kapiteln gehen wir Schritt für Schritt auf alle relevanten Aspekte einer *BYOD-Strategie* ein. Die einzelnen Kapitel bauen dabei nicht aufeinander auf. Sie können sich also nur die Aspekte heraussuchen, die für Sie relevant sind, oder sich einen Überblick über die verschiedenen Einflussfaktoren bilden. Sie können das Buch aber natürlich auch von vorne bis hinten durchlesen. Wir beginnen das Buch, indem wir Ihnen im ersten Kapitel *BYOD* ausführlich vorstellen und Ihnen erklären, wie Sie Ihre *BYOD-Strategie* optimal aufbauen. Danach beleuchten wir ausführlich diese weiteren Aspekte:

- Rechtliche Aspekte
- IT Aspekte
- Finanzielle Aspekte
- Soziale Aspekte
- Unternehmenspolitische Aspekte

Des Weiteren gehen wir ganz explizit auf die einzelnen Schritte der Implementierung einer *BYOD-Strategie* ein und runden das Buch mit der Vorstellung einiger *BYOD-Alternativen* ab. In jedem Kapitel erklären wir Ihnen, welche Aspekte wichtig sind und bei der Entscheidungsfindung für oder gegen eine *BYOD-Strategie* beachtet werden müssen, erklären, welche Aspekte von welchen *Stakeholdern* beeinflusst werden und geben Ihnen am Ende jedes Kapitels eine *Checkliste* an die Hand, mit deren Hilfe Sie prüfen können, ob alle wichtigen Aspekte beachtet wurden. Abschließend stellen wir Ihnen noch einen *BYOD-Entscheidungsbaum* zur Verfügung, der Ihnen bei der Entscheidung für oder gegen ein *BYOD-Projekt* helfen kann. Zusätzlich liefern wir Ihnen im Anhang noch fertige *Checklisten* zum Ausfüllen für diverse *BYOD-Aspekte*.

BYOD kann eine sehr gute Ergänzung zu Ihrer bisherigen Standard-IT sein, sollte aber nicht singulär betrachtet werden. *BYOD* sollte als Bestandteil einer ganzheitlichen *Enterprise Mobility Strategie* gesehen werden. Hierbei geht es um die Ausrichtung der gesamten IT in Richtung Zukunft. Machen Sie sich jetzt schon Gedanken über den Arbeitsplatz der Zukunft. Wie sollen Ihre Mitarbeiter in Zukunft arbeiten? Welche Systeme sind dafür notwendig? Wo können die notwendigen Arbeiten erbracht werden? Wie kommunizieren die Mitarbeiter zukünftig? Welche Chancen und Möglichkeiten ergeben sich dadurch? Welche Risiken entstehen? Wie gehe ich mit der Herausforderung um, immer schneller

IT-Services anbieten zu müssen und trotzdem dabei Kosten zu sparen? All dies erfordert ein Umdenken in der IT. Die Rolle des IT-Leiters muss sich dabei vom *CI'No'* zum *Chief Transformation Manager* ändern.

Indem Sie dieses Buch gekauft haben und es lesen, haben Sie den ersten Schritt in Richtung einer für Sie passenden *BYOD-Strategie* getan. Selbst wenn Sie sich nach dem Lesen dieses Buches gegen ein *BYOD-Projekt* entscheiden, so haben Sie zumindest die passenden Argumente, um Ihre Meinung zu begründen. Vielleicht entscheiden Sie sich ja auch für eine der vorgestellten Alternativen. Wenn Sie sich aber für ein *BYOD-Projekt* entscheiden, hoffen wir, dass wir Ihnen auf dem Weg die richtigen Anregungen und Impulse geben und Ihnen helfen, Antworten auf alle nötigen Fragestellungen zu finden. Wir versuchen dabei in diesem Buch das Thema ganzheitlich zu beleuchten, um Ihnen alle Aspekte vorzustellen. Wir würden uns freuen, wenn Ihnen das Buch ein treuer Begleiter und steter Ratgeber ist und wünschen Ihnen viel Erfolg bei Ihrem *BYOD-Projekt*.

Bring Your Own Device 2

BYOD wird von vielen als Heilsbringer bezeichnet, der alle Probleme der modernen Arbeitswelt lösen kann. Außerdem sei *BYOD* ein Traum für die Angestellten und würde dabei noch viel Geld sparen. Für viele IT-Abteilungen ist es aber ein Albtraum. Potentiell sollen sich alle möglichen privaten Geräte mit dem Firmennetz verbinden und Zugriff auf Dienste und Daten erhalten? Undenkbar. Doch was ist dieses *BYOD* genau? Ist es ein Trend, der erst mal abgewartet werden kann? Ist es ein *Hype*, der schnell durch den nächsten ersetzt wird?

Es zeichnet sich immer mehr ab, dass *BYOD* keine kurzfristige Erscheinung oder Laune der IT-Anwender ist, sondern dass sich dahinter ein ernst zu nehmendes Thema verbirgt, mit dem sich jede Firma auseinander setzen sollte. Eine Nichtbeachtung ist grob fahrlässig, da die Mitarbeiter ihre mobilen Geräte mit in das Unternehmen bringen und sie selbstverständlich einsetzen werden. So kann leicht eine sogenannte *Schatten-IT* entstehen, die unbemerkt von der zentralen IT existiert (vgl. Kap. 4). Dies stellt ein echtes Sicherheitsrisiko dar. Im schlimmsten Fall steht die Geschäftsleitung in der Verantwortung, da in letzter Instanz sie für die Datensicherheit Sorge zu tragen hat.

BYOD muss vielmehr als Strategie verstanden werden, die, wenn sich bewusst für eine entsprechende Strategie entschieden wird, zentral von einem Unternehmen festgelegt, eingeführt und gelebt werden muss. Die Entscheidung für oder gegen eine *BYOD-Strategie* ist keine leichte und hängt von vielen Faktoren ab, die in diesem Buch Schritt für Schritt beleuchtet werden. Ein wichtiger Faktor sind sicherlich die Mitarbeiter selbst. Wollen die Angestellten überhaupt eine *BYOD-Strategie*, oder gibt es Alternativen? Falls sich dagegen entschieden wird, muss aber durch vertragliche und technische Regelungen dafür Sorge getragen werden, dass die Mitarbeiter ihre privaten Geräte wirklich nicht geschäftlich einsetzen.

Wird aber beschlossen, eine *BYOD-Strategie* umzusetzen, müssen viele Aspekte besprochen, beschlossen und umgesetzt werden. In diesen Prozess sind viele verschiedene Gruppen der jeweiligen Firma zu involvieren. Dabei wird von den sogenannten *Stakeholdern* gesprochen. Dies sind beteiligte Personen, die ein direktes oder indirektes Interesse

© Springer Fachmedien Wiesbaden 2015　　　　　　　　　　　　　　　　　　　7
A. Kohne, S. Ringleb, C. Yücel, *Bring your own Device*, DOI 10.1007/978-3-658-03717-8_2

oder Mitspracherecht an oder in dem Projekt haben. Die einzelnen Stakeholder eines *BYOD-Projekts* werden im Laufe dieses Kapitels unter Abschn. 2.2 genau vorgestellt.

Der zentrale Punkt einer *BYOD-Strategie* ist die *Policy* oder Richtlinie. Sie legt die Leitplanken fest, innerhalb derer der Einsatz von privaten Geräten im geschäftlichen Umfeld zugelassen ist. Diese *Policy* muss im Einklang mit den sonstigen Firmenregeln sein, dabei flexibel genug, um den Mitarbeiten die benötigten Freiräume zu gewähren, aber gleichzeitig so konkret, dass eine bestmögliche (Rechts-) Sicherheit gegeben ist. Bei der Erstellung dieser *Policy* sind viele Dinge zu beachten. Dies beginnt bei dem Thema Datenschutz und reicht über rechtliche Aspekte bis hin zum *Support* der Geräte. In Abschn. 2.3 wird der Aufbau und der Inhalt einer *BYOD-Policy* ausführlich beschrieben.

BYOD darf dabei aber nicht singulär betrachtet werden. Vielmehr sollte die Entscheidung für oder gegen eine *BYOD-Strategie* im Rahmen einer zukunftsweisenden Unternehmensstrategie integriert sein. Hierbei wird oft von einer *Mobile-Strategie* gesprochen. Diese Strategie legt fest, wie sich das gesamte Unternehmen zukünftig zu dem Thema mobile Systeme positioniert. Im folgenden Kapitel wird das Thema *Mobile-Strategie* und deren Auswirkungen auf die unterschiedlichsten Bereiche ausführlich besprochen.

2.1 Mobile-Strategie

Mobile Geräte sind aus dem privaten wie auch dem geschäftlichen Alltag nicht mehr weg zu denken. *Smartphone-Nutzer* greifen jederzeit von überall auf Daten und Informationen zu. Was hat das für Auswirkungen auf Unternehmen? Die klassische Art, Informationen an die Kunden heranzutragen (zum Beispiel über *Print-Medien* oder über die offizielle *Homepage*), ist in Teilen überholt und muss angepasst werden. Die *Homepage* muss zum Beispiel darauf vorbereitet sein, dass auch Geräte mit kleinen Bildschirmen darauf zugreifen wollen. Vielleicht kann eine spezielle *App* dem Kunden mehr Informationen zur Verfügung stellen, oder gar einen weiteren Vertriebskanal darstellen. Dies sind Faktoren, die sich nach außen richten. Aber es gibt auch Faktoren, die sich nach innen richten. Wie sollen die Mitarbeiter zukünftig auf interne Daten zugreifen? Von wo ist dies möglich? Welche Vorteile und Nachteile bringt das mit sich? Welche Auswirkungen hat das? All dies muss heutzutage bedacht werden. Grund genug, sich nicht Hals über Kopf in ein Projekt zu begeben, sondern zuerst einen Schritt zurück zu treten und sich dieser Herausforderung strategisch zu nähern. Das Stichwort heißt: *Mobile-Strategie* oder *Mobile-Enterprise*.

Jedes Unternehmen sollte sich grundsätzlich mit dem Thema *Mobile* auseinandersetzen und klar positionieren. Dies sollte bestenfalls im Rahmen einer firmenweiten *Mobile-Strategie* festgehalten werden, die die zukünftige Ausrichtung festlegt. Diese Strategie ist, wie bereits angemerkt, zum einen nach außen gerichtet und zum anderen nach innen. Dies bedeutet, dass die Strategie alle Aspekte der Außen- und Innenwirkung festlegt. Zu den Faktoren mit Außenwirkung zählen alle Aktivitäten rund um das Marketing und den Vertrieb. So muss das komplette Design der *Homepage* überdacht und an die mobilen Gegebenheiten angepasst werden. Wichtige Faktoren sind hier das *Responsive Webdesign*, also ein *Webdesign*, dass auch *Touch-basierte Geräte* berücksichtigt, und die *User-Experience*, also das Erlebnis des Benutzers auf der Seite. Zusätzlich muss entschieden werden, ob es Sinn macht, eine eigene mobile *App* zu entwickeln, oder entwickeln zu lassen, die hilft, relevantes Wissen an die Kunden heranzutragen, oder sogar eine *App* mit integriertem *Shop* zu gestalten, die einen zusätzlichen Vertriebskanal darstellen kann. Dies alles hat direkte Auswirkungen auf das Kundenverhältnis und sollte daher mit Bedacht geplant und umgesetzt werden. Die hier beschriebenen, nach außen gerichteten Faktoren der *Mobile-Strategie* stellen nur einen Ausschnitt dar. Sie sind sehr wichtig, werden aber in diesem Buch nicht weiter behandelt, da dies den Rahmen des Buches sprengen würde. Zu den angesprochenen Themen existiert aber umfangreiches Material.

Bei den nach innen gerichteten Faktoren der *Mobile-Strategie* geht es um diejenigen, die eine direkte Auswirkung auf die Angestellten oder die interne IT haben. Hierzu zählt zu allererst der Umgang mit mobilen Endgeräten im Unternehmensumfeld. Sollen zukünftig mobile Endgeräte strategisch im Unternehmen eingesetzt werden? Wenn ja: Sind private Endgeräte erlaubt, oder stellt das Unternehmen die Geräte? Diese Frage kommt natürlich sofort auf. Und schon sind wir mitten in einer *BYOD-Diskussion*. Diese Diskussion sollte aber an dieser Stelle erst einmal zurückgestellt werden, da es sehr viele Faktoren zu berücksichtigen gilt und *BYOD* nur einer davon ist.

Eine konsequente *Mobile-Strategie* berücksichtigt nicht nur die mobilen Endgeräte, sondern auch die Applikationen und Daten des Unternehmens. Im Folgenden soll dazu das Beispiel einer klassischen *CRM- (Customer Relationsship Management) Software* zur Verdeutlichung dienen. Eine *CRM-Anwendung* ist eine der zentralen Anwendungen des Vertriebs. Hier werden alle Kunden-relevanten Daten abgelegt und systematisch verwaltet. Wer gehört zu den Kunden? Wie viel Umsatz macht der Kunde? Wie und wann kommuniziert die Firma mit dem Kunden? Welche Aufträge stehen aus? Welche Verkaufschancen hat der Vertrieb? Usw. Bisher wurde dazu eine klassische *Windows-Anwendung* eingesetzt, die sich mit einer zentralen Datenbank verbindet. Wenn der Vertrieb zukünftig nicht nur mit einem *Laptop* zum Kunden fahren soll, sondern auch mit einem mobilen Endgerät (einem *Tablet* zum Beispiel), dann hat dies enorme Auswirkungen, die vielleicht auf den ersten Blick nicht gleich auffallen. Die bisher eingesetzte *Windows-Anwendung* ist auf einem *Nicht-Windows-Tablet* natürlich nicht lauffähig. Somit muss der Vertriebsmitarbeiter entweder zusätzlich noch den *Laptop* mitnehmen (Aber wofür dann das *Tablet*?), oder die *CRM-Anwendung* erlaubt einen Zugriff über das *Tablet*. Dies kann auf zwei verschiedene Arten geschehen. Zum einen kann eine *Web-basierte Schnittstelle* genutzt werden, die der Hersteller anbietet, oder es muss eine entwickelt werden. Dies hat Vor- und Nachteile. Hier können nämlich hohe Kosten entstehen und außerdem ist eine *Weboberfläche* mit vielen Daten und klassischem *Webdesign* nur sehr schlecht auf einem *Tablet* zu bedienen. Positiv ist, dass eine *Web-basierte Schnittstelle* Endgeräte-unabhängig ist und somit von beliebigen Geräten aus genutzt werden kann. Es bietet sich aber auch eine native *App* für das *Tablet* an. Doch oft existiert keine passende und so müsste auch diese wieder speziell erstellt werden. Selbst wenn das Thema *Web* oder *App* geklärt ist, stellen sich gleich die nächsten Fragen: Wie wird ein sicherer Zugriff über das Internet sichergestellt? Welche

Daten kann der Mitarbeiter auf das Gerät laden? Usw. Vielleicht lässt sich eine mobile Nutzung auch gar nicht darstellen. Dann kommt nur eine Neubeschaffung in Frage. Hier kommen gleich die nächsten Fragen auf: Soll die Lösung überhaupt noch lokal im eigenen Rechenzentrum betrieben werden, oder wird gleich eine *Cloud-basierte Lösung* angeschafft? Aber welche Auswirkungen hat das? Sie sehen, dass allein dieses kleine Beispiel zeigt, wie komplex dieses Thema ist und welche Auswirkungen es haben kann.

Bei all den Möglichkeiten sollte aber eine Frage immer zentral sein: Wo ist der *Business-Mehrwert*? Nur weil etwas technisch möglich ist, von den Angestellten eingefordert oder sogar erwartet wird, ist es nicht immer sinnvoll. Die Begründung für eine *Mobile-Strategie* sollte immer eine *Business-getriebene* sein. Wird das Unternehmen dadurch schneller, agiler, besser? Kann mehr Umsatz generiert werden? Kann die Außenwirkung gesteigert werden? Stehen Kosten und Ertrag in einem günstigen Verhältnis? Nur wenn diese Fragen positiv beantwortet werden können, sollte eine entsprechende Strategie umgesetzt werden.

Eine *Mobile-Strategie* hat auf alle Bereiche eines Unternehmens Auswirkungen. Im Folgenden werden einige aufgezeigt, die im Verlauf des Buches ausführlich beschrieben werden. Zu aller erst fallen natürlich die Auswirkungen auf die IT auf. Eine unternehmensweite *Mobile-Strategie* verlangt auch nach einer neuen (oder zumindest angepassten) IT-Strategie, denn mobile Endgeräte sind nicht mit klassischen IT-Geräten gleichzusetzen. Die Integration von mobilen Endgeräten wirkt sich zum Beispiel auf das lokale Netzwerk aus. *Smartphones* und *Tablets* verbinden sich fast ausschließlich per *WLAN* mit dem Netzwerk. Die vorhandene *WLAN-Infrastruktur* muss somit gegebenenfalls angepasst und erweitert werden, um einen ausreichenden und flächendeckenden Netzwerkzugang zu gewährleisten. Dies zieht eventuell weitere Kosten nach sich. Weiterhin muss im Zweifel über eine neue *VPN-Anbindung* nachgedacht werden, die es erlaubt, dass sich Geräte über das Internet sicher mit der Firmen-internen IT verbinden können. Natürlich müssen dabei die Geräte auch zentral inventarisiert und verwaltet werden. Somit muss auch hierfür eine neue *Software* angeschafft und integriert werden. Wichtiges Stichwort ist hier *Enterprise Mobility Management*. Auch mit den Anwendungen für die mobilen Endgeräte muss sich auseinandergesetzt werden, da sicher nicht jede Anforderung durch eine *App* abgebildet werden kann. All diese Aspekte werden in dem Kap. 4 ausführlich beschrieben.

Darüber hinaus ergeben sich durch eine konsequente *Mobile-Strategie* auch ganz andere und neue Herausforderungen für die Sicherheit. Sicherheitskonzepte müssen neu überdacht und angepasst werden. Datensicherheit und Datenschutz müssen zentral in der Strategie verankert werden. Welche Aspekte hier wichtig sind, wird in Kap. 3 und Abschn. 4.8 beschrieben.

Die *Mobile-Strategie* wirkt sich natürlich auch auf die Mitarbeiter aus. Hier kommen viele unterschiedliche Aspekte zum Tragen. Zum Beispiel: Welche Mitarbeiter (Gruppen) erhalten überhaupt ein mobiles Gerät und warum? Wird es für das Tagesgeschäft benötigt, oder wird es als Anerkennung, Belohnung oder als Statussymbol vergeben? Eine entsprechende Strategie kann aber auch helfen sich in Zeiten des Fachkräftemangels von den Mitbewerbern um Fachkräfte abzuheben. Somit kann eine gute *Mobile-Strategie*

Abb. 2.1 Die Aspekte der
Mobile-Strategie

unter Umständen im *Recruiting* eingesetzt werden, da sich das Unternehmen als moderner Arbeitgeber positionieren kann. Gleichzeitig birgt dies aber auch Gefahren, da zum Beispiel ein Datenschutzvorfall, neben den rechtlichen und finanziellen Konsequenzen, schnell einen nicht zu verachtenden *Image-Schaden* für das Unternehmen darstellen kann. All diese Aspekte werden im Kap. 6 behandelt.

Die Aspekte einer ganzheitlichen *Mobile-Strategie* werden in Abb. 2.1 nochmal grafisch zusammengefasst. Hier zeigt sich schnell, dass das Thema *BYOD* Auswirkungen auf alle Aspekte hat und somit sehr komplex ist.

Bei der Erstellung einer neuen, zukunftsgerichteten Strategie sollte ein zielführender Prozess genutzt werden, der dabei unterstützt, die wichtigsten Punkte im Blick zu behalten. Ein Beispiel für einen solchen Prozess ist das *Innovation Clarity Framework* (vgl. [65]). Es besagt, dass bei der Erstellung einer innovativen Strategie (mindestens) die folgenden fünf Punkte beachtet werden sollten:

1. *Angebot:* Wissen Sie genau, was zur Zeit alles möglich ist und wie Sie es erreichen können?
2. *Nachfrage:* Verstehen, verwalten und verhandeln Sie die Nachfrage jeweils intern und extern?
3. *Risiko:* Berücksichtigen Sie das Risiko, besonders das durch das Projektmanagement, genauso wie das, das dadurch entsteht, dass Sie dass Projekt nicht durchführen?
4. *Zusammenhang:* Sehen Sie die breiteren Zusammenhänge zu weiteren Anwendungen oder Prozessen und fokussieren Sie sich darauf, was zuerst getan werden sollte?
5. *Herangehensweise:* Kennen Sie die beste Herangehensweise, um mit allen Beteiligten und weiteren Interessierten über diese Innovation zu kommunizieren?

Im Folgenden zeigen wir einen exemplarischen Ablauf für die Erstellung einer konkreten *Mobile-Strategie* (vgl. [81]). Die gesamte Unternehmensstrategie zum Thema *Mobile* setzt sich dann wiederum aus der Summe der einzelnen Strategien zusammen (z. B. Umgang mit (privaten) mobilen Endgeräten am Arbeitsplatz, *Homepage-Konzept*, Kundenkommunikation, *Softwareentwicklung* und -Nutzung, Vertriebswege usw.). Dabei ist es natürlich auch möglich, dass in Teilen eine (begründete) „0-Strategie" beschlossen wird. Dies bedeutet, das ein Thema (erst mal) nicht weiter behandelt wird. Grundsätzlich gibt die unternehmensweite *Mobile-Strategie* aber die Marschrichtung vor und definiert Leitplanken für die weiteren Schritte.

Ablauf der Festlegung einer *Mobile-Strategie* (vereinfacht nach [81])

1. *Zielsetzung:* Zuerst muss die Zielsetzung der Strategie geklärt werden. Warum soll dieses Thema überhaupt behandelt werden? Warum ist es wichtig? Wie gewinnt das Geschäft daran? Welche Einflüsse (positive und negative) hat es? Die Gründe können an dieser Stelle so mannigfaltig sein, dass wir sicherlich nur ein paar angeben können: Kostensenkung, Steigerung der Kunden- oder Angestelltenzufriedenheit, Erschließung neuer Märkte, Produktivitätssteigerung, Image-Verbesserung und viele mehr.

2. *Zielgruppe:* Als nächstes muss geklärt werden, wer die Zielgruppe ist. Für wen wird diese Strategie erstellt? Wer profitiert davon in welcher Weise? Ist das ganze Unternehmen oder die ganze Behörde betroffen, nur spezielle Gruppen, Standorte oder Abteilungen, oder sogar Einzelpersonen? Ist die Zielgruppe ein spezielles Kundensegment? Bei der Festlegung der Zielgruppe sollte sehr genau gearbeitet werden, da sich nur dadurch im nächsten Schritt die konkreten Bedürfnisse der Zielgruppe ableiten lassen.

3. *Bedürfnisse und Nutzungskontext:* Steht die Zielgruppe fest, müssen zuerst die Bedürfnisse der einzelnen Mitglieder erfasst werden. Dies ist sehr wichtig, damit die Strategie nicht an den Bedürfnissen vorbei entwickelt wird. Damit wäre niemandem geholfen. Um die Bedürfnisse zu erfahren, gibt es viele Möglichkeiten: Umfragen, Diskussionsrunden, Einzelgespräche, Auswerten von Vorschlägen und Beschwerden und vieles mehr. Es ist meist ratsam frühzeitig Interessensvertreter der Zielgruppen mit in das Projektteam zu berufen. Somit lassen sich die Wünsche aus erster Hand erfahren und die Projektfortschritte können direkt innerhalb der Zielgruppe kommuniziert werden. Zusätzlich zu den Bedürfnissen muss auch noch der Nutzungskontext festgelegt werden. Dies bedeutet, dass geklärt werden muss, in welchem Umfeld die neue Strategie eingesetzt werden soll und welche anliegenden Systeme möglicherweise betroffen sind.

4. *Plattformstrategie:* Dies ist eine der zentralen Fragen einer *Mobile-Strategie*. Welche Plattformen sollen unterstützt werden? Dabei muss natürlich geklärt werden, welche mobilen Endgeräte mit welchen Betriebssystemkonstellationen unterstützt werden sollen, aber auch, ob in der Strategie klassische Geräte, wie *PCs* und *Notebooks*, eine Rolle spielen. Ist dies der Fall, ergeben sich daraus entsprechende Anforderungen an die Flexibilität der Lösung. Die Ergebnisse dieses Schrittes müssen genau festgehal-

ten und kommuniziert werden, sodass keine falschen Hoffnungen und Erwartungen geschürt werden.

5. ***Lebenszyklus und Betrieb:*** Für die konkrete Umsetzung der Strategie werden im nächsten Schritt IT-basierte Systeme eingesetzt, die entweder am Markt beschafft oder extra entwickelt werden müssen. Diese Systeme müssen dann in die bestehende Unternehmens-IT integriert werden. Dazu muss ein kompletter Lebenszyklus von der Inbetriebnahme, über den laufenden Betrieb bis hin zur Außerbetriebnahme festgelegt werden. Weiterhin muss konkret beschrieben werden, über welche Schnittstellen das System mit weiteren Systemen kommuniziert und wie es nach innen und außen erreichbar ist.

6. ***Erfolgsmetrik:*** Um später zeigen zu können, dass die geplante Strategie in der Realität auch greift, müssen frühzeitig Erfolgsmetriken festgelegt werden. Diese Metriken sollten in harten Zahlen messbar sein, sodass ein konkretes Ergebnis eingeholt werden kann. Zusätzlich muss nicht nur festgelegt werden, was gezählt oder gemessen werden soll, sondern auch wie und wie oft gemessen wird. Weiterhin muss beschlossen werden, wie und von wem die Ergebnisse auszuwerten sind und wie mit einem Ergebnis umzugehen ist. Natürlich müssen auch Zielvorgaben für die Metriken beschlossen werden, gegen die die später gemessenen Werte verglichen werden. Mögliche Metriken könnten Verweildauern auf Homepages, Nutzungszeiten, Nutzungsdauer und Häufigkeit eines Services, Anzahl an Sicherheits- und Technikproblemen sowie Umsatzsteigerung und Neukundengewinn in einem gewissen Zeitraum sein. Dagegen sind Kunden- oder Angestelltenzufriedenheit Metriken, die eher schwer zu messen sind.

7. ***Vermarktung und Kommunikation:*** Zuletzt muss geplant werden, wie die neue Lösung intern oder extern vermarktet und bekannt gemacht werden kann. Hierzu ist es wichtig von Beginn an offen über das Projekt zu berichten, Feedback einzusammeln und dieses wieder mit einfließen zu lassen.

Nachdem Sie die Strategien für die jeweiligen Bereiche definiert haben, geht es jetzt darum, die (technischen und vertraglichen) Voraussetzungen zu schaffen. Dafür müssen neue Verträge geschrieben, Vorgaben angepasst und sicherlich neue *Hard-* und *Software-Komponenten* entwickelt und/oder angeschafft werden. Danach müssen die neuen Lösungen in den Betrieb überführt werden. Dieser Dreischritt (Planen, bauen, betreiben) ist aus den *ITIL-Best Practices* (*Information Technology Infrastructure Library*) bekannt (*plan, build, run*). Es ist wichtig zu beachten, dass dies aber kein einmaliger Prozess ist, sondern der gesamte Prozess und alle Strategien einer kontinuierlichen Verbesserung unterliegen müssen. Es muss also immer wieder geprüft werden, ob die einzelnen Strategien richtig konzipiert wurden und die gewünschten Ergebnisse erzielt werden. Ist dem der Fall, muss geprüft werden, ob es mögliche Verbesserungen gibt, die möglicherweise Geld sparen können, mehr Sicherheit bringen, oder weitere Vorteile mit sich bringen. Ist dem aber nicht der Fall, muss gegengesteuert und entsprechend verändert und angepasst werden. Dieser Prozess des permanenten Prüfens und Anpassens ist auch als *PDCA-Zyklus* (Plan

Abb. 2.2 *PDCA Zyklus/ Deming Cycle*

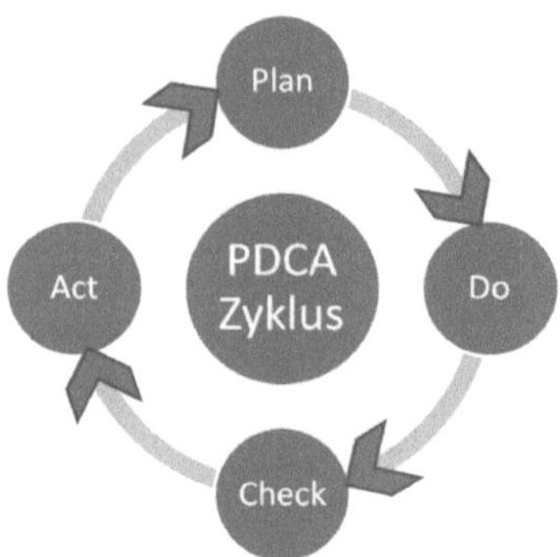

(plane), Do (tue), Check (prüfe), Act (handle)) oder *Deming-Cycle* (vgl. Abb. 2.2) bekannt.

Sollte sich im Rahmen der unternehmensweiten *Mobile-Strategie* für *BYOD* (oder eine Alternative) entschieden werden, kann es jetzt mit der konkreten Planung losgehen. Haben Sie sich an dieser Stelle bewusst gegen eine *BYOD-Strategie* entschieden, sollten Sie jetzt in der Lage sein, diese Entscheidung zu begründen. In beiden Fällen gilt es, diese Entscheidungen offen in der Firma oder Behörde zu kommunizieren und die entsprechenden, nächsten Schritte einzuleiten.

2.2   Stakeholder

Auf den ersten Blick ist das Thema „*Mobile*" und alles, was sich darum rankt (wie z. B. *BYOD*), ein Thema für die IT-Abteilung. Dies zu glauben ist aber ein großer Fehler. Wer sich etwas ausführlicher mit diesem Thema beschäftigt, wird bemerken, dass es viele weitere Personen und Personenkreise gibt, die ein berechtigtes Interesse an diesen Themen haben. Alle Personen, die von einem Projekt oder einer Entscheidung betroffen sind, oder daran aktiv beteiligt sind, werden allgemein als *Stakeholder* bezeichnet. Im Folgenden zeigen wir auf, welche *Stakeholder* in ein *BYOD-Projekt* involviert werden sollten. Hierbei handelt es sich um eine allgemeine Aussage. In Ihrem speziellen Fall kann es natürlich sein, dass nicht alle der hier aufgelisteten *Stakeholder* involviert werden müssen, oder sogar noch weitere hinzugefügt werden müssen.

- *IT-Abteilung:* Da es sich in großen Teilen um ein technisches Projekt handelt, sollte die IT-Abteilung natürlich auch eine zentrale Rolle bei der Einführung einer *BYOD-Strategie* übernehmen. Wichtige Themen dieses *Stakeholders* sind unter anderem der spätere Betrieb und *Support* der Lösung sowie die IT-Sicherheit (vgl. z. B. Kap. 4).
- *Rechtsabteilung:* Für den sicheren und rechtskonformen Betrieb von *BYOD* bedarf es profundem, juristischem Wissen in den verschiedensten Bereichen. Wichtige Themen dieses *Stakeholders* sind unter anderem die unbedingt benötigten Verträge, die den *BYOD-Einsatz* regeln und der Datenschutz (vgl. z. B. Kap. 3).

- **Personalabteilung:** Im Rahmen einer *BYOD-Strategie* sind viele Fragen zu klären, die alle oder ganze Gruppen von Mitarbeitern betreffen. Da der Einsatz von *BYOD* in einem Unternehmen einen Zusatzvertrag zum bestehenden Arbeitsvertrag bedingt, sollte die Personalabteilung von Anfang an mit einbezogen werden. Wichtige Themen dieses *Stakeholders* sind das *On/Off-Boarding*, Training und *Awareness-Schulungen* sowie das *Recruiting* (vgl. z. B. Kap. 6).

- **Finanzabteilung:** Einer der Hauptgründe, sich mit *BYOD* auseinanderzusetzen, ist sicherlich der Kostenaspekt. Da die Einführung von *BYOD* neue Kosten und Kostenverlagerungen mit sich bringt, sollte die Finanzabteilung ebenfalls direkt von Beginn mit einbezogen werden. Wichtige Themen dieses *Stakeholders* sind unter anderem die Kostenbeteiligung an den Geräten und Verträgen, der geldwerte Vorteil und die Steuern (vgl. Kap. 5).

- **Marketingabteilung:** Ein *BYOD-Projekt* sollte von Anfang an intern bekannt gemacht werden. Darum ist es wichtig, die Marketingabteilung zu integrieren, um durch ein gezieltes, internes Marketing die Möglichkeiten des *BYOD-Einsatzes* für alle Mitarbeiter zu erklären. Wichtige Themen dieses *Stakeholders* sind die regelmäßige Verbreitung von Projektstatusinformationen und die Beantwortung häufig gestellter Fragen in Form von zum Beispiel *Flyern* und *FAQ-Foren* (*Frequently Asked Questions*).

- **Management:** Das ganze Thema „*Mobile*" sollte von Anfang an mit dem *Management* angegangen oder sogar federführend durch das *Management* vorangetrieben werden, da grundsätzliche Fragen, die das *Business* betreffen, beantwortet werden müssen. Außerdem haftet die Geschäftsleitung bei schweren Sicherheitsverstößen. Wichtige Themen dieses *Stakeholders* sind die Festlegung einer zukunftsweisenden *Mobile-* und *BYOD-Strategie* sowie der sichere und kosteneffiziente Einsatz von *BYOD*.

- **Betriebsrat:** Bei größeren Unternehmen und Behörden gibt es häufig auch eine Angestelltenvertretung. Sie stellt z. B. sicher, dass technische Neuerungen nicht zum Nachteil für die Angestellten werden. Wichtige Themen für diesen *Stakeholder* sind der Umgang mit den privaten Daten und Geräten der Angestellten und die Arbeitszeitregelungen.

- **Anwender:** Last but not least sollten natürlich die Endanwender nicht vergessen werden. Sie sind am Ende die Personen, die darüber entscheiden, ob das *BYOD-Angebot* genutzt wird oder nicht. Sie sind also auch für den Erfolg des Projekts maßgeblich. Die Bedürfnisse und Wünsche der Benutzer sollten daher, zum Beispiel über Benutzervertreter, frühzeitig im Projekt angehört und mit einbezogen werden.

In den folgenden Kapiteln werden wir immer mit angeben, welche *Stakeholder* die Fragen, die sich aus den jeweiligen Themen ergeben, mit beeinflussen.

2.3 BYOD Policy

Herzstück jeder *BYOD-Strategie* muss die *BYOD-Policy* sein. Sie legt fest, was erlaubt ist, was möglich ist und wem dies wie ermöglicht wird. *BYOD* hat dabei, wie wir bereits gesehen haben, sehr viele Aspekte (deshalb ist dieses Buch auch nach den unterschiedlichen Aspekten gegliedert). Darum sollten auch von Anfang an alle *Stakeholder* bei der Festlegung der Regeln mit dabei sein. Wenn unterschiedliche *Policies* miteinander verglichen werden, stellt sich heraus, dass diese *Policies* immer feste Bestandteile haben, die sich nur in Kleinigkeiten unterscheiden, und dann gibt es immer firmenspezifische Anteile, die hochgradig individuell sind. Im Folgenden werden wir die wichtigsten, festen Bestandteile einer *BYOD-Policy* im Einzelnen vorstellen. Wir versuchen dabei alle relevanten Teile zu behandeln. Bitte beachten Sie aber, dass dieses Buch nur informieren kann. Dies ist kein Ersatz für eine professionelle, individuelle Beratung. Ziehen Sie bitte im Einzelfall immer einen Profi hinzu. Das Internet bietet auch viele Informationen und Beispiele, die im Einzelfall helfen können, die eigene *Policy* zu erstellen (vgl. z. B. [1]).

Die *BYOD-Policy* sollte als gegenseitiges Entgegenkommen verstanden werden: Der Anwender sieht ein, dass der Arbeitgeber seine Daten schützen muss und der Arbeitgeber sieht ein, dass es sich um private Endgeräte handelt. Egal, ob Sie eine *Policy* entwerfen, die nur in Deutschland gilt, oder eine internationale benötigen, es gibt zwei Grundsätze die immer gelten müssen und sich aus dem Entgegenkommen ableiten:

1. Alle *BYOD-Anwender* müssen der Firma oder Behörde eine eindeutige Erlaubnis geben, auf ihre persönlichen Daten zuzugreifen und diese verarbeiten zu können. In welchen Fällen dies geschieht und wie genau der Zugriff aussieht, muss natürlich im Einzelnen geklärt werden.
2. Alle Unternehmen und Behörden, die *BYOD* erlauben und somit sensitive, persönliche Daten verarbeiten, müssen diese Daten angemessen und nach neustem Stand der Technik schützen. Hierbei sind natürlich auch die im jeweiligen Land gültigen Gesetze zum Datenschutz zu beachten.

Zusätzlich zu diesen beiden Grundregeln kommen natürlich weitere, länderspezifische Regeln (z. B. *Compliance-Regeln* verschiedener Unternehmensbereiche) und weitere interne Regeln.

Es zeigt sich, dass es Sinn macht, die verschiedenen Regeln, Absprachen und Vorschriften für den *BYOD-Einsatz* nicht in ein zentrales Dokument zu gießen, sondern unterschiedliche Dokumente aufzusetzen und permanent zu pflegen, da es die Übersichtlichkeit erhöht. Bei einem *BYOD-Einsatz* muss dann natürlich jedem Dokument zugestimmt werden. Sollte einem oder mehreren Dokumenten widersprochen bzw. ihnen zuwider gehandelt werden, können die jeweiligen Benutzer nicht (mehr) am *BYOD-Programm* teilnehmen. Wir empfehlen folgende Dokumentenstruktur:

1. ***BYOD-Policy:*** (In Anlehnung an [1])
   Diese *Policy* regelt vier grundsätzliche Dinge, die für den Einsatz von *BYOD* festgelegt werden müssen. Zuerst muss ganz genau definiert werden, wer in der Firma oder Behörde überhaupt die Erlaubnis hat ein privates Gerät zu nutzen. Weiterhin muss ganz genau festgelegt werden, wie die Privatsphäre des Angestellten gesichert wird. Zusätzlich muss natürlich beschrieben werden, wie ein entsprechendes Finanzierungs- oder Bezuschussungsprogramm aussieht, und abschließend muss erläutert werden, wie der konkrete Betrieb eines privaten Endgerätes im Unternehmensumfeld aussieht und welche Unterstützung der Mitarbeiter erhält. Im Folgenden werden diese vier Punkte genauer beschrieben.

   Berechtigungsregeln:
   Wenn Sie in Ihrem Unternehmen oder Ihrer Behörde eine *BYOD-Strategie* planen, müssen Sie genau festlegen, wer alles seine privaten Geräte geschäftlich einsetzten darf, welche Geräte und wie viele Geräte er einsetzen darf (nur *Smartphone*, nur *Tablet*, beides, zwei *Smartphones* usw.). Achten Sie darauf, dass nicht aus „*Bring Your Own Device*" „*Bring Any Device*" wird. Stellen Sie klare Regeln auf, welche Jobrollen, welche Abteilungen oder welche Gruppen an Mitarbeitern ein *BYOD-Angebot* nutzen dürfen. Seien Sie sehr genau bei dieser Beschreibung und grenzen Sie die Gruppen der Berechtigten und Nicht-Berechtigten klar voneinander ab. So können Sie von vorneherein Verwirrung und Rückfragen vermeiden. Im Zweifel können Sie auch noch Begründungen anfügen, die den Einsatz rechtfertigen, um allen Mitarbeitern zu erklären, warum Sie sich so entschieden haben. Weiterhin können Sie hier auch direkt festlegen, welche Regeln für die übrigen Mitarbeiter gelten. Erhalten sie zum Beispiel ein Firmentelefon, oder erhalten Sie gar kein mobiles Endgerät? Falls Sie unterschiedliche Regelungen für unterschiedliches Gruppen erstellen, muss dies hier genau geklärt werden und möglicherweise auf die verschiedenen, weiteren Dokumente verwiesen werden, die die jeweiligen Regeln für den Einsatz eines privaten oder eines geschäftlichen Gerätes regeln.

   Regelungen zur Privatsphäre:
   In diesem Abschnitt muss eindeutig beschrieben werden, wie mit dem privaten Gerät und vor allem wie mit den privaten Daten des Besitzers auf seinem Gerät umgegangen wird. Dazu muss genau beschrieben werden, wie und mit welchen Mitteln die Geräte konfiguriert und vor allem überwacht werden. Um das Gerät im Betrieb zu überwachen, muss nämlich eine *App* auf dem Gerät installiert werden (das so genannte *Mobile Device Management*, vgl. Abschn. 4.2). Diese *App* kann potentiell alle installierten *Apps* inspizieren und gegen Sperrlisten (*Blacklists*) abgleichen und im Zweifel auf die Installation nicht gewünschter *Apps* reagieren. Dem Anwender muss genau erklärt werden, wie diese *App* funktioniert, was sie tut und wie sie es tut. Am besten pflegen Sie eine Liste von *Apps*, die nicht installiert werden dürfen, und stellen diese (stets aktualisierte) Liste als Anhang und online (zum Beispiel im *Intranet*) zur Verfügung.

Weiterhin müssen Sie an dieser Stelle genau beschreiben, wie Ihre IT im Falle eines Verlustes (zum Beispiel durch Diebstahl) mit dem Gerät und vor allem mit den privaten Daten umgeht. Werden alle Daten gelöscht, oder nur die Firmendaten? Gibt es ein *Backup*? Worum muss sich der Angestellte selbst kümmern? Selbst wenn Ihre *MDM-Software* so konfiguriert ist, dass sie die privaten Daten nicht berücksichtigt, muss dieser Umstand doch genau beschrieben werden, da trotzdem die entsprechende *App* auf dem Gerät installiert werden muss. Hierzu muss sich der Angestellte natürlich bereit erklären. Außerdem muss in diesem Fall die IT auch wirklich sicherstellen, dass kein Zugriff auf private Daten stattfindet.

Ein weiteres, wichtiges Thema ist die Datenverschlüsselung. Es muss genau vorgegeben werden, ob und wenn ja, wie die Daten zu verschlüsseln sind. Müssen nur die geschäftlichen, oder auch die privaten Daten verschlüsselt werden? Hat der Benutzer darauf einen Einfluss? Wie müssen die Passwörter aussehen? Usw.

In der letzten Zeit bieten einige Hersteller von *MDM-Software* an, dass die Anwender die *MDM-Software* selbst installieren können. Hierzu ist oft die Zustimmung zu den *BYOD-Policies* per Online-Zustimmung oder *SMS* nötig. Dies ist natürlich nicht so sicher, wie ein schriftlicher Vertrag. Außerdem könnte dies in Ihrem Land eventuell auch gar nicht rechtsgültig sein. Informieren Sie sich in diesem Fall bei einem professionellen Berater oder Juristen.

Bitte beachten Sie insgesamt die genauen Vorgaben zum Datenschutz des Gesetzgebers im jeweiligen Land.

Finanzierungsregeln:

In diesem Abschnitt müssen Sie ganz genau regeln, wie mit den jeweiligen Ausgaben umgegangen wird (vgl. Kap. 5). Wer bezahlt das Gerät? Bezahlt dieses der Angestellte komplett privat? Bekommt er einen Zuschuss? Wenn ja, wie hoch ist der? Wie oft darf er sich ein neues Gerät kaufen? Wie viele Geräte darf er einsetzen? Usw. Weiterhin muss hier genau festgelegt werden, welche Verträge mit Mobilfunkanbietern unterstützt werden. Darf jeder einen privaten Vertrag weiternutzen? Erhalten die Angestellten eine *Firmen-SIM-Karte*? Wenn nicht: Wie werden die Kosten abgerechnet? Werden die Vertragskosten übernommen? Wenn ja: Bis zu welcher Höhe? Werden nur die Datenkosten übernommen? Oder auch Telefon und *SMS*?

Weiterhin sollte genau festgelegt werden, wie diese Kosten und/oder Zuschüsse verrechnet werden. Werden Sie dem Gehalt auf- bzw. abgeschlagen? Hat dies weitere Auswirkungen (Stichwort: geldwerter Vorteil)?

Betriebsregeln:

In diesem Abschnitt muss beschrieben werden, wie der konkrete Betrieb der mobilen Endgeräte aussieht. Dabei ist wieder zwischen dem geschäftlichen und dem privaten Einsatz zu trennen. An dieser Stelle müssen ein paar grundsätzliche Dinge geklärt werden. Weiterhin sollten hier ihre individuellen Vereinbarungen und weitere Regeln berücksichtigt werden.

An erster Stelle sollte hier erwähnt werden, dass, um das Gerät im *BYOD-Umfeld* einsetzen zu können, auf dem Gerät eine *MDM-Software* installiert und permanent betrieben werden muss. Weiterhin muss geklärt werden, wer für das Thema *Daten-Backup* zuständig ist. Hier empfiehlt es sich strikt zwischen privaten und geschäftlichen Daten zu unterscheiden. Sie sollten nicht dafür zuständig sein, die privaten Urlaubsfotos in Ihrem Rechenzentrum zu sichern. Deshalb muss ganz klar geregelt werden, dass der Benutzer für das *Backup* seiner Daten selbst verantwortlich ist. Sie übernehmen nur eine Sicherung der geschäftlichen Daten.

Es sollte hier ebenfalls festgelegt werden, wie mit dem Fall umgegangen wird, dass ein Endgerät verloren geht, gestohlen wird, oder defekt ist. Wer kümmert sich um ein Ersatzgerät? Muss der Angestellte ein Neues kaufen? Muss er es komplett bezahlen? Stellt die Firma in der Zwischenzeit ein Leihgerät? Muss das ein vergleichbares Gerät sein? Usw.

Abschließend muss noch das Thema *Support* geregelt werden. Obwohl die Benutzer im Rahmen von *BYOD* dazu tendieren, sich bei (kleinen bis mittleren) Problemen selbstständig zu helfen (zum Beispiel durch eine Internetrecherche oder mit Hilfe des *Hey-Joe-Prinzips*, bei dem einfach ein weiterer Kollege um Rat gefragt wird), muss eindeutig festgelegt werden, für welche Probleme der Angestellte selbst zuständig ist und bei welchen er auf die interne IT oder einen vorgegebenen externen Dienstleister zugreifen kann oder muss. Es sollte zum Beispiel klar gestellt werden, dass die interne IT nicht für private *Apps* zuständig ist. Zusätzlich muss festgelegt werden, ob die Benutzer dafür zuständig sind, das Betriebssystem ihres Gerätes eigenständig zu aktualisieren. Dürfen sie das überhaupt? Müssen sie das? Wenn ja: wer kann das wie überprüfen? Was, wenn dabei Fehler auftreten?

2. ***BYOD-Vertrag:***
   Der *BYOD-Vertrag* ist das zentrale Dokument, welches alle weiteren, hier beschriebenen Dokumente zusammenführt (Dies betrifft nicht die *EMM-Strategie*, da sie rein für die IT ist.). Der Vertrag ist das Dokument welches von jedem Mitarbeiter, der am *BYOD-Programm* teilnehmen möchte, gelesen, verstanden und unterschrieben werden muss. Dabei wird eindeutig auf die jeweiligen anderen Dokumente referenziert. Die übrigen Dokumente werden dem Vertrag in der jeweils neusten Fassung beigelegt. In den salvatorischen Klauseln muss dabei natürlich darauf hingewiesen werden, dass sich die jeweiligen Dokumente ändern können, dadurch der Vertrag aber nicht ungültig wird. Natürlich kann jeder Mitarbeiter grundsätzlich zu jeder Zeit aus dem *BYOD-Programm* (zum Beispiel auf eigenen Wunsch) wieder ausscheiden. Dieser Fall sollte hier ebenfalls genau geklärt werden. Wie sieht der genau Prozess aus? Welche zeitlichen Vorgaben gibt es? Usw.
   Der unterschriebene Vertrag wird dann als Zusatz zum geltenden Arbeitsvertrag zentral abgelegt und dem Mitarbeiter in Kopie ausgehändigt.

3. ***Acceptable Use Policy:***
   Diese *Policy* beschreibt im Detail, was der Benutzer mit seinem mobilen Endgerät darf und was nicht. Noch viel wichtiger: Es müssen hier direkt auch die Konsequenzen aufgezeigt werden. In dem Dokument kann auch wieder zwischen verschiedenen Nutzungsszenarien unterschieden werden. Zum Beispiel: Einsatz im Firmennetz, Ein-

wahl in das Firmennetz von außerhalb und privater Einsatz. Wenn das Endgerät zum Beispiel im Firmen-internen *WLAN* angemeldet ist, gelten dann die selben Richtlinien wie für die klassischen *PCs*? Wichtige Themen sind hier: Das Surfverhalten (welche Seiten dürfen aufgerufen werden? Ist die private Internetnutzung während der Arbeitszeit erlaubt? Usw.) und der Datenzugriff auf interne Daten.

Weiterhin muss hier festgelegt werden, dass nur Geräte mit unveränderten Betriebssystemen eingesetzt werden dürfen. Dies bezieht sich auf den sogenannten „*Jailbreak*" bei *iOS* und das „*Rooten*" bei *Android*. Hierbei erlangt der Benutzer vollen administrativen Zugang zum System. Das wiederum führt zu massiven Sicherheitsrisiken, die nicht mehr von der zentralen IT abgesichert werden können. Darum darf ein mobiles Endgerät im *BYOD-Umfeld* nicht *Software-seitig* verändert werden. Sollte ein Benutzer dies trotzdem tun, muss die *MDM-Software* dies erkennen und eingreifen. Was in diesem Fall passieren soll, muss jede Firma und Behörde wieder individuell entscheiden. Die Möglichkeiten gehen von einem Ausschluss aus dem Firmennetz bis hin zum kompletten Löschen der Firmendaten und *-Apps*. Diesen Umstand muss der Anwender von vorneherein verstehen.

Zusätzlich muss auch festgelegt werden, welche *Apps* die Anwender installieren dürfen. Dies kann zum Beispiel über Sperrlisten (sogenannte *Blacklists*) geschehen, in denen alle *Apps* gelistet sind, die nicht installiert werden dürfen. Solche *Blacklists* sind natürlich niemals vollständig, da nicht die gesamte Vielzahl an Apps im Hinblick auf die Unternehmensrichtlinien überprüft werden kann. Deshalb müssen zusätzlich allgemeinere Regeln aufgeführt werden. Es kann zum Beispiel untersagt werden, dass *Cloud-basierte* Datenspeicher genutzt werden, um einem Datenverlust entgegenzuwirken. Genauso könnten Spiele verboten werden usw. Die Regeln sind wieder hochgradig individuell. Wichtig ist aber wieder, dass die Regeln und die Konsequenzen der Nichtbeachtung klar kommuniziert und vom Anwender verstanden und unterschrieben werden. Die Einhaltung dieser Regeln müssen wieder über entsprechende *MDM-Programme* auf den Endgeräten überprüft werden.

Auch der Umgang und der Einsatz von Verschlüsselung auf den Geräten muss eindeutig geklärt werden. Muss der gesamte Gerätespeicher verschlüsselt werden, oder nur der Firmenteil? Wie komplex muss das Zugriffspasswort sein? Wie oft muss es gewechselt werden?

Natürlich muss auch geregelt werden, wer das Gerät benutzen darf. Darf das Gerät nur vom Benutzer eingesetzt werden? Und was macht dann der Vater, der sein privates *Smartphone* abends seinen Kindern zum Spielen gibt? Ist das erlaubt? Was kann passieren? Wie kann hier eine strikte Trennung von beruflichen und privaten Teilen sichergestellt werden?

Am Ende sollte nochmal darauf hingewiesen werden, dass dies alles keine Schikane ist, sondern zur Absicherung dient und die Firma schützt, da im Fall der Fälle nicht die Einzelperson, sondern die Firma haftet.

4. ***Security Policy:***

Das Unternehmen oder die Behörde ist im Rahmen von *BYOD* verantwortlich für die geschäftlichen Daten auf den privaten Geräten (vgl. Kap. 3). Darum muss der Einsatz von privaten Geräten im Geschäftsbereich besonders abgesichert werden. Um dies konkret zu klären und alle dazu notwendigen Maßnahmen und Methoden zu beschreiben, wird die *Security Policy* erstellt. Wichtig dabei zu beachten ist, dass diese *Policy* nicht allein da steht, sondern dass sie sich harmonisch in die *Security Policy* der gesamten Firma oder Behörde einreiht. Die *BYOD Security Policy* sollte also eine Ergänzung der bisherigen *Security Policy* sein.

In der *Security Policy* muss im Einzelnen erklärt werden, wie ein mobiles Gerät den Vorgaben entsprechend abgesichert wird. Dazu ist es im Zweifel nötig, auf die unterschiedlichen mobilen Betriebssysteme einzugehen, oder auf konkrete Besonderheiten einiger Endgeräte.

Im Folgenden werden wichtige Themen aufgelistet, die entsprechend abgehandelt werden müssen:

- Wie werden die Daten auf dem Gerät verschlüsselt? Müssen alle Daten verschlüsselt werden, oder nur die geschäftlichen?
- Wer kann wann und wie auf die geschäftlichen Daten zugreifen?
- Wie komplex muss das Gerätepasswort sein? Wie oft muss es erneuert werden?
- Welche Aktivitäten können oder werden *gelogt*? Warum? Was passiert mit den Daten? Wer kann darauf zugreifen?
- Werden Standortdaten erfasst und verarbeitet? Wenn ja: Welche genau und was passiert damit?
- Kann das Gerät aus der Ferne gesperrt werden? Wer darf das? Wann (in welchem Fall)?
- Darf das Gerät aus der Ferne komplett gelöscht werden (*remote wipe*)? Oder nur die geschäftlichen Daten (*partial wipe* bzw. *selective wipe*)? Wer darf das und unter welchen Umständen?
- Muss lokal ein Virenschutzprogramm eingesetzt werden? Wird ein spezielles vorgeschrieben oder sogar durch die interne IT installiert?
- Auf welche Dokumente darf von wo aus zugegriffen werden? Wie werden die Berechtigungen vergeben und überwacht?
- Muss die Kamera in den Firmengebäuden (automatisch) deaktiviert werden?
- Was passiert, wenn die *PIN* (*Personal Identification Number*) oder das Gerätepasswort zu oft falsch eingegeben wurden? Wie oft ist zu oft?
- Was passiert, wenn das Gerät verloren geht oder gestohlen wird?
- Was passiert, wenn ein Virus auf dem Gerät gefunden wird?

Sie sehen also, dass hier sehr viele, teilweise sehr technische Fragen, geklärt werden müssen. Darum sollte die *Security Policy* zusammen mit der IT, der Rechtsabteilung und Ihrem Datenschutzbeauftragten erstellt und permanent aktualisiert werden.

5. ***Enterprise Mobility Management (EMM) Strategie:***

   Die *Enterprise Mobility Strategie* ist nicht für den Endanwender gedacht, sondern sie bildet die Grundlage für die *BYOD-Umsetzung* auf technischer Ebene für die interne IT. In der *EMM-Strategie* sollten (mindestens) folgende Punkte festgelegt werden (vgl. Abschn. 4.2):

   - Welche Endgeräte mit welchen Betriebssystemen werden unterstützt?
   - Wie werden die Endgeräte technisch abgesichert?
   - Wie sieht der Geräte-Lebenslauf (*Device Lifecycle*) aus technischer Sicht aus? Wie kann er mit dem bisherigen harmonisiert werden?
   - Welche *Software* wird für das *Management* eingesetzt (zum Beispiel *MDM-Software*)?
   - Wie müssen die Netzwerke konfiguriert werden? Müssen die Netzwerke oder *Router* aktualisiert werden? Wird *Network Access Control* (*NAC*) benötigt?
   - Wie werden die mobilen Endgeräte überwacht?
   - Welche internen Dienste werden auch mobil angeboten (zum Beispiel Kalender, *E-Mail*, Telefonbuch, Datenzugriff usw.)?
   - Wie werden die Geräte in das zentrale Systemmanagement mit eingebunden?
   - Wie und in welchem Rahmen wird ein technischer *Support* angeboten? Wer ist dafür zuständig?
   - Können alle notwendigen Dienste selbst erbracht werden? Wird externe Unterstützung benötigt?

Grundsätzlich macht es Sinn, den Satz an Dokumenten um ein weiteres zu ergänzen: Eine *Social Media Policy* oder *Guideline*. Möglicherweise haben Sie schon eine entsprechende Regelung erstellt, dann sollte Sie explizit in die Regeln mit aufgenommen werden, welche im Rahmen der *BYOD-Nutzung* verbindlich vereinbart und eingehalten werden müssen. Dies liegt auf der Hand, da auf den meisten privaten Endgeräten *Social Media Dienste* wie *Facebook, Twitter, XING, LinkedIn* oder ähnliche eingesetzt werden. Es muss eindeutig geklärt werden, ob und wenn ja, in welchem Rahmen Angestellte sich in sozialen Netzen (dienstlich) austauschen dürfen und welche (Firmen-) Informationen sie in welcher Weise verbreiten dürfen, oder eben nicht. Allein die Entscheidung, ob die Personen nur privat oder auch als Angestellte der jeweiligen Firma oder Behörde Nachrichten veröffentlichen dürfen, ist nicht leicht zu beantworten und wieder hoch individuell.

Bitte beachten Sie, dass Sie die Regeln, sobald sie offiziell verabschiedet sind, unternehmensweit kommunizieren und verfügbar machen. Nutzen Sie ihr internes Marketing, damit alle Angestellten informiert sind und sich, nach dem Studium der jeweiligen Regeln, frei für oder gegen den Einsatz des privaten Gerätes im Unternehmen entscheiden können. Legen Sie die Dokumente dazu an einer zentralen Stelle (zum Beispiel im Intranet) ab und informieren Sie alle Mitarbeiter zum Beispiel per Anschrieben oder per Mail. Halten Sie weiterhin alle Mitarbeiter ständig auf dem neusten Stand und weisen Sie gegebenenfalls auf Veränderungen und Anpassungen der Regeln hin. Dadurch kommen

Sie zum einen Ihrer Informationspflicht nach und zum anderen steigern Sie das Vertrauen Ihrer Mitarbeiter in die Lösung.

Als letztes muss noch erwähnt werden, dass es mit der alleinigen Erstellung der Regeln nicht getan ist! Sie müssen alle gemeinsam dafür Sorge tragen, dass die Vorgaben auch umgesetzt und die Regeln eingehalten werden (*Policy to Process*). Dies gilt für die IT, die die entsprechenden Vorgaben technisch umsetzen und überwachen muss, genauso wie für den Anwender, der die Geräte und Daten sorgfältig behandelt. Nur so kann ein erfolgreicher *BYOD-Einsatz* sichergestellt werden.

2.4 Checkliste

1. Haben Sie eine zukunftsweisende *Mobile Strategie*?
2. Welche Aspekte haben Sie darin berücksichtigt?
3. Haben Sie alle für Sie wichtigen *Stakeholder* in das Projekt involviert?
4. Wollen Sie im Rahmen Ihrer *Mobile Strategie* mobile Endgeräte einsetzen?
5. Wollen Sie eine *BYOD-Strategie* verfolgen?
6. Welche Alternativen haben Sie?
7. Was wollen Ihre Angestellten?
8. Haben Sie alle Vor- und Nachteile bedacht?
9. Welche Auswirkungen haben Ihre Entscheidungen auf Ihr *Business*?
10. Haben Sie Klarheit zum Thema Kosten?
11. Haben Sie das Thema Datenschutz und IT-Sicherheit genau betrachtet?
12. Haben Sie ausführliche und verständliche *BYOD-Policies*?
13. Kommunizieren Sie den Projektfortschritt und die *Policies* in angemessenem Maße?

Bei der Einführung von *BYOD* sind einige rechtliche Aspekte zu beachten. Dies sind zum einen gesetzliche Vorgaben (vgl. Abschn. 3.1.2), zum anderen anerkannte Sicherheitsstandards (vgl. Abschn. 3.1.3), die in einigen Unternehmen angewendet werden. Dabei gilt es, bestimmte Sicherheitsziele und die *Compliance* mit den rechtlichen und unternehmenseigenen Vorgaben zu erreichen. Auf die praktische Umsetzung der Sicherheitsanforderungen, die bei der Einführung von *BYOD* erfüllt sein sollten, wird an anderer Stelle (vgl. Abschn. 4.8) eingegangen. Dabei geht es um verschiedene Gefahren und wie diese verhindert werden können (vgl. Abschn. 4.8.2).

Da sich die rechtlichen Aspekte aufgrund von Gesetzesänderungen, Gerichtsurteilen, fortschreitender Technologie sowie damit einhergehenden Änderungen von Standards ändern können, kann in den folgenden Ausführungen kein Anspruch auf Vollständigkeit und Rechtsgültigkeit gelten. Es kann lediglich ein Überblick über wichtige Aspekte gegeben werden, die bei der Einführung von *BYOD* beachtet und bei der Erstellung einer unternehmensinternen *BYOD-Richtlinie* berücksichtigt werden sollten. Diese dienen als Anregung und erfordern eine tiefergehende Auseinandersetzung mit dem Thema. Zudem sollten sie in die bereits vorhandenen Risiko-Management- und IT-Sicherheits-Prozesse einbezogen werden. Für die rechtliche Absicherung des *BYOD-Vorhabens* empfehlen wir eine individuelle Beratung eines Rechtsexperten.

Die *Stakeholder*, für die rechtliche Aspekte eine Rolle spielen, sind in erster Linie Mitarbeiter, die für deren Einhaltung Sorge tragen (z. B. Datenschutzbeauftragte, *Risiko-Manager*, Rechtsabteilung, *IT-Sicherheitsbeauftragter*, Geschäftsleitung). Hinzu kommen aber auch alle Angestellten, da diese sich ebenfalls an bestimmte Vorgaben halten müssen (z. B. Gesetze, Unternehmensrichtlinien usw.).

© Springer Fachmedien Wiesbaden 2015
A. Kohne, S. Ringleb, C. Yücel, *Bring your own Device*, DOI 10.1007/978-3-658-03717-8_3

3.1 Recht

Die rechtlichen Aspekte von *BYOD* lassen sich in rechtliche Vorgaben in Form von Gesetzen (vgl. Abschn. 3.1.2) und in etablierte, zumeist freiwillige, Sicherheitsstandards (vgl. Abschn. 3.1.3) unterteilen. Bevor diese im Detail erläutert werden, werden zunächst die anzustrebenden Sicherheitsziele beschrieben.

3.1.1 Sicherheitsziele

Bei *BYOD* gelten dieselben Sicherheitsziele, die auch bei der traditionellen Unternehmens-IT angestrebt werden. Diese beziehen sich vorwiegend auf den Austausch und die Speicherung von Daten. Es handelt sich dabei um folgende Sicherheitsziele:

Vertraulichkeit
Die Vertraulichkeit bezieht sich auf den Schutz von Daten vor unautorisiertem Zugriff. Sowohl personenbezogene Daten als auch Unternehmensdaten müssen geschützt werden. Dies erfordert Maßnahmen wie beispielsweise Verschlüsselung.

Integrität
Integrität bedeutet, dass Daten oder Informationen unverändert übertragen oder gespeichert werden. Manipulationen von Daten müssen ausgeschlossen werden.

Verfügbarkeit (Availability)
Eine Voraussetzung für die Nutzung von *Online-Anwendungen* oder unternehmensinternen Diensten ist deren Verfügbarkeit. Sind die erforderlichen Ressourcen und Daten verfügbar? Ist die Funktionalität der Anwendungen bzw. Dienste gewährleistet? Zu welchen Zeiten können die Anwendungen bzw. Dienste genutzt werden? Gibt es bestimmte Wartungsfenster bzw. Zeiten, in denen sie nicht verfügbar sind?

Erreichbarkeit
Eng verbunden mit der Verfügbarkeit ist die Erreichbarkeit der *Online-Anwendungen*, unternehmensinternen Diensten oder des Unternehmensnetzwerks. Über welche Internetprotokolle kann darauf zugegriffen werden? Sind die Anwendungen bzw. Dienste auch von (privaten) mobilen Geräten aus erreichbar?

Authentizität
Authentizität bedeutet, dass die Identität des Kommunikationspartners oder des *Online-Dienstes* verifiziert werden kann. Eine Umleitung der Kommunikation muss verhindert werden, damit die Daten nicht in falsche Hände geraten, wie es beispielsweise bei *Phishing-* oder *Man-in-the-middle-Angriffen* der Fall ist (vgl. Abschn. 4.8.2).

Verbindlichkeit
Verbindlichkeit oder Rechtsverbindlichkeit bezieht sich auf rechtliche Vorgaben in Bezug auf die Nachweispflicht. Daten und Vorgänge müssen jederzeit nachgewiesen werden können.

Zurechenbarkeit (Accountability)
Zurechenbarkeit heißt, dass jederzeit Prozesse und Aktionen nachverfolgt werden können, so dass nachgewiesen werden kann, von welchem Benutzer diese durchgeführt wurden.

Verlässlichkeit
Verlässlichkeit umfasst einige der bereits genannten Sicherheitsziele. Eine Anwendung bzw. ein Dienst muss verlässlich verfügbar und erreichbar sein, also möglichst keine Fehler aufweisen oder Ausfälle haben. Zudem muss sichergestellt werden, dass Authentizität und Integrität gegeben sind.

Zusätzlich muss natürlich die Konformität (*Compliance*) zu gesetzlichen Vorgaben (vgl. Abschn. 3.1.2) und Sicherheitsstandards (vgl. Abschn. 3.1.3) vorhanden sein.

3.1.2   Rechtliche Vorgaben

Bei der Einführung von *BYOD* sind einige rechtliche Vorgaben zu berücksichtigen. Diese ergeben sich aus einer Vielzahl von Gesetzen aus unterschiedlichen Rechtsbereichen, u. a.:

- Grundgesetz (GG),
- Bürgerliches Gesetzbuch (BGB),
- Telekommunikationsgesetz (TKG),
- Telemediengesetz (TMG),
- Bundesdatenschutzgesetz (BDSG),
- Urheberrechtsgesetz (UrhG),
- Arbeitsrecht (Betriebsverfassungsgesetz, BetrVG),
- Handelsrecht (HGB und weitere),
- Steuerrecht (AO und weitere),
- Strafrecht (StGB),
- bestimmte EU-Richtlinien
- und gegebenenfalls weitere (z. B. Zugangskontrolldiensteschutz-Gesetz (ZKDSG)).

Es handelt sich zum größten Teil um Gesetze, die auch allgemein im beruflichen Umfeld (z. B. bei der Unternehmens-IT) beachtet werden müssen und die im speziellen Fall von *BYOD* unbedingt zu berücksichtigen sind.

Da das Themengebiet der IT-Sicherheit zu umfangreich und komplex ist, als dass ein Gesetzgeber einzelne, konkrete Maßnahmen zur Gewährleistung eines einheitlichen

Mindestsicherheitsniveaus im gesamten Einzugsgebiet seiner Gesetzgebung vorschreiben könnte, sind Anforderungen zur IT-Sicherheit kaum in den Gesetzestexten vorhanden, insbesondere keine konkreten und unmittelbaren. Jedoch lassen sich Anforderungen zumindest für eine grundlegende Beschäftigung mit dem Thema IT-Sicherheit und einen bewussten, verantwortungsvollen Umgang mit IT-Sicherheitsrisiken aus den allgemeinen, gesetzlichen Anforderungen zum *Management* von Finanzrisiken ableiten. Dies folgt z. B. aus den verschiedenen Gesetzen zum Handels- und Gesellschaftsrecht 1 (HGB, AktG, GmbHG und weitere sowie KonTraG). Darüber hinaus gibt es auch branchenspezifische Gesetze und Regelungen, die auch in erster Linie über Anforderungen zum Risikomanagement eine bewusste und verantwortungsvolle Beschäftigung mit dem Thema IT-Sicherheit erforderlich machen, wie z. B. das Bankenrecht (Basel II, MaRisk) oder Anforderungen für die Betreiber kritischer Infrastrukturen. Ein fahrlässiger Umgang mit IT-Sicherheitsrisiken in Unternehmen bzw. eine Außerachtlassung dieser Risiken kann deshalb als ein Versäumnis hinsichtlich des *Managements* von Finanzrisiken betrachtet werden. Kommt es in einem solchen Szenario zu einem Sicherheitsvorfall mit entsprechenden direkten wie indirekten finanziellen Konsequenzen, kann dies im schlimmsten Fall dazu führen, dass sich der Vorstand bzw. die Geschäftsführung für entsprechende Versäumnisse verantworten müssen.

Aus dem Grundgesetz relevant sind vor allem das Fernmeldegeheimnis (Art. 10 Abs. 1) und das Recht auf informationelle Selbstbestimmung (Art. 2, Abs. 1):

„Das Briefgeheimnis sowie das Post- und Fernmeldegeheimnis sind unverletzlich."
(GG Art. 10, Abs. 1)

„Jeder hat das Recht auf die freie Entfaltung seiner Persönlichkeit, soweit er nicht die Rechte anderer verletzt und nicht gegen die verfassungsmäßige Ordnung oder das Sittengesetz verstößt." (GG Art. 2, Abs. 1)

Das Fernmeldegeheimnis wird im Telekommunikationsgesetz (TKG), in § 88 näher spezifiziert. Im genannten Gesetz heißt es, dass es sich auf „den Inhalt der Telekommunikation und ihre näheren Umstände, insbesondere die Tatsache, ob jemand an einem Telekommunikationsvorgang beteiligt ist oder war"(vgl. Abs. 1) bezieht und „jeder Dienstanbieter" (vgl. Abs. 2) zur Wahrung des Fernmeldegeheimnisses verpflichtet ist. In Abs. 3 wird darüber hinaus noch das Verbot ausgesprochen, sich oder andere „über das für die geschäftsmäßige Erbringung der Telekommunikationsdienste einschließlich des Schutzes ihrer technischen Systeme erforderliche Maß" hinaus Kenntnisse über den Inhalt der Kommunikation und ihre Umstände zu verschaffen oder diese an Dritte weiterzugeben. In Bezug auf *BYOD* ist darauf zu achten, dass Unternehmensdaten nur für die vorgesehenen Zwecke verwendet werden und nicht an Dritte weitergegeben werden. Zudem darf der Arbeitgeber keine Informationen aus der bzw. über die private Telekommunikation seiner Angestellten sammeln. Letzteres ist auch aufgrund des oben genannten Art. 2 des Grundgesetzes zu beachten. Das Telekommunikationsgesetz verpflichtet Unternehmen zudem, technische Schutzmaßnahmen zu treffen, um das Fernmeldegeheimnis (s. o.) zu wahren und um personenbezogene Daten zu schützen (TKG § 109). Dies dient nicht nur dem Schutz der Unternehmensdaten, sondern auch der privaten Daten des Arbeitnehmers. Haben die Arbeitnehmer nämlich z. B. die Erlaubnis, während ihrer Arbeitszeit privat auf *E-Mails* und das *Internet* zuzugreifen, wird der Arbeitgeber laut TKG zum Diensteanbieter und muss somit das Fernmeldegeheimnis wahren.

Neben indirekten Sicherheitsanforderungen als Konsequenz der Anforderungen zum *Risikomanagement* sind auch noch direkte Anforderungen für spezifische Situationen zu berücksichtigen. Diese betreffen vor allem das Datenschutzgesetz (§ 9, Abs. 1 BDSG), dem aufgrund der großen Relevanz in Bezug auf *BYOD* ein eigenes Unterkapitel gewidmet wird (vgl. Abschn. 3.1.4).

Bei der Praktizierung von *BYOD* müssen die verschiedenen Kontrollrechte des Unternehmens erhalten bleiben. Dazu gehören Kontrollen durch einen Datenschutzbeauftragten (BDSG § 4g, Abs. 1), Prüfungs- und Zugangsrechte der zuständigen Aufsichtsbehörde (BDSG § 38, Abs. 4) sowie sonstige Kontrollpflichten des Unternehmens, die sich aus verschiedenen Gesetzesbereichen ergeben (z. B. Handelsrecht, Steuerrecht). Die sogenannte Skandalisierungspflicht nach BDSG § 42a verpflichtet zu einer sofortigen Verlustmeldung, sollte das mobile Gerät durch Verlust oder Diebstahl abhanden kommen. Bei Verlust oder Beschädigung des Geräts stellt sich zudem die Haftungsfrage: wer kommt für den entstandenen Schaden auf – der Arbeitgeber oder -nehmer? Der Arbeitgeber muss eventuell laut BGB §§ 670 und 675 einen Aufwendungsersatz zahlen (vgl. [51]). In der Haftpflichtversicherung von Unternehmen sind private Geräte normalerweise nicht mit eingeschlossen. Daher empfiehlt es sich, die Haftungsfrage vertraglich zu vereinbaren und/oder eine zusätzliche Geräteversicherung abzuschließen.

BYOD kann nicht vom Arbeitgeber „angeordnet" werden, sondern darf nur freiwillig genutzt werden, da der Arbeitgeber laut Arbeitsrecht die notwendigen Arbeitsmittel stellen muss (Arbeitsschutzgesetz § 3, Abs. 2). Zudem ist eine vertragliche Vereinbarung mit dem Arbeitnehmer anzuraten, in der festgelegt ist, inwieweit *BYOD*-Geräte während der Arbeitszeit für private Zwecke genutzt werden dürfen.

Bei der Nutzung von installierter *Software* ist das Lizenzrecht (UrhG § 99) zu beachten:

- Handelt es sich um private oder gewerbliche *Software*?
- Was steht in den Nutzungsbedingungen der *Software*?

Letztere sind unbedingt zu berücksichtigen. In den meisten Fällen ist für *Software*, die für private Zwecke mit einer entsprechenden Lizenz gekauft wurde, eine kommerzielle Nutzung untersagt. Dasselbe gilt übrigens auch für Fotos und Abbildungen oder Musik aus dem *Internet*. Eine Alternative in Bezug auf *Software* stellen *Open-Source-Anwendungen* dar. Bei kostenlosen *Apps* für mobile Geräte ist allerdings auf die erforderlichen Berechtigungen zu achten: wird nur Werbung eingeblendet oder werden auch Daten gesammelt und eventuell sogar an Dritte weitergegeben? Zudem können sich rechtliche Fragen ergeben, die nicht ohne juristische Beratung beantwortet werden können: z. B. „Ist eine private *MP3-Datei* als Klingelton bereits ein Lizenzbruch?".

Falls im Unternehmen ein Betriebsrat tätig ist, ist dieser bei der Einführung von *BYOD* ebenfalls hinzuzuziehen (Betriebsverfassungsgesetz (BetrVG) § 77 Abs. 4). Der Betriebsrat hat mehrere Mitbestimmungsrechte, u. a. zur Arbeitszeit und zur Betriebsordnung (BetrVG § 87, Abs. 1). Beide Themen werden durch *BYOD* beeinflusst: Dadurch, dass private Geräte auch dienstlich genutzt werden, verlängert sich die Erreichbarkeit (s. Abschn. 6.2) und somit möglicherweise auch die Arbeitszeit (s. Abschn. 6.5). Die mit einer *BYOD-Strategie* einhergehenden Regelungen bedürfen ebenfalls der Zustimmung des Betriebsrats, da diese möglicherweise auch mit einigen Einschränkungen für die Arbeitnehmer verbunden sind (z. B. Verbot bestimmter *Apps*, Verlust privater Daten im Falle einer Fernlöschung, Zugriffsschutz durch strenge Passwortrichtlinien . . .). Mehr Informationen zur Einbeziehung des Betriebsrats erhalten Sie im Abschn. 7.1.

Für *BYOD* relevant ist auch das Steuerrecht. Können Aufwendungen für private mobile Geräte steuerlich abgesetzt werden? Mehr dazu erfahren Sie in Abschn. 5.4.

3.1.3 Sicherheitsstandards

Neben den gesetzlichen Vorgaben gibt es eine Reihe freiwilliger IT-Standards, die in einigen Unternehmen bereits umgesetzt werden. Diese enthalten ebenfalls Vorgaben bzw. Empfehlungen, die die IT-Sicherheit betreffen. Die vorgeschlagenen Maßnahmen sind wesentlich konkreter formuliert, als die gesetzlichen Vorgaben und somit einfacher in der Praxis umzusetzen. Es handelt sich zwar nicht um eine verbindliche Rechtsnorm, aber durch branchenweite Einsätze sind sie „faktisch verbindlich" und auch für die Gerichte eine Orientierung (vgl. [18]). Zu den freiwilligen Sicherheitsstandards gehören folgende:

ISO 27001
Die ISO 27001 ist eine im Jahr 2005 eingeführte Norm, die zusammen mit anderen ISO-Normen verschiedene Sicherheitsthemen behandelt. Die aktuelle Version der ISO 27001 wurde im Jahr 2013 veröffentlicht. Der inhaltliche Schwerpunkt liegt in der Beschreibung eines Informationssicherheitsmanagmentsystems (ISMS). Es wird u. a. erklärt, wie dieses in einem Unternehmen erstellt, implementiert, evaluiert, gewartet und verwaltet wird (vgl. [84]). Diese wird u. a. ergänzt durch praktische Beispiele in der ISO-Norm 27002, Hilfen für die Umsetzung in der ISO-Norm 27003 (vgl. [53]). Basierend auf dem *Plan-Do-Check-Act*-Zyklus werden verschiedene Sicherheitsaspekte und -gefahren sowie ein ISMS mit Zielen und Prozessen vorgestellt. Anhang A enthält konkrete Sicherheitsanforderungen in Form sogenannter „*Controls*" (vgl. [53]). Diese „*Controls*" müssen im Hinblick auf ihre Relevanz für das ISMS des jeweiligen Unternehmens geprüft und bei Bedarf umgesetzt werden. Für nicht zutreffende „*Controls*" muss begründet werden, warum diese im konkreten Einzelfall nicht erforderlich sind. Für die Einführung von *BYOD* sind beispielsweise die „*Controls*" zu folgenden Themen interessant:

- *Mobile Computing* und Kommunikation,
- Telearbeit,
- alle Anforderungen, die auch für IT-Systeme, Anwendungen, Netze und Daten gelten (z. B. Maßnahmen gegen *Schadsoftware*, *Backupmaßnahmen* usw.), sowie
- der Umgang mit Informationssicherheitsvorfällen und die
- Sicherstellung des Geschäftsbetriebs,

sofern diese einen Zusammenhang mit mobilen Geräten aufweisen.

BSI Grundlagen IT-Sicherheit bzw. IT-Grundschutz

Die Grundlagen IT-Sicherheit bzw. der IT-Grundschutz des Bundesamts für Sicherheit in der Informationstechnik, kurz BSI, ist ein deutscher Standard für IT-Sicherheit, der die ISO 27001 *Controls* ergänzt und durch präzisere Maßnahmen konkretisiert (vgl. [13]). Es handelt sich dabei um fünf Bausteine, in denen die Maßnahmen für bestimmte Szenarien beschrieben werden. Ergänzt werden diese Ausführungen noch um einen Gefährdungs- und einen Maßnahmenkatalog sowie zahlreiche Hilfsmittel zur Umsetzung des IT-Grundschutzes (z. B. *Checklisten*, Beispiele). Einige dieser Bausteine behandeln die Sicherheit von mobilen Geräten (vgl. [53]):

- B2.10 Mobiler Arbeitsplatz
- B3.404 Mobiltelefon
- B5.8 Telearbeit
- B5.14 Mobile Datenträger.

Andere hingegen sind allgemeingültig und sollten auch im Zusammenhang mit mobilen Geräten berücksichtigt werden, z. B.:

- B4.6 *WLAN*
- B5.19 *Internetnutzung*
- ...

In diesen Bausteinen sowie im Maßnahmenkatalog werden zahlreiche Maßnahmen aufgeführt, die zur IT-Sicherheit beitragen. Einige von ihnen können mit Hilfe von *Mobile Device Management Systemen* (vgl. Abschn. 4.2.1) umgesetzt bzw. gewährleistet werden (z. B. M2.189 Sperrung des Mobiltelefons bei Verlust, M2.224 Schutz vor Schadprogrammen, M4.1 Passwortschutz für IT-Systeme), andere wiederum werden von IT-Sicherheitsbeauftragten und Administratoren durchgeführt (z. B. M2.328 Erstellung einer Sicherheitsrichtlinie zur *WLAN-Nutzung*) oder sind auf die Umsetzung durch die Anwender (M3.78 Korrektes Auftreten im Internet) angewiesen.

ITSEC-Kriterien bzw. Common Criteria
Bei den „*Common Criteria for Information Technology Security Evaluation*" bzw. kurz
„*Common Criteria*" oder „*CC*" handelt es sich um einen internationalen Standard zur Be-
wertung der IT-Sicherheit von IT-Produkten, der verschiedene nationale Standards (u. a.
den europäischen Standard *ITSEC*) zu einem übergeordneten Standard vereint (Norm
ISO/IEC 15408). Die *Common Criteria* sind in 3 Teile unterteilt:

1. Einführung und allgemeines Modell
2. Funktionale Sicherheitsanforderungen
3. Anforderungen an die Vertrauenswürdigkeit.

Software-Anwendungen, zu denen auch *Apps* für mobile Geräte gehören, können nach
den *Common-Criteria* auf ihre IT-Sicherheit geprüft werden, was jedoch mit einigem Aufwand verbunden ist.

ITIL
ITIL steht für „*IT Infrastructure Library*" und wurde in den 1980er Jahren von einer bri-
tischen Behörde entwickelt. Die aktuelle Version ist ITIL 2011. Es handelt sich dabei
um einen *Best Practice* Standard für *IT Service Management* Prozesse. Der Lebenszyklus
eines IT-Services besteht demzufolge aus den Phasen

- *Service Strategy*
- *Service Design*
- *Service Transition*
- *Service Operation*
- und die übergreifende Phase *Continual Service Improvement*.

Jeder dieser Abschnitte im Lebenszyklus eines Services wird mit den dazugehörigen
Prozessen in einem eigenen Buch beschrieben. Aus der Sicht eines Service-Anbieters wird
erläutert, was in den einzelnen Phasen zu tun ist und wie diese Prozesse idealerweise aussehen. Diese Beschreibungen enthalten zwar einige exemplarische Beispiele sind jedoch
überwiegend allgemein gehalten. Auf *BYOD* wird nicht konkret eingegangen. Nichtsdestotrotz sollten die *ITIL*-Prozesse auch den Umgang mit mobilen Geräten berücksichtigen
– insbesondere, wenn das Unternehmen eine Zertifizierung nach der ISO-Norm 20000,
die auf dem *ITIL*-Standard basiert, anstrebt. Da es sich bei mobilen Geräten auch um
IT-Systeme handelt, können diese beispielsweise als zu verwaltende Assets bzw. Service-
Komponenten betrachtet werden, die dazu dienen, einen Service bereitzustellen bzw. die
eigentlichen Geschäftsprozesse des Unternehmens zu unterstützen.

COBIT
COBIT, ursprünglich ein Akronym für „*Control Objectives for Information and Related
Technology*", ist ein im Jahr 1993 entwickeltes und drei Jahre später erstmals veröffent-
lichtes *Framework* zur *IT-Governance*. Dabei handelt es sich um eine Beschreibung von

IT-Aufgaben, die in Prozesse und *Control Objectives* (Kontrollziele) aufgeteilt werden. Ursprünglich als Werkzeug für IT-Auditoren gedacht, betrachtet die aktuelle Version (5) die IT-Steuerung aus Unternehmensperspektive. *COBIT* ist ein *Top-Down-Ansatz*, der durch seine Vorgaben darauf abzielt, die IT-Steuerung zu optimieren, aber auch dazu dient, *Compliance*, also die Einhaltung rechtlicher Vorgaben, sicherzustellen. Die *COBIT-Prozesse* sind den *ITIL*-Prozessen (s. o.) ähnlich. Für diese gilt ebenfalls, mobile Geräte entsprechend zu berücksichtigen, auch wenn sie nicht unbedingt explizit erwähnt werden.

Um die *Compliance* mit diesen Standards auch mit der Umsetzung von *BYOD* zu gewährleisten bzw. die entsprechende Zertifizierung zu erhalten, müssen diese Regelungen nicht nur auf die bereits vorhandene Unternehmens-IT, sondern auch auf die im Rahmen von *BYOD* genutzten mobilen Geräte angewendet werden.

3.1.4 Datenschutz

Werden in einem Unternehmen z. B. personenbezogene Daten im Sinne des Bundesdatenschutzgesetzes (BDSG) verarbeitet, so muss die Datenverarbeitung in diesem Unternehmen auch die Anforderungen hinsichtlich Datenschutz und Datensicherheit des BDSG sowie der jeweils relevanten Landesdatenschutzgesetze erfüllen. Die Datenschutzanforderungen stellen für Unternehmen insbesondere bei der Nutzung von sogenannten *Cloud-Diensten*, in deren Rahmen Daten auf weltweit verteilten Systemen gespeichert werden können, ein teilweise unüberwindbares Problem dar, wenn diese Daten auch personenbezogene Daten z. B. von Kunden umfassen. Die EU-Richtlinie 95/46/EG zum Schutz natürlicher Personen bei der Verarbeitung personenbezogener Daten und zum freien Datenverkehr geht ebenfalls auf diese Thematik ein. Im Rahmen von *BYOD* kommt noch hinzu, dass auf privaten *Smartphones* und *Tablets*, die von den Besitzern sowohl privat als auch betrieblich genutzt werden, in der Konsequenz auch in ständigem Wechsel private und betriebliche Daten verarbeitet und neben betrieblichen Daten insbesondere auch private Daten gespeichert werden. Für Unternehmen, die an dem Schutz der betrieblichen Daten interessiert sind, gilt es dabei auch die Privatsphäre und die informationelle Selbstbestimmung des Gerätenutzers zu wahren sowie die gesetzlichen Anforderungen an den Datenschutz zu erfüllen (z. B. Arbeitnehmerdatenschutz § 32 BDSG). In der Anlage zu § 9 des Datenschutzgesetzes (BDSG) wird u. a. eine Zugangs- und Zutrittskontrolle gefordert. Da diese bei mobilen Geräten alleine schwierig umzusetzen ist, sollte dies am besten mit Hilfe eines *MDM-Systems* (vgl. Abschn. 4.2.1) implementiert und kontrolliert werden. Es bietet sich zudem an, im Rahmen der technischen Möglichkeiten auf dem mobilen Gerät geschäftliche und private Daten zu trennen. Schließlich können auch IT-Sicherheitsrisiken die Finanzlage eines Unternehmens aufgrund des unmittelbaren Schadens, möglicher Vertragsstrafen und Bußgelder sowie in Folge von Wettbewerbsnachteilen durch Reputationsverluste langfristig und in hohem Maße bedrohen und sind somit auch indirekt als Finanzrisiken wahrzunehmen.

Eine unzureichende Berücksichtigung und Behandlung dieser Themen kann im Schadensfall zu Problemen führen. So z. B., wenn im Falle eines Verlusts eines *Smartphones* das Unternehmen die betrieblichen Daten auf dem betroffenen Gerät per Datenfernlöschung vor Missbrauch bewahren, der Besitzer des betroffenen Geräts aber nicht seine privaten Daten verlieren möchte. Schließlich könnte das Gerät auch nur verlegt worden sein und letztlich handelt es sich bei dem Gerät um das Eigentum des Beschäftigten. Ähnliche Probleme können sich allerdings auch bei Firmengeräten ergeben, wenn eine private Nutzung dieser Geräte explizit erlaubt oder nicht explizit verboten wird bzw. geduldet ist. Da Veränderungen von Daten laut Strafgesetzbuch (StGB) verboten sind (§ 303), sollte ein schriftliches Einverständnis des Arbeitnehmers eingeholt werden, dass in bestimmten Fällen (z. B. Verlust, Diebstahl des mobilen Geräts) mittels eines *Remote Wipe* auch private Daten gelöscht werden dürfen. Somit ist grundsätzlich auch eine organisatorische Regelung der Nutzung von *Smartphones* und *Tablets* notwendig, die die erwähnten sowie die nachfolgend aufgeführten Themen adressiert, unabhängig davon, ob es sich um Privat- oder um Firmengeräte handelt. Ein gänzliches Verbot der privaten Nutzung wird sich jedoch bei Privatgeräten in der Regel kaum durchsetzen lassen. Und selbst wenn sich Nutzer von Privatgeräten über eine schriftliche Vereinbarung zu einer rein dienstlichen Nutzung verpflichten lassen, können viele, rechtlich schwierige Situationen entstehen:

- Was passiert, wenn z. B. ein Mitarbeiter das Unternehmen verlässt? Für diesen Fall sollte im Vorhinein vertraglich festgehalten werden, dass der Arbeitnehmer zur Herausgabe der dienstlichen Daten verpflichtet ist. Dies kann auch mit der Herausgabepflicht (BGB § 667) rechtlich begründet werden. Zu rechtlichen Auseinandersetzungen kann es führen, wenn unklar ist, wem die Daten gehören. So wurde z. B. schon häufiger vor Gericht darüber gestritten, wem *Social-Media-Kontakte* gehören: dem Mitarbeiter, der sie akquiriert hat, oder dem Unternehmen, für das der Mitarbeiter tätig war und in dessen Auftrag er sich vernetzt hat.
- Ist es beispielsweise erlaubt, dass ein Kind des Mitarbeiters mit dem mobilen Gerät einen Film schaut oder eine *Spiele-App* verwendet? Mit Hilfe weniger *Touch-Gesten* wäre ein Zugang zu wichtigen Unternehmensdaten möglich. Über die Teilen-Funktion könnten die Daten schnell (unbeabsichtigt) über soziale Medien weiterverbreitet werden. Aufgrund dieser Gefahren ist es notwendig, dass der Zugriff von Dritten auf die *BYOD-Geräte* – auch von Familienangehörigen oder Kollegen – unbedingt verhindert wird. Dies kann z. B. vertraglich vereinbart und durch eine Passwortrichtlinie auch technisch umgesetzt werden.
- Wer haftet eigentlich für einen Schaden in Bezug auf Datenschutz (z. B. Datenverlust, -verbreitung, usw.)? Das kommt darauf an, wie der Schaden entstanden ist. Der Arbeitnehmer haftet nur bei grober Fahrlässigkeit oder Vorsatz allein (BGB § 276). Ansonsten wird der Schaden entweder anteilig oder nur dem Arbeitgeber in Rechnung gestellt.

Weitere spezifische Anforderungen ergeben sich z. B. aus dem Urheberrecht (UrhG) für den Schutz der Rechte von Urhebern, dem Bürgerlichen Gesetzbuch (BGB), dem

Telekommunikationsgesetz (TKG) und dem Telemediengesetz (TMG) z. B. für den elektronischen Geschäftsverkehr. Aus diesen Gründen ist es für Unternehmen unumgänglich, sich auch mit Risiken aus dem Gebiet der IT-Sicherheit und des Datenschutzes zu beschäftigen, insbesondere wenn im Rahmen einer *BYOD-Strategie* private Endgeräte von Beschäftigten für betriebliche und weiterhin auch private Zwecke eingesetzt werden und so mit zwangsläufig auch personenbezogene Daten (mit hoher Wahrscheinlichkeit sogar besonders zu schützende Daten nach § 3, Abs. 9 BDSG) enthalten. Unternehmen müssen in solchen Fällen sicherstellen, dass personenbezogene Daten der Beschäftigten nicht im Rahmen der betrieblichen Nutzung ihrer Privatgeräte ohne Einwilligung der Beschäftigten durch das Unternehmen erfasst werden. Ansonsten hätte dies sogar strafrechtliche Folgen, da dies das Ausspähen von Daten (§ 202 StGB) oder in manchen Fällen vielleicht sogar die Veränderung von Daten (§ 303 StGB) beinhaltet. Ebenso muss das Unternehmen insbesondere auch auf die Einhaltung des Urheberrechts hinwirken. Falls das Unternehmen den Beschäftigten den Zugriff auf das *Internet* ermöglicht, so ist den Beschäftigten auch eindeutig zu kommunizieren, dass strafrechtlich relevante oder anderweitig im Unternehmen unerwünschte Aktivitäten im Rahmen dieses Zugriffs zu unterlassen sind, z. B. der Konsum oder die Verbreitung rassistischer, kinderpornographischer oder gewaltverherrlichender Inhalte sowie der Zugriff auf pornographische Inhalte oder Spiele und sogenannte soziale Medien (*Social Media*) während der Arbeitszeiten. Was die Installation von *Apps* betrifft, sollte ebenfalls geregelt werden, welche Apps erlaubt sind und welche nicht. Natürlich sollte hier auch nicht alles verboten werden, da das Gerät auch noch privat genutzt wird. Allerdings sollten zum Schutz der Unternehmensdaten bestimmte gefährliche *Apps* (vgl. Abschn. 4.8.2.5) wenn möglich „gesperrt" und die Mitarbeiter in jedem Fall auf die Gefahren aufmerksam gemacht werden (vgl. Abschn. 3.1.7).

Bezüglich Unternehmensdaten gibt es zudem gesetzlich vorgeschriebene Dokumentationspflichten (Handelsgesetzbuch (HGB) § 257). Werden Daten, die unter dieses Gesetz fallen, auf mobilen Geräten gespeichert, sollte sichergestellt werden, dass dies nicht der einzige Speicherort ist, sondern noch eine Kopie, z. B. auf einem *Unternehmensserver*, existiert.

Franck (vgl. [51]) zufolge ist umstritten und gesetzlich noch nicht eindeutig geregelt, ob es sich bei privaten Geräten im Unternehmenseinsatz um eine Auftragsdatenverarbeitung nach BDSG § 3, Abs. 7 handelt oder nicht. Es wird daher empfohlen, eine Auftragsdatenverarbeitung abzulehnen.

Bei *BYOD* sollte der Schutz von Unternehmensdaten wie *E-Mails*, Dokumente, *Social-Media-Kontakte*, usw. oberste Priorität haben. Was die privaten Daten betrifft, stellt sich die Frage, ob ein Zugriff darauf dem Unternehmen erlaubt ist und ob er überhaupt notwendig ist. Dies sollte am besten mit den betroffenen Mitarbeitern individuell vertraglich vereinbart werden.

3.1.5 Cloud-Dienste

Mittlerweile gibt es eine ganze Reihe von mehr oder weniger bekannten *Cloud-Diensten*, die auch als *App* auf mobilen Geräten genutzt werden können (vgl. Kap. 4.7). Der bedeutende Vorteil ist eine Synchronisierung und somit ein Zugriff auf den *Cloud-Dienst* über verschiedene Geräte. Sei es zur Speicherung von Daten und Austausch von Dokumenten (z. B. *Dropbox*) oder zum kollaborativen Arbeiten (z. B. *Google Docs*, Kalender) – Daten werden von den Anwendern ins *Internet* hochgeladen, auf den *Servern* der Dienstanbieter gespeichert und eventuell mit anderen Anwendern geteilt. Vor allem in Bezug auf den Datenschutz sind daher bei der Nutzung von *Cloud-Diensten* deren AGBs bzw. Nutzungsbedingungen (*Terms of service*) sorgfältig zu prüfen. Interessant ist zum Beispiel, wo die Daten gespeichert werden. Stehen die *Server* im europäischen oder außereuropäischen Ausland? In welchem Land genau? Diese Angaben sind nicht irrelevant, da die dortige Rechtssprechung maßgeblich ist. Es macht rechtlich gesehen schon einen Unterschied, ob die *Server* in den *USA* stehen, sich in *Irland*, der *Schweiz* oder in *Deutschland* befinden, um an dieser Stelle nur einige Beispiele zu nennen. Des Weiteren sollte überprüft werden, was in den Datenschutzbestimmungen (bzw. *Privacy Policy*) der verwendeten *Cloud-Dienste* steht. Welche Daten werden über den Anwender gespeichert? An wen werden diese möglicherweise weitergegeben? Wie verwendet der Dienste-Anbieter diese Daten? Wie werden die gespeicherten Daten (Inhalte) des Anwenders verarbeitet? Sind die Daten geschützt, oder für jeden im *Internet* frei zugänglich? Solche Fragen stellen sich vor allem bei öffentlichen *Cloud-Diensten*. Deren Geschäftsmodell besteht meistens aus kostenlosen Diensten, die bestimmte Einschränkungen haben (z. B. weniger Speicherplatz, Veröffentlichung der erstellten Inhalte, reduzierter Funktionsumfang), sowie kostenpflichtigen Premium-Diensten, die beispielsweise mehr Funktionen oder Datenschutz bieten. Eine Alternative zu öffentlichen *Cloud-Diensten* sind unternehmensinterne *Cloud-Dienste* (Stichwort *Private Cloud*), bei denen der *Server*, auf dem der Dienst läuft, in einem Rechenzentrum des eigenen Unternehmens steht. Diese sind entweder nur innerhalb des Unternehmensnetzwerks oder durch bestimmte Sicherheitsvorkehrungen (z. B. *VPN-Verbindungen*) auch von außerhalb über das *Internet* erreichbar. Unternehmensinterne Dienste sind erheblich kostspieliger als öffentliche Dienste, haben aber den Vorteil, dass das Unternehmen die Kontrolle über die gespeicherten Daten und die zugehörigen Dienste hat.

3.1.6 Spionage

Ein weiterer Punkt, der nicht unberücksichtigt gelassen werden sollte, ist Spionage im *Internet*. *Edward Snowden*, ein ehemaliger Administrator für Systeme der *National Security Agency* (*NSA*), eines amerikanischen Geheimdienstes, enthüllte im Juni 2013 erstmals, dass die *NSA* im großen Stil Rechner von *Internetfirmen* und Telefonanbietern ausspioniert habe. Dabei wurden alle möglichen Arten von Daten gesammelt: Telefonate, Videos,

Fotos, Kontaktdaten und *E-Mails*. Die *NSA* rechtfertigte diese Aktionen (bekannt unter dem Namen „*Prism*") mit dem Argument der Verhinderung von Terroranschlägen. Auch in Deutschland wurden zahlreiche Kommunikationen über Telefon, *E-Mail* und *SMS* abgehört. Einige Anbieter von *Cloud-Diensten* dementierten, mit den Geheimdiensten zusammengearbeitet zu haben, und stritten ab, Daten weitergegeben zu haben. Doch nicht nur die *NSA*, sondern auch Geheimdienste anderer Länder sammeln Daten. Dasselbe gilt für Ermittlungsbehörden zur Aufklärung von Straftaten. Die Anwender bekommen davon in der Regel nichts mit. Rechtlich gegen solche Aktionen vorzugehen könnte schwierig werden.

Für Unternehmen noch problematischer als die Abhöraktionen von Geheimdiensten ist Industriespionage. Die Täter haben es hierbei gezielt auf Unternehmensdaten abgesehen. Mit Hilfe von *Hacking*, *Social Engineering*, *Phishing*, Abhöraktionen und anderen Angriffen oder Diebstahl (vgl. Abschn. 4.8.2) versuchen die Täter an geheime und vertrauliche Daten zu gelangen. Einer Studie des *BITKOM* (vgl. [8]) zufolge waren 51 % der befragten 1074 Unternehmen in den letzten zwei Jahren von Wirtschaftsspionage, Sabotage oder Diebstahl betroffen. Der dadurch angerichtete Schaden wird von der *BITKOM* mit ca. 51 Milliarden Euro pro Jahr beziffert. Die Studie zeigt, dass Unternehmen aus der Automobil-, Chemie- und Pharma-Branche, Banken und Versicherungen sowie mittelständische Unternehmen diesbezüglich besonders gefährdet sind. Ein beliebtes Angriffsziel sind u. a. IT-Systeme und Kommunikationsinfrastrukturen.

Mobile Geräte bergen durch ihre Eigenschaften viele Gefahren, die in der *BYOD-Strategie* unbedingt berücksichtigt und durch entsprechende Schutzmaßnahmen reduziert werden sollten (vgl. Abschn. 4.8.4). Zudem sollten die Mitarbeiter auf diese Gefahren z. B. mit Hilfe von *Awareness-Schulungen* (vgl. Abschn. 3.1.7 und 6.6) auf solche Gefahren aufmerksam gemacht werden. Verträge zur Geheimhaltung und Verschwiegenheit sowie zur Kenntnisnahme von unternehmensinternen Regelungen (z. B. zur *Social Media* Nutzung) schützen rechtlich vor (absichtlicher) Weitergabe von Informationen.

Durch mobile Geräte wie *Smartphones* und *Tablets* sowie dem sogenannten „*Internet der Dinge*", das sämtliche mit dem *Internet* vernetzte Geräte umfasst (z. B. Küchengeräte, Fitnessarmbänder, Autos, Steuerungsgeräte für das Haus wie Lampen, Garagentore oder ähnliches mehr), werden ebenfalls zahlreiche Daten gesammelt. Viele *Apps* sammeln Daten, die gar nichts mit dem eigentlichen Zweck der *App* zu tun haben. Was mit diesen Daten geschieht, ob diese an Dritte weitergegeben werden, bleibt meist unklar. Vor der Installation einer *App* sollten daher die Berechtigungen sowie deren AGBs (bzw. *Terms of service*) überprüft werden.

Eine weitere Gefahr sind spezielle *Spionage-Apps*, die das *Tracking* bzw. die Ortung von mobilen Geräten und ggf. noch weitere Funktionen anbieten. Solche Dienste können z. B. zum Ausspionieren von Ehepartnern oder Mitarbeitern verwendet werden. Persönliche Daten gelangen so in die Hände des entsprechenden Dienstes. *MDM-Systeme* können ggf. einen Schutz vor solchen *Apps* bieten, z. B. über die Sperrung auf einer *Blacklist*.

3.1.7 Awareness

Da viele Gefahren mobiler Geräte häufig nur durch einen zu leichtsinnigen Umgang der Anwender zustande kommen, ist es wichtig, dass den Benutzern die Gefahren mobiler Geräte bewusst sind. *Awareness-Schulungen* (vgl. Abschn. 6.6) und Hinweise über die interne Unternehmenskommunikation (vgl. Abschn. 8.2) können dazu einen großen Beitrag leisten. Denn das Wissen über Sicherheitsgefahren führt meistens zu einem bewussteren und vorsichtigerem Umgang mit den mobilen Geräten – erst Recht, wenn dabei auch die möglicherweise unbeabsichtigten Folgen[1] und eventuellen Konsequenzen einer zu unbedarften Handhabung (z. B. Kündigung des Mitarbeiters) dargestellt werden. Am effektivsten ist natürlich das Lernen aus Erfahrung. Wem einmal sein *Diensthandy* abhanden gekommen ist, wird vermutlich sorgsamer mit dem Gerät umgehen als jemand, dem so etwas noch nie passiert ist. Dasselbe gilt für unbedachte Äußerungen in sozialen Netzwerken, den *Download* von Viren oder *Schadsoftware*, oder andere Schäden. Unbestritten besser – sowohl für die Mitarbeiter, als auch für das Unternehmen – ist aber, präventiv zu verhindern, so dass es erst gar nicht zu solchen schlechten Erfahrungen kommt.

3.1.8 Unternehmenseigene Richtlinien

Wie Sie gerade gelesen haben, gibt es beim Thema *BYOD* zahlreiche rechtliche Aspekte aus verschiedenen Gesetzen und freiwilligen Standards zu beachten. Die Thematik ist also vor allem für Nicht-Juristen sehr komplex und nicht unbedingt vollständig zu überblicken. Dieses Kapitel kann nur als erste Orientierungshilfe dienen. Aus diesem Grund ist für die vollständige Behandlung des Themas und die rechtlichen Details eine umfassende Beratung eines erfahrenen Juristen zu empfehlen.

Um sich im Hinblick auf die genannten Aspekte rechtlich abzusichern, sollte unbedingt eine unternehmenseigene Richtlinie für *BYOD* erstellt werden (vgl. Abschn. 2.3). Diese sollte in die unternehmenseigene IT-Sicherheitsrichtlinie integriert werden. Bei der Erstellung dieser Richtlinie sollten auf jeden Fall der IT-Sicherheitsbeauftragte und der Datenschutzbeauftragte des Unternehmens mitwirken. Eine diesbezügliche juristische Beratung ist ebenfalls wie bereits erwähnt sehr zu empfehlen. Falls das Unternehmen bereits über eine Rechtsabteilung verfügt, sollte diese unbedingt hinzugezogen werden. Falls ein Betriebsrat im Unternehmen tätig ist, ist zudem auch dessen Mitbestimmung erforderlich. Inhaltlich sollten vor allem folgende Punkte in den unternehmenseigenen *BYOD-Richtlinien* Berücksichtigung finden:

---

[1] Beispielsweise ein *Imageschaden* für das Unternehmen durch Veröffentlichung eines Datenverlusts oder unbedachten Äußerungen eines Mitarbeiters, (straf-)rechtliche Verfolgung und finanzieller Schaden.

- Welche Geräte sind erlaubt? (Gerätetyp, Betriebssystemversion, . . .)
- Evtl. eine Klärung von Fachbegriffen – je nachdem, wie technisch versiert die Zielgruppe ist
- Finanzielle Aspekte
- Sicherheitsgefahren
- Gesetzliche Vorgaben
- Rechte, Pflichten und Verbote im Zusammenhang mit *BYOD*
- Einschränkungen durch *Mobile Device Management Systeme*
- Einverständnis des Arbeitnehmers (z. B. für Löschung des Geräts bei Verlust, Verwaltung des Geräts durch ein *MDM-System*)
- Individuelle Vereinbarungen (z. B. Haftungsfrage, Privatnutzung während der Arbeitszeit, . . .)
- Konsequenzen bei Nichtbeachtung der Richtlinie

Die *BYOD-Richtlinie* muss dann von allen Angestellten, die *BYOD* nutzen wollen, unterschrieben und auch eingehalten werden.

3.1.9 Freiheit vs. IT-Sicherheit

Die Nutzung privater mobiler Geräte für dienstliche Zwecke kann für die Anwender eine freie(re) Gerätewahl und mehr Flexibilität bedeuten. Ein Mitarbeiter braucht nur noch ein Gerät mit sich führen. Falls er zuvor kein *Diensthandy* hatte, so ist er durch die Nutzung seines Privatgeräts auch beruflich mobil. Doch in Bezug auf die IT-Sicherheit ergibt der Einsatz privater Geräte weitere Sicherheitsrisiken. Nicht nur aufgrund der aus rechtlicher Sicht bereits behandelten Aspekte, gibt es viele, zu berücksichtigende Gefahren – im Umgang mit mobilen Geräten allgemein sowie speziell mit privaten Geräten, die für berufliche Zwecke genutzt werden. Diese Gefahren werden vor allem im Abschn. 4.8.2 detailliert erläutert. Bei der Einführung von *BYOD* besteht das Ziel darin, die richtige Balance zwischen Freiheit und IT-Sicherheit zu finden, die sowohl die Anwender als auch die IT-Abteilung zufriedenstellt. Einerseits sollten die Anwender nicht zu sehr durch Regelungen und Vorgaben eingeschränkt werden, andererseits sollte aber bekannten Gefahren vorgebeugt werden. Welche Möglichkeiten es dafür gibt, erfahren Sie in den folgenden Kapiteln.

3.2 Checkliste

1. Werden bei der Einführung von *BYOD* alle gesetzlichen Vorgaben berücksichtigt?
2. Welche freiwilligen Sicherheitsstandards werden befolgt und welche Aussagen treffen sie bezüglich mobiler Geräte?

3. Kann die *Compliance* zu freiwilligen Sicherheitsstandards, die das Unternehmen umsetzt, mit *BYOD* noch sichergestellt werden?
4. Gibt es eine *BYOD-Policy*, die die genannten rechtlichen Aspekte beinhaltet?
5. Hat ein Jurist die *BYOD-Policy* im Hinblick auf ihre Vollständigkeit und Rechtssicherheit überprüft?
6. Wurde der Betriebsrat (falls vorhanden) in die Entscheidungen und die Erstellung der *BYOD-Policy* mit einbezogen?
7. Wurden die Mitarbeiter über die rechtlichen Aspekte angemessen informiert?

Das Thema *BYOD* ist per Definition schon ein sehr IT-lastiges Thema. Deshalb werden wir in diesem Kapitel die IT-Aspekte in aller Ausführlichkeit beleuchten. In den folgenden Abschnitten werden wir Ihnen einen Überblick über die sehr komplexe und schnelllebige Geräte- und Betriebssystemlandschaft geben. Dies kann natürlich nur ein Schnappschuss der aktuellen Situation sein. Es zeigt aber wie viele potentielle Kombinationen es gibt und welche Aufgabe auf Ihre IT zukommt, wenn Sie die Gerätevielfalt nicht eindämmen. Als nächstes werden wir den Bereich des *Managements* der mobilen Endgeräte genau vorstellen. Wichtige Themen sind hier das *Mobile Device Management (MDM)*, das *Mobile Content Management (MCM)* und das *Mobile Application Management (MAM)*. Diese drei Punkte werden unter dem Oberbegriff *Enterprise Mobility Management (EMM)* zusammengefasst. Von dieser *Tool-getriebenen* Sichtweise gehen wir dann auf die Prozessebene und stellen Ihnen den *Lifecycle* eines mobilen Endgeräts vor und erklären Ihnen, wie Sie ein ganzheitliches *IT-Management* aufbauen. Weitere Themen sind die Virtualisierung, die es ermöglicht verschiedene Betriebssysteme und Applikationen auf einer *Hardware* zu betrieben, das wichtige Thema (mobile) Netzwerke und der Bereich des *Cloud Computings* mit seinen Auswirkungen auf Technik und Datenschutz. Abschließend stellen wir Ihnen die IT-Sicht auf das Thema Sicherheit und Datenschutz vor und erklären Ihnen die Auswirkungen von *BYOD* auf Ihren *IT-Support*. *Stakeholder*, die sich mit diesen Aspekten auseinandersetzen sollten, sind natürlich die IT-Entscheider und -Verantwortlichen und die Rechtsabteilung für den Bereich des Datenschutzes.

4.1 Gerätevielfalt: ein technischer Überblick über mobile Betriebssysteme

Wie Computer, verfügen auch mobile Endgeräte über ein Betriebssystem, das als Schnittstelle zwischen Hardware und Software fungiert. „Eine der Hauptaufgaben eines Betriebssystems ist es, die Hardware zu verstecken und stattdessen Programmen (und ihren Pro-

© Springer Fachmedien Wiesbaden 2015
A. Kohne, S. Ringleb, C. Yücel, *Bring your own Device*, DOI 10.1007/978-3-658-03717-8_4

grammierern) hübsche, saubere, elegante, konsistente Abstraktionen bereitzustellen."(vgl. [82], S. 34). Weitere Aufgaben eines Betriebssystems sind die Verwaltung von Systemressourcen, Dateien und Gerätetreibern, die Steuerung von Anwendungen bzw. Prozessen, die Benutzerkommunikation sowie die Benutzer- und Rechteverwaltung. So enthält fast jedes Betriebssystem die folgenden Komponenten:

Kernel Der *Kernel* ist der wichtigste Bestandteil eines Betriebssystems. Es handelt sich um das Hauptprogramm eines Betriebssystems, das auf dem Prozessor bzw. der *CPU* (*Central Processing Unit*) ausgeführt wird und sämtliche Prozesse und Komponenten des Betriebssystems steuert. Es werden zwei unterschiedliche Arten von *Kernel* unterschieden:

- monolithischer Kernel
  Ein *monolithischer Kernel* erledigt alle anfallenden Aufgaben des Betriebssystems selbst. Da der *Kernel* in einem priviligierten Modus läuft, führt ein Fehler in einer *Kernel-Komponente* bei *monolithischen Kerneln* oft zum Absturz des gesamten Systems. Als häufige Fehlerquelle sind hier schlecht entwickelte Gerätetreiber, die von den Hardware-Anbietern zur Verfügung gestellt werden, zu nennen.
- Mikrokernel
  Ein *Mikrokernel* bzw. *Microkernel* delegiert die meisten Aufgaben (inklusive Gerätetreiber) an Unterprozesse, die im Benutzermodus laufen und somit weniger Berechtigungen haben als wenn sie im *Kernelmodus* ausgeführt werden würden. Das hat zum einen den Vorteil, dass fehlerhafte Unterprozesse aufgrund fehlender Berechtigungen geringeren Schaden verursachen können, zum anderen werden andere *Kernel-Unterprozesse* durch fehlerhafte Unterprozesse nicht zwangsläufig in Mitleidenschaft gezogen und können oft einfach neu gestartet werden. Die Nachteile gegenüber den *monolithischen Kerneln* sind jedoch deren Komplexität sowie die geringere Performance aufgrund des erhöhten Kommunikationsaufwandes zwischen den einzelnen Unterprozessen.

Gerätetreiber Gerätetreiber werden benötigt, um die Hardware-Komponenten zu steuern. Diese stehen meistens als separate Module zur Verfügung und werden vom Betriebssystem nur dann geladen wenn auch tatsächlich die entsprechende Hardware-Komponenten vorhanden sind. Da jedoch die Hardware-Komponenten bei mobilen Geräten unveränderlich sind, werden dort die Gerätetreiber oft im *Kernel* fest integriert.

Systemprogramme Neben dem *Kernel* enthält ein Betriebssystem Systemprogramme (z. B. für Verwaltungsaufgaben), die durch den Benutzer ausgeführt werden können und Systembibliotheken, die von mehreren Programmen gemeinsam genutzte Programmteile enthalten.

Schnittstelle für Anwendungen   Damit Anwendungen auf die Funktionen des Betriebssystems zugreifen und diese nutzen können, wird eine Schnittstelle benötigt. Diese stellen Betriebssysteme zur Verfügung, indem sie den Programmen Systemaufrufe ermöglichen und Bibliotheksfunktionen zur Verfügung stellen (z. B. die *C*-Standardbibliothek, denn viele Betriebssysteme sind in der Programmiersprache *C* geschrieben).

Benutzeroberfläche   Die Benutzeroberfläche ist die grafische Darstellung des Betriebssystems im Gegensatz zu einer rein textbasierten Kommandozeile zur Eingabe von Befehlen.

Auf den meisten PCs und Laptops ist eine Version des Betriebssystems *Windows* von *Microsoft* installiert. *Apple OS X* und die verschiedenen *Linux-Distributionen* spielen auf dem Desktop-Betriebssystem-Markt eher eine untergeordnete Rolle. Im Server-Segment ist *Linux* hingegen stärker vertreten. Einige mobile Betriebssysteme basieren ebenfalls auf *Linux-Systemen*. In diesem Kapitel werden die Besonderheiten mobiler Betriebssysteme aufgezeigt und ein Überblick über die einzelnen auf dem Markt vertretenen Betriebssysteme gegeben.

4.1.1   Firmware und Branding

Mobile Betriebssysteme werden häufig als „*Firmware*" bezeichnet. Die *Firmware* wird von den Herstellern der Betriebssysteme bereit gestellt und ist beim Kauf eines mobilen Endgerätes bereits auf diesem vorinstalliert. Verschiedene Schutzmechanismen wie gesicherte *Bootloader* (Code, der beim Laden des Betriebssystems ausgeführt wird) und elektronische Signaturen sollen Änderungen durch den Benutzer verhindern.

Im Gegensatz zu Betriebssystemen auf Computern und Laptops ist die *Firmware* also mit dem entsprechenden Gerät verknüpft und kann nicht ohne Weiteres gegen ein anderes Betriebssystem ausgetauscht werden. Es gibt jedoch Mittel und Wege, die *Firmware* zu entfernen oder zu verändern. Dafür ist es notwendig, ein neues Betriebssystem, ein so sogenanntes *Custom ROM*, auf das Gerät zu spielen. Dies ist allerdings nur möglich, wenn der *Bootloader* entsperrt ist. Viele mobile Geräte verfügen zwar noch über einen gesicherten *Bootloader*, um die Benutzer an die herstellerspezifische Firmware zu binden, aber häufig lässt sich der *Bootloader* ohne viel Aufwand entsperren: *Android*-Geräte von *Google* (*Nexus*) werden im *Bootloader*-Modus an einen Computer angeschlossen. Anschließend wird das Fastboot-Programm mit einem bestimmten Befehl gestartet. Nach dem Bestätigen einer Warnmeldung ist es möglich, das *Image* der *Firmware* in den *Flash-Speicher* zu schreiben. Da heutzutage das Betriebssystem nicht mehr im *ROM-Chip*[1],

---

[1] *ROM* steht für „*Read Only Memory*". Es handelt sich also um einen Speicher, auf den nur lesend zugegriffen werden kann. Dieser behält die Daten auch ohne Stromzufuhr. So wird beispielsweise das *BIOS*, das Startprogramm eines PCs, im ROM-Chip gespeichert.

sondern im *Flash*-Speicher gespeichert ist, muss nur noch das Betriebsprogramm ausgetauscht werden und nicht mehr der physikalische *ROM-Chip*. Dieser Vorgang wird auch als „*Flashen*" bezeichnet, da der *Flash*-Speicher mit der neuen *Firmware* überschrieben wird.

Auf den Geräten mitgelieferte *Firmware* wird von vielen Netzbetreibern und Hardwareherstellern verändert, bevor die Geräte verkauft werden. Solche Änderungen werden „*Branding*" oder „*Customization*" genannt. Man unterscheidet zwischen Hardware- und Software-*Branding*. *Hardware-Branding* beinhaltet z. B. das Anbringen von Logos auf dem Gehäuse des Gerätes. Diese lassen sich meist nicht entfernen, ohne dabei das Gerät zu beschädigen. *Software-Branding* hingegen bezieht sich auf die Anpassung der *Firmware*. *Smartphones* mit *Branding* sind meistens etwas kostengünstiger als normale Geräte, da sie vom Netzbetreiber im Zusammenhang mit einem Vertragsabschluss subventioniert werden.

4.1.2 Mobile Betriebssysteme

Mobile Betriebssysteme funktionieren ähnlich wie Betriebssysteme „normaler" Computer. Sie verfügen über viele Komponenten, die auch in Desktop-Betriebssystemen vorhanden sind, denn sie dienen ebenfalls als Schnittstelle zwischen der Benutzeroberfläche und der Hardware, nur dass diese in diesem Fall aus einem mobilen Gerät besteht. Ob es sich dabei um ein Smartphone oder ein Tablet handelt, macht dabei keinen Unterschied. Allerdings ist die Umsetzung unterschiedlich. Zum einen nutzen mobile Geräte vorwiegend *Flash-Speicher* [2], zum anderen werden verschiedene Kommunikationsprotokolle (u. a. die Mobilfunk-Protokolle *GSM*, *UMTS*) unterstützt. Zudem sollen sie die zahlreichen Anforderungen an mobile Geräte erfüllen:

- Mobilität durch ihre geringe Größe und verschiedene Kommunikationsmöglichkeiten (z. B. über *WLAN*, *UMTS*, *SMS*, Telefon, usw.),
- einfache Bedienung durch *Touchdisplays*,
- Nutzung von Sensoren (z. B. *GPS*, Lagesensor) und einer integrierten Kamera,
- leistungsstarke Akkus,
- Individualisierung durch nachzuinstallierende *Apps*
- …

Mit dem vor allem seit der Einführung des *Apple iPhones* zunehmenden Interesse an mobilen Endgeräten drängten immer mehr mobile Betriebssysteme auf den Markt. Mittlerweile wird dieser in Westeuropa deutlich von *Android* angeführt, gefolgt von *Apple iOS*, *Windows Phone* und *Blackberry OS*. Daneben gibt es weitere, weniger bekannte, mobile Betriebssysteme, die noch auf ihren Marktdurchbruch warten. Dazu gehören z. B.

---

[2] Es handelt sich dabei um nichtflüchtige Speicher mit einem geringen Energieverbrauch.

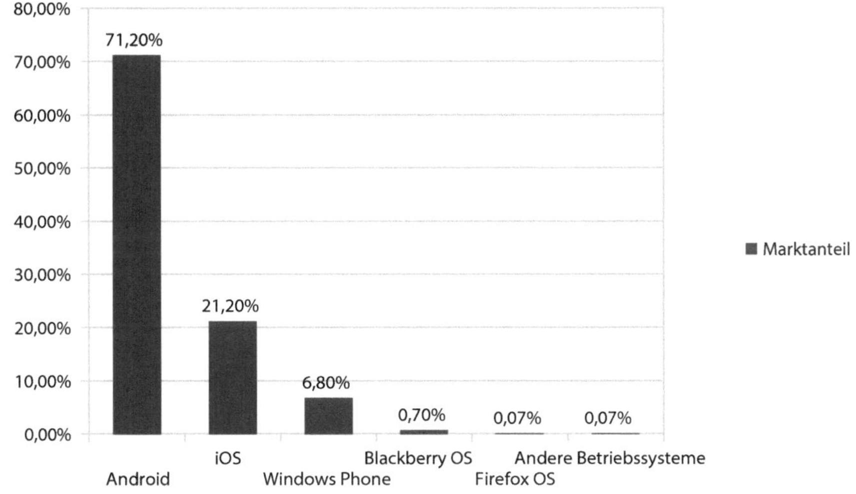

Abb. 4.1 Marktanteile mobiler Betriebssysteme in Westeuropa (2014), Quelle: IDC European Quarterly Mobile Phone Tracker, February 2015

Firefox OS und *Ubuntu Phone*. In der Abb. 4.1 (basierend auf Daten der *International Data Corporation* (*IDC*) werden die unterschiedlichen Marktanteile in Westeuropa (Zahl verkaufter Geräte insgesamt im Jahr 2014: 145,8 Millionen) verdeutlicht (vgl. [45]).

Weltweit sieht die Verteilung ähnlich aus (vgl. Abb. 4.2). Die Gesamtzahl beträgt für 2014 laut IDC ca. 1,3 Millarden Geräte. Auch hier ist *Android* mit Abstand das beliebteste Betriebssystem.

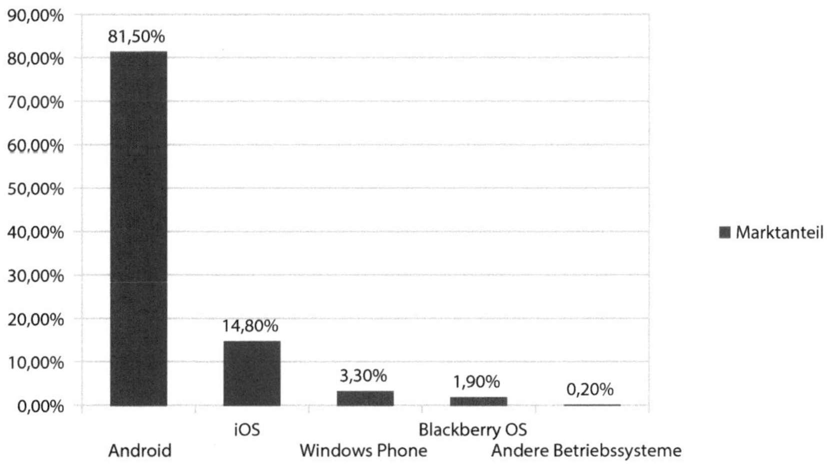

Abb. 4.2 Marktanteile mobiler Betriebssysteme weltweit (2014), Quelle: IDC European Quarterly Mobile Phone Tracker, February 2015

Einige mobile Betriebssysteme hingegen, die auf den ersten *Smartphones* eingesetzt wurden, werden heute nicht mehr weiterentwickelt. Dazu gehört z. B. das damals sehr erfolgreiche Betriebssystem *Symbian OS*, das vor allem auf *Nokia*-Geräten installiert war.

In den folgenden werden die einzelnen mobilen Betriebssysteme in der Reihenfolge der Marktanteile im Detail vorgestellt, bzw. die Aspekte:

- Daten, Fakten und Geräte,
- *User Interface* bzw. Benutzeroberfläche,
- Architektur,
- *Apps* und deren Verteilung, Entwicklung und Ausführung,
- sowie besondere Merkmale und *Features*.

Symbian OS wird aufgrund seiner Bedeutung als eines der ersten mobilen Betriebssysteme ebenfalls ausführlich beschrieben.

4.1.2.1 Android

Android ist ein *Linux*-basiertes *Open-Source*-Betriebssystem, das seit 2003 von einem gleichnamigen *Start-up*-Unternehmen entwickelt wurde (vgl. Tab. 4.1). Der Gründer dieses Unternehmens, Andy Rubin, arbeitete zuvor an einem Betriebssystem für das *T-Mobile*-Gerät namens *Sidekick* (vgl. [83]). Im Jahr 2005 wurde *Android Inc.* von *Google Inc.* aufgekauft. *Google* gründete die *Open Handset Alliance* (*OHA*, vgl. [2]) bestehend aus mittlerweile 84 Mitgliedern, darunter renommierte Unternehmen aus der Mobilfunkbranche (u. a. Mobilfunkanbieter wie *T-Mobile* und Gerätehersteller wie *HTC, LG*) sowie aus der Internet-, Software- und Hardwarebranche (u. a. *eBay, Intel, Nvidia*). Ziel der Zusammenarbeit der *OHA*-Mitglieder und der Offenheit der *Android*-Plattform war und ist, die *Android*-Entwicklung voranzutreiben und Innovationen schneller in mobile Geräte zu integrieren. Die *OHA* entwickelte *Android* weiter und *Google* veröffentlichte das mobile Betriebssystem 2007 unter einer *Apache v2 Open-Source-Lizenz*. Die einzelnen Versionen sind nach Süßspeisen bzw. Süßwaren benannt. Die zurzeit aktuelle Version (Stand: April 2015) ist Android 5 bzw. *Lollipop*.

Tab. 4.1 Eigenschaften: Google Android

Android	
Hersteller	Google Inc.
Webseite	http://www.android.com
Lizenz	Open Source
basiert auf	Linux
aktuelle Version	Android 5.1 (Lollipop) (Stand: 4/2015)
Geräte	Google Nexus Geräte, zahlreiche Smartphones und Tablet-PCs verschiedener Hersteller (z. B. Samsung, HTC, Huawei)
Appverteilung	Google Play Store, Amazon App Store, Drittanbieter

Abb. 4.3 Screenshot des Android-Startscreens eines Google Nexus 4

Das erste *Google-Phone* des Herstellers *HTC* mit Android Betriebssystem wurde von *T-Mobile* als *T-Mobile G1* vermarktet. Es folgten Veröffentlichungen weiterer *Android-Smartphones* anderer Hersteller von mobilen Geräten wie *Motorola* und *Samsung*, die sich auch international als sehr erfolgreich erwiesen. Mittlerweile gibt es eine große Auswahl verschiedener *Android-Smartphones* aus allen Preiskategorien: neben kostspieligen Geräten mit hochwertiger Hardwareausstattung sind auch relativ preiswerte Geräte – meist mit geringerem Funktionsumfang (z. B. kein *UMTS* für *Tablet PCs*), weniger leistungsfähiger Hardware (z. B. geringere Prozessorleistung oder Displayauflösung) und oft mit älterer *Android*-Version – erhältlich. Letztere eignen sich dennoch gut als Einsteiger-Smartphone.

Das *User Interface* (Benutzeroberfläche) von *Android* wird auch *Android Launcher* genannt. Der *Android Launcher* bestimmt das Aussehen des *User Interfaces* (Startseite, Hauptmenü, Anzahl der Seiten, Effekte beim Seitenwechsel, usw.). Aufgrund unterschiedlicher *Firmware*-Versionen der Gerätehersteller und *Branding* der Mobilfunkanbieter, verfügt die Benutzeroberfläche von *Android* nicht über ein einheitliches Design. Zudem ist es möglich, das Design auszutauschen (vgl. [73]). Ein gemeinsames Element ist der Startbildschirm, auf dem Verknüpfungen zu *Apps* in Form von *Icons* sowie Inhalte von Anwendungen in Form von *Widgets* angezeigt werden können (vgl. Abb. 4.3). Diese können vom Anwender selbst ausgewählt und zusammengestellt werden. Die Startseite enthält zudem vier wichtige *Menü-Buttons*: den *Home-Button*, den *Menü-Button*, den *Zurück-Button* und den *App-Launcher-Button*. Da *Android-Smartphones* – abgesehen von wenigen physikalischen Tasten (oft nur Ein- und Ausschalter) mit einem *Multitouchscreen* bedient wird, handelt es sich vielmehr um Symbole statt um *Buttons*.

Über den Menü-Button mit dem gepunkteten Icon, gelangt der Anwender zu einer Auflistung aller installierten *Apps* bzw. *Widgets*. Dies ist das Hauptmenü von *Android*, auch *App-Launcher* genannt. Eine App kann durch Antippen des Icons gestartet werden. Hält man ein *Icon* länger gedrückt, lässt es sich auf den Startbildschirm ziehen. Die Aktivierung des Zurück-Buttons bewirkt das Beenden einer App bzw. die Rückkehr zum *Homescreen*.

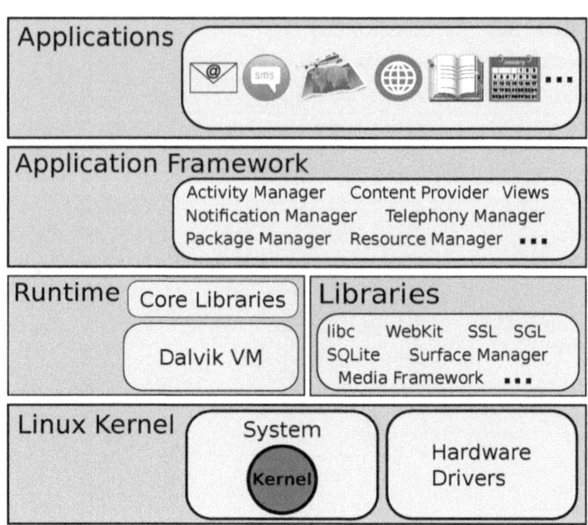

Abb. 4.4 Architektur des Android-Betriebssystems

Letztere Funktion erfüllt auch der *Home-Button*. Über den *Anwendungs-Button* werden die zuletzt verwendeten oder im Hintergrund laufenden Anwendungen angezeigt. Für die einzelnen *Apps* stehen Entwicklern zahlreiche *UI*-Vorlagen zur Verfügung.

Android basiert auf einem *Linux-Kernel*, der an die speziellen Anforderungen mobiler Geräte, wie beispielsweise die geringere Speicherkapazität, angepasst wurde. Die Architektur des mobilen Betriebssystems (vgl. Abb. 4.4) besteht aus einem Software-Stapel mit den folgenden Komponenten, die unterschiedliche Funktionen haben (vgl. [43], [71], [38]).

Linux Kernel

Die Grundlage des Betriebssystems bzw. das Betriebssystem im engeren Sinne bildet eine abgewandelte Version eines *Linux 3.4 Kernels*. Dieser erledigt verschiedene System-Dienste wie beispielsweise Speicherverwaltung, Prozessmanagement, Netzwerkanbindung und Sicherheitsfunktionen. Der *Kernel* steuert mit Hilfe entsprechender Treiber die Hardwarekomponenten des mobilen Endgerätes (u. a. Kamera, Display, Lautsprecher). Diese Treiber laufen im sogenannten *Kernel-Modus*, d. h. sie haben einen privilegierten Zugriff auf die Hardware, im Gegensatz zu Programmen, die im Benutzer-Modus laufen. Letztere haben nur einen indirekten Zugriff auf die Hardware über den Umweg der *Kernel*-Programmierschnittstelle.

Android Runtime

Die Laufzeitumgebung enthält die *Dalvik-VM*, eine *Java Virtual Machine*, in der Applikationen jeweils in einem eigenen Prozess ablaufen, sowie *Android Core Libraries*. Über diese Schicht greifen Anwendungen auf das eigentliche Betriebssystem im engeren Sinne (*Kernel*) zu.

Libraries

Diese Ebene enthält in den Programmiersprachen *C* und *C++* verfasste Pakete, mit deren Hilfe die *Framework*-Ebene u. a. die Bildschirmwiedergabe, Gerätesicherheit und Persistenz von Anwendungen bewerkstelligen kann. Dazu gehören beispielsweise die in *C* geschriebene *System Library*, *2D- und 3D-Grafik-Engines*, ein Oberflächenmanager, ein *Browser Engine*, Medienkodierungen und eine *SQLite-Datenbank* zur Speicherung von applikationsspezifischen Daten.

Application Framework

Das *Application Framework* besteht aus den Programmierschnittstellen für die Entwicklung von *Android-Apps*, wobei auch auf die *APIs* der Hauptprogramme zugegriffen werden kann. Dies vereinfacht den Entwicklungsprozess sowie den Zugriff auf Systemfunktionen. Wichtige *Frameworks* sind beispielsweise der *Activity Manager* (Ablauf von Anwendungen), verschiedene *Content Provider* (Zugriff auf Daten anderer *Apps*), der *Notification Manager* (Benachrichtigungen) und zahlreiche *Views* (Ansichten für *Apps*).

Applications

Auf der Anwendungsebene befinden sich die bereits installierten Hauptprogramme, wie z. B. *E-Mail-Client*, *SMS*, Browser, Kontaktliste, Karte und Kalender. Zusätzliche Anwendungen von Drittanbietern können ebenfalls hinzugefügt werden. *Android*-Anwendungen sind in der Programmiersprache *Java* verfasst, jedoch nicht in anderen Laufzeitumgebungen als in der *Dalvik VM* ausführbar.

Für *Android*-Geräte sind zahlreiche *Apps* aus den verschiedensten Anwendungsdomänen – viele davon in einer kostenlosen Version – erhältlich. Die Offenheit von *Android* ermöglicht *Apps* den Zugriff auf sämtliche Kernfunktionalitäten des mobilen Gerätes. Dies beinhaltet z. B. Fotografieren mit der integrierten Kamera, Telefonieren und Versenden von *SMS*. Der Nutzer muss allerdings bei der Installation der Anwendung bestätigen, dass er damit einverstanden ist. Dafür gibt es in *Android* ein Berechtigungssystem.

Des Weiteren kann aus einer *App* heraus auf eine andere zugegriffen werden, beispielsweise kann innerhalb der *App* ein Kontakt aus der Adressliste ausgewählt, ein Kalendereintrag erstellt, oder die *GPS-Position* abgefragt werden. Auch für solche Aktionen ist eine Zustimmung des Anwenders erforderlich.

Nach Aussage auf der offiziellen *Android-Webseite* ([47]) stehen über 600.000 *Android-Apps* im *Google Play Store* zur Verfügung (Stand: Juli 2013). Da auch *Apps* von Drittanbietern installiert werden können, wenn die entsprechende Einstellung aktiviert wurde, gibt es noch weitere *App-Stores* (z. B. von *Amazon*). Vor allem in Asien sind diese laut Spreizenbarth (vgl. [78]) sehr verbreitet.

Android-Apps werden in der verbreiteten Programmiersprache *Java* entwickelt. Entwickler können also auf verschiedene Schnittstellen (*APIs*) wie die bekannten *Java-APIs* sowie zusätzlich auf die bereitgestellten *Android-APIs* zurückgreifen[3]. Die Entwicklungsumgebung besteht aus einem *Android SDK*, einem optional verwendbaren *Plugin* für die *Integrierte Entwicklungsumgebung (IDE)*[4] *Eclipse* sowie einem *Emulator*, mit dem fast alle Funktionalitäten von *Apps* simuliert werden können. Mit dem *AndroidStudio* gibt es seit 2013 eine weitere freie und nun offizielle *Android*-Entwicklungsumgebung, die auf *IntelliJ Idea*[5] basiert. Zusätzlich können native *Apps* in *C* und *C++* entwickelt werden. Aufgrund der *Open-Source-Lizenz* gibt es viele unterschiedliche *Android*-Versionen auf dem Markt. Um sicherzustellen, dass die meist von Drittanbietern entwickelten *Apps* auch auf allen *Android*-Geräten funktionieren, wurde das sogenannte „*Compatibility Program*" (vgl. [48]) gegründet. Als eine Art Kontrollinstanz von *Google* sorgt es in Form von Entwicklungsrichtlinien (*Compatibility Definition Document* bzw. *CDD*) und einer angebotenen *Test Suite* (*Compatibility Test Suite* bzw. *CTS*) dafür, dass bestimmte Standards bei der Hardware- und *Appentwicklung* eingehalten werden. Dazu gehört auch die Bereitstellung einer Entwicklungsumgebung und *APIs*, der öffentlich einsehbare Quellcode des Betriebssystems sowie ein zentraler *App-Store* für die Distribution der *Apps*. Kontrolliert wird die Einhaltung der Standards allerdings nicht. *CDD* und *CTS* sind nicht allumfassend, sondern bieten lediglich einen Orientierungsrahmen. Die kostenlose *CTS* ermöglicht Kompatibilitätstests in Form von Testfällen (*Unit Tests*), die entweder direkt auf mobilen Geräten durchgeführt werden können oder in einem *Emulator*. Tests, ob die grafische Benutzeroberfläche tatsächlich korrekt angezeigt wird oder ob bestimmte, erforderliche Hardwarekomponenten (z. B. *WLAN*, *Keyboard*) vorhanden sind, kann nicht getestet werden. Zusätzlich gelten Programmrichtlinien für Entwickler (vgl. [50]), die Vorgaben zu den Inhalten von *Apps* enthalten. Diese wurden im August 2013 geändert, so dass Werbeanzeigen nun strikteren Regeln unterliegen und beispielsweise von den Entwicklern nicht mehr als Bedingung für die Ausführung einer *App* eingesetzt werden können. In einer *Manifest-Datei*, die im Paket der Anwendung enthalten sein muss, legt der Entwickler die für seine Anwendung notwendigen Hardware- und Softwarevoraussetzungen fest. Da die erhältlichen *Android-Geräte* über einen unterschiedlichen Funktionsumfang und somit über andere Systemvoraussetzungen verfügen, dient die *Manifest-Datei* dazu, festzustellen, ob die *App* auf der Hardware bzw. mit der vorhandenen *Android*-Version lauffähig ist. Das mobile Gerät selbst erhält keine Informationen aus der *Manifest-Datei*, aber die *Google*-Dienste, u. a. der *Google Play Store*. Sucht ein Anwender dort nach einer bestimmten *App*, die jedoch auf seinem Gerät aufgrund fehlender Kompatibilität der Voraussetzungen nicht abspielbar ist, wird diese von *Google* automatisch aus der Ergebnisliste herausgefiltert. Dieser Vorgang stellt sicher, dass ein Benutzer keine Anwendungen installiert, die auf seinem Gerät nicht lauffähig sind. In der *Manifest-Datei* sind auch die Berechtigungen

---

[3] „*API*" steht für „*Application Programming Interface*"
[4] Eine *Editor-Software* zum Programmieren mit erweitertem Funktionsumfang (Markierungen, automatische Code-Generierung, Fehleranzeige, *Debugging-Tool* u.v.m.)
[5] IntelliJ Idea ist ebenfalls eine *IDE* (s.o.)

eingetragen, die die Anwendung benötigt (vgl. [49]). Die *Apps* sind mit einem selbstausgestellten Zertifikat signiert, das den Namen des Entwicklers enthält.

Android-Apps sind zwar in *Java* verfasst, können aber nicht in einer normalen *Java-Laufzeitumgebung* ausgeführt werden, sondern aufgrund der Verwendung spezieller *Android-APIs* und des daraus resultierenden Formates (es handelt sich um Dateien des Types *.dex*) nur in der *Android-spezifischen Dalvik-VM* (s.o.). Diese sorgt dafür, dass eine *App* von anderen Anwendungen isoliert wird. Jede *App* kann nur auf ihre eigenen Daten zugreifen, es sei denn, sie erlaubt explizit durch einen Eintrag in der zugehörigen *Manifest-Datei* einen Zugriff darauf. Die Einträge in der *Manifest-Datei* stellen die verschiedenen Berechtigungen dar. Diese werden dem Anwender in verständlicherer Form bei der Installation präsentiert. Die *App* kann erst nach Bestätigung des Benutzers installiert werden. *Android* unterstützt *Multitasking*, so dass mehrere *Apps* in verschiedenen *Dalvik-VMs* gleichzeitig ablaufen können. *Apps* müssen auch nicht zwangsläufig geschlossen werden, sondern können im Hintergrund weiter laufen.

Ein besonderes Merkmal von *Android* ist die Offenheit der Plattform. Die *Open-Source-Lizenz* ermöglicht Entwicklern das Einsehen und Verändern des Quell-Codes, was Innovationen beschleunigen kann. Zudem kann dieses Betriebssystem auch für andere Hardware (z. B. Roboter, Spielekonsolen) eingesetzt werden.

Eine weitere Besonderheit sind die mit der *Android-Version* 1.5 erstmals eingeführten *Widgets*. Es handelt sich um interaktive Ansichten von *Apps*, die in andere Anwendungen, wie den *Home-Screen* von *Android-Geräten*, eingebettet werden. Sie werden regelmäßig aktualisiert, so dass *Android-User* sich beispielsweise Termine aus ihrem Kalender, das aktuelle Wetter oder Notizen anzeigen lassen können ohne die dafür vorgesehenen *Apps* öffnen zu müssen. *Widgets* greifen auf das *AppWidget-Framework* zu und funktionieren nicht ohne eine im Hintergrund laufende *App*.

4.1.2.2   Apple iOS

Das mobile Betriebssystem der Firma *Apple* wurde Anfang 2007 erstmalig vorgestellt. Zunächst war es nur für das *iPhone* vorgesehen, wurde dann aber auch auf anderen *Apple-Geräten* (*iPod Touch*, *iPad* und *Apple TV*) eingesetzt. *Apple iOS* ist also nicht nur für *Smartphones*, sondern auch für *Tablet PCs* und weitere Gerätetypen konzipiert. Es ist jedoch nur zusammen mit mobilen Geräten der Firma *Apple* erhältlich, die allesamt eher im höheren Preissegment angesiedelt sind. Auf anderen Geräten kann dieses Betriebssystem nicht installiert werden.

Apple iOS basiert auf dem Betriebssystem *OS X* für *Apple*-Computer, das wiederum auf dem *UNIX-Derivat Darwin* aufsetzt. Die zurzeit aktuelle stabile Version ist *iOS 8.2* (Stand: 03/2015), wobei die Version *iOS 8.3* bereits als *Beta-Version* erhältlich ist. Entwicklern wurde *iOS 8.3* bereits zur Installation zur Verfügung gestellt, Anwender können die Version im Browser testen (vgl. Tab. 4.2).

Apples iPhone war eines der ersten *Smartphones* mit einem *kapazitivem Multi-Touch-Display*. Die Benutzeroberfläche wird fast ausschließlich mit intuitiven *Multi-Touch-*Gesten gesteuert. Ausgangspunkt für dieses neue Bedienkonzept ist das sogenannte

Tab. 4.2 Eigenschaften: Apple iOS

Apple iOS	
Hersteller	Apple Inc.
Webseite	http://www.apple.com/ios
Lizenz	proprietär
basiert auf	OS X, Unix
aktuelle Version	iOS 8.2 (Stand: 3/2015)
Geräte	iPhone, iPad, iPad mini, iPod Touch, Apple TV
Appverteilung	Apple iTunes

Abb. 4.5 Screenshot des iOS-Menüs eines iPhone4S

Springboard bzw. der *Homescreen* (vgl. Abb. 4.5). Auf diesem werden *Icons* installierter Anwendungen angezeigt, die durch den Benutzer von dort aus gestartet oder beendet werden können. Die Möglichkeit, die *Apps* in Ordnern zu organisieren, macht die Benutzeroberfläche noch übersichtlicher.

Die Architektur von *iOS* besteht aus vier Abstraktionsebenen, die in der *Developer Library* von *Apple* ausführlich beschrieben werden (vgl. [46]). Abbildung 4.6 zeigt den Aufbau der *iOS*-Architektur.

Core-OS-Schicht

Diese Schicht enthält den *Kernel* und stellt damit die Verbindung zur Hardware her. Mit Hilfe verschiedener *Frameworks* übernimmt sie verschiedene Aufgaben des Betriebssys-

Abb. 4.6 iOS-Architektur

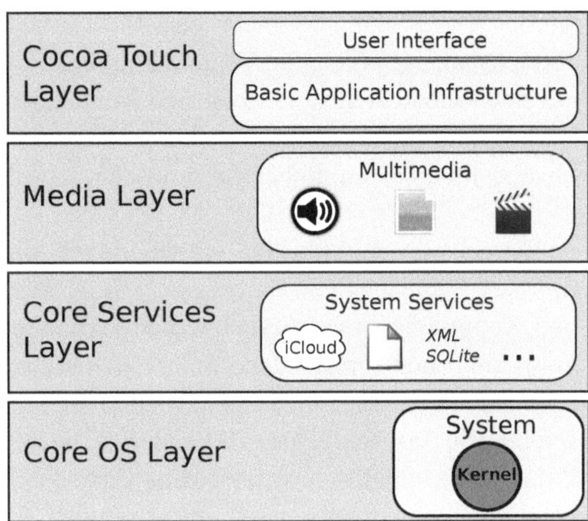

tems, wie die Verwaltung des Dateisystems (*LibSystem*), die Anbindung externer Geräte bzw. Hardwarekomponenten (*External Accessory Framework*), Netzwerkzugriff (*CFNetwork Framework*) und Sicherheitsfunktionen (*Security Framework*).

Core-Services-Schicht

Auf dieser Ebene befinden sich grundlegende Systemdienste, die von Anwendungen höherer Schichten direkt oder indirekt als Basis verwendet werden. Dazu gehören der Zugriff auf Datenspeicher wie den *iCloud Storage*, ein *Compiler* zur Ausführung von Programmen (*Automatic Reference Counting*), Objekt-Blöcke, Datenschutz durch die Verschlüsselungsfunktion, *File-Sharing-Unterstützung*, die Möglichkeit, *Apps* im *iTunes App-Store* zu kaufen sowie nicht zuletzt eine Datenbank (*SQLite*) und *XML-Support*. Verschiedene *Frameworks* ermöglichen u. a. den Zugriff auf Benutzerkonten, Kontaktdaten, Werbung, Konfigurationen, Sensoren (z. B. *GPS*) und das Dateisystem.

Media-Schicht

Auf dieser Schicht befinden sich die notwendigen Grafik-, Audio- und Video-Technologien zur Multimedia-Wiedergabe auf dem mobilen Endgerät. Es stehen verschiedene *Frameworks* zur Verfügung, die den *App-Programmierern* die multimediale Umsetzung ihrer Anwendungen erleichtert.

Cacao-Touch-Schicht

Diese Ebene basiert auf dem *MAC OS X Cacao API Toolset* und wurde mit der Programmiersprache *Objective-C* erstellt. Die *Cacoa-Touch-Schicht* basiert auf einer *Model-View-Controller (MVC)* Software-Architektur und ermöglicht den Zugriff auf die Hardware und die besonderen Features mobiler Endgeräte. Sie enthält die wichtigsten *Frameworks* für *App-Entwickler*, mit denen die Hauptfunktionalitäten von Apps definiert werden. Dazu zählen beispielsweise *Multitasking*, gestenbasierter *Input*, *Auto-Layout* und *Push-Benachrichtigungen*. Weitere Funktionen betreffen den Zugriff auf diverse *Interfaces* bzw. Schnittstellen, Adress- und Kontaktdaten, Kartenmaterial und Dokumente. Das wichtigste Programmiergerüst ist das *UIKit Framework*, da es die Hauptinfrastruktur mit unverzichtbaren Funktionen für grafische, ereignisgesteuerte Apps liefert.

Einige *Apps* sind auf den verschiedenen *Apple-Geräten* bereits vorinstalliert. Neben *Apps* zur Bedienung von Hardware- (z. B. Kamera, Bildbetrachter, Diktiergerät, Kompass) und Kommunikations- bzw. Internetfunktionen (Adressbuch, Internet-Browser, Messaging) sind dies verschiedene *Stores* (*iTunes, iOS-App-Store, Newsstand*), Multimedia-Anwendungen (*YouTube*, Musikwiedergabe) sowie nützliche Anwendungen wie beispielsweise Taschenrechner, Kalender, Notizen, Wetteranzeige. Diese *Apps* können vom Benutzer nicht gelöscht werden. Erst Ende des Jahres 2007 wurden erstmals native *Apps* von Drittanbietern zugelassen und angeboten, nachdem *Apple* ein *Software Development Kit (SDK)* bereitgestellt hatte. Vorher konnten Entwickler nur *Web-Applikationen* für mobile *Apple-Geräte* programmieren, die dann im mitgelieferten Browser „*Safari*" angezeigt wurden (vgl. [83]). Für die App-Entwicklung von *iOS Apps* wird die Programmiersprache *Objective C* verwendet. Dies setzt sowohl das *SDK* als auch die Entwicklungsumgebung *xcode*, die nur auf *MAC*-Rechnern installiert werden kann, voraus. Die für eine Zulassung der *App* im *iTunes-Store* erforderliche Registrierung als *iOS*-Entwickler ist kostenpflichtig. Allerdings werden nach wie vor *Apps* von Drittanbietern nur im *iOS-App-Store* angeboten, nachdem sie ein Genehmigungsverfahren der Firma *Apple* erfolgreich durchlaufen haben. *Apple* behält sich somit die Kontrolle der entwickelten *Apps* vor: neben einer rechtlichen Prüfung auf die Inhalte der Apps, werden die technischen Möglichkeiten durch die bereitgestellten *APIs* (s.o.) vorgegeben. *Apps* aus anderen Softwarequellen können auf *Apple-Geräten* nicht installiert werden. Jede *App* läuft in einer eigenen *Sandbox* ab und wird auf diese Weise von anderen Anwendungen isoliert. Damit wird verhindert, dass auf die Daten anderer Applikationen zugegriffen wird. Die *Sandbox* stellt zudem über Richtlinien-Definitionen eine Zutrittskontrolle bereit (vgl. [12]). Es gibt drei verschiedene Möglichkeiten, um mit Hilfe eines *Interfaces* ein Profil für die Zugriffskontrolle festzulegen: über ein integriertes Profil, eine Konfigurationsdatei oder die Eingabe von Konfigurationseinstellungen.

In den frühen Versionen des Betriebssystems musste eine *App* erst vom Betriebssystem beendet werden, um eine neue starten zu können. Seit *iOS*-Version 4 wird auch *Multitasking* unterstützt, d. h. andere *Apps* können im Hintergrund laufen. So kann zwischen verschiedenen Anwendungen gewechselt werden, ohne die laufende App immer neu starten zu müssen. Falls ein Anwender also beispielsweise durch einen Anruf bei der Bedienung einer *App* unterbrochen wird, kann er anschließend die *App* an der Stelle, an der er sie verlassen hat, wieder aufrufen. Für die *Multitasking*-Funktion stehen sieben Dienste mit entsprechenden *APIs* zur Verfügung:

1. Die Audiofunktionalität im Hintergrund ermöglicht das Hören von Audiodateien oder -streams während der Bedienung einer *App*.
2. Mit der *VOIP-API* können nun *voice-over-IP*-Anrufe bei der Verwendung einer anderen *App* entgegen genommen werden.
3. *Background location* realisiert im Hintergrund stattfindende Navigations- und Ortungsfunktionen.
4. Mit Hilfe von *Push Notifications* von *Apps*, die nicht laufen, versorgen entfernte *Server* den Benutzer mit Benachrichtigungen dieser *Apps*.
5. Lokale Benachrichtigungen wie z. B. Erinnerungen sind nun ebenfalls während der Verwendung anderer *Apps* möglich.
6. *Task Completion* ermöglicht *Apps* das Beenden von Aufgaben, auch wenn sie schon geschlossen wurden.
7. Ein schneller Wechsel zwischen verschiedenen Anwendungen vereinfacht die Bedienung und die Benutzerfreundlichkeit der mobilen Geräte.

Bei Aktivierung des Home-Buttons werden die laufenden *Apps* angezeigt, zwischen denen mit Hilfe der Auswahl eines *Icons* gewechselt werden kann. In *iOS* Version 7 wurde diese Funktion noch benutzerfreundlicher gestaltet. Wird das Icon einer laufenden *App* längere Zeit gedrückt gehalten, erscheint ein rotes Symbol, mit dem das Beenden von Anwendungen erzwungen werden kann. Seit Version 8 gibt es eine *App* namens „*Tips*", die eine Hilfsfunktion für die Verwendung des Betriebssystems enthält.

Zu den besonderen Features von *iOS* zählt auch die mit Version 5 eingeführte Spracherkennungssoftware *Siri* (steht für *Speech Interpretation and Recognition Interface*). Gesprochene Sprache wird erkannt, an einen *Server* gesendet und dort verarbeitet, so dass das mobile Gerät mit Hilfe von *Siri* bedient werden kann, um beispielsweise Internetrecherchen durchzuführen oder Anrufe zu tätigen. Seit Version 8.2 unterstützt *iOS* die *Apple Watch*, die *Smartwatch*, die *Apple* demnächst auf den Markt bringen wird.

4.1.2.3   Windows Phone

Windows Phone ist das 2010 eingeführte Betriebssystem von *Microsoft*, das den Vorgänger *Windows Mobile* abgelöst hat. Dieses ähnelt dem Desktop-Betriebssystem *Windows 8*. Die aktuelle Version ist *Windows Phone 8* (Stand: Januar 2014) und kommt vor allem auf *Nokia*-Geräten zum Einsatz (vgl. Tab. 4.3).

Die Benutzeroberfläche von *Windows Phone* – auch *Modern* bzw. *Metro UI* genannt – zeichnet sich durch sogenannte „*Live Tiles*" aus. Dies sind rechteckige Kacheln verschiedener Größe, die – ähnlich wie *Widgets* in anderen Betriebssystemen – Informationen aus *Apps* auf dem Startbildschirm anzeigen. Die *Live Tiles* können individuell gestaltet werden, indem „Personen, Anwendungen, Songs, Websites, Wegbeschreibungen, Spiele, Fotos, Dokumente und vieles mehr" (vgl. [63]) damit verknüpft werden. Wenn die *Apps Live Updates* unterstützen, werden diese direkt auf der Startseite angezeigt.

Windows Phone 8 basiert auf dem *Hybridkernel* von *Windows NT*. Mit diesem *Kernel* ist eine *128-bit Bitlocker-Verschlüsselung* und das *Booten* bzw. Starten von Programmen

Tab. 4.3 Eigenschaften: Microsoft Windows Phone

Windows Phone	
Hersteller	Microsoft
Webseite	http://www.windowsphone.com
Lizenz	proprietär
basiert auf	Windows NT (seit Version 7) Kernel
aktuelle Version	8.1 (Stand: 12/2014)
Geräte	Nokia, HTC
Appverteilung	Windows Phone Store

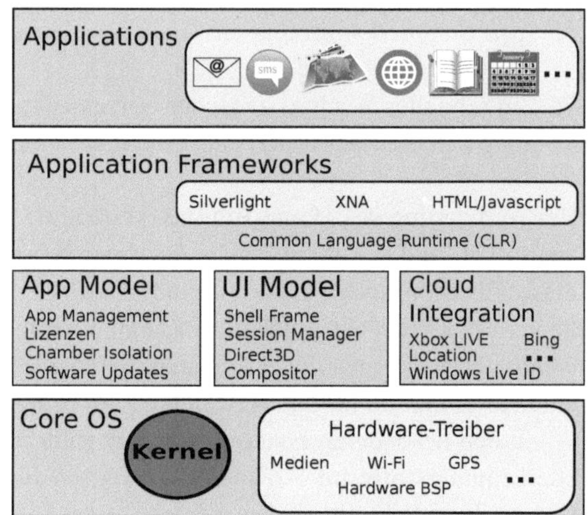

Abb. 4.7 Architektur von Windows Phone 8

nur auf *signierten Bootloadern* (*Secure Boot*) möglich, was zur Sicherheit des Betriebssystems beiträgt. Die Architektur ist in Abb. 4.7 dargestellt. Sie besteht aus den folgenden Bestandteilen:

Core OS

Diese Ebene bildet die Grundlage des Betriebssystems. Hier befinden sich der *Kernel* sowie die verschiedenen Hardwaretreiber (z. B. *GPS*).

App Model

Im *App-Modell* werden *App*-spezifische Funktionen, wie Lizenzen und Updates verwaltet.

UI Model

Die Grundlagen für die Darstellung der Benutzeroberfläche sind im *UI-Modell* definiert. Hier ist auch der *Session Manager* verortet, mit dem die Anmeldungen (*Logins*) verwaltet werden.

Cloud Integration
In *Windows Phone* sind verschiedene *Cloud-Dienste* wie beispielsweise die Suchmaschine *Bing* integriert. Zudem gibt es eine Schnittstelle zur Spielekonsole *XBox*.

Application Frameworks
Eine Laufzeitumgebung und verschiedene *Frameworks* bilden die Grundlage für die Ausführung von *Apps*.

Applications
Verschiedene *Windows Phone Apps* erweitern den Funktionsumfang der mobilen Geräte.

Laut Statistikdaten von *Microsoft* (vgl. [62]) gibt es zurzeit mehr als 200.000 *Apps* für *Windows Phone*. Einige *Windows Phone Apps* können auch auf dem *Windows 8* Desktop-Betriebssystem ausgeführt werden. Eine weitere Besonderheit ist die Kompatibilität mit der *Microsoft* Spielekonsole *XBox*, was jedoch im betrieblichen Kontext weniger relevant ist. Die *Apps* sind im *Windows Phone Store* erhältlich und können von dort aus direkt installiert werden. Zusätzlich gibt es die Möglichkeit, unternehmenseigene *Apps* zu entwickeln und entweder in einem privaten *App-Portal* oder im eigenen *Windows Phone Hub* zu veröffentlichen. Die Entwicklung von *Apps* für *Windows Phone* erfolgt über *Microsoft Visual Studio*, das sich auch für die Entwicklung von Desktop- und Server-Software bewährt hat. Dabei wird die Programmiersprache *C#* (gesprochen *C sharp*) sowie die Technologien *Silverlight* oder *XNA* (für Spiele) verwendet, die beide auf dem *.NET-Framework* basieren. *Silverlight* bietet auch eine Unterstützung der Programmiersprache *Visual Basic* an. Mit dem „*Windows Phone App Studio*" steht zusätzlich ein *App-Baukasten* zur Verfügung, der *HTML-5*-basiert ist. Voraussetzung für die Veröffentlichung von *Apps* im *Windows Phone Store* ist eine kostenpflichtige Mitgliedschaft im *Windows-Phone*-Entwicklerprogramm von *Microsoft*.

Neu installierte *Apps* werden über die *App-Übersicht* gestartet. Zudem ermöglicht die Erstellung einer entsprechenden Verknüpfung eine Anzeige auf dem Startbildschirm.

Für Unternehmen ist als besonderes Feature vor allem die einfache Integration in *Windows*-Infrastrukturen zu nennen. Viele *Microsoft* Programme oder -Technologien, die häufig in Unternehmen zum Einsatz kommen, können so auch über mobile Geräte genutzt werden. Die eigene Kontaktliste sowie verschiedene Kommunikationsmöglichkeiten (Telefon, *SMS/MMS*, Kurznachrichten (*Instant Messages*), E-Mail, *Skype*), Gruppen und Räume sind über den sogenannten „*Kontakte-Hub*" zugänglich. Solche *Hubs* sind auch für andere Arten von Anwendungen vorhanden. Beispiele dafür sind *Office-Hub* und *Foto-Hub*.

Windows Phone bietet die Möglichkeit, für ausgewählte Kontakte einen „Raum" einzurichten, der dann als Kommunikationsplattform für eben diese Kontakte dient. Ein solcher Raum kann mit einem Namen und einem Hintergrundbild versehen werden und enthält fünf Bereiche: Mitglieder, Chat, Fotos, Kalender und Notizen. Im Mitgliederbereich können Personen aus der Kontaktliste in den Raum eingeladen werden. Voraussetzung für die

Tab. 4.4 Eigenschaften: BlackBerry Ltd. BlackBerry OS

BlackBerry OS	
Hersteller	BlackBerry Ltd. (ehem. Research in Motion (RIM))
Webseite	http://de.blackberry.com
Lizenz	proprietär
basiert auf	QNX, Unix
aktuelle Version	10.3.1 (Stand: 3/2015)
Geräte	BlackBerry Smartphones und Tablets, Secusmart-Geräte
Appverteilung	BlackBerry World, Amazon-App-Store (Android-Apps)

Nutzung aller Funktionen auf der Gegenseite ist allerdings ein Gerät mit *Windows Phone*. Die Kalender-, Foto und Notizfunktionen sind jedoch auch für Kontakte mit *Android*- oder *iOS*-Betriebssystem verwendbar. Die Chatfunktion basiert auf dem *Instant Messenger* von *Microsoft*, dem *Windows Messenger*. Fotos, Videos, Termineinträge im Kalender sowie Notizen können untereinander geteilt werden und sind im entsprechenden Bereich des Raums sichtbar. Ein auch für berufstätige Eltern interessantes Feature ist die eingebaute Kindersicherung. In einer „Kinderecke" ist es möglich, Kindern den Zugriff auf bestimmte Anwendungen (z. B. Spiele und Videos) zu gewähren, jedoch alle anderen *Apps* und Daten sowie das Startmenü durch ein Kennwort zu sperren, so dass diese geschützt sind.

4.1.2.4 BlackBerry

Das mobile Betriebssystem wurde bereits im Jahr 1999 von der Firma *Research in Motion (RIM)* eingeführt. Es handelte sich um ein proprietäres Betriebssystem, das nur auf *BlackBerry-Smartphones* läuft und hauptsächlich für den dienstlichen Einsatz vorgesehen war. Die Hauptfunktionen bestanden daher aus Kommunikationsdiensten wie *E-Mail* oder *Messengern*, Kontaktverwaltung und Kalender. Da die damaligen Geräte einen geringeren Funktionsumfang boten (z. B. keine Kamera, kein *Touchscreen*) waren sie für Privatpersonen weniger interessant. *RIM* kaufte das vorwiegend für eingebettete Systeme eingesetzte Betriebssystem *QNX* auf. *RIM* wurde in *BlackBerry* umbenannt. Mit dem *Tablet BlackBerry Playbook* wurde erstmals das auf *QNX* basierende, neue Betriebssystem *BlackBerry 10 OS* eingeführt (vgl. Tab. 4.4). Im Folgenden wird nur diese aktuelle Version thematisiert.

Im Gegensatz zu anderen mobilen Betriebssystemen kommt die Benutzeroberfläche von *Blackberry OS 10* ohne *Homebutton* aus. Die *UI* ist auf einen nahtlosen Übergang zwischen verschiedenen *Apps* ausgerichtet. Die Verwendung von verschiedenen Wischgesten ermöglicht die Bedienung mit nur einer Hand. Auf der Startseite werden die zuletzt geöffneten Anwendungen (bis zu acht) im Miniaturformat angezeigt (*Active Frames*). Zwischen diesen kann der Benutzer hin und her wechseln, ohne die einzelnen *Apps* jedes Mal öffnen und schließen zu müssen. Zudem ermöglicht die Anzeige als *Widget* den zeitgleichen Fokus auf mehrere Anwendungen, denn in der Vorschau werden aktuelle Informationen

Abb. 4.8 Architektur von
BlackBerry OS 10

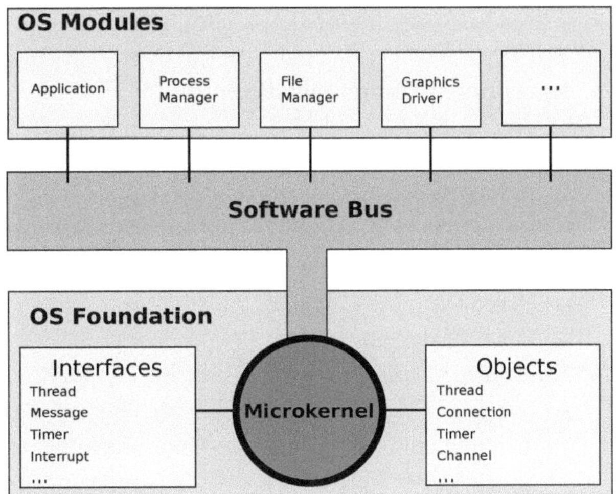

dieser *Apps* angezeigt. Weitere Einstiegspunkte sind das Menü, in dem die installierten *Apps* als *Icons* angezeigt werden und das Ähnlichkeiten mit dem *iOS-Homescreen* aufweist, sowie das sogenannte *Blackberry Hub*. Letzteres dient als „Kommunikationszentrale", denn hier werden alle eingehenden Nachrichten aus verschiedenen E-Mail-Konten, Social-Media-Diensten, Kalender-Benachrichtigungen und *SMS* angezeigt. Die Nachrichten können direkt im *Hub* beantwortet werden, ohne eine andere Anwendung zu öffnen. Unabhängig von der gerade ausgeführten Anwendung, wird ausgelöst durch eine bestimmte Wischgeste eine Vorschau auf eingegangene Nachrichten angezeigt. Die Verwendung verschiedener Symbole, Wischgesten und vor allem der speziellen Gesten (*Peek and Flow*) erschwert die Bedienung und erfordert eine gewisse Eingewöhnungszeit. Kritikpunkte sind einige Fehler und Inkonsistenzen im Bedienkonzept. So werden z. B. die uneinheitliche Verwendung von Gesten, eine fehlende Verkleinerungsfunktion im Querformat, der geringe Funktionsumfang der Kartenapp und die Anzeige des *Active Frame* beim Öffnen einer *App* bemängelt (vgl. [72]).

Die Architektur von *Blackberry OS* 10 basiert auf dem *QNX-Neutrino Microkernel* (vgl. [11]) Dieser implementiert die Hauptfunktionen von *POSIX* (*Portable Operating System Interface*, ein von der *IEEE* definierter Standard zur Gewährleistung der Kompatibilität von Unix-basierten Betriebssystemen), die auch in eingebetteten Echtzeit-Systemen eingesetzt werden, sowie Nachrichten-Übermittlungsfunktionen. *POSIX-Features*, die nicht im *Mikrokernel* enthalten sind, werden in Form von optionalen Prozessen und Bibliotheken (*Shared Libraries*) zur Verfügung gestellt. Auf der untersten Ebene enthält der *Mikrokernel* eine Reihe von Operationen sowie Routinen, um diese zu verändern (vgl. Abb. 4.8). Die Grundlage des Betriebssystems bilden *Kernel*-Aufrufe, die die folgenden Funktionen unterstützen:

- **Threads**: „nebenläufige Ausführungseinheit innerhalb eines Prozesses" (vgl. [58], S. 79)
- **Interprocess Communication**
  - synchrones *Message Passing*: mit den Prozessen *Message send/receive/reply*; funktioniert über *Channels* und *Connections*
  - *POSIX-Standard* und -Echtzeit-Signale: im Gegensatz zum *POSIX-Standard* nicht nur auf Prozess-, sondern auch auf *Thread-Ebene*
- *Zeitbasierte Funktionen*
  - Uhren
  - Timer basierend auf dem *POSIX-Standard*
- *Scheduling-Funktionen*
  - *Interrupt Handler*: für die optimale Nutzung der verfügbaren CPU-Zeit durch Vermeidung unnötiger Hardware-Unterbrechungen
  - *Semaphoren*: Verwaltung des Zugangs von *Threads* oder Prozessen zu kritischen Abschnitten (es handelt sich dabei um einen Programmteil bzw. Codeabschnitt, der nicht gleichzeitig von nebenläufigen Prozessen ausgeführt werden darf) in Form einer Warteschlange mit Hilfe von Sperren und einer Zählvariablen
  - *Mutexe*: *binäre Semaphore*, d. h. die Zählvariable hat nur zwei Werte, mit denen die Sperre zu einem kritischen Abschnitt entweder geöffnet oder geschlossen werden kann
  - Bedingungsvariablen (*condvars*): blockieren einen *Thread* in einem kritischen Abschnitt bis eine bestimmte Bedingung erfüllt ist und werden zur Implementierung eines Überwachungsgeräts immer zusammen mit einer *Mutex*-Sperre verwendet
  - Barrieren (Synchronisationspunkte)

Blackberry OS 10 ist *präemptiv* (verdrängt), d. h. ein laufender Prozess kann durch einen höher priorisierten unterbrochen und später fortgeführt werden, was einen Mehrbenutzer-Betrieb ermöglicht. Dies erfordert eine Strategie zur Vergabe der CPU. *Blackberry OS* 10 unterstützt die *Scheduling-Verfahren FIFO (First In First Out)*, *Round Robin* (Kombination aus *First Come First Serve* und Zeitscheiben) und *Priority* (bevorzugte Behandlung von Prozessen mit höherer Priorität). Operationen, die weniger Zeit für die Ausführung benötigen, werden bevorzugt, während länger andauernde Operationen in externe Prozesse bzw. *Threads* ausgelagert werden, was einen einfachen und schnellen Kontextwechsel begünstigt.

So funktionieren übrigens auch andere Betriebssysteme mit *Mikrokernel*. Diese weisen eine ähnliche Architektur auf.

Ziele bezüglich der Größe und der Performanz werden durch Optimierungen von Algorithmen und Datenstrukturen in der Programmiersprache *C* sichergestellt. Ein Vorteil von *BlackBerry OS* 10 ist seine Skalierbarkeit, die der modulare Aufbau mit sich bringt. Für *App-Entwickler* bedeutet dies, dass nur die Module bzw. Systemkomponenten eingesetzt werden, die wirklich benötigt werden. Während der Laufzeit können Module an- und ausgeschaltet werden. Die einzelnen Systemkomponenten sind nicht direkt im *Kernel* integriert, sondern kommunizieren untereinander (*Message Passing*). Der *Kernel* ist lediglich für die Prozesse auf *Thread*-Ebene zuständig oder für direkte *Kernel*-Aufrufe von bestimmten Diensten (s. Objekte in der Abb. 4.8). Alle anderen Prozesse laufen jeweils isoliert – mit eingeschränkten Berechtigungen – auf Benutzerebene ab. Diese werden vom System in kleinere Aufgaben, so genante *Server*, eingeteilt. Die Aufrufe für *Message Passing* werden von der *C Library* erledigt. In verteilten Netzwerken können auf diese Weise auch Nachrichten zwischen *Server* und *Client* übermittelt werden. Dabei ist eine bestimmte Hierarchie zu beachten, d. h. Nachrichten können nur an höhere Ebenen weitergeleitet werden.

Mit ca. 120.000 *Apps* ist die Auswahl an *Apps* für *BlackBerry OS* 10 noch nicht so groß, wie bei einigen konkurrierenden Betriebssystemen. Mit Hilfe kleinerer Anpassungen können auch *Android-Apps* installiert werden. Diese unterscheiden sich dann allerdings in Bezug auf Design und Bedienkonzept. Die Verteilung der *Apps* erfolgt über den *App-Store BlackBerry World*. Dieser bietet neben Anwendungen aus verschiedenen Themenbereichen auch andere Medien wie Musik oder Bücher an. Bei der Anzeige der verschiedenen *Apps* wird allerdings nicht zwischen kostenlosen und kostenpflichtigen *Apps* unterschieden.

Für die *App-Entwicklung* steht eine Entwicklungsumgebung mit einer umfangreichen Dokumentation zur Verfügung. Für die Entwicklung von *BlackBerry-Apps* wird die verbreitete Programmiersprache *Java* verwendet. Native *BlackBerry*-Anwendungen werden allerdings, im Gegensatz zu *Android-Apps*, in den Programmiersprachen *C* oder *C++* entwickelt.

Neben den speziell für *BlackBerry OS* entwickelten *Apps*, können auch *Android-Apps* ausgeführt werden. *BlackBerry*-Geräte verfügen über die entsprechende Laufzeitumgebung, die zur Ausführung von *Android-Apps* erforderlich ist (Dalvik-VM). Allerdings fehlen die *Google-Play*-Dienste. Die *Apps* können aber auch über den *Amazon-App-Store* bezogen werden, der seit der Version 10.3 auf *BlackBerry*-Geräten bereits installiert ist. Eine weitere Möglichkeit, *Android*-Apps zu erhalten, ist, diese als *.apk-Datei* manuell auf dem Gerät zu installieren.

Als besondere Merkmale von *BlackBerry* sind der *BlackBerry Hub*, ein eigener *Messenger*-Dienst, die Tastatur und *BlackBerry Balance* zu nennen. Die Nachrichtenzentrale *BlackBerry Hub* wurde bereits vorgestellt. Die Sammlung aller Mitteilungen an einer zentralen Stelle, auf die aus jeder Anwendung heraus zugegriffen werden kann, ermöglicht den Benutzern eine gute Übersicht über seine Nachrichten und schnelle Kommunikationsmöglichkeiten. *BlackBerry* bietet zudem einen eigenen Nachrichtendienst, den *BlackBerry Messenger (BBM)* an. Auch die dort eingehenden Mitteilungen werden im *Hub* angezeigt. Er verfügt über verschiedene Funktionen wie den Austausch von Textnachrichten, Videotelefonie und das Teilen von Bildschirminhalten (*Screensharing*). Diese Funktion eignet sich hervorragend für Telefonkonferenzen. Allerdings können nur Personen kontaktiert werden, die ebenfalls ein *BlackBerry-Smartphone* besitzen. Um Nutzer anderer Betriebssysteme zu erreichen, muss auf andere soziale Medien zurückgegriffen werden, die aber auch als *App* bei *BlackBerry* zur Verfügung stehen. Einige *BlackBerry-Smartphones* besitzen noch eine physikalische Tastatur, denn *BlackBerry* hat sich dem Trend zur *Touchscreen*-Bedienung erst mit dem aktuellen Betriebssystem *BlackBerry OS* 10 angeschlossen. Der Nachteil besteht allerdings darin, dass man das *Smartphone* dann nicht im Querformat nutzen kann, die Displaygröße also eingeschränkt ist. Zudem ist die Auflösung schlechter als bei anderen Geräten, so dass diese weniger für Videos oder Fotos geeignet ist. Zum Schreiben von Nachrichten bietet die Tastatur allerdings einige Vorteile. Andere *Black-Berry*-Geräte haben eine vollständige Touchscreen-Bedienung mit integrierter virtueller Tastatur. Diese weist einige Unterschiede zu denen anderer Betriebssysteme auf. Zum einen verfügt sie über weniger, dafür größere Tasten, was die Eingabe erleichtert und zu weniger Tippfehlern führt. Zum anderen zeigt sie Wortvorschläge über den einzelnen Buchstaben an, die man per Wischbewegung in den Text einfügen kann. Dies funktioniert beispielsweise auch bei *Android*, allerdings in einer Leiste oberhalb des Tastenfeldes. Zudem unterstützt die *BlackBerry*-Tastatur drei verschiedene, einstellbare Sprachen und „lernt dazu", d. h. sie erweitert den Wortschatz und die Vorschläge um häufige Benutzereingaben und kann sogar Ungenauigkeiten beim Tippen ausgleichen. Das Löschen von Buchstaben geschieht ebenfalls über eine Geste und kommt ohne Taste aus. Eine weitere Besonderheit von *BlackBerry* ist die Funktion *BlackBerry Balance*. Damit können private und geschäftliche Daten innerhalb des mobilen Gerätes in zwei verschiedene Bereiche getrennt werden. Insgesamt ist das Dateisystem in drei Partitionen eingeteilt:

1. Systemdateien
2. Privater Bereich
3. Dienstlicher Bereich.

Für den geschäftlichen Bereich, in dem alle Daten verschlüsselt (mit *DES3* oder *AES*) abgelegt werden, können den Unternehmensrichtlinien entsprechende Einstellungen vorgenommen werden, die beispielsweise die Installation bestimmter *Apps* und die *Copy-und-Paste*-Funktion einschränken. Zudem können Geräte aus der Ferne verwaltet werden, um z. B. im Falle eines Geräteverlusts die Geschäftsdaten löschen zu können. Im dienstlichen Bereich werden keine privaten Daten oder *Apps* angezeigt und umgekehrt haben die Vorgaben im Geschäftsbereich keinerlei Einfluss auf private Daten und Einstellungen. Damit eignen sich *BlackBerry*-Geräte gut sowohl für den dienstlichen als auch privaten Einsatz. Bekannt geworden ist *BlackBerry OS* in diesem Zusammenhang mit den teuren, aber dafür besonders sicheren Geräten der Firma *Secusmart*, die z. B. von Bundestagsabgeordneten verwendet werden. Inzwischen gehört *Secusmart* zu *BlackBerry*. Um *BlackBerry Balance* nutzen zu können, ist ein *BlackBerry Enterprise Server* erforderlich, der zusätzlich erworben werden muss.

4.1.2.5 Firefox OS

Firefox OS, erstmals 2012 vorgestellt, ist aus dem Projekt „*Boot to Gecko*" bzw. „*B2G*" hervorgegangen. Es handelt sich dabei um ein *Linux*-basiertes *Open-Source*-Betriebssystem von der nicht-kommerziellen Organisation *Mozilla Corporations* (bekannt für den

Tab. 4.5 Eigenschaften: Mozilla Corporation Firefox OS

Firefox OS	
Hersteller	Mozilla Corporation
Webseite	http://www.mozilla.org/de/firefox/os/
Lizenz	Open Source
basiert auf	Linux
aktuelle Version	Firephone OS 1.4.0 (Stand: 3/2014)
Geräte	Geeksphone, Alcatel, Android-Geräte
Appverteilung	Mozilla Marketplace

Firefox-Browser). Namhafte Unternehmen (u. a. *Telefonica*, *Adobe*, *Deutsche Telekom*) unterstützen dieses Projekt. Der Unterschied zu den anderen mobilen Betriebssystemen liegt in der ausschließlichen Nutzung von offenen Standards und auf Webtechnologien basierenden Anwendungen. Die ersten Geräte (*Geekphone Peak+*) wurden Anfang 2013 vorgestellt und im Juli 2013 zum Verkauf angeboten (vgl. Tab. 4.5). Es ist allerdings auch möglich, *Firefox OS* auf *Android*-Geräten zu verwenden und das Betriebssystem über ein *Add-on* im *Firefox-Browser* zu testen.

Die Benutzeroberfläche von *Firefox OS* unterscheidet sich nicht viel von anderen mobilen Betriebssystemen. Der Startbildschirm enthält wichtige, bereits vorinstallierte *Apps* (z. B. Telefon, Kontakte, Kamera), jedoch keine *Widgets* (vgl. Abb. 4.9). Per Wisch-Geste oder Menü-Button wird das *App-Menü* geöffnet. Dort werden die auf dem Gerät gespeicherten *Apps* in Form von *Icons* angezeigt. Durch einen Klick auf das *Icon* wird die *App* geöffnet. Über den Home-Button gelangt der User wieder zurück zum Startbildschirm. Ist über die Einstellungen eine Display-Sperre eingerichtet, wird bei Inaktivität ein Sperrbildschirm angezeigt, der durch Eingabe eines Passworts wieder freigegeben wird. Zusätzlich gibt es einen Button, um die übermittelten Standortdaten einzustellen. Die anderen Einstellungsmöglichkeiten können über eine *App* oder über ein Menü am oberen Bildschirmrand, das per Wischgeste sichtbar wird, vorgenommen werden.

Architektur *Firefox OS* basiert auf einem *monolithischen Linux-Kernel*. Die Architektur des Betriebssystems (s. Abb. 4.10) besteht aus den folgenden Schichten (vgl. Abb. 4.10):

Hardware Wie bei allen Betriebssystemen üblich, setzt auch *Firefox OS* auf der Hardware der mobilen Geräte auf.

Gonko

Dies ist die Grundlage des Betriebssystems bzw. das Betriebssystem im engeren Sinne. *Gonko* beinhaltet einen *Linux-Kernel* sowie die Hardware-Treiber zur Steuerung der Hardware-Komponenten. Dies sind hauptsächlich *Open-Source-Treiber*, die teilweise auch von anderen Betriebssytemen (z. B. *Android*) verwendet werden, aber auch einige *Firmware-Treiber* (z. B. zur Steuerung der Telefonfunktionen). Zusätzlich sind in der *Gonko*-Schicht die *System Libraries* zu finden, die die Hardware-Treiber verwenden.

Abb. 4.9 Screenshot des *Firefox OS Home Screens* (aus dem *Firefox OS* Simulator)

Abb. 4.10 Architektur von *Firefox OS*

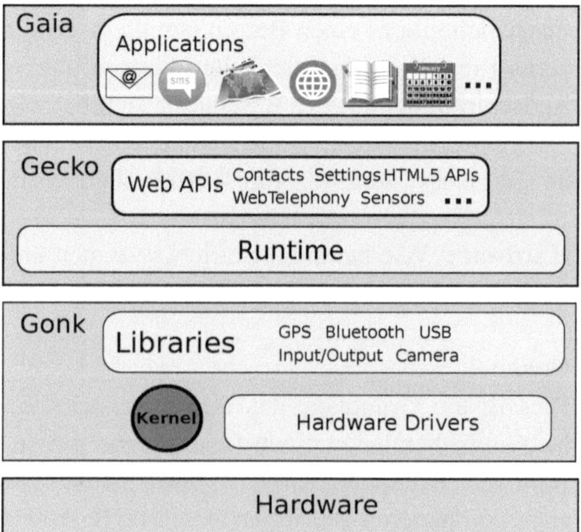

Gecko

Die Schicht namens *Gecko* ist die Laufzeitumgebung und umfasst das *Framework* zur Ausführung von *Apps*. Um die Systemapplikationen der mobilen Geräte nutzen zu können sind Schnittstellen bzw. *Web-APIs* erforderlich. Diese sind ebenfalls in der *Gecko*-Schicht vorhanden.

Gaia

Gaia ist die Anwendungsebene von *Firefox OS*. In der Benutzeroberfläche werden die Startseite, der *Lock Screen* (Sperrbildschirm) sowie die webbasierten Apps ausgeführt. Dabei kommen verschiedene Webtechnologien (z. B. *HTML5*, *JavaScript*, *CSS*) zum Einsatz.

Apps für *Firefox OS* sind rein webbasiert. Sie werden über einen *App Store*, den *Marketplace*, verteilt. Da es nur *HTML5-Apps* für *Firefox OS* gibt, können sie auch von jedem beliebigen *Web Server* aus als „*hosted app*" verteilt werden. Über die *URL* von *Apps* wird eine sogenannte *Manifest-Datei* (in der Regel eine *JSON-Datei*) aufgerufen, die Informationen über die für die *App*-Ausführung erforderlichen Dateien liefert. Ein solches *Manifest* kann zusätzlich Anweisungen enthalten – beispielsweise zum Zwischenspeichern der *App* für die Offline-Nutzung. Alternativ gibt es die Möglichkeit, *Apps* als „*packaged app*" zu installieren. Diese werden in Form einer *zip-Datei* gespeichert, in der alle benötigten Dateien vorhanden sind, um die *App* auf dem Gerät offline auszuführen. Um Berechtigungen auf bestimmte Hardware-Komponenten, *Web-APIs* oder Daten zu erhalten (z. B. Kamera, Kontakte, Bilder), müssen Apps als „*packaged app*" installiert sein. Solche *Apps* werden auch als „privilegierte" bzw. „sensitive" *Apps* bezeichnet. Daneben gibt es noch „zertifizierte *Apps*" die über besondere Berechtigungen (z. B. Telefonanrufe tätigen) verfügen. Diese Berechtigungen sind zur Zeit noch den vorinstallierten Anwendungen vorbehalten und können noch nicht von *Drittanbieter-Apps* genutzt werden (Stand: 03/2014). Für die Entwicklung von *Apps* werden vor allem Webtechnologien wie *HTML5*, *Javascript* und *CSS* verwendet. Systemapplikationen werden in *C++* programmiert. Um *Apps* auf mobilen Geräten zu speichern, wird eine *Manifest-Datei* benötigt. Diese enthält neben Metainformationen wie Name, Beschreibung auch eine *URL* zu der Website und weitere Informationen (z. B. zur Darstellung auf dem Gerät, Berechtigungen, Einstellungen, etc.). Wird kein *Icon* angegeben, wird die App durch ein *Standard-Icon* im *App-Menü* des mobilen Gerätes angezeigt. Theoretisch kann also aus den meisten Webseiten eine *Firefox App* erstellt werden, was im Hinblick auf die Anzahl von *Apps* einen Vorteil darstellt. Die meisten *Apps* für *Firefox OS* setzen eine aktive Internetverbindung voraus, d. h. sie können nur online ausgeführt werden. „*Packaged apps*" hingegen können auch offline verwendet werden. Als besondere Merkmale sind die Verwendung offener Standards und Webtechnologien nochmals hervorzuheben.

Tab. 4.6 Eigenschaften: Canonical Ubuntu Phone

Ubuntu Phone	
Hersteller	Canonical
Webseite	http://www.ubuntu.com/phone
Lizenz	Open Source
basiert auf	Unix
aktuelle Version	Ubuntu Phone (Stand: 3/2015)
Geräte	BQ Aquaris E4.5, kann auf Android-Geräten installiert werden (offiziell unterstützt: Google Nexus Geräte)
Appverteilung	Ubuntu Software Center

4.1.2.6 Ubuntu Phone

Ubuntu ist eine *Linux-Distribution* für Desktop-PCs, die von der Firma *Canonical* entwickelt und frei zur Verfügung gestellt wird. Ende 2011 für 2012 angekündigt, wurde das Betriebssystem *Ubuntu Phone*, manchmal auch als „*Ubuntu Touch*" bezeichnet, der Firma *Canonical* erst Anfang 2013 vorgestellt und als Entwicklerversion bereitgestellt. Seit der *Ubuntu*-Version 13.10 werden auch mobile Geräte unterstützt. Mobile Geräte mit *Ubuntu Phone* gab es zu diesem Zeitpunkt allerdings noch nicht zu kaufen. Schlagzeilen machte *Canonical* mit einer *Crowdfunding*-Kampagne für ein sehr leistungsfähiges *High-End-Smartphone*, das *Ubuntu Edge*, das sowohl als *Smartphone*, als auch als vollwertiger *Ubuntu*-PC nutzbar sein sollte. Anvisiert war ein Rekordbetrag in Höhe von 32 Millionen US-Dollar, aber es wurde weniger als die Hälfte davon eingenommen. Das war das Aus für das *Ubuntu Edge*. Offiziell unterstützt *Ubuntu* die *Google-Nexus*-Geräte, auf denen eine Installation von *Ubuntu Phone* möglich ist. Für andere *Android*-Geräte sind Portierungen vorhanden. Das erste offizielle *Smartphone*, das mit *Ubuntu Phone* ausgestattet ist, kam entgegen der Ankündigungen erst im Februar 2015 auf den Markt: es handelt sich um das *BQ Aquaris E4.5* (vgl. Tab. 4.6).

Im Gegensatz zu anderen mobilen Betriebssystemen verfolgt *Ubuntu Phone* ein vollkommen anderes Bedienkonzept. Anstelle von Buttons erfolgt die Bedienung über verschiedene Wischgesten. Die Benutzeroberfläche, die sich *Ubuntu Phone* an den Eigenschaften von der *Ubuntu*-Desktop-Version orientiert, enthält sogenannte „*Scopes*". Diese dienen dazu, ähnlich wie *Widgets* oder *Apps*, Informationen auf dem *Homescreen* anzuzeigen. Die *Scopes* sind nach Themen sortiert und zeigen, mit einer Suchfunktion ausgestattet, Informationen an, die auf dem Gerät gespeichert sind, aber auch aus dem Internet stammen oder beispielsweise den Aufenthaltsort berücksichtigen. Der *Ubuntu Launcher*, der bereits aus der Desktop-Version bekannt ist, ist eine *Sidebar*, die in jeder Ansicht eingeblendet werden kann. Diese beinhaltet häufig genutzte *Apps*, so dass diese jederzeit schnell geöffnet werden können.

Ubuntu Phone basiert auf *Linux*, genauso wie die Desktop-Version. Benutzer können sich sogar mit *Root-Rechten* anmelden und Befehle in eine *Terminal-App* eingeben.

Tab. 4.7 Eigenschaften: Intel u. Samsung Tizen

Tizen	
Hersteller	Intel und Samsung
Webseite	http://www.tizen.org
Lizenz	Open Source
basiert auf	Linux und anderen, nicht mehr weiterentwickelten mobilen Betriebssystemen (u. a. Maemo, MeeGo, BadaOS)
aktuelle Version	
Geräte	verschiedene Gerätetypen (Smartphones, Tablets, Smart-TVs, Smartwatches, Multimedia-Systeme), erstes Smartphone mit Tizen: Samsung Z1
Appverteilung	Tizen Store

Zur Installation der regelmäßigen Updates muss das Gerät allerdings neu gestartet werden.

Bei den *Apps* für *Ubuntu Phone* handelt es sich einerseits um *Web-Apps*, die im Browser geöffnet werden und andererseits um *Ubuntu-Apps*.

Die Verteilung der *Ubuntu-Apps* erfolgt über das *Ubuntu-Software-Centre*. In diesem *Ubuntu-App-Store* befinden sich auch ca. 50 *Scopes*, die ähnliche Funktionen haben wie *Apps*. Mit einem kostenlosen Benutzerkonto können Entwickler ihre *Apps* im *Ubuntu-Software-Centre* veröffentlichen. Dazu werden die *Apps* in ein bestimmtes Format, sogenannte „*Click Packages*", gebracht, mit einem *Icon* und Metainformationen versehen und hochgeladen. Vor der Veröffentlichung werden die *Apps* noch einem automatischen Review-Prozess, also einer Prüfung, unterzogen. Damit stellt *Canonical* sicher, dass nur *Apps*, die bestimmte Kriterien erfüllen, verteilt werden. Für die Entwicklung von *Ubuntu-Apps* stellt *Canonical* mit der *Ubuntu-SDK* eine eigene Entwicklungsumgebung bereit. Damit können sowohl *Apps* als auch *Scopes* programmiert und in einem Emulator getestet werden. *Apps* für *Ubuntu Phone* können *HTML5*, *QML* (*QT Media Object Language*) oder *Cordova JavaScript APIs* (für den Zugriff auf die Hardware) verwenden. *Web Apps* werden im Browser ausgeführt, *Scopes* und *QML-Apps* können wie bei der *Ubuntu* Desktop-Version installiert und auf dem Gerät ausgeführt werden.

Neben dem anderen Bedienkonzept ist die auf *Linux* basierende quelloffene Plattform, bei der sogar eine Bedienung mit *Root*-Berechtigungen möglich ist, als Besonderheit von *Ubuntu Phone* hervorzuheben.

4.1.2.7 Weitere mobile Betriebssysteme

Neben *Firefox OS* und *Ubuntu Phone* gibt es noch weitere mobile Betriebssystem, die eher unbekannt und kaum verbreitet sind. Dazu gehören *Tizen* (vgl. Tab. 4.7) und *Sailfish OS* (vgl. Tab. 4.8). Beide Projekte basieren auf nicht mehr weiterentwickelten mobilen Betriebssystemen, wie z. B. *Maemo*, *MeeGo*, *BadaOS* (*Tizen*) oder *MeeGo* und *Mer* (*Sailfish OS*), und somit auf *Linux*.

Tab. 4.8 Eigenschaften: Jolla Sailfish OS

Sailfish OS	
Hersteller	Jolla
Webseite	https://sailfishos.org/ und https://jolla.com/
Lizenz	Open Source
basiert auf	Linux und den mobilen Betriebssystemen MeeGo und Mer
aktuelle Version	1.1.2.16 / 25, Version 2.0 angekündigt für 05/2015 (Stand 03/2015)
Geräte	Jolla Phone, Jolla Tablet
Appverteilung	Jolla Store

Tab. 4.9 Eigenschaften: Accenture Symbian

Symbian	
Hersteller	Accenture im Auftrag von Nokia (früher: Symbian Ltd. und Symbian Foundation)
Webseite	eingestellt
Lizenz	anfangs proprietär, seit 2010: Eclipse Public License
basiert auf	RTOS, EPOC-OS
aktuelle Version	nur noch Updates, letzte Version: Symbian Belle (Stand: 8/2013)
Geräte	früher: Geräte von Nokia, Sony-Ericsson, Motorola, Samsung
Appverteilung	über Drittanbieter oder Telefonhersteller in Form von Dateipaketen

4.1.2.8 Symbian

Symbian war eines der ersten mobilen Betriebssysteme für *Smartphones*. Es basiert auf dem Betriebssystem *EPOC*, das auf *Psion-Organizern* (Vorgänger von *PDA*s) eingesetzt wurde. Entwickelt von der gleichnamigen Firma, wurde es im Jahr 2008 von *Nokia* aufgekauft und zunächst unter einer proprietären Lizenz vertrieben. Zusammen mit anderen Geräteherstellern (z. B. *Sony-Ericcson, Motorola*) und Mobilfunkanbietern (z. B. *Vodafone*) wurde die gemeinnützige Organisation *Symbian Foundation* gegründet, die von *Nokia* die Rechte für *Symbian OS* erhielt und das Betriebssystem unter einer *Open-Source-*Lizenz weiterentwickelte (*Symbian^3*). Symbian wurde auf mobilen Geräten verschiedener Hersteller eingesetzt. Im Jahr 2011 fand ein *Outsourcing* statt: *Nokia* gab die Weiterentwicklung von *Symbian* an die Firma *Accenture* ab. Dadurch änderten sich auch die Lizenzbedingungen, so dass der Quellcode nicht mehr offen zugänglich war, sondern unter einer *Symbian-Lizenz* vertrieben wurde (vgl. Tab. 4.9). Die letzte *Symbian*-Version war *Symbian Belle*. Zurzeit werden nur noch Updates für diese Version angeboten (Stand: August 2013). *Nokia-Smartphones*, durch die *Symbian* bekannt wurde, werden nun mit dem mobilen Betriebssystem *Windows Phone* ausgestattet.

Die ersten *Smartphones*, auf denen *Symbian* eingesetzt wurde, wurden noch über die Tastatur bedient. Die ersten Geräte mit Touchscreen wurden im Jahr 2008 eingeführt und basierten auf Symbian^3. Insgesamt sind drei verschiedene Benutzeroberflächen verfügbar (*S60, UIQ* und *MOAP*), die auch benutzerdefinierte Anpassungen zulassen. S60 ist die bekannte Benutzeroberfläche von *Nokia*-Geräten, *UIQ* ist auf eine stiftbasierte Bedienung

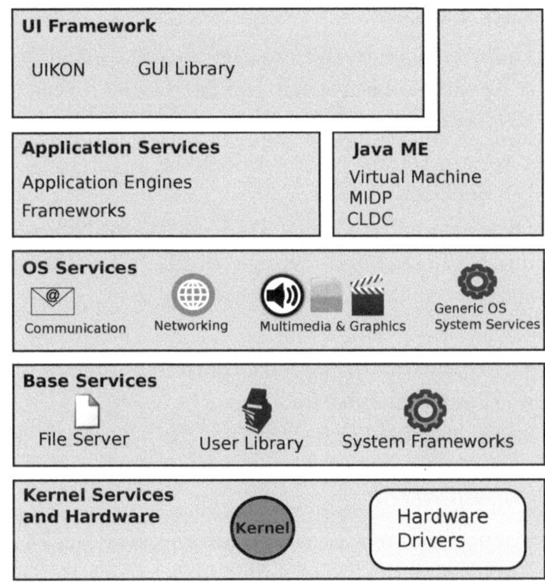

Abb. 4.11 Architektur von *Symbian*

ausgelegt und *MOAP* ist vor allem auf dem japanischen Markt vertreten und unterstützt japanische Schriftzeichen und animierte Cartoons (vgl. [64]. Die aktuellste Version, *Symbian Belle* (Symbian^9) mit einer *S60 UI* verfügt über sechs anpassbare *Homescreens* auf denen *App-Icons* und *Widgets* platziert werden können. *Widgets* sind in unterschiedlichen Größen verfügbar und können durch eine längere Berührung des *Homescreens* hinzugefügt werden. Am oberen Rand der Startseite befindet sich die Statusleiste, die durch eine Wischgeste nach unten aufgeklappt werden kann. Neben diversen Einstellungsmöglichkeiten (z. B. Ein- und Ausschalten von *WLAN*, *Bluetooth*, u.ä.) werden dort Informationen zu verpassten Anrufen und eingegangenen *SMS* angezeigt. Empfangene E-Mails sind dort jedoch nicht zu finden. Im Hauptmenü gelangt man über entsprechende *Icons* zu den installierten *Apps*, die nicht mehr wie anfangs in Ordnern, sondern seit dem 2. Update direkt auf dem Bildschirm abgelegt sind. Dies vereinfacht den Zugriff, da das Öffnen von *Apps* nur noch ein einmaliges Antippen des *Icons* erfordert. Weitere Änderungen durch die letzten Updates betreffen das nun einheitlichere Design von *Apps* sowie die Einführung einer Entwicklerzertifizierung zur Vermeidung von Schadsoftware bei Anwendungen von Drittanbietern.

Symbian ist ein *Mikrokernel*-Betriebssystem. Bis zur Version 8 wurde der *Echtzeit-Kernel EKA1* verwendet. Die Version 9 hingegen basiert mit dem *EKA2-Kernel* auf einer neueren Version. Die Architektur (vgl. Abb. 4.11) setzt sich aus den folgenden Schichten zusammen (vgl. [64]):

Kernel Services **und** *Hardware Interface*
Diese Ebene bildet die Grundlage des Betriebssystems. Hier befinden sich der *Kernel* (ein *Echtzeit-Kernel*, s.o.) sowie logische und physikalische Hardwaretreiber.

Base Services
Diese Schicht ist die unterste nutzerseitige Ebene des Betriebssystems. Neben dem *File Server* (Dateisystem) und der *User Library* (Benutzerbibliothek) enthält sie wichtige *System-Frameworks* (z. B. das *Ecom Plugin Framework*) und Speicheranbindungen.

OS Services
Diese Ebene wird auch als *Middleware* bezeichnet. Sie enthält die *Server*, *Frameworks* und Bibliotheken (*Libraries*) des Betriebssystems, die für folgende Funktionen zuständig sind:

- Allgemeine Dienste des Betriebssystems,
- Kommunikationsdienste,
- Multimediadienste,
- Konnektivitätsdienste.

Dazu gehören z. B. der Telefonserver, die *TCP/IP-Implementierung*, das *Multimedia-Framework*, die *Standard C Library* sowie der *Task Scheduler*.

Java ME (*Micro Edition*)
Die seit Version 7 eingesetzte *Java-Implementierung* von *Symbian* bildet keine eigene Ebene, sondern fügt sich in die bestehende Architektur ein. Sie besteht aus den folgenden Komponenten:

- *Java Virtual Machine*: Laufzeitumgebung zum Ausführen von *Java-Programmen*
- *Mobile Information Device Profile* (*MIDP*) Version 2.0: Profil für Mobile Geräte, das Funktionen zum Abrufen und Abfragen von Tastatur, Bildschirm und Speicher enthält. Damit werden wichtige Features von *Java-ME-Anwendungen* unterstützt (z. B. Audiowiedergabe, Videostreaming, Push-Architektur). Es handelt sich um ein *Sandbox*-Modell, d. h. die *MIDP-Anwendungen* (*MIDlets*) benötigen für den Netzwerk- oder Speicherzugriff eine Berechtigung durch den Benutzer.
- Implementierung der *CLDC 1.0 Sprache* (*Connected Limited Device Configuration*), *Input/Output* (I/O) und *Utilities Services*: Konfiguration der Java-Laufzeitumgebung
- *Low-Level-Plugins*, die als Schnittstelle zwischen *CLDC*, unterstützten Paketen und dem nativen System fungieren.

Application Services
Die *Application Services* sind Dienste, die Anwendungen unterstützen, ohne Einbezug der grafischen Benutzeroberfläche. Dabei werden drei Gruppen von Diensten unterschieden:

- Dienste auf Systemebene, auf die alle Anwendungen zugreifen (z. B. App-Architektur, Textverarbeitung).

- Dienste, die allgemeine Anwendungen unterstützen (u. a. Alarmfunktion, Datensynchronisation) sowie *Application Engines* (z. B. *Data Engine*).
- Generische, aber dennoch anwendungsorientierte Dienste (z. B. E-Mail, Nachrichtendienst, Internet).

UI Framework

Die oberste Schicht der *Symbian*-Architektur enthält *Frameworks* und *Libraries* zur Erstellung einer Benutzeroberfläche. Das *Hauptframework* ist *Uikon*, das zusammen mit einer Klassenhierarchie, die als Kontrollumgebung fungiert, die Grundlage für das *User Interface* bildet und das *GUI*-Verhalten steuert. Das *GUI*-Verhalten implementiert eine bestimmte Benutzeroberfläche (z. B. *S60* oder *UIQ*). Zusätzlich enthält diese Ebene Grafik-*Frameworks* (z. B. *Animation-Framework*), die sowohl für die Benutzeroberfläche, als auch für Anwendungen verwendet werden.

Symbian verfügt über verschiedene Muster, die das Betriebssystem ausmachen und an unterschiedlichen Stellen zum Einsatz kommen. Dazu zählen die minimale Auslastung des *Kernels* durch die Auslagerung von Prozessen in Serverprozesse und *Client-Server-Strukturen*. Die Verarbeitung von Prozessen erfolgt in *Symbian* durch asynchrone Kommunikation zwischen *Client* und *Server*. Dies bedeutet, dass Service-Anfragen sofort ohne Warten auf eine Rückmeldung bearbeitet werden können. *Symbian* ist also ein *präemptives* Betriebssystem, denn *Threads* von Anwendungen können unterbrochen werden und im Hintergrund weiterlaufen. Die Asynchronität kann aber auch objektorientiert durch den Einsatz von *Active Objects* realisiert werden, was kooperatives Multitasking ermöglicht. Dieses Verfahren eignet sich besonders für ereignisgesteuerte Nebenläufigkeit. Für Echtzeitanwendungen hingegen ist es ungeeignet.

Framework-Plug-ins sorgen dafür, dass Funktionalitäten nur hinzugefügt werden, wenn sie für die Ausführung einer Anwendung erforderlich sind. Die dadurch gewonnene Flexibilität spart Ressourcen, die bei mobilen Geräten ohnehin begrenzt sind.

Auch für *Symbian* gibt es eine Reihe an kostenfreien und kostenpflichtigen *Apps*. Diese können auch von Drittanbietern angeboten werden. Bei den Anwendungen werden *.exe-Dateien*, also ausführbare Programme wie man sie von Windows kennt, und *.dll-Pakete* (*Dynamic-Link Library*) unterschieden. Letztere sind dynamische Bibliotheken, auf deren Inhalt (z. B. Programmcode, Daten) verschiedene Anwendungen zugreifen können.

Ein zentraler *App-Store* für *Symbian*-Anwendungen ist der *Nokia OVI-Store*. Drittanbieter-Apps können auch über andere Quellen (z. B. Webseiten der Entwickler) installiert werden. Da es zu einer starken Verbreitung von *Malware* gekommen ist, wurde in der letzten *Symbian*-Version ein Lizenzierungsverfahren für *Apps* eingeführt (*Code Signing*). Ohne die dabei erhaltene Lizenz kann eine *App* nicht auf *System-APIs* zugreifen. Die Entwickler müssen zudem die *App* für die unterschiedlichen Geräte freigeben, damit sie mit diesen kompatibel sind.

Symbian-Apps können in verschiedenen Programmiersprachen geschrieben werden: neben *C++* sind dies u. a. *JavaME*, *.NET* und *Phyton*. Für die Entwicklung steht mit dem *UI-Framework Qt* eine Entwicklungsumgebung zur Verfügung, mit der auch Anwendungen für andere mobile Betriebssysteme (z. B. Android) entwickelt werden können. Daneben kann eine Vielzahl weiterer Entwicklungsumgebungen verwendet werden.

In *Symbian* gibt es eine Trennung zwischen *Application Engines* und der Benutzeroberfläche im Sinne des *MVC-Modells* (*Model-View-Controller*), das wie folgt funktioniert:

- Das *Model* enthält die Datenstruktur.
- Über die *View* werden die Daten dargestellt bzw. angezeigt.
- Der *Controller* vermittelt zwischen Benutzer und Datenmodell, indem er Ereignisse des Benutzers empfängt und mit darauf basierenden, neu erzeugten Ereignissen Veränderungen im Datenmodell bewirkt.
- *Controller* und *View* werden als Paar betrachtet, dem ein *Model* zugeordnet ist. Das *Model* muss sowohl dem *Controller*, als auch der *View* bekannnt sein, aber umgekehrt nichts über die beiden Komponenten wissen.
- Das *Model* gibt die Änderungen an *Controller* und *View* weiter. Diese fragen umgekehrt ebenfalls nach Änderungen.
- Bei Bedarf aktualisiert die *View* die Anzeige der Daten.

Durch dieses Modell ist die Funktionalität der Anwendungen unabhängig von der Benutzeroberfläche. Letztere wird über bereitgestellte *APIs* (Schnittstellen) angesprochen.

Symbian ist ein robustes und stabiles Betriebssystem, das sehr ressourcenschonend arbeitet. So ist die verfügbare Akkulaufzeit auf *Symbian*-Geräten meist deutlich höher im Vergleich zu anderen mobilen Betriebssystemen. Allerdings wird das Betriebssystem nicht mehr weiterentwickelt. Es wird zwar noch voraussichtlich bis 2016 mit Updates unterstützt, aber eine neue Version wird es wahrscheinlich nicht geben.

Weitere mobile Betriebssysteme wurden irgendwann nicht mehr weiterentwickelt und werden nicht mehr verwendet, obwohl sie z.T. früher sehr bekannt und verbreitet waren. Eines davon haben wir Ihnen bereits vorgestellt: *Symbian OS* (vgl. Abschn. 4.1.2.8). Die anderen Namen könnten Ihnen auch bekannt vorkommen:

- *Palm OS*
- *WebOS*
- *Bada OS*
- *Windows Mobile*

4.2 Enterprise Mobility Management

Informationen und Kommunikation spielen für Unternehmen in der heutigen Informationsgesellschaft eine wichtige Rolle. Ohne ein effizientes Informationsmanagement können sich Unternehmen in den meisten Märkten unserer Zeit nicht durchsetzen, da sich die Marktbedingungen im Laufe der Jahre auch entsprechend der jeweils verfügbaren

NEU: Mit einem Click ist der Server in einen sicheren Zustand versetzt.

**ZENTRALE VERWALTUNG FÜR ENDPOINT-
SICHERHEIT UND MOBILE GERÄTE**

www.sophos.de/cloud

Informations- und Kommunikationstechnologien geändert haben. Der zunehmende Wandel von Verkäufer- zu Käufermärkten, die Globalisierung der Märkte, abnehmende Produktlebenszyklen und entsprechend auch abnehmende Produktentwicklungszyklen sowie die zunehmende Dynamik von Geschäftsprozessen auf Basis immer leistungsfähigerer Informations- und Kommunikationssysteme bewirken, dass die Ausgestaltung der Computerunterstützung für Geschäftsprozesse und die damit erzielte Effizienz der Informationsflüsse im Unternehmen zu einem immer wichtigeren Wettbewerbsfaktor werden.

So erlaubt die Informations- und Kommunikationstechnik hinsichtlich der Geschäftsprozesse eines Unternehmens, dass die Beschäftigten auch von unterwegs, von zu Hause oder beim Kunden auf Unternehmensdaten zugreifen, die Geschäftsprozesse bedienen und auch von außerhalb des Unternehmens effizient an betrieblichen Arbeits- und Kommunikationsprozessen teilhaben können.

Enterprise Mobility Management (*EMM*) adressiert genau diese Thematik, indem es Geschäftsprozesse stärker über die physikalischen Räume des Unternehmens hinaus auch auf Beschäftigte und Geräte außerhalb des Unternehmens ausdehnt, so dass die Informationsflüsse und *Workflows* im Unternehmen auch dann noch möglichst unterbrechungsfrei und effizient ablaufen können, selbst wenn ein Teil der in diesen involvierten Beschäftigten in den jeweils relevanten Zeiträumen nicht im Büro, sondern außerhalb für das Unternehmen unterwegs sind.

EMM umfasst dazu die betriebliche Einbindung und Verwaltung mobiler Endgeräte wie *Notebooks*, *Smartphones* und *Tablets* unter Berücksichtigung von Funktionalität und Datensicherheit. Es beinhaltet die Geschäftsprozesse, die über *Smartphones* und *Tablets* bedient werden sollen, sowie die hierfür notwendigen Anwendungen für diese Endgeräte. Im weiteren Sinne beinhaltet *EMM* aber auch den Betrieb von *WLAN-Infrastrukturen*, um mobilen Endgeräten der Beschäftigten innerhalb der Unternehmensgebäude möglichst flächendeckend und mit ausreichender Bandbreite einen gesicherten Zugang zum Unternehmensnetzwerk und/oder *Internet* bereitzustellen. Der Aspekt ausreichender Bandbreite spielt aber auch bei der Verwendung von Mobilfunknetzen eine Rolle, denn auch hier müssen Unternehmen im Rahmen eines *EMM* sicherstellen, dass Mitarbeiter im Außeneinsatz für ihre *Smartphones*, *Tablets* und/oder *Notebooks* über ausreichende Datenkontingente beim jeweiligen Mobilfunkanbieter entsprechend des betrieblichen Bedarfs verfügen. Zum einen ist dies wichtig, um Störungen von Geschäftsprozessen bei einer Drosselung der Datenzugänge vorzubeugen und/oder überproportionale Mehrkosten bei Überschreitung der mit den jeweiligen Mobilfunkanbietern vereinbarten Datenkontingente zu vermeiden. Zum anderen führen unzureichende Datenkontingente für den *Internetzugang* über das Mobilfunknetz aber auch zu einer Erhöhung der Sicherheitsrisiken, da die Beschäftigten dann im Außeneinsatz häufiger auf andere, ggf. unsichere Möglichkeiten des *Internetzugangs*[6] ausweichen, um die Datenkontingente zu schonen.

---

[6] In diesem Zusammenhang ergeben sich Risiken durch die Nutzung öffentlicher *WLAN-Zugänge*, die vielerorts z. B. in Cafés, Bahnhöfen, Flughäfen und Hotels verfügbar sind. Details hierzu werden in Abschn. 4.8.2.3 angeführt.

Betriebliche Endgeräte, die Beschäftigten durch das Unternehmen zur Verfügung gestellt werden, können von Unternehmensseite her mit beliebigen Anwendungen ausgestattet und so konfiguriert werden, dass Betriebs- und Datensicherheit für die Unterstützung der Geschäftsprozesse durch diese Endgeräte maximal gewährleistet ist. Von Unternehmensseite her wird die private Nutzung betrieblicher Endgeräte (dies gilt insbesondere für *Notebooks*) in der Regel nicht zugelassen, um den folgenden Problemen vorzubeugen, die sich durch eine private Nutzung ergeben können:

- Verstöße gegen Lizenz- und Nutzungsbedingungen ergeben sich, falls von Unternehmen für die betriebliche Verwendung eingekaufte Anwendungen (Programme) privat genutzt werden, die Lizenz eine private Nutzung aber nicht umfasst. Ebenso problematisch sind Anwendungen, die vom Beschäftigten selbst für den privaten Gebrauch erworben werden oder für diese Art des Gebrauchs sogar kostenfrei genutzt werden dürfen, eine Installation auf kommerziellen Geräten aber aufgrund der Lizenz- und Nutzungsbedingungen nicht zulässig ist.
- Werden betriebliche Arbeitsgeräte (*Notebooks, Smartphones, Tablets*) auch privat genutzt, geht damit immer eine zusätzliche Gefährdung der Betriebs- und Datensicherheit einher. Besonders die private *Internetnutzung* über betriebliche Arbeitsgeräte kann dazu führen, dass das Arbeitsgerät im Vergleich zur betrieblichen *Internetnutzung* überproportional den Gefahren des *Internets* (Viren, Würmern, Trojanern) ausgesetzt ist.
- Durch die Installation von Anwendungen für den privaten Bedarf kann sich eine zusätzliche Gefährdung der Betriebs- und Datensicherheit ergeben, wenn diese z. B. aus dem Internet aus unsicheren Quellen stammt oder die Integrität heruntergeladener *Software* nicht verifiziert wird.
- Privat installierte Anwendungen unterliegen keinem betrieblichen *Patchmanagement*, so dass deren laufende Aktualisierung dem jeweiligen Gerätenutzer obliegt. Auch hieraus kann sich eine zusätzliche Gefährdung der Betriebs- und Datensicherheit ergeben, wenn z. B. *Patches* für bekannt gewordene Sicherheitslücken in privat installierten Anwendungen nicht eingespielt werden.
- Wird eine private Nutzung von Endgeräten nicht explizit verboten, ergeben sich datenschutzrechtliche Probleme für verschiedene Bereiche des IT-Betriebs, z. B. für die Archivierung von *E-Mails*, für die Überwachung von Systemaktivitäten sowie von Netzwerkdatenverkehr hinsichtlich sicherheitsrelevanter Ereignisse oder die Komplettlöschung von Systemen insbesondere nach einem Befall mit *Schadsoftware* (Viren, Würmern, Trojanern)

Die Problematik bzgl. Integritätsprüfung und Validierung von *Software-Downloads* ist auf *Smartphones* und *Tablets* z. B. nicht gegeben, solange die Installation von Anwendungen nur über die vom Betriebssystem- bzw. Gerätehersteller bereitgestellten *Software-Quellen* (in der Regel jeweils als *Store* bezeichnet) erfolgt, wobei die Integritätsprüfung dann im Rahmen einer Installation automatisch durch das Betriebssystem erfolgt und nicht Aufgabe des Gerätenutzers ist. Dies gilt für alle relevanten *Smartphone-* und *Tablet-*

Betriebssysteme. Allerdings kann der Gerätenutzer unter *Android* den Bezug von Anwendungen aus inoffiziellen (also beliebigen) Quellen sowie deren ungeprüfte Installation per Einstellung zulassen.

Unternehmen müssen sich im Rahmen einer *BYOD-Strategie* mit den genannten Problemen auseinandersetzen und diese in angemessener Weise für die Einbindung von privaten *Smartphones* und/oder *Tablets* in die betrieblichen Geschäftsprozesse adressieren. Dabei ist zu berücksichtigen, dass Sicherheitsmaßnahmen und Konfigurationen auf *Smartphones* und *Tablets* je nach Betriebssystem nur teilweise auf technischer Ebene erzwungen werden können, so dass hier insbesondere auch organisatorische Vorgaben und Vereinbarungen mit den Beschäftigten zu treffen sind. Ebenso gilt auch für private *Notebooks* und/oder *Desktop-Systeme* der Beschäftigten, sofern auch diese Bestandteil der *BYOD-Strategie* sind, dass auf diesen privaten Computersystemen ebenfalls unterschiedliche Betriebssysteme vorhanden sein können.

Neben der Zulassung privater IT-Systeme ist deshalb auch zu entscheiden, welche Betriebssysteme die *BYOD-Strategie* umfasst und ob diese jeweils auch aktiv durch technisches *Support-Personal* im Unternehmen unterstützt werden sollen. Werden z. B. Betriebssysteme im Rahmen der *BYOD-Strategie* zugelassen, die in der betrieblichen IT-Infrastruktur nicht vorkommen, kann sich der technische *Support* für die betreffenden Betriebssysteme mangels entsprechender Erfahrungswerte für deren betrieblichen Einsatz etwas schwieriger gestalten bzw. würde eigens geschultes und ggf. zusätzliches Personal für den technischen *Support* dieser Betriebssysteme notwendig machen.

BYOD muss aus den genannten Gründen also nicht bedeuten, dass zwangsläufig jedes beliebige, auf dem Markt erhältliche Gerät mit jedem beliebigen Betriebssystem im Unternehmen integriert werden muss. Unternehmen können eine *BYOD-Strategie* auch auf Geräte und Betriebssysteme einschränken, die eine ausreichende Adressierung der genannten Probleme erlauben und/oder mit dem vorhandenen *Support-Personal* besser unterstützt werden können, deren Unterstützung also weniger Aufwand erfordert.

Daneben ist auch eine differenzierte Einbindung und Unterstützung von Endgeräten im Rahmen der *BYOD-Strategie* möglich. So könnten z. B. mobile Endgeräte von Führungskräften und Beschäftigten, die häufig im Außeneinsatz (z. B. im Vertrieb) tätig sind, Zugriff auf mehr Unternehmensdienste erhalten müssen, als z. B. mobile Endgeräte von Beschäftigten, die nahezu ausschließlich innerhalb der Unternehmensräumlichkeiten tätig und mit *PC* oder *Notebook* versorgt sind.

Für die erste Gruppe wäre aufgrund der stärkeren Einbindung der mobilen Endgeräte in das Unternehmen auch eine größtmögliche Kompatibilität und Unterstützung wünschenswert, so dass hier eine Einschränkung der Wahlfreiheit für die Geräteauswahl auf besonders geeignete Geräte durchaus gerechtfertigt ist. Für die letztere Gruppe hingegen könnte *BYOD* darin bestehen, dass den Beschäftigten über *Firmen-WLAN* lediglich Zugang zum *Internet* und zu entsprechenden Unternehmensdiensten, die ohnehin über das *Internet* zugänglich sind, gewährt werden, ohne diesen Geräten durch eine stärkere Einbindung in das Unternehmensnetzwerk auch Zugang zu weiteren, internen Unternehmensdiensten zu gewähren. Die Auswahl entsprechender Endgeräte müsste für die letztere

Gruppe dann auch nicht bzw. nicht in gleichen Maßen eingeschränkt werden, wie für die erste Gruppe, solange die Endgeräte lediglich technisch in der Lage sind, sich mit dem *Firmen-WLAN* zu verbinden und die wenigen Unternehmensdienste zu nutzen.

Eine Entscheidung für oder gegen ein Betriebssystem muss aber auch die für den Betrieb notwendigen Anwendungen berücksichtigen, die im Rahmen des *EMM* für die mobilen Endgeräte zugänglich sind und/oder künftig sein sollen. Wenn wichtige Anwendungen für ein bestimmtes Betriebssystem nicht zur Verfügung stehen, spricht das z. B. gegen eine Zulassung dieses Betriebssystems im Rahmen der *BYOD-Strategie*. Weitere Aspekte für die Entscheidung für oder gegen Betriebssysteme von privaten IT-Systemen sind Kompatibilität mit der betrieblichen IT-Infrastruktur und nicht zuletzt auch die Umsetzbarkeit technischer Sicherheitsmaßnahmen (z. B. Verschlüsselung, Antivirus, *VPN*) wie sie auf betrieblichen Computersystemen üblich und durch Unternehmensrichtlinien ggf. sogar vorgegeben sind.

Im weiteren Verlauf soll der Fokus auf *Smartphones* und *Tablets* als mobile Endgeräte im Rahmen eines *EMM* gelegt werden, da diese die neuartigen Endgeräte darstellen, die im Gegensatz zu den klassischen mobilen Endgeräten aufgrund ihrer Kompaktheit nahezu überallhin mitgeführt werden und vom Konzept her ständig und unmittelbar zugriffsbereit sind, also nicht vor einem Zugriff erst „hochgefahren" werden müssen. In diesem Zusammenhang ist *Enterprise Mobility Management* in der Literatur abweichend definiert und wird bezogen auf *Smartphones* und *Tablets* als erweiterter Begriff zum *Mobile Device Management* verstanden.

Während beim *Mobile Device Management* ursprünglich die zentrale Erfassung, Inventarisierung und Konfiguration an das Unternehmen angebundener *Smartphones* und *Tablets* im Vordergrund stand, wobei als Unternehmensdaten in erster Linie *E-Mails*, Kontakte und Kalender verfügbar gemacht wurden und als Unternehmensfunktionen die verschlüsselte Speicherung und Übertragung dieser Daten sowie die Möglichkeit einer Fernlöschung gewünscht waren, hebt der erweiterte Begriff des *Enterprise Mobility Managements* von diesen, eher auf das Gerät fokussierten Betrachtungen ab und stellt die Mobilität von Geschäftsprozessen (*Mobility*) in den Vordergrund.

Enterprise Mobility Management als Begriff stellt also einen Paradigmenwechsel für die betriebliche Einbindung mobiler Endgeräte dar, indem *Mobile Device Management* um die Themen *Mobile Application Management* und *Mobile Content Management* ergänzt wird. Dadurch rückt nun auch die Bereitstellung von Applikationen und Inhalten, die auf den mobilen Endgeräten für die jeweiligen Geschäftsprozesse notwendig sind, in den Vordergrund. In den nachfolgenden drei Abschnitten werden daher diese drei, vom Begriff des *Enterprise Mobility Managements* umfassten Aspekte der Verwaltung von *Smartphones* und *Tablets* und ihrer Funktionen, der Verwaltung von Anwendungen und der Verwaltung von Inhalten auf diesen Geräten, vorgestellt.

Auf dem Markt der *MDM-Lösungen* gibt es allerdings kaum noch Produkte, die die Themen *MAM* und *MCM* nicht adressieren. Auch wenn es durchaus noch qualitative Unterschiede in der Umsetzung von *MAM* und *MCM* gibt, stellen *MDM-Lösungen* gleichzeitig auch *EMM-Lösungen* dar.

4.2.1 Mobile Device Management

Die mit *Mobile Device Management* (*MDM*) umschriebene Verwaltung mobiler Endgeräte in Form von *Smartphones* und *Tablets* beinhaltet deren Erfassung (Inventarisierung) sowie die Definition von Geräterichtlinien, mit denen diverse Einstellungen für die jeweiligen Geräte zentral vorgegeben werden können. Auf diese Weise können z. B. verschiedene Sicherheitskonfigurationen zentral festgelegt werden, wie z. B. eine Datenverschlüsselung und/oder ein Zugriffsschutz, aber auch Konfigurationen zur Unterstützung des Gerätenutzers bei der Einrichtung des Zugriffs auf Unternehmensressourcen, wie z. B. das Setzen der notwendigen Parameter für den Zugriff auf betriebliche E-Mails oder den Zugriff auf das Firmen-WLAN.

Über ein *MDM* können Gerätenutzer also von zentraler Stelle aus bei der Einrichtung diverser Unternehmensdienste unterstützt werden, so dass z. B. das *Firmen-WLAN* auf einem *MDM-verwalteten* Endgerät mit den von Unternehmensseite gewünschten bzw. geforderten (Sicherheits-) Einstellungen dem Gerätenutzer automatisch zur Verfügung steht oder die betrieblichen *E-Mails* über eine *E-Mail Anwendung* auf dem *Smartphone* oder *Tablet* abgerufen werden können, jeweils ohne weiteres Zutun des Gerätenutzers mit Ausnahme der Eingabe seiner persönlichen Zugangsdaten für die jeweiligen Dienste.

Der Einsatz einer *MDM-Lösung* ist im Rahmen einer *Enterprise-Mobility-Strategie* mit *Smartphones* und *Tablets* im Allgemeinen sehr zu empfehlen. Nur so kann gewährleistet werden, dass ein Unternehmen den Überblick über alle betrieblich eingebundenen *Smartphones* und *Tablets* behält und die zugehörigen Verwaltungsaufgaben unterstützt werden. Ein Verzicht auf *MDM-Lösungen* ist eigentlich nur in solchen Szenarien gerechtfertigt, in denen lediglich eine sehr überschaubare Anzahl von mobilen Endgeräten inventarisiert, konfiguriert, verwaltet und unterstützt werden muss.

Mittlerweile gibt es eine ganze Reihe von *MDM-Lösungen* auf dem Markt, die jedoch hauptsächlich nur die Betriebssysteme *iOS*, *Android* und *Windows Phone* unterstützen. Lösungen, die darüber hinaus auch *Smartphones* und *Tablets* der Marke *BlackBerry* unterstützen, benötigen dazu zwangsläufig auch *BlackBerrys* eigene Systeme zur Endgeräteverwaltung. Weitere, aktuelle Betriebssysteme für *Smartphones* und *Tablets* werden in der Regel nicht durch die gängigen Losungen für *Mobile Device Management* unterstutzt.

Vor einem qualitativen Vergleich verschiedener Lösungen für *Mobile Device Management* gilt es daher zunächst zu entscheiden, welche Betriebssysteme per *MDM* verwaltet werden sollen. Danach ist für die verschiedenen *MDM-Lösungen* zu prüfen, inwiefern diese die folgenden *MDM-Aufgaben* für die betreffenden Betriebssysteme bedienen. Die Bewertung soll durch die jeweils nebenstehenden Fragen unterstützt werden, wobei im Einzelfall aber ggf. noch weitere Fragen für die einzelnen Aufgabengebiete von Interesse sein können.

Enrollment Wie erfolgt die Aufnahme eines Endgerätes in das *MDM* (Komplexität, Aufwand)? Kann ein Gerät auch durch den jeweiligen Gerätenutzer selbst im *MDM* registriert werden, also unabhängig von den *MDM-Administratoren*? Falls ja, wie sehr fordert dies den Gerätenutzer?

Hardware Inventory Mit welchen Daten werden die an das *MDM* angebundenen Geräte erfasst und inventarisiert? Werden auch auf den Geräten installierte Applikationen (inkl. Versionsinformationen) erfasst? Wie effizient und nach welchen Suchkriterien können im Inventar bestimmte Geräte gesucht und gefiltert werden?

Configuration Management Welche Einstellungen der Endgeräte (nach Betriebssystem und ggf. Gerätehersteller differenziert betrachtet) lassen sich über das *MDM* festlegen? Welche dieser Festlegungen werden in der Art erzwungen, dass eine Rückgängigmachung nicht ohne Weiteres[7] möglich ist? In diesem Zusammenhang kann es insbesondere auch von Interesse sein, ob und wie Endgeräte in die *Unternehmens-PKI*[8] eingebunden werden können.

Application Management Wie können die für die Geschäftsprozesse notwendigen Applikationen (*Apps*) auf die jeweils relevanten Gruppen von Geräten verteilt werden und wie sehr muss diesbezüglich der Gerätenutzer mitwirken? Können per *MDM* verteilte *Apps* auch bei Bedarf von zentraler Stelle aktualisiert werden? Welche Möglichkeiten bieten die in Frage kommenden Geräte- bzw. Betriebssystemhersteller, um lizenzpflichtige *Apps* zentral einzukaufen und bei Bedarf auch umzuverteilen, z. B. bei einem Mitarbeiterwechsel bzgl. entsprechender Aufgaben?

Content Management Für welche Art von Unternehmensdaten (z. B. Dokumente, Präsentationen) werden direkt durch das *MDM* Möglichkeiten zum Zugriff und Austausch dieser Daten angeboten?

Secure Access Welche Möglichkeiten einer geschützten Anbindung an das Unternehmensnetzwerk bestehen? Z.B. Zugang zum *Firmen-WLAN* mit entsprechenden Sicherheitseinstellungen oder Zugang zum Unternehmensnetzwerk per *VPN* auch von unterwegs.

---

[7] Ein Gerätenutzer hat in der Regel die Möglichkeit, das *MDM* auf einem Gerät in Gänze zu deaktivieren und somit alle Einstellungen des Gerätes wieder nach Belieben zu kontrollieren. Damit einher geht aber auch der Verlust von Zugriffen auf Unternehmensressourcen. Ein gezieltes Beeinflussen einzelner, vom *MDM* erzwungener Einstellungen ohne Deaktivierung des *MDM* in Gänze sollte jedoch nicht möglich sein.

[8] *PKI* steht für *Public Key Infrastructure* und bezeichnet die Verwaltung von elektronischen Zertifikaten für IT-Systeme inkl. Anwendungen, um für die Kommunikation zwischen IT-Systemen die Authentizität der jeweiligen Kommunikationspartner verifizierbar zu machen.

Monitoring   Welche betriebsrelevanten Aspekte (z. B. Nutzung veralteter *OS-* oder *App-Versionen*, da verfügbare *Updates* nicht eingespielt werden, oder *SIM-Kartenwechsel* nach Diebstahl) der Endgeräte können durch das *MDM* überwacht werden? Welche Möglichkeiten (z. B. Ortung, Fernsperre, Fernlöschung) bietet das *MDM* für den Fall eines Verlusts von Endgeräten?

Die vorangegangene Auflistung enthält die Themen *Content* und *Application Management* und verdeutlicht somit den Übergang von *Mobile Device Management* zu *Enterprise Mobility Management*. Für das *Configuration Management* ist von entscheidender Bedeutung, wie gut die von Unternehmensseite her gewünschten Konfigurationen zentral verwaltet werden können und deren Umsetzung auf den Endgeräten gewährleistet ist. In der Regel spielt dabei auch die Möglichkeit der Vorgabe von Konfigurationen für die folgenden Sicherheitsfunktionen eine Rolle.

Zugangssperre   Anforderung einer *PIN* bzw. eines Passworts nach Aktivierung des *Smartphones* aus dem *Standby*.

Datenlöschung   Datenlöschung nach einer festgelegten Anzahl erfolgloser Zugangsversuche.

Remote-Wipe   Datenfernlöschung nach Verlust oder Diebstahl (bei bestehender Datenverbindung).

Verschlüsselung   Verschlüsselte Speicherung sämtlicher (betrieblicher) Dateien im Gerätespeicher und ggf. auf *SD-Karten*.

Neben den aufgelisteten können noch weitere Funktionen von Bedeutung sein. Falls die mobilen Endgeräte im konkreten Fall auch von unterwegs einen umfassenden Zugriff auf das Unternehmensnetzwerk und die Unternehmensdienste haben sollen, so ist z. B. ein *VPN-Zugriff* ggf. sogar mit Zwei-Faktor-Authentifizierung[9] wünschenswert. Nicht für alle Betriebssysteme lassen sich Konfigurationsvorgaben auf gleiche Weise umsetzen, wodurch für jedes zusätzlich zu verwaltende Betriebssystem auch zusätzlicher Aufwand entsteht.

Bei der Datenfernlöschung ist anzumerken, dass diese für ein bestimmtes Gerät nur unter bestimmten Voraussetzungen auch erfolgreich ausgeführt werden kann. Darüber hinaus bieten einige *MDM-Lösungen* die Möglichkeit, auf *Smartphones* und *Tablets* einen eigenen Bereich (*Container*) für betriebliche Daten und betriebsinterne Anwendungen zu nutzen. Diese beiden Themen sowie die für die einzelnen Smartphone und Tablet Betriebssysteme spezifischen *MDM-Charakteristika* werden im Folgenden näher behandelt.

---

[9] Bei einer Zwei-Faktor-Authentifizierung erfolgt die Authentifizierung über zwei Komponenten, z. B. ein Passwort (Wissen) und ein temporärer *Zahlencode* auf einem *Hardware-Token* (Besitz).

4.2.1.1 Problematik der Datenfernlöschung

Enterprise Mobility heißt, dass betriebliche Daten überall sind, insbesondere außerhalb des Unternehmens. Für Unbefugte sind mobile Endgeräte somit physikalisch leichter zugänglich als Datenverarbeitungssysteme, die innerhalb der Unternehmensräumlichkeiten stehen. Unternehmen müssen damit rechnen, dass mobile Endgeräte verloren gehen oder sogar gezielt gestohlen werden. In diesem Zusammenhang stellt eine Zugangssperre per *PIN* oder Passwort eine Maßnahme dar, die es einem Unberechtigten erschweren soll, Zugang zum Betriebssystem des mobilen Endgeräts zu erlangen und auf die enthaltenen Daten zuzugreifen.

Ein weiterer, besonders für Unternehmen wichtiger Aspekt, der im Falle eines Verlusts oder Diebstahls eines *Smartphones* oder *Tablets* eine wichtige Rolle spielt, ist der der Datenfernlöschung (*Remote Wipe*). *MDM-Lösungen* stellen in der Regel eine solche Funktion zur Verfügung. Je nach *MDM-Produkt* kann eine solche Datenfernlöschung allerdings über die Löschung von Unternehmensdaten hinaus auch die Löschung privater Daten des Gerätenutzers nach sich ziehen. Kann die Löschung privater Daten des Gerätenutzers im Rahmen einer solchen Datenfernlöschung nicht ausgeschlossen werden, sollte dieser Aspekt zwingend zwischen dem Unternehmen und den Beschäftigten vertraglich vereinbart sein.

Auf dem Markt sind aber auch *MDM-Lösungen* erhältlich, die diese Problematik der Löschung privater Daten architekturbedingt vermeiden, indem die Unternehmensdaten dem Gerätenutzer innerhalb einer eigenen, durch das *MDM* bereitgestellten Umgebung (*Container*) auf den Endgeräten zur Verfügung gestellt werden. Solche gekapselten Umgebungen enthalten in der Regel auch einige *MDM-eigene* Anwendungen für Basisfunktionen (innerhalb des *Containers*) wie den Zugriff auf betriebliche *E-Mails*, Kontakte und Kalender, so dass die entsprechenden Unternehmensdaten nicht den betriebssystemeigenen Anwendungen des *Smartphones* oder *Tablets* zugänglich gemacht werden müssen. Im Falle einer Datenfernlöschung wird dann lediglich der durch das *MDM* bereitgestellte Container gelöscht, so dass die privaten Daten des Gerätenutzers (außerhalb des *Containers*) von dieser Maßnahme unberührt bleiben.

In *Windows Phone* 8.1 wird die Problematik der Löschung privater Daten sogar direkt im Betriebssystem adressiert. Über die Funktion namens *Selective Wipe* lassen sich betriebliche Daten aus der Ferne löschen, während private Daten von der Löschung verschont werden.

Neben der Problematik der Löschung privater Daten ist mit der Datenfernlöschung allerdings noch ein weiteres Problem verknüpft. Damit eine Datenfernlöschung, die aus der Ferne angestoßen wird, auch tatsächlich auf dem betreffenden Endgerät ausgeführt wird, muss das Gerät eine Datenverbindung zum *Internet* haben. Für einen Angreifer, der es auf die betrieblichen Daten abgesehen hat, ist es kein Problem, das Endgerät so abzuschirmen, dass keine Datenverbindung (*WLAN*, Mobilfunknetz) mehr aufgebaut werden kann. Unternehmen sollten sich deshalb für den Schutz der Unternehmensdaten nicht allein auf die Möglichkeit der Datenfernlöschung verlassen. Die Datenfernlöschung ist als eine ergänzende Maßnahme neben einer angemessenen Zugangssperre und einer Datenverschlüsselung zu betrachten.

In diesem Zusammenhang ist insbesondere darauf hinzuweisen, dass eine Sperrung der *SIM-Karte* eines verlorenen bzw. gestohlenen Geräts auch die Datenverbindung zum *Internet* über das Mobilfunknetz unterbindet, wodurch auch die Erfolgsaussichten für einen Befehl zur Datenfernlöschung sinken. Dies ist im Rahmen eines *Incident Managements* für die Vorgaben zur Bearbeitung eines Geräteverlusts zu berücksichtigen. Die Beauftragung einer *SIM-Kartensperrung* sollte immer erst eine bestimmte Zeit (in der Regel mindestens 24 Stunden) nach Absetzen des Befehls zur Datenfernlöschung erfolgen.

4.2.1.2 Container und MDM

In 2013 herrschte die Meinung vor, dass sich *Container-Lösungen* durchsetzen würden und auch die Absicherung von mobilen Endgeräten langfristig nicht mehr auf der Ebene des Gerätes als Ganzes, also alle Daten und Inhalte betreffend, sondern nur noch auf der Ebene eines verschlüsselten *Containers* erfolgen würde. Daten und Inhalte außerhalb des *Containers* würden durch das *MDM* also nicht berührt werden.

Heutzutage ist festzustellen, dass sich diese Meinung aller Wahrscheinlichkeit nach nicht vollständig bewahrheiten wird. Die *MDM-Lösungen* der laut *Gartner* führenden *MDM-Anbieter* beinhalten zwar alle eine Umsetzung des *Container-Konzepts*, dennoch bieten diese Lösungen in der Regel auch nach wie vor noch die Möglichkeit, Konfigurationen insbesondere von sicherheitsrelevanten Einstellungen über den *Container* hinaus auch auf der Ebene des Gerätes vorzunehmen. Dies liegt darin begründet, dass die Sicherheit eines *Containers* immer auch von der Sicherheit des zugrunde liegenden Betriebssystems abhängt.

Wenn die Sicherheitskonzeption z. B. eines *iOS-Systems* durch einen *Jailbreak*[10] oder eines *Android-Systems* durch ein *Rooting*[11] kompromittiert worden ist, so sind auch die Inhalte eines *Containers* für Unternehmensdaten nicht mehr geschützt. Aus diesem Grunde ist auch auf Ebene des Gerätes stets sicherzustellen, dass die integrierten Sicherheitsmechanismen des jeweiligen Betriebssystems aktiviert sind und greifen, also kein *Jailbreak* oder *Rooting* vorliegt.

Das *Container-Konzept* an sich ist deshalb nicht als Sicherheitsfunktion zu betrachten, dank dessen sich Unternehmen bei der Verwaltung von Endgeräten nur noch auf den *Container* konzentrieren können, dennoch liegen die Vorteile dieses Konzepts auf der Hand.

---

[10] Mit einem *Jailbreak* (*iOS*) oder *Rooting* (*Android*) wird die Deaktivierung von herstellerseitigen Nutzungseinschränkungen im Betriebssystem beschrieben. Der Gerätenutzer erhält nach einem *Jailbreak* bzw. *Rooting* vollen administrativen Zugriff auf das Gerät auf Betriebssystemebene. Nutzer von *iOS-Geräten* können nach einem *Jailbreak* z. B. auch nicht von *Apple* freigegebene Applikationen installieren. Im Rahmen eines *Jailbreaks* bzw. *Rootings* werden jedoch auch diverse Mechanismen des jeweiligen Betriebssystems für Datensicherheit und Datenschutz außer Kraft gesetzt.
[11] Siehe Fußnote zu *Jailbreak* [10].

- Der Zugriff auf einen *Container* und somit auf Unternehmensdaten kann unabhängig von einem Zugriffsschutz für das ganze Gerät bzw. zusätzlich zu diesem über eine *Container-eigene PIN* bzw. ein eigenes Passwort geschützt werden.
- Für den *Container* und die darin befindlichen Daten und Anwendungen kann eine *Container-eigene* Datenverschlüsselung zusätzlich zu bzw. unabhängig von einer Datenverschlüsselung auf Geräteebene genutzt werden.
- Eine Fernlöschung für Unternehmensdaten, z. B. bei Verlust oder Diebstahl des Gerätes, kann auf den *Container* eingeschränkt werden und beeinträchtigt dann nicht die privaten Daten des jeweiligen Gerätenutzers (außerhalb des *Containers*).
- Unternehmen kann eine weitreichende Kontrolle über den *Container* mit den betrieblichen Daten und Anwendungen gewährt werden, während die privaten Daten (inkl. Daten von privaten Anwendungen) ausschließlich dem Zugriff des Gerätenutzers unterliegen.

Insbesondere die letzten beiden Punkte sind vor allem in Zusammenhang mit *BYOD* interessant. Außerdem beinhalten *Container-Lösungen* in der Regel auch die Möglichkeit, den Gerätenutzern vom jeweiligen *MDM-Anbieter* selbst bereitgestellte, *Container-eigene* Anwendungen für die Verarbeitung von betrieblichen Daten (z. B. *Mails*, Kontakte und Kalender sowie Office und PDF Dokumente) zur Verfügung zu stellen. Viele *Container-Lösungen* umfassen darüber hinaus auch weitere Funktionen wie *Corporate Chat* und ein eigenes *SDK* (*Software Development Kit*), um die Entwicklung betriebseigener Applikationen (Apps) sowie deren Bereitstellung über den Container zu vereinfachen.

Das sich das *Container-Konzept* mittlerweile durchgesetzt hat, belegt auch die in 2014 von *Gartner* getroffene Entscheidung, den *Magic Quadrant* für *MDM* fortan in *Magic Quadrant* für *EMM* zu benennen, wobei *Enterprise Mobility Management* für *Smartphones* und *Tablets* laut *Gartner* aus dem *Mobile Device Management* hervorgegangen und die Verwaltung betrieblicher Inhalte im Rahmen von EMM durch die folgenden drei Eigenschaften (vgl. [39]) charakterisiert ist.

- Ein *EMM* stellt einen „sicheren"*Container* bereit, in dem der Gerätenutzer Unternehmensdaten vor anderen Anwendungen separiert und geschützt auf dem Gerät ablegen kann.
- Ein *EMM* bietet eine „*Content Push*"-Funktionalität, die es ermöglicht, Inhalte vom Unternehmen aus (z. B. über zentrale Anwendungen) auf das Gerät zu verteilen.
- Ein *EMM* ermöglicht den Zugriff auf Unternehmensressourcen für mobile Endgeräte, z. B. Dokumentenablagen, gemeinschaftliche Dateiverzeichnisse oder *Workgroup-Anwendungen*, die dem Gerätenutzer das gezielte Beziehen notwendiger Informationen erlauben.

4.2.1.3 Betriebssysteme und MDM-Funktionen

Bezüglich des Umfangs und der Art der Möglichkeiten, Geräteeinstellungen über ein *MDM* vorzugeben, unterscheiden sich die verschiedenen *Smartphone-* und *Tablet-*

Betriebssysteme sehr. Während z. B. *BlackBerry-Endgeräte* sich über die *BlackBerry-eigene MDM-Lösung* umfangreich konfigurieren lassen, wobei die via *MDM* festgelegten Konfigurationen auch durchgehend technisch erzwungen werden, bieten z. B. *iOS-* und *Android-Geräte* weit weniger Konfigurationsmöglichkeiten via *MDM* und erzwingen diese technisch nur in geringen Maßen, so dass zentral durch das *MDM* festgelegte Konfigurationen grundsätzlich durch den Nutzer jederzeit rückgängig gemacht werden können.

Im Folgenden sollen daher die Charakteristika der verschiedenen *MDM-Konzepte* der Betriebssysteme für *Smartphones* und *Tablets* vorgestellt werden.

Android

- Eine Verwaltung von *Android-Geräten* per *MDM* wird durch die Installation einer entsprechenden Applikation (*App*) auf den Endgeräten realisiert, die durch den Gerätenutzer im Rahmen der Installation mit der Berechtigung zur Geräteadministration zu versehen ist.
- Auf einem *Android*-Gerät können mehrere *MDM-Apps* installiert werden, so dass ein solches Gerät prinzipiell von mehreren, verschiedenen *MDM-Systemen* verwaltet werden kann.
- *Android-Geräte* können nicht nur (per *Push*[12]-Mechanismen) von einem *MDM-Server* darüber in Kenntnis gesetzt werden, dass *MDM-Befehle* für diese beim jeweiligen *MDM-Server* zur Abholung bereit liegen. *MDM-Apps* für *Android-Geräte* können auch so gestaltet werden, dass diese sich selbst in regelmäßigen Abständen oder auf verschiedene Ereignisse hin an den jeweiligen *MDM-Server* wenden, um selbstständig die Verfügbarkeit von *MDM-Befehlen* zu prüfen.
- *MDM-Befehle* können jederzeit von *MDM-Apps* ausgeführt werden, solange der Gerätenutzer einer entsprechenden *MDM-App* die Berechtigung als Geräteadministrator nicht wieder entzogen hat.

Über die Berechtigung als Geräteadministrator erhält ein *MDM-System* unter *Android* diverse, weitreichende Berechtigungen, um z. B. den Status hinsichtlich der Zugangssperre, der Geräteverschlüsselung, installierter *Apps* und weiterer Geräteparameter abzufragen, aber auch, um ein Gerät zu orten, die Zugangssperre aus der Ferne zu setzen bzw. aufzuheben oder das Gerät per Datenfernlöschung auf den Werkszustand zurückzusetzen.

Im eigentlichen *Android-Betriebssystem*, dass von *Google* gepflegt und weiterentwickelt wird, sind allerdings nur wenige der genannten *MDM-Funktionen* direkt integriert. Stattdessen werden diese in der Regel von den diversen Geräteherstellern, die entsprechende Geräte auf Basis von *Android* anbieten, im Rahmen der jeweiligen, herstellerspezifischen Modifizierung des *Android-Betriebssystems* hinzugefügt. Teilweise werden

---

[12] Hersteller von Betriebssystemen für *Smartphones* und *Tablets* stellen Ressourcen bereit, über die gezielt entsprechende Geräte angesprochen werden können.

dabei in großem Umfang eigene Erweiterungen und Ergänzungen insbesondere der *MDM-Schnittstelle* implementiert, wodurch sich *Android-Geräte* verschiedener Hersteller bzgl. der jeweils enthaltenen *MDM-Funktionen* sowie der Art des Zugriffs auf diese in der Regel stark unterscheiden. Sogar verschiedene *Android-Geräte* ein und desselben Herstellers können sich bzgl. der *MDM-Funktionen* unterscheiden, wenn diese z. B. auf verschiedene Preissegmente abzielen oder eines der beiden einfach sehr viel früher (z. B. ein Jahr vorher) auf den Markt gekommen ist. Oft ist festzustellen, dass auch die Qualität der Implementierung von *MDM-Funktionen* je nach Gerät variieren kann und einzelne *MDM-Befehle* schon mal (zumindest temporär) nicht die versprochene Funktion bewirken.

So erweitern Hersteller, z. B. *Samsung* mit *Samsung SAFE*, *HTC* mit *HTCpro* und *Sony* mit *Sony Enterprise*, die knapp mehr als zehn in *Android* direkt von *Google* integrierten *MDM-Kommandos* auf mehrere Hundert Kommandos. Während von Jahr zu Jahr die jeweils nächste Geräte-Generation eines Herstellers viele Verbesserungen und neue Funktionen für den Nutzer mitbringt, werden auch die *MDM-Schnittstellen* stetig weiter entwickelt. Häufig erhält dann aber auch nur die jeweils aktuelle Geräte-Generation die neuesten Erweiterungen der *MDM-Schnittstelle*. Die *MDM-Schnittstellen* der Vorgänger-modelle werden nur selten auf den aktuellsten Stand nachgezogen.

Damit ergibt sich für Hersteller von *MDM-Lösungen* bei *Android* die *Android-eigene* Problematik uneinheitlicher, Gerätehersteller-spezifischer *MDM-Schnittstellen*. Aufgrund des enormen Tempos, mit dem die MDM-Schnittstellen durch die jeweiligen Geräteher-steller weiter entwickelt werden, ist es für Anbieter von MDM-Lösungen unter wirt-schaftlichen Gesichtspunkten in der Regel nicht möglich, die unterschiedlichen MDM-Schnittstellen mehrerer Gerätehersteller umfassend zu unterstützen. Daher konzentrieren sich MDM-Anbieter nahezu ohne Ausnahme auf die MDM-Schnittstelle eines ausgesuch-ten Herstellers von Geräten auf Basis von *Android*.

Das hat für Unternehmen die Konsequenz, dass die Wahl einer *MDM-Lösung* auch der Wahl eines bestimmten Herstellers für Geräte auf Basis von *Android* gleichkommt, sofern *Android*-Geräte im Rahmen der *Enterprise-Mobility-Strategie* und/oder der *BYOD-Stratgie* per *MDM* zu verwalten und unterstützen sind. Umgekehrt bedeutet das aber auch, dass die Auswahl geeigneter *MDM-Lösungen* schrumpft, wenn eine möglichst weit-gehende Unterstützung von *Android-Geräten* eines bestimmten Herstellers Bestandteil der *Enterprise-Mobility-Strategie* eines Unternehmens ist. In solch einem Fall sollte die Auswahl der *MDM-Lösung* unter Berücksichtigung einer maximalen Unterstützung der *MDM-Schnittstelle* des gewünschten Geräte-Herstellers erfolgen.

Weitgehende Unterstützung meint dabei, dass über eine, durch das *MDM-System* auto-matisierte Einrichtung von Basis-Funktionen, wie Zugangssperre und Zugriff auf betrieb-liche *Mails*, Kontakte und Kalender, hinaus z. B. auch die Einrichtung eines *VPN-Zugriffs* oder des Zugriffs auf das *Firmen-WLAN* über das *MDM-System* vorgenommen und der Gerätenutzer hierbei entlastet werden kann. Weitere Funktionen, die in diesem Zusam-menhang durch ein *MDM-System* kontrolliert werden können, sind die Aktivierung der Datenverschlüsselung sowie der Verschlüsselungsoptionen und auch die Bereitstellung eines Zugriffs auf Unternehmensinhalte (z. B. Dokumente) über einen *Container* auf dem Gerät.

Falls in Unternehmen *Android-Geräte* also im Rahmen einer zentralen Verwaltung per *MDM* an Unternehmensdienste angebunden und für den Zugriff auf Unternehmensressourcen zugelassen werden sollen, ist es aufgrund der Ausführungen in diesem Abschnitt durchaus gerechtfertigt, diese Geräte zum einen je nach Hersteller, zum anderen aber auch je nach Modell differenziert zu behandeln und z. B. die Unterstützung durch *Support-Personal* nur auf bestimmte Geräte einzuschränken. *Android-Geräte*, für die eine möglichst weitgehende Unterstützung durch das *MDM-System* sichergestellt ist, insbesondere für Maßnahmen zum Schutz der Unternehmensdaten, sollten mehr und weitergehende Zugriffe auf Unternehmensressourcen erhalten dürfen, als *Android-Geräte*, für die keine gute Unterstützung durch das *MDM-System* und/oder ausreichende Kompatibilität zu relevanten Unternehmensdiensten gewährleistet ist. Nicht unterstützten Geräten könnte dann z. B. nur der *Internet-Zugriff* per *Firmen-WLAN* gewährt werden, so dass diese ggf. auf Unternehmensdienste zugreifen könnten, die z. B. allgemein aus dem *Internet* per *Internet-Browser* zugänglich sind.

Android for Work Mit *Android* 5.0 (*Lollipop*), das erst Mitte November 2014 für erste *Android-Geräte* zur Verfügung gestellt worden ist, hat *Google* auch eine Initiative für weitere, direkt in das Basis-*Android* zu integrierende *MDM-Funktionen* bekannt gegeben. Diese beruhen zum Teil auf *Samsung Knox* und betreffen vor allem die Datenverschlüsselung und die Trennung von privaten Daten und Unternehmensdaten. Diese Initiative läuft unter dem Namen *Android for Work* (vgl. [5, 41]) und zielt letzten Endes auf eine separate Umgebung für betriebliche Zwecke mit eigenen Anwendungen für *Mail*, Kontakte und Kalender, einen eigenen *Internet-Browser* und eine eigene Dateiablage (für Dokumente) ab (vgl. [42]).

Die bereits beschriebene Problematik (Fragmentierungsproblematik), dass verschiedene Geräte-Hersteller das Betriebssystem *Android* insbesondere hinsichtlich der *MDM-Funktionen* intensiv und nach Belieben modifizieren und dabei uneinheitliche *MDM-Schnittstellen* schaffen, könnte durch *Google* nun mit *Android for Work* nahezu eliminiert werden. Das setzt aber voraus, dass diesem ersten Schritt noch weitere folgen und *Google* hier einen breiten, einheitlichen Standard für alle Geräte auf Basis von *Android* unabhängig vom jeweiligen Hersteller durchsetzt. Das würde dann auch unmittelbar eine breite, Gerätehersteller-unabhängige Unterstützung von *Android-Geräten* durch *MDM-Anbieter* ermöglichen.

Android for Work ist *Googles* Reaktion darauf, dass *Android* in Unternehmen aufgrund der beschriebenen Probleme zunehmend weniger Beachtung fand. *Google* führte im Februar 2015 aber bereits eine Vielzahl von Anbietern von *EMM-Lösungen* wie *AirWatch*, *Soti, BlackBerry, Citrix, MobileIron, SAP* und *MaaS360* sowie Gerätehersteller wie *Samsung, Sony, LG, Lenovo, HTC, Motorola, Huawei, Dell* und *HP* als Partner für *Android for Work*. Damit ist zumindest die breite Unterstützung durch Gerätehersteller sowie die Integration von *Android for Work* in *EMM/MDM-Lösungen* gewährleistet und *Android for Work* könnte somit künftig wieder zu einer stärkeren Berücksichtigung von *Android-Geräten* in Unternehmen führen.

Dennoch gibt es noch ein weiteres Problem, dass *Google* mit den Geräteherstellern lösen muss, um das mit *Android for Work* verfolgte Ziel dauerhaft erreichen zu können. Das Betriebssystem *Android* wird von *Google* regelmäßig aktualisiert, doch die Aktualisierungen stehen stets zunächst nur für wenige, von *Google* selbst vertriebene *Android-Geräte* zur Verfügung. *Android-Geräte* anderer Hersteller erhalten Betriebssystemaktualisierungen, wenn überhaupt, nur mit mehreren Monaten Verzögerung. Auch dieses Problem ist der Fragmentierungsproblematik geschuldet. Nachdem *Google* eine neue Betriebssystemversion von *Android* bereitstellt, müssen die Gerätehersteller erst noch ihre eigenen *Android-Modifikationen* mit entsprechendem Aufwand in die neue Version portieren. Diesen Aufwand betreiben die Hersteller dann zunächst bevorzugt für neuere Gerätemodelle aus höheren Preissegmenten. Geräte, die älter als ein bis zwei Jahre sind und/oder niedrigere Preissegmente bedienen, erhalten Betriebssystemaktualisierungen daher oft gar nicht, selbst wenn die Aktualisierungen auch schwerwiegende Sicherheitslücken beheben. Solange Unternehmen und/oder deren Beschäftigte nicht bereit sind, nur hochpreisige *Android-Geräte* zu erwerben und diese jedes Jahr bis maximal jedes zweite Jahr durch ein aktuelles Modell zu ersetzen, dürften viele Unternehmen noch ein Problem mit *Android* haben.

iOS

- Eine Verwaltung von *iOS-Geräten* per *MDM* wird durch die Installation von Konfigurationsprofilen realisiert, welche neben verschiedenen Konfigurationen auch den entsprechenden *MDM-Server* festlegen.
- Es ist nicht möglich, mehr als einen *MDM-Server* auf einem *iOS-Gerät* zu konfigurieren. Ein *iOS-Gerät* kann somit nicht mehreren *MDM-Verwaltungen* untergeordnet werden.
- *MDM-Befehle* für *iOS-Geräte* sind wohl definiert und verwaltete Geräte werden bei Bedarf per *APNS* (*Apple Push Notification Service*) über vorhandene *MDM-Befehle* notifiziert, die dann per *HTTPS* beim jeweiligen *MDM-Server* abgeholt werden.
- Über *MDM-Befehle* und Konfigurationsprofile lassen sich im Vergleich zu *Android*[13] sehr viel mehr Einstellungen per *MDM* vornehmen.
- *MDM-Befehle* werden direkt vom Betriebssystem ausgeführt und nicht von einer Applikation (*App*).
- *MDM-Befehle* für *iOS* werden wie das Betriebssystem und die Geräte selbst nur durch *Apple* vorgegeben und bereitgestellt, so dass diese auf allen *iOS-Geräten* in der Regel einheitlich und korrekt funktionieren. Ausnahmen bzgl. neuerer *MDM-Funktionen* bil-

---

[13] Damit ist in erster Linie das *Basis-Android* von *Google* gemeint. Einige Hersteller von Geräten auf Basis von *Android* erweitern die *MDM-Schnittstelle* hingegen so, dass diese von Art und Umfang her mit der von *iOS-Geräten* durchaus vergleichbar ist.

den höchstens Geräte, die nicht mehr unterstützt werden und somit keine *iOS-Updates*
mehr erhalten.

Die *MDM-Schnittstelle* von *iOS-Geräten* umfasst über hundert Kommandos. Da *iOS-Geräte* inklusive Betriebssystem ausschließlich von *Apple* hergestellt werden, ergibt sich die von *Android* bekannte Problematik uneinheitlicher Funktionserweiterungen für das *MDM* des Betriebssystems durch unterschiedliche Hersteller bzw. für unterschiedliche Geräte eines Herstellers nicht. Insbesondere werden Erweiterungen der *MDM-Funktionen* in der Regel auch älteren Geräten über Betriebssystem-Updates bereitgestellt.

Aufgrund dieser Einheitlichkeit der *MDM-Schnittstelle* unterschiedlicher *iOS-Geräte* (z. B. *Tablet* und *Smartphone*, aktuelles Gerät und Gerät aus dem Vorjahr) lassen sich *iOS-Geräte* im Vergleich zu *Android-Geräten* mit weniger Aufwand per *MDM* unterstützen. Auch den Gerätenutzern fällt die Bedienung von *iOS-Geräten* in der Regel leichter.

Im Detail kann es zwar mal vorkommen, dass *Apple* Protokolle von anderen Herstellern (z. B. *Microsofts Exchange ActiveSync-Protokoll*) in *iOS* nicht vollständig korrekt implementiert, so dass hier schon mal kleinere Probleme auftreten können, dennoch funktioniert *iOS* insgesamt auch in Unternehmen in der Regel sehr gut. Dementsprechend hat das Marktforschungs- und Analystenhaus *Piper Jaffray* (vgl. [52]) in einer Umfrage unter *CIOs* auch festgestellt, dass *iOS* für 98 Prozent dieser Unternehmen als das bevorzugte Betriebssystem im geschäftlichen Einsatz gesetzt ist.

Windows Phone

- Die Einbindung von *Windows Phone* Geräten in ein *MDM* erfolgt ähnlich zu *Android-Geräten* durch die Installation einer *(MDM-) App*, die dabei entsprechende Rechte erhält. Diese *App* wird mit einem sogenannten *Workplace-Account* verknüpft, der in der Regel ein *Exchange-Postfach* und einen *Active Directory Account* voraussetzt, also Unternehmenslösungen von *Microsoft* für *E-Mail* und Nutzerverzeichnisse, die in Unternehmen hierzulande aber sicherlich weit verbreitet sind. Aber auch alternative Lösungsanbieter z. B. für *E-Mail* in Unternehmen wie *IBM* (*Notes, Domino*) haben ihre Lösungen auf Interoperabilität mit *Windows Phone* 8.1 erweitert.
- Erst seit *Windows Phone* 8.1 stehen *Push-Mechanismen* bereit, die es einem *MDM-Server* ermöglichen, entsprechende Endgeräte bei Bedarf auf die Verfügbarkeit von *MDM-Befehlen* hinzuweisen und damit eine zeitnahe Abholung entsprechender Befehle zu gewährleisten. Weiterhin können die *MDM-Apps* auf den Endgeräten (zusätzlich) auch dahingehend konfiguriert werden, dass diese von sich aus in regelmäßigen Abständen den *MDM-Server* kontaktieren und evtl. bereitstehende *MDM-Befehle* abfragen.
- *MDM-Befehle* können jederzeit von *MDM-Apps* ausgeführt werden, solange der Gerätenutzer einer entsprechenden *MDM-App* die Berechtigung als Geräteadministrator nicht wieder entzogen hat.

Während *Windows Phone* 8 im Vergleich zu den anderen Betriebssystemen für *Smartphones* noch eher sehr rudimentär mit *MDM-Funktionen* ausgestattet war, ist mit den neu hinzukommenden *MDM-Funktionen* in *Windows Phone* 8.1 der Versuch erfolgt, dieses Betriebssystem für Unternehmen als echte Alternative zu den weit verbreiteten *iOS-* und *Android-Geräten* interessant zu machen.

Windows Phone 8.1 bietet dazu bereits eine ausreichende Vielzahl an *MDM-Funktionen*. Neu ist auch die schon erwähnte Option „*Selective Wipe*", mit der die Problematik der Datenfernlöschung bei privat angeschafften, aber auch betrieblich genutzten Endgeräten adressiert wird. Da in den meisten Unternehmen auch weitere Anwendungen bzw. Systeme wie Nutzerverzeichnisse, *E-Mail*, *File-Server*, *Content-Management*, *Intranet* und Zusammenarbeit (*Collaboration*) überwiegend von *Microsoft* stammen, hat *Windows Phone* gute Voraussetzungen, um durch gezielte und für den Nutzer möglichst transparente Unterstützung dieser Anwendungen und Systeme auch weiterhin noch interessanter für Unternehmen zu werden.

Im Gegensatz zu *Android* wird die *MDM-Schnittstelle* von *Windows Phone* Geräten direkt durch *Microsoft* implementiert, so dass die von *Android* (auch) bzgl. *MDM* bekannte Fragmentierungsproblematik für *Windows Phone* ausgeschlossen ist.

BlackBerry

Mobiltelefone und *PDAs* (*Personal Digital Assistant*) von *BlackBerry* boten schon sehr viel früher sicheren Zugang zu *E-Mails*, Kontakten und Kalendern als die aktuellen Mitbewerber auf dem Markt für *Smartphones* und *Tablets*. Schon 1999 wurden erste *BlackBerry PDAs* mit Zugriff auf betriebliche E-Mails angeboten, die allerdings zur Datenübertragung noch einen eigenen Netzwerk-Dienst (*Pager* Netzwerk) verwendeten. Mittlerweile erfolgt der Transfer der Unternehmensdaten auf die Endgeräte aber wie allgemein üblich über die *Internetanbindung* der Endgeräte via Mobilfunknetz oder *WLAN*. *BlackBerry-Geräte* boten entsprechende Funktionen für Unternehmen (*Mails*, Kontakte, Kalender) also schon viele Jahre vor den ersten *Smartphones* mit den Betriebssystemen *iOS* (bzw. zuvor *iPhone OS*), *Android* und *Windows Phone* (bzw. zuvor *Windows Mobile*).

Für den Zugriff der Endgeräte auf *E-Mails*, Kontakte und Kalender sowie deren Verwaltung wird allerdings zwingend ein *Server* mit *BlackBerry Enterprise Service* (*BES*) als Schnittstelle zwischen Unternehmensressourcen und den *BlackBerry-Geräten* benötigt. Daraus ergibt sich der Nachteil, dass von *BlackBerry* unabhängige *MDM-Lösungen* die Verwaltung von *BlackBerry-Geräten* nicht ohne *BES* bewerkstelligen können. In der Regel bedeutet dieses für den Einsatz einer *MDM-Lösung* für mehrere Betriebssysteme, dass zu unterstützende *BlackBerry-Geräte* zusätzlich zur Lizenz für das *MDM* auch eine für den *BES* benötigen, also kostentechnisch zwei Mal zu Buche schlagen. Eine Ausnahme stellt der *BlackBerry Enterprise Service* selber dar, der zusätzlich zu *BlackBerry-Geräten* mittlerweile auch *iOS-* und *Android-Geräte* verwalten kann und somit auch als generelle *MDM-Lösung* in Frage kommt.

Der *BES* bietet in Kombination mit *BlackBerry-Geräten* aber auch eine Vielzahl von Vorteilen für Unternehmen. Die Kommunikation zwischen *BES* und *BlackBerry-Geräten* ist stets mit *AES-256* verschlüsselt, unabhängig davon, ob die Anwendungen und Dienste, auf dic durch die Endgeräte zugegriffen wird, selbst eine Verschlüsselung der zu übertragenden Daten beinhalten oder nicht.

BlackBerry als Betriebssystem und auch die für *BlackBerry-Geräte* durch *BlackBerry* (ehemals *RIM, Research in Motion*) angebotenen Dienste waren darüber hinaus von Anfang an speziell für den Unternehmenseinsatz konzipiert. Aus diesem Grund bietet *BlackBerry* im Vergleich zu *Android, iOS* und *Windows Phone* noch weit mehr Konfigurationsmöglichkeiten und Sicherheitseinstellungen via *BlackBerry Enterprise Service* (*BES*). Nutzer von *BlackBerry-Geräten* können auch bei der Einrichtung der Zugriffe auf diverse Unternehmensdienste (z. B. Applikationen, *WLAN, VPN*) bzw. Unternehmensressourcen (*E-Mail*, Kontakte, Kalender) noch stärker entlastet werden, als dies bei den anderen Betriebssystemen der Fall ist. Außerdem bietet *BlackBerry* unter der Bezeichnung *BlackBerry Balance* direkt zwei voneinander logisch separierte Arbeitsumgebungen auf ihren Geräten an, eine für den Gerätenutzer als Privatperson, die andere für die Verwendung der Unternehmensdienste und -daten. Diese Separation ist im Gegensatz zu *Android, iOS* und *Windows Phone* also direkt im Betriebssystem integriert und muss nicht erst durch *Container-Konzepte* von Drittanbietern erreicht werden, die dabei lediglich auf dem Betriebssystem aufsetzen und von dessen Funktionen abhängig sind.

BlackBerry hatte sich aufgrund der Ausrichtung der Dienste auf Unternehmen sehr früh bei Führungskräften vieler Unternehmen durchgesetzt. Als dann *Apple* im Jahr 2007 mit dem *iPhone*, einem Gerät das zunächst ausschließlich für Konsumenten bzw. Privatpersonen ausgerichtet war, die Ära des *Smartphones* einläutete, nahm *BlackBerry* die Bedeutung der Konsumentenausrichtung aber nicht ausreichend wahr. In den Jahren ab 2007 drängten dann immer mehr Anbieter von Betriebssystemen für *Smartphones* und *Tablets* sowie Hersteller entsprechender Geräte auf diesen, sich sehr rasant entwickelnden Markt und die ersten Anbieter fingen mit den Jahren auch an, ihr Angebot sukzessive um für Unternehmen interessante Funktionen zu erweitern. *BlackBerry* unternahm während dieser Zeit aber im Gegenzug keine nennenswerten Anstrengungen, um ihre hauptsächlich für Unternehmen ausgerichteten Geräte auch für Konsumenten interessant zu machen.

Viele *BlackBerry-Nutzer* schafften sich in der Folge auch Geräte für private Zwecke an, die *BlackBerry* nicht bedienen konnte. Als dann die per *BlackBerry* genutzten Unternehmensdienste allmählich auch über die Geräte für private Zwecke genutzt werden konnten, entschlossen sich viele Nutzer, sich auf die Geräte zu konzentrieren, die betriebliche wie private Zwecke bedienen konnten, und *BlackBerry* verlor mehr und mehr an Bedeutung.

Seit einigen Jahren versucht *BlackBerry* daher, die Geräte nun doch auch für Konsumenten interessanter zu machen. Allerdings bislang nur mit mäßigem Erfolg. Letzten Endes ist zu konstatieren, dass *BlackBerry-Geräte* viele Konfigurationsmöglichkeiten und besonders auf Unternehmen ausgerichtete Dienste anbieten. Damit wird auch ein hohes Maß an Sicherheit für die Unternehmensdaten erreicht, was *BlackBerry* in der Regel nach wie vor für Unternehmen mit erhöhten Sicherheitsanforderungen interessant macht. Da

BlackBerry aber nur geringe Akzeptanz bei Nutzern von *Smartphones* und *Tablets* erfährt, wird es für andere Unternehmen in der Regel schwierig sein, *BlackBerry* unter den Beschäftigten zu motivieren.

Sonstige Betriebssysteme

Sonstige Betriebssysteme für *Smartphones* und *Tablets* mit Ausnahme von *Symbian* werden von gängigen *MDM-Lösungen* in der Regel nicht unterstützt. Dies betrifft insbesondere neu auf dem Markt für entsprechende Betriebssysteme und Geräte erschienene (z. B. *Firefox OS, Ubuntu Phone*). Dies stellt aus Unternehmenssicht auch künftig für alle neuen bzw. jungen Betriebssysteme für *Smartphones* und *Tablets* ein Problem dar, da sie entweder noch keine (ausreichende) *MDM-Schnittstelle* anbieten oder einfach noch keine ausreichende Verbreitung erreicht haben, um bei *MDM-Herstellern* Berücksichtigung zu finden.

Daneben gibt es auch ältere Betriebssysteme, deren Entwicklung durch die jeweiligen Hersteller bereits eingestellt worden ist. Zu nennen ist hier lediglich das Betriebssystem *Symbian*, dessen Entwicklung bis 2012 hauptsächlich von *Nokia* vorangetrieben wurde und das nach wie vor noch von einigen *MDM-Herstellern* unterstützt wird. Mit Anfang des Jahres 2014 wurde aber auch die Pflege des *Nokia Store* eingestellt, so dass es seitdem keine neuen *Apps* oder Aktualisierungen für bestehende Apps für *Symbian* mehr gibt. Die Unterstützung von *Symbian* durch *MDM-Hersteller* dürfte deshalb künftig ganz entfallen, auch wenn die Unterstützung bereits implementiert ist und mangels weiterer Entwicklung von *Symbian* auch nicht mehr fortlaufend aktualisiert werden müsste. Zumindest unter Sicherheitsgesichtspunkten wäre dies aber dennoch angeraten.

Eine Zulassung und/oder Unterstützung derartiger *Smartphone-* und *Tablet-Betriebssysteme*, die nicht von *MDM-Lösungen* unterstützt werden, gestaltet sich für Unternehmen eher schwierig, da der *Support* entsprechender Geräte durch IT-Administratoren nicht über das *MDM* erleichtert wird und die IT-Administratoren sich mit dem betreffenden Gerät und/oder Betriebssystem ggf. erst noch vertraut machen müssen. Wenn ein solcher Aufwand für jeweils lediglich wenige Geräte derselben Art bzw. mit demselben Betriebssystem in Kauf genommen wird, können dadurch insgesamt immense *Support-Aufwände* zustande kommen, so dass hier eine Grundsatzentscheidung notwendig ist, inwiefern Nutzer von Geräten und Betriebssystemen, die von einem im Unternehmen betriebenen *MDM-System* nicht unterstützt werden, überhaupt *IT-Support* erfahren sollen und inwiefern. In der Regel ist der notwendige Aufwand für eine Unterstützung entsprechender Endgeräte zu groß und unter wirtschaftlichen Gesichtspunkten nicht zu vertreten.

4.2.2 Mobile Application Management

Während beim *Mobile Device Management* das Gerät und dessen Konfiguration im Mittelpunkt stehen, erfolgt beim *Mobile Application Management* (*MAM*) eine Fokussierung auf Applikationen (*Apps*), die von Unternehmen für die betriebliche Nutzung auf *Smartpho-*

nes und *Tablets* durch Beschäftigte vorgesehen sind und ggf. auch durch das Unternehmen zur Verfügung gestellt werden.

Im Rahmen des *Mobile Application Managements* spielen die folgenden Aspekte eine Rolle.

- Entwicklung von Applikationen für den eigenen, betrieblichen Bedarf
- Zentraler Bezug von fremd-entwickelten Applikationen (Einkauf, Lizenzierung)
- Zentrale Verteilung von Applikationen auf Endgeräte der Beschäftigten
- Zentrale Verwaltung von betrieblichen Applikationen
- Gewährleistung eines Mindestsicherheitsniveaus für zentral verwaltete Applikationen

Beim *MAM* beziehen sich Maßnahmen zur Datensicherheit und zum Datenschutz im Gegensatz zu *MDM* eher auf die Applikationsebene. Bei der Entwicklung von Applikationen für den eigenen, betrieblichen Bedarf sind insbesondere auch *MAM-Lösungen* interessant, die eine weitreichende Unterstützung für *HTML5-Apps*, also letzten Endes für Webanwendungen anbieten. Denn immer mehr Applikationen und Ressourcen in Unternehmen werden (auch) über Webschnittstellen ausgeliefert und per *Browser* genutzt.

Mit *HTML5*, das von allen aktuellen *Smartphone-* und *Tablet-Betriebssystemen* unterstützt wird, lassen sich einfache *HTML5-Apps* für den Zugriff auf *Webanwendungen* erstellen. Der Zugriff auf unternehmensinterne Applikationen und Ressourcen kann auf diesem Wege in der Regel mit wesentlich weniger Aufwand realisiert werden, als die Erstellung von nativen *Apps* für *Smartphones* und *Tablets*, die pro relevantem Betriebssystem (*Android, iOS, Windows Phone, BlackBerry*) eigens entwickelt werden müssten. Die Entwicklung eigener *Apps* kommt jedoch häufig nur dann in Frage, wenn es nicht bereits fremd-entwickelte *Apps* gibt, die den gewünschten Zweck sowie die jeweiligen Sicherheitsanforderungen erfüllen.

Bei eigen-entwickelten Applikationen findet darüber hinaus im Rahmen des *Mobile Application Managements* eine Ergänzung des Sicherheitskonzepts der betreffenden *Apps* durch zusätzliche, zentrale Maßnahmen zur Datensicherheit statt. Typische Mechanismen, die in diesem Zusammenhang eine Rolle spielen, sind Verfahren zur Sicherung der Datenübertragung, z. B. durch Übertragung der Daten vom Endgerät zum Unternehmen über einen verschlüsselten Tunnel (*SSL/TLS, VPN*), der Datenspeicherung, z. B. durch eine verschlüsselte Ablage von Daten der Applikation auf dem Gerät, und Zugriffsschutz, z. B. per eigener *PIN* für den Zugriff auf die eigen-entwickelten *Apps*.

Bei fremd-entwickelten Applikationen ist hingegen der Einsatz und die Ausgestaltung von bereits integrierten Sicherheitsmaßnahmen in der Regel nicht oder nur wenig transparent und im Gegensatz zur Funktionalität der *App* auch ohne Weiteres nur schwer zu überprüfen. Lösungen für *Mobile Application Management* bieten deshalb für fremd-entwickelte *Apps* häufig die Möglichkeit, diese über ein sogenanntes *App-Wrapping* mit eigenen, zusätzlichen Sicherheitsmaßnahmen zu umhüllen, die z. B. für eine verschlüsselte Speicherung von Daten der geschützten *App* sorgen.

Beim *Mobile Application Management* kommt deshalb häufig auch ein *Container* (in Form einer *App*) zum Einsatz, über den dann lediglich auf weitere, im Rahmen des *MAM* verwaltete *Apps*, insbesondere eigen-entwickelte *Apps* zugegriffen wird. Solch ein *Container* übernimmt dann in der Regel die Kapselung der enthaltenen *Apps* von der sonstigen Systemumgebung z. B. durch Dateiverschlüsselung auf *Container-Ebene*. Auch ansonsten können Sicherheitsmaßnahmen auf Applikationsebene, wie z. B. die bereits erwähnte Sicherung der Datenübertragung oder des zusätzlichen Zugriffsschutzes für betriebliche *Apps*, etabliert werden.

Für den Bezug und die Verteilung von fremd-entwickelten Applikationen im Unternehmensumfeld ist zu berücksichtigen, dass nicht alle Betriebssysteme entsprechende Verfahren beinhalten, um *Apps* zentral einzukaufen bzw. zu lizensieren, um diese dann z. B. nach Bedarf auf mobilen Endgeräten von Beschäftigten zur Verfügung zu stellen und bei personellen Veränderungen auch wieder umzuverteilen. Schließlich fokussieren die meisten Betriebssystemhersteller mit ihren Angeboten und Funktionen in erster Linie Verbraucher und nicht Unternehmen.

Lediglich die in diesem Kapitel fokussierten Betriebssystemhersteller bieten direkt auf Unternehmen ausgerichtete Angebote zum zentralen Bezug und der zentralen Verteilung von *Apps* an, auf denen dann ein *Mobile Application Management* für fremd-entwickelte Applikationen aufsetzen kann. Konkret handelt es sich dabei um das Programm für Volumenlizenzen (*Volume Purchase Program*) von *Apple* sowie *Googles* frisch ins Leben gerufene *Android for Work*. Unter *BlackBerry* ist *Mobile Application Management* schon länger möglich, während unter *Windows Phone* bislang nur die Verteilung eigen-entwickelter *Apps* gut unterstützt wird.

Der Einsatz von Sicherheitsmaßnahmen auf Applikationsebene allein reicht aber insgesamt nicht zur Gewährleistung von Datensicherheit und Datenschutz beim betrieblichen Einsatz von Applikationen auf *Smartphones* und *Tablets* aus. Da z. B. die Sicherheit einer per *MAM* ausgerollten *App* auf einem *iOS-* bzw. *Android-Gerät* auf der im Betriebssystem integrierten Kapselung der Daten unterschiedlicher *Apps* beruht, ist die Sicherheit der betreffenden *App* auf einem *iOS*-Gerät mit Jailbreak bzw. auf einem gerooteten *Android*-Gerät kompromittiert. Ebenso wird z. B. auch für die verschlüsselte Übertragung von Daten (SSL/TLS, VPN) in der Regel auf bereits im Betriebssystem enthaltene Funktionen zurückgegriffen. *Mobile Application Management* unabhängig von *Mobile Device Management* (Verwaltung und Kontrolle auf Geräteebene) erscheint daher nicht besonders sinnvoll.

MDM-Lösungen ermöglichen per *MAM* verteilte, eigen-entwickelte Applikationen, z. B. für den Zugriff auf unternehmensinterne *Web-Applikationen*, per *MDM-seitig* vorkonfiguriertem *VPN* weiter abzusichern. Viele *MDM-Lösungen* bringen darüber hinaus auch noch einen eigenen Satz von Applikationen für Standard-Anwendungen wie z. B. *E-Mail*, Kontakte und Kalender mit, über die der Zugriff auf die zugehörigen Unternehmensdaten im Vergleich zu den Betriebssystem-eigenen *Apps* stärker geregelt und geschützt werden kann. Außerdem wird so auch einer Vermischung von betrieblichen und privaten Daten auf Applikationsebene vorgebeugt, z. B. für den Fall, dass die Nutzer eines entsprechenden Gerätes auch auf private *E-Mails*, Kontakte und Kalender über die im Betriebssystem integrierten Applikationen zugreifen möchten, was insbesondere auch im Rahmen von *BYOD* zu erwarten ist.

Per *MDM* können darüber hinaus auch Applikationen per *Blacklisting* verboten werden, was ebenfalls als Bestandteil eines *MAM* aufgefasst werden kann. Der Gerätenutzer kann in solchen Fällen jedoch (in seiner Funktion als oberster Geräteadministrator) weiterhin beliebige Applikationen installieren, auch wenn diese vom Unternehmen per *Blacklist* explizit verboten sind. In solchen Fällen ist es in Kombination mit *MDM* lediglich möglich, bei Feststellung entsprechender *Whitelist-* bzw. *Blacklist-Verstöße* den weiteren Zugang und Zugriff auf Unternehmensressourcen zu unterbinden, um eine Einhaltung der *Whitelist* bzw. *Blacklist* zumindest zu motivieren.

Des Weiteren beinhalten viele *MDM-Lösungen* auch die Möglichkeit, den Gerätenutzern eine Liste (*Whitelisting*) von *Apps* zur Verfügung zu stellen, die durch das Unternehmen allgemein empfohlen oder sogar für den betrieblichen Einsatz auf *Smartphones* und *Tablets* vorgesehen sind. Dies ist vor allem dann interessant, wenn ein zentraler Bezug von *Apps* und eine zentrale Verteilung auf mobile Endgeräte nicht möglich sind. In der Regel sind die Listenelemente direkt mit den entsprechenden *Apps* z. B. im *Apple iTunes App Store* (für *iOS-Geräte*) bzw. dem *Google Play Store* (für *Android-Geräte*) verknüpft, so dass ein Gerätenutzer über ein Listenelement auch direkt die zugehörige *App* aus dem jeweiligen *App* Store beziehen kann.

4.2.3   Mobile Content Management

Beim *Mobile Content Management (MCM)* geht es um das gezielte zur Verfügung stellen von vertraulichen Unternehmensinformationen, z. B. in Form von Präsentationsfolien, Tabellenkalkulationen und Dokumenten. Auf diese Weise wird die Idee des papierlosen Büros auch auf Beschäftigte im Außeneinsatz ausgeweitet. Dabei gilt es auch hier die Unternehmensdaten auf dem Gerät vor unberechtigtem Zugriff und Veränderung zu schützen, wobei wieder ähnliche Mechanismen, wie z. B. eine Kapselung über einen verschlüsselten *Container*, zum Einsatz kommen, wie beim *Mobile Application Management*.

Während der Einsatz von Lösungen für *Mobile Device* und *Application Management* laut einer Befragung von *IDC* (vgl. [44]) in Unternehmen bereits weit verbreitet ist, wird der Geräte- und plattformunabhängige, zentrale Zugriff auf Dateien und Inhalte des Unternehmens durch mobile Endgeräte noch etwas vernachlässigt. Das führt häufig dazu, dass Beschäftigte, die viele mobile Endgeräte (mehrere *Notebooks*, *Smartphones* und/oder *Tablets*) für den betrieblichen Einsatz mit sich führen, für den privaten Einsatz entworfene *Synchronisationstools* ohne Wissen der IT-Abteilung und ggf. sogar unter Verletzung der Nutzungsbedingungen der jeweiligen *Tools* verwenden, um betriebliche Daten und Inhalte selbst auf die jeweiligen Geräte zu verteilen. Häufig gelangen vertrauliche Daten und Inhalte des Unternehmens im Zuge dessen auch zu *Cloud-Speicherdiensten*, die aus

Unternehmenssicht eigentlich keine ausreichende Gewährleistung von Vertraulichkeit, Integrität und Verfügbarkeit für die übermittelten Daten bieten.

Ein Mangel an entsprechenden Möglichkeiten zur Verwaltung von Unternehmensdaten und -inhalten für den Zugriff durch mobile Endgeräte stellt somit eine Bedrohung der Sicherheit der Unternehmensinformationen dar. Daher ist eine Beschäftigung mit dem Thema *Mobile Content Management* und die Bereitstellung von unternehmenstauglichen Lösungen für den Zugriff auf betriebliche Daten und Informationen durch mobile Endgeräte sowie den Austausch von Inhalten für mobile Endgeräte untereinander (z. B. innerhalb eines *Teams*, im Rahmen von *Collaboration*) zwingend notwendig, um privaten und ggf. nicht unternehmenstauglichen, also nicht mit den Unternehmensrichtlinien konform gehenden Lösungen vorzubeugen bzw. diesen bei Bestehen entgegenzuwirken.

Mobile Content Management Systeme für *Smartphones* und *Tablets* sind jedoch nicht nur danach zu beurteilen, welche Dateiformate sie jeweils unterstützen, wie z. B. *PDF-* und *Word-Dokumente* sowie Tabellenkalkulationen und Präsentationsfolien, sondern auch danach, wie gut die entsprechenden Inhalte auf den durchweg eher kleinen und dabei doch von Gerät zu Gerät sehr unterschiedlich großen Bildschirmen dargestellt werden. Darüber hinaus ist auch die im Vergleich zum *Desktop-Bereich* in der Regel stark eingeschränkte Funktionspalette für die Bearbeitung entsprechender Inhalte zu berücksichtigen, sofern das *MCM-System* eigene Applikationen für die Bearbeitung mitbringt.

Das *IDC* nennt die folgenden fünf Aspekte (vgl. [44]), die es für einen erfolgreichen Einsatz von *MCM* in möglichst hohem Maße zu gewährleisten gilt.

Einfache Bedienbarkeit Gerätenutzer müssen Dateien im Rahmen des *MCM* möglichst intuitiv hoch- und auch herunterladen können. Darüber hinaus sollten Gerätenutzer auch Einblick in die Nutzerstruktur und ihr Nutzerverhalten haben.

Zugang zu Daten über verschiedene Geräte Einem Gerätenutzer muss es möglich sein, (eigene) Dateien und Dokumente auch auf mehreren mobilen und nicht-mobilen Endgeräten zu synchronisieren.

Austausch im Team Den Benutzern muss es möglich sein, Dokumente untereinander zu teilen. Auch die Definition von Gruppen muss möglich sein, so dass Mitglieder einer Gruppe auf Dokumente der Gruppe zugreifen und diese bearbeiten können.

Administration und Verwaltung Für die Inhalte im *MCM* müssen Administratoren definiert werden können. Diesen muss es möglich sein, durch Verwaltung von Privilegien und Zugangsrechten für Nutzer unberechtigte Zugriffe zu vermeiden.

Sicherheit Sowohl die Übertragung als auch die Speicherung von Dateien sollte möglichst verschlüsselt erfolgen. Dabei sollte auch die Integrität der Dateien gewährleistet werden.

Ein wichtiger Erfolgsfaktor für ein *MCM-System* ist aber auch, inwiefern die IT-Abteilung, die zentrale Systeme in der Regel betreibt und dabei auch für den Schutz der Unternehmensdaten mindestens mitverantwortlich ist, und die Fachabteilungen, deren Anforderungen hinsichtlich Dateizugriff und Dateiaustausch über mobile Endgeräte es im Prinzip durch das *MCM-System* zu erfüllen gilt, bei der Auswahl und Implementierung der *MCM-Lösung* kooperieren.

Inhalte werden im Rahmen eines *Mobile Content Management* Systems in der Regel in entsprechenden Dateiverzeichnissen bzw. Archiven des Unternehmens bereitgestellt und über entsprechende Zugriffskontrollen automatisch via *MCM* entsprechend der jeweiligen Berechtigungen den mobilen Endgeräten verfügbar gemacht. Darüber hinaus können *MCM-Systeme* noch weitere Zugriffskontrollen bieten, wie z. B. die Folgenden.

Aufbewahrungskontrolle Inhalte können gezielt auf Endgeräten eines bestimmten Nutzers oder auf einem bestimmten Endgerät gelöscht werden. Darüber hinaus kann der Zugriff auf Inhalte auch nur zeitbasiert zugelassen werden.

Authentisierung Ein *MCM-System* kann eine Authentisierung des Nutzers anhand von Nutzername und Passwort erfordern. Alternativ kann auch eine Authentisierung auf Basis des Endgerätes erfolgen, dass dann mit einem bestimmten Nutzer verknüpft ist.

Verwendungskontrolle Der Zugriff auf einen bestimmten Inhalt kann auf das bloße Anzeigen[14] beschränkt sein. Dabei kann z. B. auch verhindert werden, dass ein angezeigtes Dokument als solches im persistenten Gerätespeicher abgelegt wird. Stattdessen würde ein Dokument nach Möglichkeit nur im *RAM* (flüchtiger Speicher) und/oder in einem verschlüsselten *Cache* des *MCM-Systems* für die Dauer des Zugriffs zwischengespeichert werden.

Ein zentral verwalteter Zugriff auf Unternehmensdaten bringt stets auch Vorteile für die Umsetzung von Maßnahmen zur Einhaltung von Unternehmensrichtlinien und zum Schutz der Informationen. Nur so können Vertraulichkeit und Integrität der Unternehmensdaten in möglichst hohem Maße gewährleistet werden, ohne die Produktivität der Gerätenutzer zu beeinträchtigen.

4.2.4 EMM-Lösungen und Umsetzung

Enterprise Mobility Management Produkte unterscheiden sich bzgl. der Zahl und Art der *MDM-Kernfunktionen* für unterstützte Geräte und Betriebssysteme in der Regel nur wenig. Der Grund hierfür ist, dass die Anbieter von *EMM-Lösungen* für die Verwaltung der

---

[14] Eine solche Einschränkung ist allerdings nur dann sinnvoll, wenn im Rahmen des *MCM* auch das Anfertigen von Bildschirmfotos auf Geräteebene verhindert werden kann, während vertrauliche Inhalte angezeigt werden.

diversen Geräte letzten Endes von den *MDM-Schnittstellen* abhängen, die ihnen die Gerätehersteller und/oder die Hersteller der Betriebssysteme dieser Geräte anbieten.

Für die Auswahl einer *EMM-Lösung* sind über die Konfigurationsmöglichkeiten für aktuelle Geräte und Betriebssysteme hinaus noch relevant, wie schnell die jeweils nächste Generation eines unterstützten Gerätes bzw. die jeweils nächste Version eines unterstützten Betriebssystems berücksichtigt wird, wobei die folgenden Merkmale zu unterscheiden sind.

Adaptionsgeschwindigkeit Beschreibt die Zeit, die ein *EMM-Anbieter* benötigt, um (neue) Funktionen eines unterstützten Gerätes bzw. Betriebssystems mit seiner *EMM-Lösung* zu bedienen.

Adaptionsqualität Beschreibt die Qualität der Unterstützung von (neuen) *MDM-Funktionen*, also ob die Umsetzung das gewünschte leistet und wie fehleranfällig die Einrichtung entsprechender Konfigurationen z. B. für die späteren Administratoren und Nutzer der *EMM-Lösung* ist.

Adaptionsumfang Beschreibt den Anteil, wie viele der verfügbaren *MDM-Funktionen* eines Gerätes bzw. Betriebssystems durch eine *EMM-Lösung* berücksichtigt werden.

Einen sehr guten und jeweils aktuellen Überblick über die am Markt verfügbaren *EMM-Lösungen* bietet der bislang jährlich erscheinende *Gartner-Bericht Magic Quadrant for Enterprise Mobility Management Suites* (vgl. [39]). Neben einer Gegenüberstellung der verschiedenen *EMM-Lösungen* im bekannten *Magic Quadrant* und der Beschreibung der Marktsituation finden sich darin auch kompakte Beschreibungen der jeweiligen Eigenschaften verbreiteter *EMM-Lösungen* sowie eine Ausarbeitung der jeweiligen Stärken und Schwächen. Dabei gilt es aber stets zu berücksichtigen, dass der noch junge Markt für derartige Lösungen, insbesondere im Hinblick auf *MAM* und *MCM*, sich noch stark im Wandel befindet. Nahezu alle Lösungen stammen ursprünglich von kleinen *Startup-Unternehmen*, von denen die meisten in den vergangenen Jahren von größeren IT-Unternehmen und Konzernen aufgekauft wurden. Ähnlich wie die mobilen Betriebssysteme selbst entwickelt sich in hohem Tempo auch der Funktionsumfang der diversen *EMM-Lösungen*. Langfristig dürften sich deshalb vor allem kleinere Anbieter auf diesem Markt schwer tun.

Im letzten *Gartner-Bericht* zu *EMM* werden die folgenden *EMM-Anbieter* als *Leader* geführt.

- *AirWatch*
- *MobileIron*
- *IBM MaaS360*
- *Citrix XenMobile*
- *Good*

Darüber hinaus werden die Lösungen von *SAP* sowie *Soti*, *Symantec* und *Sophos* als *Challenger* sowie *Visionary* eingestuft.

Hinsichtlich *BYOD* ist festzuhalten, dass viele, der führenden *EMM-Anbieter* (insbesondere MobileIron, AirWatch, Good) bei der jeweiligen Weiterentwicklung ihrer *Container-Konzepte* in den letzten ein bis zwei Jahren auch und besonders die parallele Nutzung von Smartphones und Tablets sowohl für private als auch für betriebliche Zwecke im Blick hatten. Betriebliche Daten und Anwendungen werden von den privaten separiert und das zugehörige Unternehmen erhält weitreichende Kontrolle über den betrieblichen, nicht jedoch über den privaten Bereich. Überdies stellen neben den *EMM-Anbietern* mittlerweile auch die Betriebssystem- und Gerätehersteller direkt im Betriebssystem integrierte *Container-Konzepte* bereit, wie z. B. *Android for Work* und *Samsung Knox*, und adressieren damit insbesondere Unternehmen, die *BYOD* als Bestandteil ihrer Unternehmensstrategie einführen wollen. Betriebssystem-eigene *Container* ermöglichen *EMM-Anbietern* künftig mit noch weniger Aufwand entsprechende Konzepte zu pflegen bzw. auch erstmals umzusetzen.

Unternehmen müssen sich im Rahmen einer *BYOD-Strategie* entscheiden, wie private Geräte in das *Enterprise Mobility Management* zu integrieren sind. Dazu sind zunächst die Unternehmensdienste zu bestimmen, auf die auch private *Smartphones* und/oder *Tablets* Zugriff erhalten sollen. Im Anschluss gilt es zu ermitteln, wie der Zugriff auf diese Dienste und die zugehörigen Inhalte z. B. per *MAM* und *MCM* im Rahmen eines *MDM-Systems* gewährleistet werden kann. Während dabei die private Nutzbarkeit des Endgeräts möglichst wenig eingeschränkt werden sollte, muss aber auch die Notwendigkeit gewisser Maßnahmen zur Absicherung, zur Verwaltung, zum Monitoring und zur Unterstützung betrieblich genutzter Geräte für die Beschäftigten nachvollziehbar kommuniziert werden. Da ein Beschäftigter auf seinem *Smartphone* oder *Tablet* auch trotz *MDM* weiter Administrator des Geräts bleibt, müssen neben technischen Maßnahmen wie *MDM*, *MCM* und *MAM* auch organisatorische Maßnahmen getroffen werden. Dazu gehört die Veröffentlichung von Richtlinien für die Nutzung mobiler Endgeräte sowie die Akzeptanz dieser durch die Beschäftigten.

Eine erfolgreiche Umsetzung von *BYOD* setzt voraus, dass Beschäftigte bzw. deren Vertreter (z. B. Betriebsrat) von Anfang an in die Ausgestaltung der *Enterprise Mobility-* und *BYOD-Strategie* involviert werden und die Akzeptanz von technischen sowie organisatorischen Maßnahmen somit von vornherein und durchweg gewährleistet ist.

4.3 Geräte-Lifecycle

Genau wie im klassischen IT-Betrieb mit *Servern* und *PCs* wird auch für den Betrieb von mobilen Endgeräten ein *Lifecyclemanagement* benötigt. Unter einem *Lifecyclemanagement* wird ein durchgängiger (möglicherweise *Tool-gestützter*) Prozess zur Verwaltung von IT-Geräten verstanden. Das *Lifecyclemanagement* ist im klassischen *Systemmanagement* angesiedelt und wird vor allem in großen IT-Umgebungen nach den Vorgaben von

ITIL (*Information Technology Infrastructure Library*) durchgeführt. Bei *ITIL* handelt es sich um eine Sammlung von *Best Practices* für einen geregelten IT-Betrieb, die de facto als weltweiter Standard angesehen wird. Im Umfeld der mobilen Endgeräte sind vor allem drei Prozesse von Bedeutung:

1. *Config* In diesem Prozess sind alle notwendigen Schritte beschrieben, die durchgeführt werden müssen, um die zu verwaltenden Systeme standardisiert zu konfigurieren und jede Konfiguration in einer zentralen Datenbank, der so genannten *CMDB* (*Configuration Management Database*) festzuhalten und permanent fortzuschreiben.
2. *Change* Dieser Prozess behandelt alle notwendigen Schritte, die bei Systemveränderungen während der Laufzeit abgearbeitet werden müssen. Durchgeführte Systemanpassungen werden werden dabei sofort in der *CMDB* festgehalten.
3. *Incident* In diesem Prozess werden alle Schritte beschrieben, die durchlaufen werden sollten, um bestmöglich mit Fehlermeldungen von Systemen oder Benutzern umgehen zu können. Hierfür wird der Einsatz eines zentralen *Service Desks* vorgeschrieben.

Der *Geräte-Lifecycle-Prozess* setzt sich aus insgesamt acht Schritten zusammen, die im Folgenden anhand des Lebenszykluses eines normalen *PCs* vorgestellt werden (vgl. Abb. 4.12):

1. *Registrierung* Ein neuer *PC* wird angeliefert und soll eingerichtet werden. Der neue *PC* wird mit seiner *MAC-Adresse* und seinem Gerätenamen registriert und im Systemmanagement aufgenommen. Hier können auch weitere Daten, wie Hersteller, *Hardwarekonfiguration*, Festplattengröße usw. festgehalten werden.
2. *Konfiguration* In dem Fall, dass der *PC* mit einem vorinstallierten Betriebssystem ausgeliefert wird, kann direkt mit der Konfiguration begonnen werden. Andernfalls muss erst noch ein entsprechendes Betriebssystem installiert werden. Jetzt können wichtige Parameter entsprechend der Firmenvorgaben (*Policies*) eingestellt werden. Dazu zählen zum Beispiel die Netzwerkkonfigurtaionen (*IP-Adresse, DNS, Proxy* usw.), der Computername, *Registryanpassungen*, Installation von Zertifikaten, die Einrichtung der Benutzerkennung und des administrativen Kontos. Alle durchgeführten Konfigurationen werden im *Systemmanagement* zu Kontrollzwecken festgehalten.
3. *Installation* Jetzt kann mit der Installation der eigentlichen Anwendungen begonnen werden. Hierzu zählen alle Applikationen, die für den Büroalltag des entsprechenden Benutzers vorgesehen sind. Dies können zum Beispiel Text- und Tabellenverarbeitung, *E-Mail-Client* und weitere spezifische Anwendungen sein. Weiterhin werden alle benötigten Sicherheitsupdates und Patches für das Betriebssystem und die Anwendungen installiert. Der aktuelle *Softwarestand* wird dann im *Systemmanagement* festgehalten.
4. *Absicherung* Als nächstes wird das Gerät nach Firmenvorgaben abgesichert. Hierzu zählt zum Beispiel die Absicherung durch ein Antivirenprogramm, die Konfiguration der lokalen *Firewall*, die Abschaltung bestimmter, nicht eingesetzter Prozesse und die Festplattenverschlüsselung. Auch diese Konfigurationen werden zentral nachgehalten.

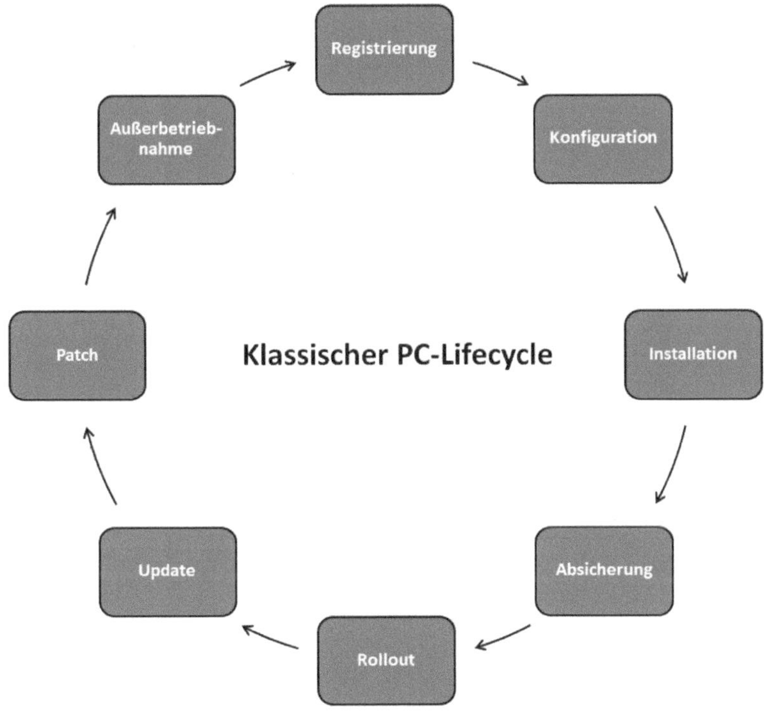

Abb. 4.12 Abbildung des klassischen *PC-Lifecycles*

5. ***Rollout*** Nachdem der *PC* vollständig konfiguriert wurde, kann er am Arbeitsplatz des Benutzers angeschlossen und im Betrieb genommen werden.

6. ***Update*** Sobald ein *Update* für das Betriebssystem oder eine Applikation herausgegeben wurde kann dieses, nachdem es von den Administratoren ausgiebig getestet und freigegeben wurde, auf dem *PC* installiert werden. Hierzu gibt es meist festgelegte Zeiträume. Updates können zum Beispiel auch automatisch in der Nacht über *Wake on LAN Mechanismen* installiert werden. Installierte *Updates* werden im *Systemmanagement* hinterlegt.

7. ***Patch*** Für die Installation von *Patches* gilt grundsätzlich das gleiche wie für die *Updates*. Es kann aber sein, dass ein *Patch* ein kritisches Sicherheitsloch stopft. Dann kann es notwendig sein, außerhalb der vereinbarten Zyklen den *Patch* einzuspielen. Dies kann unter Umständen zu Beeinflussungen im normalen Arbeitsprozess führen und muss daher genau abgewogen werden. Auch die installierten *Patches* werden zentral festgehalten.

8. ***Außerbetriebnahme*** Ist das Gerät defekt und kann nicht mehr repariert werden, wird es außer Betrieb genommen. Dies kann auch regelmäßig geschehen, falls das Gerät nur geleast ist oder ein fester Abschreibungszeitraum vereinbart ist. Das Gerät wird

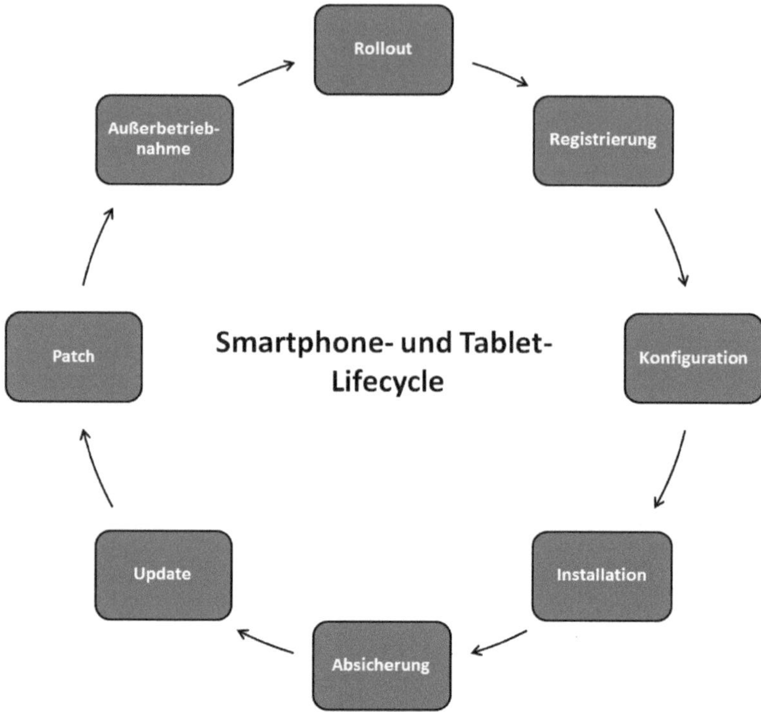

Abb. 4.13 Abbildung des *Smartphone-* und *Tablet-Lifecycles*

dann vom Arbeitsplatz entfernt, entsprechend der Firmenvorgaben gelöscht und aus dem *Managementsystem* entfernt.

Der Lebenszyklus eines mobilen Endgeräts besteht grundlegend aus den gleichen Schritten wie der bereits vorgestellte Prozess für die bisherigen IT-Systeme. Die Reihenfolge ändert sich aber in Teilen, da die Geräte von den Mitarbeitern dezentral beschafft, konfiguriert und betrieben werden. Der geänderte *Lifecycle-Prozess* für mobile Endgeräte wird in Abb. 4.13 grafisch dargestellt.

In den folgenden Abschnitten werden die einzelnen Phasen des *Geräte-Lifecycles* für mobile Endgeräte im Einzelnen vorgestellt. Dabei wird auf die beiden Sichten, Benutzersicht und Unternehmenssicht, einzeln eingegangen. Dies ist notwendig, da sich durch den dezentralen Betrieb durch den Benutzer und die zentrale Verwaltung durch die IT-Administration, verschiedene Ausprägungen ergeben. Die im Folgenden gegebenen Beispiele sind absichtlich vereinfacht.

4.3.1 Rollout

Bei dem *Rollout* erhält der Benutzer sein Mobilgerät und kann ab diesem Zeitpunkt das Gerät einsetzen.

- *Benutzersicht* Beim klassischen *BYOD* kann sich der Benutzer ein beliebiges mobiles Endgerät anschaffen. Er kann es beispielsweise im Fachhandel oder über das Internet beziehen. Sobald eine gültige *SIM-Karte* eingelegt ist, kann das Gerät zum Telefonieren und Surfen eingesetzt werden. Zu diesem Zeitpunkt ist der zentralen IT-Administration das Gerät noch nicht bekannt. Ein Zugriff auf Firmen-interne Dienste sollte daher weder per mobilem Netz von extern noch per *WLAN* im Firmen-eigenen Netz möglich sein. Dies muss im Vorfeld mit entsprechenden Mechanismen sichergestellt werden.
- *Unternehmenssicht* Werden leicht angepasste Varianten von *BYOD* eingesetzt (vgl. Kap. 9), so ist es möglich, dass die IT über die interne Beschaffung die Geräte zentral bestellt, konfiguriert und dann erst zur Verfügung stellt. In diesem Fall findet das *Rollout* erst in der Phase 5 statt (vgl. Abb. 4.13).

4.3.2 Registrierung

Bei der Registrierung des Gerätes muss zwischen zwei verschiedenen Registrierungen unterschieden werden.

1. *Registrierung beim Dienstanbieter* Mobile Endgeräte wie Mobiltelefone und *Tablets* bieten eine Vielzahl von Diensten erst nach Registrierung beim Hersteller an. Es kann sogar sein, dass ein Betrieb ohne Registrierung nur sehr eingeschränkt, oder gar nicht möglich ist. Bei der Registrierung wird ein Benutzerkonto bei dem jeweiligen Hersteller (z. B. *Apple*, *Google* oder *Microsoft*) erstellt. Sollen auch kostenpflichtige *Apps* eingesetzt werden, so müssen zusätzlich zu den Persönlichen Daten noch Kreditkarteninformationen hinterlegt werden. Mit der Erstellung des Benutzerkontos ist meist eine Vielzahl von Diensten gekoppelt. So werden meist *E-Mail*, Kalender, Telefonbuch und Zugriff auf den jeweiligen Kaufdienst für mobile *Apps* freigeschaltet.
2. *Registrierung im MDM* Sobald das Gerät auf Firmendaten und Dienste zugreifen soll, ist eine zentrale Registrierung bei der IT-Administration zwingend notwendig. Andernfalls kann nicht kontrolliert werden, welche Geräte wann auf welche Daten und Dienste zugreifen. Die Registrierung an einem *MDM-System* ist meist sehr einfach und kann oft über ein *Webportal* vorgenommen werden. Dieser Schritt kann entweder von der IT übernommen, oder vom Benutzer selbst durchgeführt werden. Bei der Registrierung werden unter anderem folgende Daten gespeichert: Telefonnummer, *IMEI-Nummer*, *MAC-Adresse*, Benutzername und Betriebssystemversion.

- *Benutzersicht* Kauft sich der Benutzer sein Mobilgerät selbst, so wird er die Registrierung beim jeweiligen Dienstanbieter selbst übernehmen und ein Konto mit seinen Privatdaten anlegen. Möglicherweise besteht schon ein entsprechendes Konto, welches dann übernommen werden kann. Da eine private und geschäftliche Nutzung gewünscht ist, kann an dieser Stelle nicht durch die zentrale IT des Arbeitgebers eingegriffen werden. Es ist aber möglich und ratsam, in den *BYOD-Richtlinien* Hinweise und *Best Practices* anzugeben. Dies erleichtert vor allem unerfahrenen Nutzern den Einstieg. Nachdem ein entsprechendes Konto angelegt wurde, muss das Gerät noch bei der zentralen IT angemeldet werden. Dies kann zum Beispiel über ein *Webportal* geschehen. Viele Anbieter von *MDM-Lösungen* bieten solch einen Service an.

- *Unternehmenssicht* Wird das Gerät durch die zentrale IT beschafft, kann eine Anmeldung bei dem entsprechenden Dienstanbieter nur gemeinsam mit dem späteren Benutzer durchgeführt werden, da seine persönlichen Daten benötigt werden. Die Registrierung am *MDM-System* ist jedoch ohne Probleme möglich.

4.3.3 Konfiguration

Während der Konfiguration des Gerätes können die unterschiedlichsten Parameter angepasst werden. Vom Bildschirmhintergrund und Klingelton, über die Anordnung der *Apps* und gegebenenfalls *Widgets* bis hin zu Uhrzeit, Datum und Zeitzone können viele Einstellungen verändert werden.

- *Benutzersicht* Da es sich bei *BYOD* um ein Privatgerät handelt, kann der Benutzer grundsätzlich jeden Parameter nach eigenen Vorstellungen anpassen. Dies ist richtig und wichtig. Es kann aber sein, dass in den *BYOD-Richtlinien* einige spezifische Vorgaben gemacht werden. Die Durchsetzung solcher Vorgaben kann dann später über das *MDM* geschehen. Hierbei kann es sich zum Beispiel um sicherheitskritische Parameter wie die Bildschirmsperre oder die Datenverschlüsselung handeln.

- *Unternehmenssicht* Für die IT sind nicht alle Parameter von Interesse. Die meisten werden sicherheitsrelevante Einstellungen sein. Die Konfiguration und Überwachung der jeweiligen Einstellungen geschieht über das jeweils eingesetzt *MDM-Programm*, welches auf dem Mobilgerät installiert wird. In den meisten Fällen werden die folgenden Einstellungen vorgenommen:
  1. Vorgabe der Länge und Komplexität des Passworts für die Datenverschlüsselung
  2. Vorgabe der Länge und Komplexität des Passworts für die Bildschirmsperre
  3. *Whitelist / Blacklist* für *Apps*, die (nicht) installiert werden dürfen
  4. Konfiguration der Zugangsdaten für lokale IT Dienste wie zum Beispiel: *Mail*, Kalender, *Fileservices* und so weiter

4.3.4 Installation

Da der Benutzer während des gesamtem Lebenszykluses administrative Rechte für sein Gerät besitzt, kann er zu jeder Zeit zusätzliche *Software* in Form von Apps aus den jeweiligen *App-Quellen* installieren. Über die eingesetzte *MDM-Software* lässt sich ebenfalls zusätzliche *Software* von zentraler Stelle aus installieren.

- *Benutzersicht* Sobald der Benutzer seinen persönliches Benutzerkonto eingerichtet hat, kann er aus den jeweiligen *App-Quellen* (z. B. *Apple App Store* oder *Google Play Store*) kostenlose oder kostenpflichtige *Software* installieren. Grundsätzlich kann er jegliche *Software* zu jedem Zeitpunkt installieren und deinstallieren. Die lokal auf dem Endgerät installierte *MDM-Software* überwacht dabei jede Installation und kann diese (falls gewünscht) mit einer zentralen *Black-* oder *Whitelist* vergleichen und eine mögliche Installation verhindern oder rückgängig machen. Dies hängt aber stark von der *BYOD-Richtlinie* und der gewählten *MDM-Software* ab. So ist es zum Beispiel bei *Container-Lösungen* möglich, dass der Benutzer jegliche Anwendungen installieren kann, da eine Kommunikation mit den Daten in der *Sandbox* ausgeschlossen ist.
- *Unternehmenssicht* Die IT-Administratoren müssen zu Beginn des Lebenszykluses sicherstellen, dass die benötigten Sicherheitszertifikate auf dem jeweiligen Gerät installiert werden. Diese werden zum Beispiel zum sicheren Aufbau eines *VPN-Tunnels* oder für die Ver- und Entschlüsselung von *E-Mails* benötigt. Weiterhin kann die IT mit Hilfe der *MDM-Lösung Software* auf den Geräten installieren und löschen. Die einsetzbaren Möglichkeiten hängen aber stark von der *MDM-Software* und der *BYOD-Richtlinie* ab. So kann zum Beispiel automatisch ein Set an *Apps* installiert werden, die durch die *BYOD-Richtlinie* als notwendig eingestuft werden. Weiterhin können von der zentralen IT eigens für die Firma erstellte *Apps* über einen internen *Enterprise App Store* verteilt werden.

4.3.5 Absicherung

Bei der Absicherung des Gerätes geht es darum sicherzustellen, dass die privaten und geschäftlichen Daten sicher sind und die beiden Bereiche sauber von einander getrennt sind. Das Gerät wird später im Zweifel überall auf der Welt eingesetzt und verbindet sich potentiell mit unterschiedlichen, möglicherweise nicht vertrauenswürdigen Netzen. Somit muss ein hohes Maß an Sicherheit gewährleistet werden.

- *Benutzersicht* Die meisten Benutzer gehen heutzutage sehr offen mit ihren persönlichen Daten um. Dies liegt zum einen an dem Trend persönliche Daten immer mehr mit anderen, zum Beispiel über soziale Netzwerke, zu Teilen; zum anderen liegt dies an der Unwissenheit der Benutzer. Sie verstehen oft nicht, was die jeweiligen *Apps* im Hintergrund mit ihren Daten tun und installieren oft Anwendungen in dem sie die angefragten Rechte einfach abnicken. Um hier mehr Verständnis bei den Benutzern zu erzeugen, sollte die *BYOD-Initiative* intensiv durch *Awareness-Kampagnen* begleitet werden. Grundsätzlich bleibt einem Privatnutzer die Absicherung seines Gerätes selbst überlassen. Erst, wenn er Firmendienste nutzen möchte, muss für eine entsprechende Absicherung gesorgt werden.

- *Unternehmenssicht* Die Absicherung des Gerätes wird in den meisten Fällen durch die zentrale IT mit Hilfe des *MDM-Programms* durchgeführt. Zu den wichtigsten Aufgaben zählen das Verschlüsseln der Daten, das Absichern der Kommunikationswege (z. B. per *VPN*), das saubere Trennen von privaten und geschäftlichen Daten und Anwendungen und möglicherweise die Installation eines lokalen *Virenscanners*.

4.3.6 Update

Genau wie jede andere *Software* auch, erhalten die Betriebssysteme und *Apps* der mobilen Endgeräte von Zeit zu Zeit *Updates*. Die Betriebssystemupdates werden zum Beispiel im Falle von *Android* (bis auf wenige Ausnahmen) von den jeweiligen Herstellern der Geräte erstellt und meist über *Over the Air* (*OTA*) Mechanismen verteilt. Dies bedeutet, dass die *Updates* drahtlos, entweder über das Mobilnetz oder über das *WLAN*, auf die Geräte verteilt wird, um dann dort installiert zu werden. Alternativ dazu kann das Update auch über eine Hersteller-spezifische *Managementsoftware* lokal heruntergeladen und über eine kabelgebundene Verbindung auf dem Gerät installiert werden. Dies ist so, da *Android* ein offenes System ist, welches alle Hersteller an ihre Geräte anpassen können.Bei *Apples iOS* handelt es sich um ein geschlossenes System. Darum entwickelt und verteilt *Apple* alle *Updates* zentral. Die *Apps* aller Plattformen erhalten ihre *Updates* meist automatisch über die jeweiligen *App-Quellen*. Dies lässt sich aber konfigurieren, um eine Kontrolle über die *Updates* zu haben. Anders als bei den klassischen *Softwareupdates* für *Server* und *PCs*, bei denen der Installationszeitpunkt entweder durch die IT-Administratoren oder durch fest definierte *Update-Fenster* vorgeschrieben ist, können *Updates* auf mobilen Endgeräten zu jeder Zeit installiert werden. Die Installation eines *App-Updates* zum Beispiel kann komplett im Hintergrund geschehen. Teilweise muss der Benutzer die Installation auch bestätigen, somit kann er selbst den *Update-Zeitpunkt* bestimmen.

- *Benutzersicht* Der Benutzer erhält meist eine Nachricht, dass ein *Update* für das Betriebssystem oder eine *App* vorliegt. Diese *Updates* können dann zum Teil automatisch im Hintergrund, oder erst nach Bestätigung durch den Benutzer, installiert werden. Aus Sicherheitsgründen ist es wichtig immer die aktuellsten *Softwareversionen* einzusetzen. Bei unternehmenskritischen Anwendungen sollte vor einem *Update* die Verträglichkeit durch die IT-Administratoren sichergestellt werden.
- *Unternehmenssicht* *Updates* können zum Beispiel durch die *MDM-Software* erzwungen oder verhindert werden. Im Normalfall sollten aber alle Updates installiert werden. Besonders die *Apps* im persönlichen Bereich des Anwenders sollten nur unter beson-

deren Gegebenheiten reglementiert werden. *Apps* welche über einen *Enterprise App Store* installiert wurden, müssen durch die lokalen Administratoren der jeweiligen Firmen über die *MDM-Software* aktualisiert werden.

4.3.7 Patch

Ebenso wie *Updates* gibt es immer wieder *Patches*, die zum Beispiel Sicherheitslücken in Betriebssystemen oder *Apps* schließen. Diese sollten auch schnellstmöglich eingespielt werden, um sich vor eventuellen Angriffen zu schützen.

- *Benutzersicht* Aus der Benutzersicht unterscheidet sich ein *Patch* nicht von einem *Update*. Das System zeigt in beiden Fällen ein *Update* an. In den *Releasenotes* der *Software* kann dann über den jeweiligen *Patch* nachgelesen werden. Benutzer sollen auch hier immer auf dem neusten Stand bleiben. Besonders bei sicherheitskritischen *Patches* kann sonst eine massive Gefährdung des Gerätes und aller darauf gespeicherten Daten nicht ausgeschlossen werden.
- *Unternehmenssicht* Über die *MDM-Software* kann die Installation von *Updates* erzwungen werden. Werden die sicherheitskritischen *Updates* nicht durchgeführt, kann zum Beispiel der Zugriff auf die Firmenressourcen automatisch gesperrt werden. Patches für unternehmenseigene *Apps* aus dem Enterprise *App* Store müssen von der lokalen IT verteilt werden.

4.3.8 Außerbetriebnahme

Wenn das Gerät nicht mehr weiter eingesetzt werden soll, muss es ordnungsgemäß außer Betrieb genommen werden. Bei einem Verlust des Gerätes, zum Beispiel durch Diebstahl, müssen zusätzliche Mechanismen greifen, die zumindest die Sicherheit der Firmendaten und -Netze gewährleistet.

- *Benutzersicht* Ein Benutzer kann theoretisch zu jeder Zeit ein neues Gerät anschaffen und das alte Gerät entsorgen. Hierbei sind einige Dinge zu berücksichtigen. Es muss dringend darauf geachtet werden, dass alle persönlichen Daten, wie Bilder, Videos, Musik und so weiter von dem Gerät auf ein externes Medium oder, falls gewünscht, in der *Cloud* gesichert werden. Dies kann auf unterschiedlichste Art und Weise geschehen. Es gibt dafür entsprechende *Cloud-basierte Dienste*, spezielle *Apps* oder es wird ein lokales *Backup* der Daten über eine kabelgebundene Verbindung auf einen privaten Rechner durchgeführt. Die Außerbetriebnahme muss weiterhin sofort beim Arbeitgeber gemeldet werden, sodass die Administratoren alle notwendigen Schritte einleiten können. Soll das Gerät zum Beispiel privat weiterverkauft werden, müssen alle persönlichen und geschäftlichen Daten und Applikationen von dem Gerät entfernt werden. Ebenfalls müssen alle Einstellungen zurückgesetzt werden. Am besten wird ein *Wipe* (Löschen aller Daten) und ein *Factory Reset* (Rücksetzen auf den Herstellungszustand) durchgeführt. Der Verlust eines Gerätes muss sofort angezeigt werden, da dadurch ein hohes Sicherheitsrisiko für Datendiebstahl oder *Hackerangriffe* besteht. Möglicherweise kann ein versehentlich verlorenes Gerät über die in die *MDM-Lösung* integrierte Ortung wiedergefunden werden. Geräte, die zentral von der Firma beschafft wurden, müssen wieder abgegeben werden.

- *Unternehmenssicht* Sobald ein Benutzer sich dazu entschließt sein Mobilgerät zu ersetzen, es verliert, es gestohlen wird, von der Firma durch ein neues ersetzt werden soll, oder er das Gerät nur noch zu privaten Zwecken nutzen möchte, muss die zentrale IT dafür sorgen, dass alle wichtigen *Firmen-Apps* und -Daten, Netzzugänge, Zertifikate und Konfigurationen mit Hilfe der *MDM-Software* zuerst gesichert und dann gelöscht werden. Im Falle eines gestohlenen Geräts kann es, nachdem der Benutzer dem zugestimmt hat, auch komplett aus der Ferne gelöscht werden. Dieser Vorgang wird als *Remote-Wipe* bezeichnet. Bei diesem Vorgang werden aber alle Daten auf dem Gerät gelöscht. Auch die Privaten. Falls die *MDM-Lösung* dies anbietet, kann auch versucht werden, das Gerät per *GPS* (*Global Positioning System*) zu orten. Gelingt dies, gibt es vielleicht noch Hoffnung, das Gerät wieder zurückzuerhalten. Nachdem alle Daten und Konfigurationen gesichert und vom Gerät gelöscht wurden, muss das Gerät im zentralen *Systemmanagement* gelöscht werden, oder zumindest als inaktiv gekennzeichnet werden. Falls der Benutzer ein neues Gerät erhält, startet jetzt der Geräte-Lebenszyklus von Neuem.

4.4 Ganzheitliches IT-Management

Durch die Einführung von *BYOD* wird die IT-Landschaft wieder ein Stück komplexer. Um den Betrieb und die Prozesse rund um das Management der mobilen Endgeräte nicht übermäßig aufwändig zu gestalten, sollte ein ganzheitliches IT-Management angestrebt werden.

Bei *BYOD* ist es besonders wichtig die neuen Endgeräte in die vorhandenen Verwaltungsprozesse zu integrieren und nicht für den Betrieb der mobilen Endgeräte eine Insellösung zu schaffen. Dies würde den IT-Betrieb nur noch weiter verkomplizieren. Ein einheitlicher und zentraler IT-Betrieb sollte das Ziel sein. Dazu müssen natürlich die vorhandenen Prozesse an die neuen Geräte angepasst werden, aber der allgemeine Managementprozess sollte unverändert bleiben. Im besten Fall lässt sich die *MDM-Lösung* in das vorhandene *Systemmanagement-Tool* integrieren. So ist es möglich, an einer zentralen Stelle einen Überblick über alle in der IT verwalteten Geräte zu erhalten.

Um eine *BYOD-Umgebung* zu managen sind neue *Tools* notwendig. Es wird ein *MDM* benötigt, ein *MAM* und vielleicht noch ein *MCM* (vgl. Abschn. 4.2). Es gibt viele Hersteller, die entsprechende *Software* anbieten. Einige davon lassen sich im lokalen Rechenzentrum installieren, andere laufen als Service in der *Cloud*. Das Ziel bei der Auswahl der entsprechenden *Tools* sollte ein integrierter Betrieb im Rahmen der bisherigen IT-Umgebung sein. Das bedeutet, dass nicht ein weiteres *Tool* angeschafft wird, welches für sich allein steht. Hierbei würde von einer Insellösung gesprochen. Viele Prozesse, die jetzt in den *BYOD-Betrieb* übertragen werden müssen, sind im IT-Alltag (zumindest in größeren Firmen und Behörden) Standard. Hierzu gehören zum Beispiel die zentrale *Softwareverteilung*, das *Monitoring*, das *Auditing*, das *Device-Management* und das *Lizenzmanagement*. Wählen Sie also eine *Managementsoftware* für Ihr *BYOD-Projekt*, welche sich über definierte Schnittstellen oder *APIs* (*Application Programming Interface*, Programmschnittstelle) in Ihre vorhandene Umgebung integrieren lässt.

Standardisierte *IT-Managementprozesse* haben viele Vorteile und erlauben einen geregelten Ablauf in der IT. Als Quasi-Standard hat sich in diesem Bereich *ITIL* (*Information Technology Infrastructure Library*) durchgesetzt. Hierbei handelt es sich um eine umfangreiche *Best-Practice-Sammlung*, die für alle gängigen Prozesse im IT-Alltag Lösungen anbietet und diese als vordefinierte Prozesse mit entsprechenden Rollen und Verantwortlichkeiten beschreibt (vgl. [54]). Vor allem für die Bereitstellung und den Betrieb von komplexen IT-Umgebungen lassen sich durch die konsequente Umsetzung der *ITIL-Prozesse* die Service-Qualität messbar steigern.

Ein weiterer Vorteil von standardisierten IT-Services, die ineinander integriert sind, ist der, dass sie sich im nächsten Schritt mit entsprechenden Werkzeugen automatisieren und orchestrieren lassen. Dabei wird auf oberster Ebene, also der Prozessablaufebene, von Orchestrierung gesprochen und auf der IT-Technik-Ebene von Automatisierung. Das heißt, dass ein Orchestrator-Tool dafür Sorge trägt, dass ein gegebener Prozess, zum Beispiel das *Patchmanagement*, welches wiederum aus mehreren Teilprozessen bestehen kann, genau nach Definition abläuft. Die einzelnen Schritte, die dann Technik-spezifisch abgearbeitet werden müssen, werden dann von entsprechenden *Tools* automatisiert durchgeführt. Beim *Patchen* von Betriebssystemen ist der übergeordnete Prozess zum Beispiel nur einmal zu definieren. Die konkrete Umsetzung für die verschiedenen Betriebssysteme muss dann im Einzelnen vorgenommen werden. Erst hierbei wird zwischen einen *Windows-Arbeitsplatz-PC*, einen *Linux-Server* oder einen *Android-Mobiltelefon* unterscheiden.

Aus diesen einzelnen Prozessen lassen sich dann mit Hilfe von Orchestrierung komplexere Prozesse zusammensetzten. Ein Beispiel könnte der *Onboarding-Prozess* eines neuen Mitarbeiters sein. Als *Onboarding* wird dabei der Prozess bezeichnet, bei dem ein neuer Mitarbeiter in die Firma oder Behörde aufgenommen wird. Dies geht meist damit einher, dass er eine technische Grundausstattung am Arbeitsplatz, Schlüssel, (Zugriffs- und Zutritts-) Berechtigungen und weitere Informationen erhält. Dieser Prozess könnte zum Beispiel automatisiert aus der IT unterstützt werden, indem der Mitarbeiter direkt einen *Account* im zentralen Verzeichnisdienst erhält, Berechtigungen auf später verwendeten IT-Systemen automatisch eingerichtet werden (zum Beispiel Datenbankzugriffe, Dateizugriffe usw.), ein *E-Mail-Account* erstellt wird und die Bereitstellung eines vorkonfigurierten *PCs* und (falls notwendig) auch direkt eines vorkonfigurierten mobilen Endgerätes veranlasst wird.

Ein ganzheitliches *IT-Management* wirkt sich auch auf die Sicherheit aus. Die Anforderungen in diesem Bereich steigen ständig und nur durch einen vollintegrierten Ansatz kann die IT einen konsolidierten Status der kompletten IT-Umgebung gewährleisten. Probleme und Sicherheitsverstöße müssen zeitnah (oder sogar in Echtzeit) erkannt werden, um Gegenmaßnahmen einleiten zu können. Dazu gibt es in verschiedenen Branchen sogar gesetzliche Vorgaben, wie mit dem Thema *Security* umgegangen werden muss. Gleichzeitig erlassen viele Firmen auch noch selbst interne Vorgaben, die als *Compliance-Vorgaben* bezeichnet werden.

Der ganzheitliche und vollintegrierte Ansatz in der IT hat auch viele Vorteile für den *Support*. Die *Support-Prozesse* können dann über die verschiedenen Bereiche hinweg standardisiert werden. Hierdurch ergeben sich Erleichterungen die zum einen Zeit und zum anderen Personal und damit Geld sparen.

Insgesamt spricht viel für ein ganzheitliches *IT-Management*. Denken Sie also bei der *BYOD-Einführung* daran, von Anfang an alle wichtigen technischen *Stakeholder* mit an Bord zu haben, um einen vollintegrierten Ansatz umzusetzen. Dies erleichtert nachher nicht nur den Betrieb, sondern hilft auch die Kosten so gering wie möglich zu halten, da die entsprechenden Prozesse nicht doppelt und dreifach umgesetzt werden müssen.

4.5 Virtualisierung

Virtualisierung ist eine Technologie, die es bereits seit einigen Jahrzehnten im Bereich der Großrechner im Rechenzentrum gibt und die in den letzten zehn Jahren auch den Bereich der klassischen *Server* und *Desktops* erobert hat. Neuerdings wird diese Technologie auch auf mobilen Endgeräten unterstützt. Die Virtualisierung erlaubt es ein Betriebssystem mit seinen Anwendungen von dem darunter liegenden System abzukapseln. Dadurch wird es möglich, zum Beispiel auf einem physikalischen *Server* mehrere virtuelle Serverinstanzen gleichzeitig zu betreiben. Dabei sind die Systeme komplett voneinander isoliert.

Um ein oder mehrere Systeme zu virtualisieren wird eine zusätzliche *Software* benötigt. Diese Software heißt *Hypervisor* (oder *Virtual Machine Monitor* (*VMM*)). Der *Hypervisor* abstrahiert von dem darunter liegenden System und bietet den virtuellen Maschinen (*VMs*) einen virtuellen Zugriff auf das ausführende System. Grundsätzlich wird hier zwischen zwei verschiedenen Arten der Virtualisierung unterschieden (vgl. [74]):

- ***Typ 1:*** Dieser *Hypervisor* stellt ein minimales Betriebssystem dar, welches direkt auf der (nackten) *Hardware* installiert wird. Darum wird auch oft von einem „*Bare Metal Hypervisor*" gesprochen. Der *Hypervisor* übernimmt dabei die Rolle eines *Hardware-Verwalters*. Er abstrahiert von den Basisressourcen eines Rechners (*CPU*, *RAM*, Festplatte und Netzwerk) und bietet abgeschottete Ablaufumgebungen für die *VMs*. Die *VMs* ihrerseits verhalten sich wie eigene Rechner, auf denen dann ein Betriebssystem mit eigenen Applikationen installiert werden kann. Das Betriebssystem in der *VM* bekommt dabei ein vollwertiges *Hardwaresystem* zur Verfügung gestellt. Dass es sich

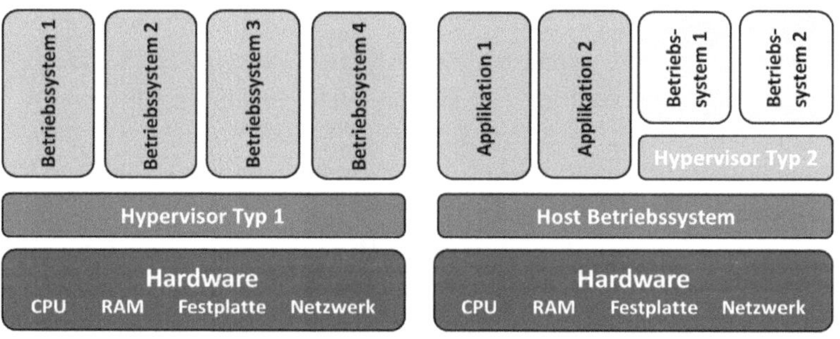

Abb. 4.14 Abbildung des Hypervisors Typ 1 und Typ 2

dabei nur um einen virtuellen und potentiell mit mehreren *VMs* geteilten Zugriff auf die eigentlichen *Hardware-Ressourcen* handelt, bekommt das Betriebssystem nicht mit. In Abb. 4.14 wird der *Typ 1 Hypervisor* auf der linken Seite dargestellt.

- *Typ 2:* Dieser *Hypervisor* stellt eine spezielle *Software* dar, die auf einem klassischen Betriebssystem (zum Beispiel *Windows* oder *Linux*) installiert wird. Er ermöglicht auch wieder die Erstellung und den Betrieb von *VMs*, die aber dann Zugriff auf die *Hardware-Ressourcen* des darunterliegenden Systems durch das ausgeführte Betriebssystem erhalten. Auch in diesem Fall stellt der *Hypervisor* wieder komplette virtuelle und voneinander abgeschottete *VMs* mit allen Basisressourcen zur Verfügung, in denen dann wieder weitere Betriebssystem mit eigenen Applikationen installiert werden können. In Abb. 4.14 wird der *Typ 2 Hypervisor* auf der rechten Seite dargestellt.

Im *Enterprise-Bereich* werden heutzutage sehr viele Systeme als *VM* zur Verfügung gestellt. Dies hat viele Vorteile, da die immer leistungsfähigeren Ressourcen wie *CPU* und *RAM* durch die Virtualisierung effizienter eingesetzt werden können. Dies liegt daran, dass sich unterschiedliche *VMs* die Basisressourcen teilen und somit diese Ressourcen besser ausgenutzt werden können. Neben der klassischen *Server-Virtualisierung* gibt es weitere Arten:

1. *Desktop-Virtualisierung:* Hierbei werden *Desktop-Betriebssysteme* (*Windows XP, 7, 8, Linux* usw.) nicht mehr auf dem lokalen *PC* des Endanwenders installiert, sondern im zentralen Rechenzentrum als *VM* betrieben. Die Benutzer greifen dann über ein spezielles Zugriffsprotokoll auf den *Desktop* zu (mehr Informationen finden Sie unter Abschn. 4.5.2).

2. *Applikations-Virtualisierung:* Hierbei werden Applikationen entweder zentral aus dem Rechenzentrum über so genannte *Terminal Server* (mehr Informationen finden Sie unter Abschn. 4.5.1) zur Verfügung gestellt oder die Applikationen werden in einem speziellen *Container* verpackt von einer zentralen Stelle auf den *Arbeitsplatz-PC getreamt* (also genau zum Zeitpunkt der Nutzung zur Verfügung gestellt (*on Demand*)) oder die *Container* werden auf den Rechner kopiert und können dann lokal

ausgeführt werden. Die *Container* bilden nach innen alle notwendigen Schnittstellen zum darunterliegenden System, wie zum Beispiel Speicherzugriffe, Datenverwaltung, *Registry-Zugriffe* und sonstige Verwaltungs- und Ausführungsstrukturen, virtuell ab. Die Applikation wird dadurch vom Restlichen System abgeschottet. Somit ist es zum Beispiel möglich zu Testzwecken mehrere verschiedene Versionen eines *Browsers* auf einem Rechner parallel zu betreiben.

3. *Storage-Virtualisierung:* Hierbei wird mit Hilfe von speziellen Virtualisierungstechniken vom zentralen physikalischen Plattenspeicher abstrahiert. Dadurch können die Festplatten und der durch sie zur Verfügung gestellte Speicherplatz sehr viel flexibler und dynamischer zur Verfügung gestellt werden. Die zugreifenden Systeme, wie zum Beispiel *Server*, bemerken den Unterschied zu klassischem Speicher dabei nicht. Deswegen müssen die Betriebssysteme und Applikationen nicht extra angepasst werden.

4. *Netzwerk-Virtualisierung:* Hierbei werden zentrale Netzwerkkomponenten in *Software* nachgebildet und dadurch sehr viel flexibler gemacht. So ist es zum Beispiel möglich virtuelle *Switche* zu erstellen, die es ermöglichen, dass sich mehrere *VMs*, die auf einem physikalischen *Server* ausgeführt werden, über ein virtuelles Netzwerk austauschen können, ohne dass der Netzwerkverkehr je den *Server* verlässt. Somit können die Netzwerkkomponenten sehr viel flexibler eingesetzt werden.

Für den Bereich *BYOD* sind vor allem die beiden Bereiche *Terminal Server* und *Desktop Virtualisierung* sehr interessant. Darum werden diese beiden Themen in den nächsten Abschnitten näher vorgestellt.

4.5.1 Terminal Server

Mit Hilfe der *Terminal Server Technologie* können einzelne Applikationen oder sogar ganze *Desktops remote* (also aus der Ferne) zur Verfügung stellen. Dabei wird spezielle *Software* auf *Servern* im Rechenzentrum eingesetzt, die es erlaubt, den *Desktop* oder die Applikation von mehreren Benutzern gleichzeitig ausführen zu lassen. Der Benutzer greift dann über eine spezielle *Software* auf diese *Server* zu. Die *Software* wird zentral auf dem *Server* ausgeführt und nur die Bildschirmausgabe wird mit Hilfe spezieller Netzwerkprotokolle an den Anwender übertragen. In die andere Richtung werden die Befehlseingaben des Benutzers per Tastatur und Maus an die Systeme zurückgegeben. Es ist also zwingend notwendig, dass während der gesamten Nutzung einer permanente Netzwerkverbindung zu dem zentralen *Server* besteht. Andernfalls bricht die Verbindung ab und es kann nicht weiter gearbeitet werden.

Im Bereich der klassischen *PCs* ist die *Terminal Server Technologie* schon seit Jahrzehnten etabliert und sehr erfolgreich. Für den Einsatz im Bereich *BYOD* gibt es dazu einige Anmerkungen und Einschränkungen. Diese Technologie wurde für den Einsatz an klassischen *PCs* entwickelt und nicht für Endgeräte mit sehr kleinen Bildschirmen wie *Smartphones* oder *Tablets*. Technisch ist es natürlich möglich die für den Zugriff auf die

Terminal Server benötigte *Software* auch als *App* für mobile Endgeräte zur Verfügung zu stellen, nur lassen sich die Applikationen auf den Bildschirmen oft nicht gut bedienen. Dies liegt natürlich zum einen an der Bildschirmgröße und zu anderen liegt dies vor allem an der Bedienbarkeit der *Software* an sich. Bei den Applikationen handelt es sich zumeist um *Standard-Windows-Software*, die an einem Bildschirm mit Maus und Tastatur bedient werden soll. Darauf ist das gesamte Nutzungskonzept der Menüs und der sonstigen Interaktionen ausgelegt. Apps auf einem *Smartphone* hingegen sind auf eine *Touch-Bedienung* ausgelegt. Dadurch laufen diese beiden Konzepte sehr konträr zueinander. Die Bedienung einer *Windows-Applikation* auf einem *Smartphone* ist somit sehr schwierig, da einzelne Menüpunkte mit dem Finger teilweise gar nicht richtig zu treffen sind und eine Bedienung dadurch sogar unmöglich werden kann.

Falls im Rahmen einer *BYOD-Strategie Terminal Server Applikationen* eingesetzt werden sollen, sollten Sie die Verwendbarkeit im Vorfeld genau prüfen. Hierbei ist es wichtig den Einsatz auf mehreren Geräten mit unterschiedlichem Formfaktor zu prüfen, um einen guten Überblick zu bekommen. Weiterhin sollten Sie im Rahmen Ihrer *Mobile-Strategie* auch darüber nachdenken, ob es vielleicht sinnvoll ist einige Ihrer Applikationen als eine *App* neu zu entwickeln, oder sie zumindest als *Browser-basierte Anwendung* umzusetzen. Die Nutzung von Applikationen in einem *Browser* kann dabei direkt berücksichtigen, dass später auch mobile Endgeräte mit der Anwendung arbeiten müssen. So kann schon bei der Designphase auf eine optimale Benutzbarkeit auf verschiedenen Endgeräten geachtet werden.

4.5.2 Desktop Virtualisierung

Bei der *Desktop Virtualisierung* wird das normalerweise auf dem lokalen *PC* installierte Betriebssystem im zentralen Rechenzentrum als *VM* ausgeführt. Dabei wird normalerweise ein *Typ 1 Hypervisor* eingesetzt, um möglichst viele *Desktop-Betriebssysteme* auf einem physikalischen *Server* auszuführen. Die Anwender greifen dann mit Hilfe einer speziellen *Software* auf die virtualisierten Systeme zu. Dabei ist zu beachten, dass, genau wie bei den *Terminal Servern*, nur die Bildschirmausgabe zum Benutzer übertragen wird. In die Rückrichtung werden dann die Eingabebefehle per Maus oder Tastatur übertragen. Auch hier ist es wieder unerlässlich eine permanente Netzwerkverbindung zu den zentralen *Servern* aufrechtzuerhalten, da sonst nicht gearbeitet werden kann.

Mit Hilfe der *Desktop Virtualisierung* lässt sich das *Management* der Betriebssysteme und den darauf betriebenen Applikationen zentralisieren und durch Standardisierung vereinheitlichen. Dadurch kann Zeit und im zweiten Schritt Geld gespart werden. Außerdem haben die Mitarbeiter potentiell von überall Zugriff auf ihren Arbeitsplatz, ihre Anwendungen und Daten. Dies wird oft zur Flexibilisierung der Arbeitszeit genutzt.

Leider ergibt sich hier, genau wie bei den *Terminal Servern*, wieder das Problem, dass die Bedienung nicht *Touch-optimiert* ist und somit vor allem auf kleinen Bildschirmen ein produktiver Einsatz nicht wirklich ratsam ist. Es sollte auch hier wieder über andere Maßnahmen, wie native *Apps* oder *Webapplikationen* nachgedacht werden.

Grundsätzlich sind *Terminal Server* und *Desktop Virtualisierung* aber sehr gute Technologien, die zum einen die Verwaltung der Systeme und Applikationen vereinfacht, da sie zentral betrieben und gepflegt werden können, zum anderen können diese Technologien in Kombination mit mobilen Endgeräten dazu eingesetzt werden, den Arbeitsplatz von dem klassischen Büro zu entkoppeln. All diese Technologien helfen also die Anforderungen an einen modernen und flexiblen Arbeitsplatz zu unterstützen und sollten auch im Rahmen der *Mobile Strategie* eingehend untersucht werden.

4.5.3 Virtualisierung auf dem mobilen Gerät

Smartphones und *Tablets* sind vollwertige *Computer*, auf denen komplette Betriebssysteme und Anwendungen laufen. Darum ist es auch grundsätzlich möglich diese Systeme zu virtualisieren. Auch auf mobilen Endgeräten gibt es wieder *Typ 1* und *Typ 2 Hypervisoren*, die die Ausführung von *VMs* erlauben. Erste Hersteller haben bereits funktionierende *Typ 1 Hypervisoren* entwickelt und versuchen durch die komplette Abschottung von zwei mobilen Betriebssystemen die Trennung von beruflichen und privaten Daten durchzusetzen. Im produktiven Einsatz spielt diese Technologie aber zur Zeit noch eine untergeordnete Rolle. Dies liegt zum Beispiel auch daran, dass die physikalischen Ressourcen der mobilen Endgeräte zwar immer stärker werden, aber im Grundsatz nicht dafür ausgelegt sind, mehrere Betriebssysteme gleichzeitig auszuführen.

Typ 2 Hypervisoren sind noch seltener, da sie zu nah an der *Container-Technologie* sind. Außerdem greift hier auch wieder das Problem, dass die Ressourcen der Geräte noch nicht auf die gleichzeitige Ausführung von mehreren Betriebssystemen ausgelegt sind.

Der grundlegende Gedanke hinter der Virtualisierung auf mobilen Endgeräten ist sicherlich im Bereich *BYOD* zu finden. Denn eines der zentralen Probleme ist die saubere Trennung der persönlichen und der geschäftlichen Daten. Somit liegt nichts näher, als nicht nur die Daten zu trennen, sondern gleich zwei gesonderte Betriebssysteme zu betreiben. In den bisherigen Umsctzungen sind die beiden mobilen Betriebssysteme nicht nur sauber von einander getrennt, sondern das für den geschäftlichen Teil genutzte Betriebssystem ist auch noch speziell gehärtet. Das heißt, dass überflüssige oder als unsicher geltende Systemteile entfernt wurden und die restlichen Teile speziell abgesichert und gegen Angriffe und Datendiebstahl geschützt sind. Auch die Verschlüsselung der Daten spielt eine große Rolle. In der privaten *VM* kann der Benutzer dann ganz nach Wunsch *Apps* installieren und Daten speichern. Die beiden Systeme können sich nicht gegenseitig beeinflussen, oder auf Daten des anderen zugreifen.

Da sich der Markt und auch die Technologie im Bereich der mobilen Endgeräte rasant weiterentwickelt, ist es im Vergleich zu den klassischen *PCs* und *Notebooks* komplizierter *Hypervisoren* zu entwickeln und zu pflegen. Trotzdem wird hier zukünftig auch weiterentwickelt werden. Vor allem die Ressourcen-bedingten Restriktionen werden sich bald erledigt haben, da die Entwicklung der mobilen Geräte immer schneller voranschreitet. Ob sich die Virtualisierung oder der Einsatz von *Containern* zur Trennung von geschäftlichen und privaten Daten durchsetzten wird bleibt abzuwarten.

4.6 Netzwerke

In diesem Abschnitt werden verschiedene Aspekte zum Thema Netzwerk betrachtet, die im Rahmen einer *BYOD-Strategie* zu berücksichtigen sind. Schließlich muss auch die Netzwerk-Infrastruktur eines Unternehmens für den Einsatz von privaten Geräten im Rahmen einer Umsetzung von *BYOD* vorbereitet werden.

Zum einen muss eine sichere Anbindung privater Endgeräte an das Unternehmensnetzwerk ermöglicht werden, so dass die Vertraulichkeit sowohl betrieblicher als auch privater Informationen gewahrt bleibt. Dazu sollten private Geräte isoliert (eigenes Netzsegment) in das Unternehmensnetzwerk angebunden und die Netzwerkkommunikation zu betrieblichen Systemen (z. B. über *Firewalls*) nur in dem Maße ermöglicht werden, wie es im Rahmen der *BYOD-Strategie* gewünscht ist. Die Sicherheit interner, betrieblicher Systeme soll nicht durch die Anbindung privater Geräte gefährdet werden.

Zum anderen darf das Netzwerk, bestehend aus Netzwerksystemen und der zugehörigen Verkabelung, nicht durch die im Rahmen der Umsetzung von *BYOD* zusätzlich anzubindenden (privaten) Geräte überlastet werden. Schließlich ist durch die privaten Endgeräte mit einer Erhöhung des Aufkommens von Datenkommunikation zu rechnen. Im Rahmen von *BYOD* kann also auch ein Ausbau der Netzwerk-Infrastruktur notwendig werden.

In diesem Abschnitt zum Thema Netzwerk soll insbesondere auf den letztgenannten Aspekt des erhöhten Aufkommens von Datenkommunikation eingegangen werden.

4.6.1 LAN

Kleinflächige Computer-Netzwerke, z. B. innerhalb von Unternehmen oder auch im Privathaushalt, werden als *LAN* (*Local Area Network*) bezeichnet. Als Technik zur Datenübertragung kommt hier in der Regel *Ethernet* (*IEEE*[15] 802.3) zum Einsatz, dass die *OSI-Schichten* 1 (Bitübertragungsschicht) und 2 (Sicherungsschicht) des *ISO/OSI-Schichtenmodells* umfasst. *Ethernet* bietet Übertragungsraten von 10, 100 (*Fast Ethernet*) und 1000 Mbit/s (*Gigabit-Ethernet*) sowie 10, 40 und 100 *Gbit/s*, wobei 1000 *Mbit* einem *Gbit* entsprechen. Für die Kommunikation in einem *Ethernet-LAN* verfügt jedes der angebundenen Systeme über eine entsprechende Netzwerkkarte (bzw. ein Netzwerkmodul) mit 48 *Bit MAC-Adresse*.

---

[15] Das *Institute of Electrical and Electronics Engineers* ist ein weltweiter Berufsverband von Ingenieuren, der u. a. die Standardisierung von Technologien, *Hardware* und *Software* übernimmt.

Die per *Ethernet-LAN* zu verbindenden Computer werden an ein Verteilersystem (*Switch*) angeschlossen, das Anschlussmöglichkeiten für eine beschränkte Anzahl von *Computern* bietet. In größeren *LANs* kommen deshalb mehrere *Switche* zum Einsatz, die dann auch untereinander (ggf. hierarchisch) verbunden werden. Zum Versand von Datenpaketen an Systeme innerhalb des gleichen *Ethernet-LANs* wird die jeweilige *MAC-Adresse* verwendet. Während beliebige *LAN-Technologien* früher ausschließlich Systeme innerhalb eines Gebäudes umfassten, kann sich heute ein *Ethernet-LAN* per Glasfaser auch über mehrere Kilometer erstrecken.

An den Übergängen zwischen verschiedenen *LANs* stehen *Routing-Systeme* (*Router*). Sie ermöglichen die *LAN-übergreifende* Kommunikation. Dabei reicht das für *Ethernet-LAN-interne* Kommunikation genutzte Adressierungsschema mit *48-Bit MAC-Adressen* allerdings nicht mehr aus, um ein Zielsystem in einem anderen *LAN* zu adressieren. Stattdessen kommt hier die *OSI-Schicht* 3 (Vermittlungsschicht) in der Regel mit *IP-Adressierung* zum Tragen. Damit ein *Router* nun entsprechende Datenpakete von einem in ein anderes *LAN* vermitteln kann, werden den einzelnen *LANs*, aus denen sich z. B. das Unternehmensnetzwerk zusammensetzt, jeweils eigene, über alle *LANs* betrachtet, eindeutige und überschneidungsfreie *IP-Adressbereiche* zugeordnet. Anhand von festzulegenden *Routing-Regeln* können *Router* dann Datenpakete gezielt in Richtung des jeweiligen *Ziel-LANs* (z. B. über weitere, ggf. hierarchisch aufgestellte *Router*) weiterleiten.

Größere Netzwerk-Infrastrukturen, die Arbeitsgeräte von Mitarbeitern mit internen Serversystemen und dem *Internet* über *Switche* und *Router* verbinden sowie diverse Sicherheitssysteme (z. B. *Firewalls*, *IDS/IPS-Systeme* (*Intrusion Detection / Intrusion Prevention Systeme*)) zum Schutz des Unternehmensnetzwerks beinhalten, müssen so ausgestaltet sein, dass die (ggf. hierarchischen) Verbindungen zwischen *Switchen* und *Routern* untereinander, über die die Kommunikation mehrerer Systeme gebündelt transferiert wird, ausreichend Bandbreite bieten. Hier können sehr schnell Flaschenhälse entstehen, z. B. durch Inbetriebnahme neuer Serversysteme mit Anwendungen, die mehr Datenverkehr als die Vorgängersysteme verursachen.

Auch im Rahmen der Umsetzung von *BYOD* kann es durch neu hinzukommende (private) Geräte dazu kommen, dass hier Flaschenhälse entstehen. Daher ist eine Miteinbeziehung der internen IT bei der Ausgestaltung der *BYOD-Strategie* zwingend notwendig. Mit der IT ist abzustimmen, welche Auswirkung die Umsetzung von *BYOD* (ggf. beschränkt auf ausgewählte Abteilungen, z. B. Vertrieb) auf die Netzwerk-Infrastruktur haben kann, wobei die folgenden Fragestellungen zu berücksichtigen sind:

- Wie viele (private) Geräte sind bei der Umsetzung von *BYOD* zusätzlich zu berücksichtigen? Eine *BYOD-Strategie* kann zunächst auch nur eine (auf bestimmte Organisationseinheiten, wie z. B. *Teams* oder Abteilungen) eingeschränkte Umsetzung von *BYOD* beinhalten.
- Welcher Bedarf an Bandbreite ist pro Gerät anzunehmen? Der Bedarf hängt dabei davon ab, welche internen und externen (also *Internet*) Dienste über das Unternehmensnetzwerk genutzt werden können bzw. dürfen. Je nach Betriebssystem der mobilen

Endgeräte ist dabei auch ein unterschiedlicher[16] Grundbedarf an Bandbreite mit zu berücksichtigen. Der Gesamtbedarf ist jedoch generell nur sehr schwer abzuschätzen, ohne entsprechende Erfahrungswerte mit relevanten Geräten und Betriebssystemen z. B. im Rahmen eines Testbetriebs gesammelt zu haben.

- In welchen Teilen des Unternehmensgebäudes werden die privaten Geräte jeweils Netzwerkzugang benötigen? Wie schaut die netzwerktechnische Versorgung (Verkabelung, *Switche*, *Router*) dieser Gebäudeteile aus, wie viel Bandbreite steht jeweils noch für weitere Geräte zur Verfügung?
- Reicht die vorhandene Bandbreite aus, um den künftig anzunehmenden Bedarf zu decken? Falls nicht, wie kann dem Bedarf entsprochen werden? Dies kann z. B. über zusätzliche Verkabelung bzw. Verwendung von Kabeln für höhere Bandbreiten, zusätzliche *Switche* (ggf. auch *Router*) geschehen.

Wie bereits beim zweiten Spiegelpunkt angedeutet, kann sich die Bandbreitennutzung von Systemen mit der Zeit ändern. Aktualisierungen von *Software*, neue *Hardware*, schleichende oder plötzliche Veränderungen im Nutzungsverhalten für bestimmte Dienste können dazu führen, dass sich Störungen im Netzwerk ergeben, wenn einzelne Verbindungen oder Vermittlungssysteme überlastet sind. Ebenso kann sich auch in einem Netzwerkkabel, einem *Switch* oder einem *Router* ein Defekt ereignen. Um einen möglichst störungsfreien Netzwerk-Betrieb zu gewährleisten, ist daher auch ohne *BYOD* eine Überwachung (*Monitoring*) der Netzwerk-Infrastruktur notwendig, um Verbindungsabbrüche oder erhöhte Datenpaketverluste zeitnah feststellen und beheben zu können.

4.6.2 Netzzugangskontrolle

In Unternehmen kann es unter Umständen notwendig sein, den Zugang zum Netzwerk zu kontrollieren, so dass Beschäftigte und auch Besucher nicht nach Belieben verschiedene Geräte mit dem Unternehmensnetzwerk verbinden können.

Auch in diesem Kontext wird von *Schatten-IT* gesprochen, wenn Beschäftigte an einen Netzwerkanschluss z. B. einen privaten (*WLAN*)*Router* bzw. *Switch* anbinden, um so letzten Endes neben dem *Arbeitsplatz-PC* auch weitere (ggf. private) Endgeräte ohne entsprechende Genehmigung mit dem Unternehmensnetzwerk zu verbinden und/oder eine eigene IT-Umgebung ohne Wissen der internen IT-Abteilung im Unternehmensnetzwerk zu betreiben.

Wird die Netzwerkanbindung der so angeschlossenen Geräte nicht ordentlich konfiguriert, können hierdurch allerdings auch Betriebsstörungen durch Netzwerkprobleme verursacht werden. So z. B., wenn ein ohne Kenntnis der internen IT-Abteilung angeschlossenes System anfängt, *IP-Adressen* an Systeme anderer Beschäftigter oder auch

---

[16] Dies kommt dadurch zustande, dass jeder Betriebssystem- und Gerätehersteller die Basis-Dienste (z. B. Benachrichtigungsdienste) unterschiedlich gestaltet bzw. modifiziert.

interne Systeme im Unternehmensnetzwerk zu vergeben (*DHCP* (*Dynamic Host Configuration Protocol*)).

Deshalb ist grundsätzlich organisatorisch zu regeln, welche Geräte wann und wie mit dem Unternehmensnetzwerk verbunden werden dürfen. In Unternehmen können darüber hinaus je nach Sicherheitsbedarf auch die folgenden technischen Maßnahmen (vgl. [29]) getroffen werden, um den Zugang zum Unternehmensnetzwerk zu steuern.

MAC-Kontrolle Geräten wird der Zugang zum Netzwerk nur dann gewährt, wenn ihre *48-Bit MAC-Adresse* in einer *Whitelist* enthalten ist. Allerdings können *MAC-Adressen* über entsprechende *Software* auch manipuliert werden, so dass sich ein unberechtigtes System mit der *MAC-Adresse* eines berechtigten Systems dennoch Zugang verschaffen kann.

IEEE 802.1X Der Standard *IEEE 802.1X* beschreibt eine *port-basierte* Netzzugangssteuerung. Dabei wird einem Endgerät der Zugang zu einem *IEEE 802.1X* Netzwerk nur dann gewährt, wenn sich das Endgerät dem Netzwerk[17] gegenüber authentifizieren kann. Der Zugang zum Netzwerk wird dabei erst freigegeben, wenn eine Authentifizierung erfolgreich abgeschlossen ist. Da dieser Standard nahezu von allen, heute erhältlichen Netzkomponenten unterstützt wird, kann ein Netzwerk mit geringen Kosten (Personalaufwand für die Einrichtung, Kosten für Authentifizierungsserver) auf eine Verwendung von *IEEE 802.1X* umgestellt werden.

IEEE 802.1X-2010 Dieser Standard stellt eine verbesserte Version des *IEEE 802.1X* Standards dar, da letzterer noch einige Schwachstellen birgt. Die verbesserte Version beinhaltet ein kryptographisches Authentifizierungsverfahren für *MAC-Adressen* (unter Verwendung von *MACsec* nach *802.1AE*). Allerdings sind kompatible *Switche* und *Router* noch recht teuer in der Anschaffung, so dass diese Art der Zugangskontrolle eher für Unternehmen mit erhöhtem Sicherheitsbedarf interessant sein dürfte.

Genau wie die *MAC-Kontrolle* arbeitet auch *IEEE 802.1X* auf *OSI-Schicht* 2 und kann den Zugang auf Basis von *MAC-Adressen* kontrollieren. Bei der einfachen *MAC-Kontrolle* erfolgt die Konfiguration zugelassener *MAC-Adressen* allerdings dezentral in den einzelnen Netzwerkkomponenten (*Switch*, *Router*, *WLAN Access-Point*) selber. Wenn hier Änderungen fällig werden, müssen ggf. mehrere *Switche* und *Router* hinsichtlich ihrer Konfiguration angepasst werden. Eine Änderung wird also mit entsprechendem Aufwand wiederholt auf unterschiedlichen Geräten durchgeführt.

IEEE 802.1X bietet hingegen ein Rahmenwerk, das einen zentralen *Authentifizierungsserver* (in der Regel ein *RADIUS*[18]*-Server*) für Authentifizierung, Autorisierung und *Ac-*

---

[17] Um genau zu sein, gegenüber einem *Authentikator* (in der Regel ein Dienst auf einem *Switch*, einem *Router* oder einem *WLAN Access-Point*), der die Authentifizierung mit Hilfe eines zentralen *Authentifizierungsservers* vornimmt.

[18] *RADIUS* stellt einen zentralen Authentifizierungsdienst dar, an den sich andere Netzwerkkomponenten/-dienste wenden können, um Netzwerk-Klienten authentifizieren zu

Tab. 4.10 Überblick über relevante *EAP-Verfahren*

Verfahren	Merkmale	Sicherheitsbewertung
EAP-MD5	• *Client-Authentifizierung* per Nutzername/Passwort • Keine Authentifizierung des *Servers* • Erfordert wenig Verwaltungsaufwand	Niedrige Sicherheit
EAP-TLS	• *Client-* und *Server-Authentifizierung* über Zertifikate • Erfordert eine unternehmenseigene *PKI*[a] • Kombinierbar mit *Single-Sign-On* • Hoher Verwaltungsaufwand	Hohe Sicherheit
EAP-TTLS	• *Server-Authentifizierung* per Zertifikat • *Client-Authentifizierung* über Verfahren auf Basis von Zertifikaten oder Nutzername/Passwort • Kombinierbar mit *Single-Sign-On* • Mittlerer Verwaltungsaufwand	Mittlere bis hohe Sicherheit
EAP-PEAP	• *Server-Authentifizierung* per Zertifikat • *Client-Authentifizierung* per Nutzername/Passwort (z. B. via *EAP-MS-CHAPv2*) • Kombinierbar mit *Single-Sign-On* • Mittlerer Verwaltungsaufwand	Mittlere Sicherheit

[a] *PKI* (*Public-Key-Infrastructure*) bezeichnet eine Infrastruktur (z. B. in einem Unternehmen) für die Verwaltung und Verwendung betriebseigener, digitaler Zertifikate.

counting (AAA) vorsieht. Die Umsetzung einer *MAC-Kontrolle* kann also über *IEEE 802.1X* zentralisiert und der Administrationsaufwand somit reduziert werden. Darüber hinaus ist es möglich, z. B. in Verbindung mit *EAP*[19] das angeschlossene Gerät nicht (nur) anhand der *MAC-Adresse*, sondern anhand eines Gerätezertifikats zu authentifizieren, oder aber anstelle des Geräts den Nutzer mittels digitalem Zertifikat oder Passwort zu authentifizieren, so dass diesem unabhängig vom genutzten Gerät Zugang gewährt werden kann. Einen Überblick über gängige *EAP-Verfahren* liefert Tab. 4.10.

Es existieren noch weitere *EAP-Verfahren*, z. B. proprietäre Verfahren wie *EAP-LEAP* oder *EAP-FAST* von *Cisco Systems*, die im konkreten Einzelfall durchaus noch zusätzlich für eine Verwendung im Rahmen von *IEEE 802.1X* in Betracht kommen können. Die in der Tabelle aufgeführten Verfahren dürften allerdings über die verschiedenen Betriebssysteme für *PCs*, *Notebooks*, *Smartphones* und *Tablets* betrachtet die größte Kompatibilität aufweisen.

Neben dem Schutz der Netzwerk-Anschlüsse über technische Maßnahmen wie Zugangskontrolle und Authentifizierung darf aber auch der physikalische Schutz der Verka-

---

lassen. Die für die Authentifizierung der Klienten notwendigen Daten kann ein *RADIUS-Server* in einer eigenen Datenbank vorhalten oder auch von anderen Datenbanken bzw. Verzeichnisdiensten beziehen.

[19] *EAP* (*Extensible Authentication Protocol*) unterstützt verschiedene Authentifizierungsverfahren z. B. auf Basis von Nutzername/Passwort oder digitalen Zertifikaten.

belung nicht vernachlässigt werden. Die Verkabelung sollte möglichst nicht für Unberechtigte sichtbar und zugreifbar durch Räume und Flure geführt werden.

Da insbesondere private Endgeräte auch außerhalb des Unternehmensnetzwerks intensiv und direkt (ohne *Firewall*, ohne betriebliche *Antivirus-Infrastrukturen*, ohne sonstige Sicherheitssysteme) mit dem *Internet* interagieren, stellen diese aus Unternehmenssicht auch an sich eine Bedrohung für die internen Systeme im Unternehmensnetzwerk dar. Private Endgeräte könnten *Schadsoftware* (*Viren, Würmer, Trojaner*) oder *Spionagesoftware* in das Unternehmensnetzwerk mitbringen. Deshalb sollten hier stets über eine Netzzugangskontrolle hinaus auch eigene Netzwerksegmente (also ein eigenes *LAN*) für private Endgeräte eingerichtet werden und der Zugriff auf interne *Systeme* über *Firewalls* kontrolliert erfolgen. Auch ein *Monitoring* der privaten Endgeräte auf unerwünschtes bzw. verdächtiges Verhalten (z. B. hinsichtlich *Schadsoftware*) ist zu überlegen.

4.6.3 WLAN

BYOD kann eine betriebliche Nutzung von privaten Notebooks beinhalten, die ggf. über *LAN*- und *WLAN-Schnittstellen* verfügen. Bei *Smartphones* und *Tablets* ist eine *LAN-Schnittstelle* in der Regel nicht verfügbar, so dass im Rahmen von *BYOD* über eine Prüfung der *LAN-Infrastruktur* hinsichtlich ausreichender Bandbreite hinaus auch eine adäquate *WLAN-Infrastruktur* sicherzustellen ist.

Für alle mit *WLAN* zu versorgenden Gebäudeteile müssen abhängig von der jeweils anzunehmenden Anzahl an künftigen *WLAN-Klienten* auch genügend *WLAN Access-Points* aufgestellt werden. Dabei ist ein wichtiger Unterschied zwischen *LAN* und *WLAN* zu berücksichtigen. Bei einem kabelgebundenen Netzwerk können mehrere Klienten gemeinsam über einen *Switch* an einen *Uplink*[20] (z. B. zu einem weiteren *Switch* im Rechenzentrum oder zum *Internet*) angebunden werden und diesen dann auch ohne Probleme gleichzeitig nutzen. Wenn die Summe der von den Klienten jeweils in Anspruch genommenen Bandbreite die verfügbare Bandbreite des *Uplinks* übersteigt, kommt es lediglich zu Verzögerungen.

Bei einem *Access-Point* hingegen ist eine gleichzeitige Nutzung nicht möglich. Ein Klient, der aktiv Daten über einen *Access-Point* austauscht, nimmt diesen (für eine bestimmte Zeit) vollkommen in Beschlag. Schließlich kann eine Antenne nur einen einzigen Datenstrom senden oder empfangen. Erst nach expliziter Freigabe des *Access-Points* durch den aktuellen Klienten kann der nächste Klient den *Access-Point* für eine Datenübertragung in Anspruch nehmen.

Während sich in einem *LAN* Datenpakete unterschiedlicher Klienten im Datenstrom auch einzeln abwechseln können, sind in einem *WLAN-Datenstrom* aufgrund der tem-

---

[20] Als *Uplink* wird die Verbindung von Endgeräten in Richtung der inneren Netzwerk-Infrastruktur bezeichnet. Die Gegenrichtung wird *Downlink* genannt und ist ebenfalls in die Betrachtungen bzgl. notwendiger Bandbreiten einzubeziehen.

Tab. 4.11 Überblick über relevante *WLAN-Standards* (vgl. [6])

Standard	Veröffentlicht	Frequenzband	Kanal-Bandbreite	MIMO	Max. Datenrate
IEEE 802.11g	2003	2,4 GHz	20 MHz	–	54 Mbit/s
IEEE 802.11n	2009	2,4 GHz	40 MHz	–	150 Mbit/s
				2 × 2	300 Mbit/s
				3 × 3	450 Mbit/s
		5 GHz	40 MHz	3 × 3	450 Mbit/s
IEEE 802.11ac	2012	5 GHz	80 MHz	3 × 3	1,3 Gbit/s
			160 MHz		2,6 Gbit/s
			160 MHz	8 × 8	6,9 Gbit/s

porären Alleinnutzung des *Access-Points* in der Regel größere Blöcke von Datenpaketen einzelner Klienten zu beobachten. Je mehr Klienten einen *Access-Point* gleichzeitig beanspruchen wollen, desto länger werden dadurch aber auch die Pausen, bis ein Klient wieder Daten mit dem *Access-Point* austauschen darf. Das wirkt sich letzten Endes negativ auf die effektiv erreichbare Bandbreite aus. Je nach Intensität der Nutzung sowie der kabellosen Bandbreite kann deshalb die Verwendung eines *Access-Points* schon ab 5 aktiven Klienten sehr inperformant werden, vollkommen unabhängig davon, mit welcher Bandbreite der *Access-Point* an das zugrunde liegende Netzwerk angebunden ist.

Auch weitere Faktoren wie z. B. Signalstörungen[21] und die Entfernung zum *Access-Point* können die Bandbreite negativ beeinflussen. Insgesamt kann sich die tatsächlich erreichbare Datenrate also stark von der Brutto-Bandbreite des *Access-Points* unterscheiden.

Daher sind bei der Konzeption der *WLAN-Abdeckung* für einzelne Gebäudeteile auch die jeweiligen Anzahlen an möglicherweise gleichzeitig aktiven *WLAN-Klienten* zu berücksichtigen. Für einen Gebäudebereich mit mehreren Besprechungsräumen könnte z. B. ein einziger *Access-Point* für die Versorgung von *Notebooks*, *Smartphones* und *Tablets* der Beschäftigten sowie der Gäste zu wenig sein. Auch die Anbindung des oder der *Access-Points* an das Unternehmensnetzwerk (*LAN*) muss ausreichend Bandbreite bereitstellen.

Entsprechend des Bedarfs einzelner *WLAN-Klienten* sind aber auch *Access-Points* auszuwählen, die eine angemessene *WLAN-Bandbreite* zur Verfügung stellen. Die maximale *WLAN-Bandbreite*, die ein *Access-Point* bieten kann, hängt davon ab, welche Erweiterung des *WLAN-Standards IEEE 802.11* dieser unterstützt. Einen Überblick über relevante *WLAN-Standards* liefert Tab. 4.11.

Die in der Tabelle enthaltene Abkürzung *MIMO* steht für *Multiple Input Multiple Output*. Damit wird bei der drahtlosen Kommunikation die Verwendung mehrerer Sende- und Empfangsantennen bezeichnet. Die Nutzung der maximalen Bandbreite für Standards mit *MIMO-Technik* setzt allerdings voraus, dass sowohl *Access-Point*, als auch Endgerät über entsprechend viele Antennen verfügen. Endgeräte, die drei oder mehr Antennen bein-

---

[21] Signalstörungen können sich durch andere Geräte ereignen, die auf dem selben Funkkanal senden.

halten, sind aber eher selten. Insbesondere in kompakteren Endgeräten wie Smartphones wird in der Regel nur eine Antenne eingebaut. Bei einem *Access-Point*, der *IEEE 802.11n* mit 450 Mbit/s über 3 × 3 *MIMO* unterstützt, erreicht ein solches Endgerät mit nur einer Antenne also dennoch maximal nur 150 Mbit/s.

Da bei *WLAN* die Daten per Funk in alle Richtungen übertragen werden, muss für die Datenübertragung nicht nur ausreichend Bandbreite zur Verfügung gestellt werden, sondern ggf. auch Vertraulichkeit und Integrität. Der Standard *IEEE 802.11* für *WLAN*, der 1997 veröffentlicht wurde, erhielt deshalb schon 1999 die Erweiterung *WEP* (*Wired Equivalent Privacy*), mit der neben der Gewährleistung von Vertraulichkeit und Integrität für die übertragenen Daten auch der Zugang zum *WLAN* kontrolliert werden sollte. *WEP* basiert auf dem heutzutage nicht mehr als ausreichend sicher geltenden Verschlüsselungsverfahren *RC4* (vgl. [19]). Schon ab 2001 wurden aber auch diverse *WEP-eigene*, also von *RC4* unabhängige Sicherheitsprobleme bekannt, so dass die Hersteller von *Access-Points* teilweise eigene Anpassungen von *WEP* wie z. B. *WEPplus* implementierten.

Das *IEEE* fing nach Bekanntwerden der kritischen Schwachstellen von *WEP* ebenfalls an, an der Erweiterung *IEEE 802.11i* des *WLAN-Standards* zu arbeiten, der die Probleme von *WEP* umfassend adressieren sollte. Während der langwierige Standardisierungsprozess noch lief, wurde von der *Wi-Fi Alliance* Anfang 2003 ein eigener Standard namens *WPA* (*Wi-Fi Protected Access*), der eine Teilmenge von *IEEE 802.11i* umfasst, als erste, schnelle Reaktion auf die Schwachstellen von *WEP* verabschiedet. Im Juni 2004 erfolgte dann die Veröffentlichung des Standards *IEEE 802.11i* selbst, wobei dieser Standard auch als *WPA2* bezeichnet wird. *WPA* und *WPA2* enthalten zwei unterschiedliche Protokolle für die Gewährleistung von Vertraulichkeit und Integrität.

TKIP Das *Temporal Key Integrity Protocol* (*TKIP*) wurde mit dem Standard *WPA* veröffentlicht und erweitert den Ansatz von *WEP* und basiert somit weiterhin auf dem Verschlüsselungsverfahren *RC4*. *TKIP* war als Übergangslösung gedacht, da die *Access-Points* zum Zeitpunkt der Veröffentlichung von *WPA* ausschließlich für die Unterstützung von *WEP* und *RC4* konzipiert waren. Durch *TKIP* konnten also auch diese Geräte eine Sicherheitsverbesserung erfahren.

CCMP Das *CCM Mode Protocol* (*CCMP*) wurde als Bestandteil von *WPA2* veröffentlicht und basiert auf dem Verschlüsselungsverfahren *AES* (*Advanced Encryption Standard*), das auch heutzutage noch weit verbreitet ist und nach wie vor als sicher gilt.

Seit Anfang 2009 wird von einem weiteren Einsatz von *TKIP* abgeraten. Auf dem Markt dürften auch kaum noch *Access-Points* verfügbar sein, die nur *TKIP* und somit kein *CCMP* unterstützen. Von daher sollten Unternehmen ausschließlich auf *CCMP* als Protokoll für die Vertraulichkeit und Integrität von Datenverbindungen zu *Access-Points* zurückgreifen.

Mit *WEP*, *TKIP* und *CCMP* lassen sich somit *WLAN-Netze* vor Unbefugten schützen. Befugte *WLAN-Klienten* können sich dem *Access-Point* gegenüber auf zwei Wegen authentifizieren.

Pre-Shared Key Bei der *Pre-Shared Key* (*PSK*) Methode wird im *Access-Point* wird eine Art Passwort hinterlegt. Jeder *WLAN-Klient*, der dieses Passwort kennt, kann sich dem *Access-Point* gegenüber als berechtigter *WLAN-Klient* authentifizieren. Demnach nutzt aber jeder berechtigte *WLAN-Klient* dasselbe Passwort für den Zugang zum *WLAN-Netz*.

IEEE 802.1X mit EAP Genau wie im *LAN-Bereich* kann auch der Zugang zu *Access-Points* über *IEEE 802.1X* in Verbindung mit *EAP* kontrolliert werden. So können Zugangsmittel (Zertifikate, Passwörter) pro Gerät und/oder Nutzer bereitgestellt werden.

In einem Unternehmen, in dem eine Vielzahl von *Access-Points* im Einsatz sind, kann die Pflege eines *Pre-Shared Keys* allerdings ein Problem darstellen, da bei jeder Umstellung sämtliche *Access-Points* einzeln berücksichtigt werden müssen. Wenn einer der vielen *WLAN-Klienten* das Passwort wissentlich oder unwissentlich Unberechtigten zugänglich macht, kann der unberechtigte Zugriff aber auch nicht ohne Weiteres erkannt werden. In solch einem Fall ist es auch nicht möglich, denjenigen *WLAN-Klienten* zu ermitteln, über den der *PSK* Unberechtigten zugänglich geworden ist. Bei einer Änderung des *PSK* könnte ein Unberechtigter also versuchen, wie zuvor an den neuen *PSK* zu gelangen.

Über *IEEE 802.1X* mit *EAP* hingegen ist es, wie im Abschnitt zu *LAN* (*Local Area Network*) bereits beschrieben, möglich, den Zugang auf Basis von Geräten und/oder Nutzern zu kontrollieren. Sollte bei *IEEE 802.1X* mit *EAP* ein Zugangsmittel wie z. B. ein Geräte-Zertifikat oder ein Nutzer-Passwort kompromittiert werden, wäre nach Entdeckung eines unberechtigten Zugangs zumindest nachvollziehbar, welches Gerät bzw. welcher Nutzer betroffen ist. Dementsprechend könnte eine gezielte Änderung der betroffenen Zugangsmittel sowie eine Prüfung des betroffenen Geräts eingeleitet werden. Die Konfiguration der *Access-Points* wäre von diesen Änderungen allerdings nicht betroffen und wäre deshalb im Gegensatz zur Situation bei *Pre-Shared-Keys* nicht einzeln anzupassen.

Nur in wenigen Fällen[22] ist deshalb die Verwendung und Verwaltung von *Pre-Shared-Keys* vom Aufwand her günstiger, als die Variante mit *IEEE 802.1X* und *EAP*. Ansonsten ist aber aufgrund der vielen Vorteile stets letzteres zu empfehlen. Sollten dennoch *Pre-Shared-Keys* eingesetzt werden, so ist darauf zu achten, dass die häufig verfügbare *WPS-Funktion*[23] (*Wi-Fi Protected Setup*) nicht oder zumindest nur bei Bedarf kurz ver-

---

[22] Beispielsweise in Klein- und Kleinstunternehmen bzw. kleinen Zweigstellen eines Unternehmens, die lediglich über *Internet* an die Hauptstelle angebunden sind.

[23] Die *WPS-Funktion* erlaubt es neuen *WLAN-Klienten*, per Knopfdruck (*WPS-PBC*) oder per kurzer *PIN* (*WPS-PIN*) eine Verbindung zum *Access-Point* aufzubauen und von diesem den *Pre-Shared-Key* zu beziehen. Dem Nutzer soll also auf Kosten der Sicherheit erspart werden, den ggf. mehrere Zeichen umfassenden *Pre-Shared-Key* händisch eingeben zu müssen.

wendet wird, denn viele *WPS-Implementierungen* sind in den vergangenen Jahren durch schwerwiegende Sicherheitslücken aufgefallen.

Zur weiteren Absicherung von *WLAN-Netzen* wird häufig noch von einer weiteren Maßnahme Gebrauch gemacht, die jedoch der Sicherheit nicht wirklich zuträglich ist. Für gewöhnlich machen *Access-Points* nämlich die Namen der *WLAN-Netze*, zu denen sie Zugang bieten, in regelmäßigen Abständen per Funk über sogenannte *Beacons* bekannt. Ein *Beacon* ist ein kleines Datenpaket, dass u. a. Informationen zum Namen des *WLAN-Netzes*, der als *SSID* (*Service Set Identifier*) bezeichnet wird, sowie der unterstützten Verschlüsselungsart enthält. *Access-Points* bieten in der Regel die Option, das *WLAN-Netz* zu verbergen, indem diese *Beacons* durch den *Access-Point* nicht versendet werden.

Wird von dieser Option Gebrauch gemacht, ist ein *WLAN-Netz* zumindest von der Idee her unsichtbar. Damit dann aber legitime *WLAN-Klienten* eine Verbindung mit den verborgenen *WLAN-Netzen* aufbauen können, werden in diesem Fall die Klienten aktiver, indem sie (je nach Einstellung) immer dann, wenn sie gerade keine *WLAN-Verbindung* haben, in regelmäßigen Abständen per Funk die Anwesenheit der ihnen bekannten, verborgenen *WLAN-Netze* abfragen. Im Rahmen dieser Kommunikation wird dann auch wieder die *SSID* der jeweiligen Netze übertragen, worauf ein passender *Access-Point* dann auch wieder mit einer entsprechenden Bestätigung reagiert. Über ein Mitschneiden des *WLAN-Funks* lassen sich deshalb leicht verborgene *WLAN-Netze*, die den in der Umgebung aktiven WLAN-Klienten bekannt sind, und auch entsprechende *Access-Points* ermitteln. Das Ziel, wichtige *WLAN-Netze* am jeweiligen Standort auf diese Weise zu verstecken, lässt sich also letzten Endes nicht erreichen. Aber es kommt noch schlimmer. Die *WLAN-Klienten* rufen überall, insbesondere auch unterwegs an öffentlichen Plätzen, nach den ihnen bekannten, verborgenen *WLAN-Netzen*, und ein Angreifer kann hier leicht auf die Idee kommen, einen dieser Namen zu extrahieren und die Anwesenheit des entsprechenden *WLAN-Netzes* vorzutäuschen. Deshalb ist von der Verwendung dieser Option, *WLAN-Netze* zu verbergen, eher abzuraten.

In Unternehmen ist bei der Konzeption von *WLAN-Infrastrukturen* noch zu berücksichtigen, dass neben den Beschäftigten selber eventuell auch Gäste (mindestens mit einem *Internetzugang*) versorgt werden müssen. Für Gäste sollte dazu ein eigenes *WLAN-Netz* betrieben werden, so dass mobile Endgeräte von Beschäftigten und Gästen auch beim *WLAN-Zugang* voneinander separiert agieren. Auch für *BYOD-Geräte* kann ein separates Netz durchaus angebracht sein, je nachdem, ob sich die Kontrolle des Unternehmens für betriebliche Daten auf diesen Geräten sowie die (Sicherheits-) Konfiguration dieser Geräte von den betrieblichen Geräten unterscheiden. Für Unternehmen ausgelegte *Access-Points* bieten dazu die Möglichkeit, über denselben *Access-Point* mehrere *WLAN-Netze* anzubieten, so dass eine solche Separation nicht zwingend auch den Einsatz von zusätzlichen *Access-Points* erfordert, die ansonsten zusätzlich zu montieren und an das Unternehmensnetzwerk (*LAN*) anzubinden wären.

Zusammenfassend lassen sich die Auswirkungen von *BYOD* auf die *WLAN-Infrastruktur* wie folgt konstatieren. Durch die zusätzlichen *BYOD-Geräte* wie *Smartphones* und *Ta-*

blets ist davon auszugehen, dass die *WLAN-Infrastruktur* intensiver und insbesondere auch häufiger parallel von mehreren *WLAN-Klienten* genutzt werden wird. Dadurch kann sich ein zusätzlicher Bedarf an *Access-Points* und/oder Bandbreite pro *Access-Point* ergeben. Dabei kann es durchaus sinnvoll sein, ein eigenes *WLAN-Netz* für *BYOD-Geräte* zu betreiben, um diese von den betrieblichen Endgeräten zu separieren. Der Zugang zu den *WLAN-Netzen* sowie der Datenaustausch sollten angemessen abgesichert werden.

4.6.4 WAN

Bei einem *WAN* (*Wide Area Network*) handelt es sich um eine Netzwerk-Infrastruktur, die große Flächen über weite Entfernungen abdeckt und eine Vielzahl von Systemen miteinander verbindet. Es existieren viele *WANs*, die von bestimmten Organisationen wie z. B. Telekommunikationsunternehmen betrieben werden, und sich über Länder und Kontinente erstrecken. Ein *WAN* wird von dessen Betreiber meistens anderen Unternehmen zur kostenpflichtigen Nutzung angeboten, z. B. um geographisch verteilte *LANs* (Standorte) eines Unternehmens miteinander zu verbinden.

Über *WANs* wird auch der Zugang zum *Internet* realisiert, welches sich wiederum selbst erst durch das Zusammenwirken von *WANs* ergibt. Jede Anbindung an das *Internet*, egal ob für einen privaten Haushalt, ein Unternehmen, eine Behörde oder eine sonstige Einrichtung, ist somit letzten Endes stets über eine Anbindung an ein *WAN* realisiert.

Darüber hinaus können Unternehmen über *WANs* auch verschiedene Niederlassungen unabhängig vom *Internetzugang* miteinander verbinden (lassen). Da hier Datenpakete im Vergleich zum lokalen Netzwerk viel weitere Strecken zurücklegen, spielt hier neben der Bandbreite der jeweiligen Anbindung auch die *Latenz* eine Rolle, also die Laufzeit eines Datenpakets von der Quelle bis zum Ziel. In Unternehmen kann die *Latenz*, insbesondere bei der Anbindung geographisch verteilter Niederlassungen, ein wichtiges Kriterium für die Auswahl von *WAN-Dienstleistungen* verschiedener Anbieter darstellen, wenn die Niederlassungen über die *WAN-Strecken* auf zeitkritische Anwendungen zugreifen sollen.

Im Rahmen von *BYOD* ist die verfügbare Bandbreite für den Zugriff auf das *Internet* oder die Kommunikation zwischen Niederlassungen, z. B. wenn *Smartphones* aus einer Niederlassung Unternehmensdienste einer anderen in Anspruch nehmen sollen, dahingehend zu prüfen, ob diese den anzunehmenden, zusätzlichen Bedarf weiterhin noch decken können. In aller Regel wird bei *BYOD-Geräten* der Bedarf an Bandbreite für den Zugriff auf Unternehmensdienste jedoch geringer sein als der Bedarf an Bandbreite für den Zugriff auf das *Internet*.

Insbesondere Betriebssystemaktualisierungen für *Smartphones* und *Tablets* können hier zu temporären Engpässen bzgl. der Bandbreite führen. Während auf den Bedarf von Unternehmen ausgerichtete Betriebssysteme für *PCs* und *Notebooks* in der Regel Mechanismen zum einmaligen Bezug von Betriebssystemaktualisierungen über ein zentrales System anbieten, das die Aktualisierungen dann intern an alle betreffenden Systeme im Unternehmen weiter verteilt, sind derartige Mechanismen für Betriebssysteme von *Smart-*

phones und *Tablets* nicht verfügbar. Wenn für ein bestimmtes *Smartphone-Modell* eine Betriebssystemaktualisierung verfügbar gemacht wird, könnten somit alle im Unternehmen aktiven Geräte dieses Modells voneinander unabhängig dieselbe Aktualisierung, die in der Regel einige Hundert MB (*Megabyte*) groß sein kann, über den *Internetzugang* zu beziehen versuchen.

Die Beschäftigten sollten daher darüber in Kenntnis gesetzt werden, dass derartige Engpässe beim Bezug von Aktualisierungen für *Smartphones* und *Tablets* über den *Internetzugang* des Unternehmens auftreten können. *Smartphones* und *Tablets* sind aber auch ansonsten ständig in Richtung *Internet* aktiv. Neben den Betriebssystemaktualisierungen werden laufend auch Aktualisierungen für Applikationen (*Apps*) verfügbar, die dann von den betreffenden Endgeräten ebenfalls einzeln und unabhängig voneinander, somit wieder mehrfach bezogen werden. Hierzu ein kleines Rechenbeispiel: Eine *App*, die 20 bis 40 MB groß ist, was einer normalen bis größeren Anwendung[24] entspricht, ist auf 500 Endgeräten installiert. Wird hier eine Aktualisierung verfügbar, müssten in Summe 10 bis 20 GB (*Gigabyte*) an Daten aus dem *Internet* heruntergeladen werden. Dabei gilt es zu berücksichtigen, dass sogenannte *Power-User* von *Smartphones* und *Tablets* Applikationen in hoher zweistelliger bis hin zu dreistelliger Anzahl auf ihren Endgeräten vorhalten.

Des Weiteren kommunizieren *Smartphones* und *Tablets* regelmäßig mit dem jeweiligen *Push-Dienst* des Betriebssystem- und/oder Geräteherstellers, erhalten dann auf diesem Wege laufend Benachrichtigungen für die verschiedenen *Apps* z. B. über neue Beiträge in sozialen Netzwerken, neue *E-Mails*, neue Tagesnachrichten und ähnliches mehr. Teilweise werden *Smartphones* und *Tablets* auf eine solche Benachrichtigung hin im Hintergrund aktiv und beziehen die betreffenden Inhalte direkt nach der entsprechenden Benachrichtigung, unabhängig davon, ob der Gerätenutzer diese auch zeitnah konsumieren möchte oder nicht. Der Nutzer eines *Smartphones* oder *Tablets* kann den *Internetzugang* aber auch aktiv nutzen, z. B. in der Mittagspause für den Zugriff auf ein kurzes Video, eine Folge einer Serie oder einen Film über eine *Streaming-Plattform* sowie Musik und/oder Radio auch während der Arbeitszeit.

Unternehmen müssen deshalb damit rechnen, dass durch die Umsetzung einer *BYOD-Strategie* mehr Bandbreite für den *Internetzugang* notwendig werden könnte. Durch technische und/oder organisatorische Maßnahmen kann aber auch der durch *BYOD* zu erwartende zusätzliche Bedarf reduziert werden, z. B. indem der Konsum von Multimedia über den betrieblichen Internetzugang eingeschränkt oder erst gar nicht zugelassen wird.

4.6.5　VPN

Mobile Endgeräte wie *Notebooks*, *Smartphones* und *Tablets* werden nicht nur innerhalb des Unternehmensnetzwerks genutzt, sondern auch zu Hause (z. B. für *Telearbeit*) und an

---

[24] Beispielsweise können Spiele wesentlich größer sein und sind vor allem auf privaten Endgeräten durchaus anzutreffen.

öffentlichen Plätzen mit *Internetzugang*, wie z. B. Flughäfen, Hotels und Cafés. Sollen Beschäftigte eines Unternehmens auch von unterwegs auf Unternehmensdienste und -daten zugreifen, so ergeben sich im Grunde zwei Möglichkeiten, um dieses zu ermöglichen.

Einerseits könnte der Zugriff auf (interne) Unternehmensdienste für das *Internet* freigeschaltet werden. Dies sollte allerdings nur dann erfolgen, wenn die jeweiligen Dienste sicherheitstechnisch für einen solchen Zugriff konzipiert worden sind und der Vielzahl verschiedener Angriffe widerstehen können. In der Regel gilt dies nur für wenige Dienste. Da in Unternehmen für die Erbringung derartiger Dienste häufig auch extern entwickelte Produkte und Lösungen zum Einsatz kommen, die sich bei Bedarf nicht beliebig konfigurieren und weiter absichern lassen, werden deshalb (interne) Unternehmensdienste häufig nicht direkt für das *Internet* zugänglich gemacht, sondern nur indirekt über sogenannte *Reverse-Proxies*[25].

Andererseits kann der Zugriff auf Unternehmensdienste auch über (*Virtual Private Network*) hinsichtlich Vertraulichkeit und Integrität geschützt werden. Dabei etablieren die Nutzer aus dem *Internet* zuerst einen sicheren Tunnel zu einem *VPN-Server* des Unternehmens, über den dann erst die eigentlichen Unternehmensdienste angefragt und genutzt werden. Selbst wenn die Nutzer z. B. in einem öffentlichen *WLAN-Netz* bzw. generell in fremdkontrollierten Netzen unterwegs sind, können die genutzten Unternehmensdienste durch Dritte nicht anhand des Netzwerk-Datenverkehrs identifiziert werden.

Den Vorteilen von *VPN-Lösungen* stehen aber auch einige Nachteile gegenüber. Unter anderem muss eine *VPN-Infrastruktur* betrieben werden, wodurch die Netzwerkkomplexität steigt. Ebenso steigen auch bedingt durch *VPN-Hardware* und -*Software* die Betriebskosten. Auch die Beschäftigten, die *VPN* von außerhalb des Unternehmens nutzen wollen, benötigen in der Regel eine entsprechende *VPN-Software* auf ihren Arbeitsgeräten. Für das Tagesgeschäft ergeben sich dadurch zusätzliche *Support-Aufwände* zum einen für die Unterstützung der Nutzer hinsichtlich Installation und/oder Nutzung von *VPN-Software*, zum anderen aber auch für die Lösung von Problemen, die *Software* schon mal mit sich bringen kann.

VPN-Lösungen (mit Verschlüsselung) kommen in Unternehmen sehr häufig in den folgenden Szenarien zum Einsatz:

Site-to-Site VPN Anbindung kleinerer Zweigstellen an die Hauptstelle

End-to-Site VPN Anbindung von Heimarbeitsplätzen (Telearbeit) und im Außeneinsatz tätigen Beschäftigten (z. B. Vertrieb, *Consulting*) an das Unternehmen

---

[25] Ein *Reverse-Proxy* übernimmt die Kommunikation mit den Nutzern aus dem *Internet* und leitet deren Anfragen für einen oder mehrere Unternehmensdienste weiter. *Reverse-Proxies* können als Schnittstelle zwischen externen Nutzern und internen Diensten interne *Server* sowohl entlasten, z. B. durch *Cachen* von Inhalten und Übernehmen der Transportverschlüsselung, als auch ein Minimum an Sicherheit gewährleisten, selbst wenn die internen Dienste an sich keine einheitliche und/oder ausreichende Sicherheit bieten.

End-to-End VPN Gezielte Verbindung externer Nutzer mit einem bestimmten, internen Dienst (z. B. ein Kollaborationssystem)

Dabei lassen sich folgende, für Unternehmen relevante, Technologien (Protokolle) unterscheiden, die Vertraulichkeit und Integrität für *VPNs* gewährleisten, sofern die Konfiguration der einzusetzenden kryptographischen Primitiven (insbesondere Verschlüsselungs- und Integritätssicherungsverfahren) innerhalb dieser Technologien auch bewusst auf Basis des aktuellen Kenntnisstands über die Sicherheit der verfügbaren Primitiven erfolgt.

IPsec *IPsec-VPN* eignet sich sowohl für die Anbindung einzelner Endgeräte von extern an das Unternehmen (*End-to-Site VPN*), als auch für die Verbindung von zwei Standorten (*Site-to-Site VPN*) miteinander, wobei dann in jedem Standort jeweils ein *VPN-Server* steht und diese beiden dann miteinander den sicheren Kommunikationstunnel für die standortübergreifende Kommunikation etablieren.

SSL-VPN *SSL-VPN* eignet sich zur Anbindung von Endgeräten an das Unternehmen (*End-to-Site VPN*), wobei der Zugriff auf Unternehmensdienste über einen Tunnel auf Basis des *SSL/TLS-Protokolls* erfolgt.

SSTP Bei *SSTP* (*Secure Socket Tunneling Protocol*) handelt es sich um ein proprietäres *VPN-Protokoll* von *Microsoft*, das sich ebenfalls in erster Linie für die Anbindung von Endgeräten an das Unternehmen (*End-to-Site VPN*) eignet. Die Verwendung von *SSTP* für *Site-to-Site VPN* ist zwar von *Microsoft* nicht vorgesehen, aber mit etwas Aufwand dennoch machbar[26]. Der etablierte Tunnel basiert auch hier auf dem *SSL/TLS-Protokoll*.

Neben diesen gängigen Verfahren gibt es noch einige weitere, nicht sehr verbreitete *VPN-Technologien*, auf die hier nicht näher eingegangen wird, da sie in den allermeisten Fällen für Unternehmen hierzulande keine Rolle spielen. Für diejenigen, die *VPN* noch über *PPTP* (*Point-to-Point Tunneling Protocol*) in Kombination mit *L2TP* (*Layer 2 Tunneling Protocol*) realisieren, hier noch ein kleiner Hinweis. Die Entwicklung von *PPTP* wurde damals auch von *Microsoft* getrieben, so dass *PPTP* in gewisser Weise als Vorgänger von *SSTP* betrachtet werden kann. Für *PPTP* sind jedoch einige, schwerwiegende Sicherheitsprobleme bekannt, so dass es heutzutage als unsicher gilt und auch *Microsoft* selbst von einem Einsatz von *PPTP* (z. B. in Kombination mit *MS-CHAPv2*) abrät und die Verwendung einer sichereren *VPN-Technik* (*more secure VPN tunnel*, vgl. [61]) empfiehlt.

Für die Auswahl und Konfiguration von kryptographischen Primitiven innerhalb der *VPN-Technologien* sei hiermit auf die technischen Richtlinien des *BSI* (Bundesamt für Sicherheit in der Informationstechnik) zu kryptographischen Verfahren (vgl. [34], für *SSL/TLS* insbesondere auch [36] und für *IPsec* [35]) verwiesen, die regelmäßig revidiert und nach Bedarf aktualisiert werden.

---

[26] Die Empfehlung an dieser Stelle kann nur lauten, *SSTP* wie von *Microsoft* vorgesehen nur für *End-to-Site VPN* zu nutzen.

Auf *Smartphones* und *Tablets* ist allerdings noch keine breite Unterstützung verschiedener *VPN-Technologien* verfügbar, denn die Anbieter von *VPN-Lösungen* konzentrieren sich in der Regel nur auf wenige Betriebssysteme für *Smartphone* und *Tablets* bzw. Gerätehersteller, so dass die notwendige *VPN-Client Software* nur für diese entwickelt wird. Deshalb ist besonders bei der Ausgestaltung der *Enterprise Mobility Strategie* im allgemeinen sowie der *BYOD-Strategie* im speziellen, sofern eine *VPN-Anbindung* privater Endgeräte Bestandteil der Strategie ist, zu berücksichtigen, welche *Smartphone* und *Tablet* Betriebssysteme sowie Gerätemodelle von der häufig schon in Unternehmen vorhandenen *VPN-Technik* unterstützt werden. Ggf. muss hier für Beschäftigte, die *VPN* über *Smartphones* und *Tablets* nutzen sollen, eine eingeschränkte Auswahl von *Smartphones* und *Tablets* vorgegeben werden.

Auch bei der Nutzung von *VPN*, wodurch eine sichere Verbindung von außen ins Firmennetz etabliert wird, ist insbesondere für *Smartphones* und *Tablets* zu entscheiden, ob betriebliche und private Endgeräte per *VPN* Zugriff auf denselben Umfang an Unternehmensdiensten erhalten sollen, oder ob auch hier eine Differenzierung z. B. aus Gründen der Datensicherheit und des Datenschutzes erfolgen soll bzw. muss. Unabhängig davon sollten aus denselben Gründen auch nicht grundsätzlich alle internen Unternehmensdienste und Systeme vollständig über *VPN* zugänglich gemacht werden, sondern nur diejenigen Dienste, die auch tatsächlich für den betrieblichen Außeneinsatz notwendig sind. Dabei ist auch zu berücksichtigen, dass nicht alle Unternehmensdienste über *Smartphones* und *Tablets* effizient und produktiv genutzt werden können. Für *Telearbeit*, wofür in der Regel ein breiterer Zugriff auf Unternehmensdienste notwendig ist, eignen sich *Smartphones* und *Tablets* nur bedingt.

Während *VPN* eine adäquate Lösung zur Anbindung von Außendienstmitarbeitern (z. B. Vertriebler, *Consultants*) sowie nur wenige Mann starken Zweigstellen an das Unternehmen über das Internet darstellen kann, sollte für die Anbindung von größeren Zweigstellen, insbesondere wenn hohe Bandbreiten und geringe Latenzen für die Datenübertragung gefordert sind, auch die Alternative eines *OSI-Schicht 2 WANs* in Betracht gezogen werden, wobei die Anbindung dann nicht über das *Internet* erfolgt. Wenn die Zweigstellen z. B. intensiv oder ausschließlich auf Systemen eines oder mehrerer Hauptstandorte arbeiten, also kaum zentrale *Serversysteme* in den Zweigstellen selbst betreiben, kann eine *Site-to-Site VPN-Anbindung* über *Internetzugänge* ggf. die Produktivität hemmen.

4.6.6 Mobile Netzwerke

In diesem Buch gehen wir explizit auf den Einsatz von mobilen Endgeräten im geschäftlichen Umfeld ein. Dies sind also Geräte, die über ein mobiles Netzwerk kommunizieren. Hierbei muss zwischen zwei verschiedenen Kommunikationsarten unterschieden werden: Zum einen die Übertragung von Sprache und zum anderen die Übertragung von Daten. Im Folgenden wird kurz die Entwicklung des Mobilfunks aufgezeigt (vgl. [60]).

Tab. 4.12 Überblick über die verschiedenen Mobilfunksysteme (vgl. [55])

Generation	Technik	Übertragung	Bandbreite
1G	*AMPS*	analog, leitungsvermittelt	–
2G	*GSM*	digital, leitungsvermittelt	9,6 kBit/s
2.5G	HSCSD	digital, leitungsvermittelt	57,6 kBit/s
	GPRS	digital, paketvermittelt	115 kBit/s
2.75G	*EDGE*	digital, paketvermittelt	236 kBit/s
3G	*UMTS*	digital, paketvermittelt	384 kBit/s
3.5G	*HSPA*	digital, paketvermittelt	14,4 MBit/s
3.9G	*LTE*	digital, paketvermittelt	150 MBit/s
4G	*LTE Advanced*	digital, paketvermittelt	1 GBit/s

Die verschiedenen Entwicklungsstufen des Mobilfunks werden als Generationen bezeichnet. Bei den Funksystemen der ersten Generation (1G) handelt es sich um die A-, B- und C-Netze. Diese Netze übertrugen die Gespräche analog und leitungsvermittelt und nutzten den Standard *Advanced Mobile Phone Service* (*AMPS*) zur Übertragung. Das A-Netz wurde dabei bereits im Jahr 1958 von der Deutschen Bundespost eingeführt und hatte bis 1977 ca. 10.500 Teilnehmer. Die B- und C-Netze wurden bis zum Jahr 1995 bzw. 2000 betrieben. 1991 und 1993 wurden die paketvermittelten D- und E-Netze in Deutschland eingeführt (2G). Sie werden zur Zeit immer noch betrieben. Diese Netze nutzten bereits eine digitale Schnittstelle zur Übertragung und wurden hauptsächlich zur Sprachübertragung genutzt. Das eingesetzte Übertragungssystem heißt *Global System for Mobile Communications* (*GSM*). Nach und nach stieg die Nachfrage nach mobilen Diensten und somit auch die Nachfrage nach schnellen, mobilen Datenübertragungen. Dazu wurde das *GSM-System* überarbeitet und mit dem *High Speed Circuit Switched Data* (*HSCSD*) und dem *General Packet Radio Service* (*GPRS*) wurden neue Dienste gestartet, die eine schnellere Datenübertragung erlaubten. Die eingesetzte Basistechnologie blieb dabei unverändert. Diese Systeme stellten mit dem nochmal überarbeiteten *Enhanced Data Rates for GSM Evolution* (*EDGE*) das Ende der 2G Dienste dar. Immer größere Anforderungen an den Datendurchsatz wurden durch die Einführung von *Smartphones* und *Tablets* gestellt. Die Geräte sind permanent online und nutzen viele multimediale Dienste. Um diesen Leistungsanstieg zu gewährleisten wurde mit dem *Universal Mobile Telecommunications System* (*UMTS*) die dritte Generation der Mobilfunkdienste eingeleitet. *UMTS* war konsequent auf eine hohe Datenrate ausgelegt und erhielt durch *High Speed Packet Access* (*HSPA*) und *HSPA+* weitere Datenbeschleunigungen. Die rasante Verbreitung und Nutzung von *Smartphones* schritt weiter voran, was zur Einführung von *Long Term Evolution* (*LTE*) im Jahr 2010 führte. Dieser Standard stellt den Übergang zu den 4G Netzen dar, die mit *LTE Advanced* bezeichnet werden, und die zukunftsweisende Mobilfunkgeneration (vgl. [70]). In Tab. 4.12 werden die verschiedenen Systeme und deren jeweilige Bandbreiten nochmal zusammengefasst.

Im Hinblick auf Ihre *Mobile-Strategie* sollten Sie genau prüfen, welche Anforderungen Sie an ein Mobilfunknetz haben. Für den Vertrieb, der sehr oft unterwegs ist, ist es wahrscheinlich sehr wichtig permanent erreichbar zu sein. Dazu muss also ein Netz ausgewählt werden, welches eine optimale Flächenabdeckung ermöglicht. Genauso kann es sein, dass Berater bei einem Kunden permanent erreichbar sein müssen, dort aber der Empfang Ihres Standardnetzes nicht stark genug ist. Somit sollte ggf. über einen alternativen *Provider* für diese speziellen Personen nachgedacht werden. Mobiler Datendurchsatz ist ein weiteres Thema. Sollen zum Beispiel Bestellungen mobil aufgenommen werden, oder müssen oft größere Dateien, wie zum Beispiel Fotos oder Videos übertragen werden, so sollten Sie darauf achten, dass das gewählte Netz diese Anforderungen erfüllt. Natürlich sind die mobilen Endgeräte ebenfalls auf die Anforderungen abzustimmen, da die neueren Funksysteme wie *LTE* nur von mobilen Endgeräten aktuellerer Generationen unterstützt werden. Diese Anforderungen können *Business-kritisch* sein und sollten im Vorfeld sehr ernst genommen werden. Ebenfalls sollten Sie die möglichen Sicherheitsrisiken der Mobilfunksysteme kennen und sich bestmöglich schützen (vgl. Abschn. 4.8.2.4).

Grundsätzlich sollten Sie versuchen einen Mobilfunkstandard zu wählen, der Ihre Anforderungen bestmöglich abdeckt. Der Einsatz von verschiedenen Technologien und möglicherweise verschiedener *Mobilfunk-Provider* verkompliziert die Verwaltung und kann auch zu höheren Anschaffungs- und Betriebskosten führen, da die Gruppenrabatte nicht voll ausgenutzt werden können.

4.7 Cloud Computing

Der Einsatz von *Cloud-basierten Diensten* ist im Privatleben fast nicht mehr wegzudenken. Das *Smartphone* synchronisiert seine Daten in die *Cloud*, damit zum Beispiel Fotos und Kontakte an allen anderen Geräten verfügbar sind, Daten werden bei *Dropbox* abgelegt und mit Freunden und Familie geteilt und die Musik wird aus der *Sound-Cloud* *gestreamt*. Viele Leute wissen teilweise schon gar nicht mehr, wo ihre Daten liegen; Hauptsache, sie sind immer und überall verfügbar.

Im Unternehmensumfeld setzt sich *Cloud Computing* auch immer mehr durch. Vor allem in Deutschland wird dabei aber (noch) größtenteils auf private *Clouds* gesetzt. Private *Clouds*, im Gegensatz zu *Public* (öffentlichen) *Clouds*, werden im eigenen, internen Rechenzentrum betrieben und stellen ihre Dienste nur den Angestellten der Firma oder Behörde zur Verfügung. Alle Ressourcen zum Betrieb der *Cloud-Services* und alle Daten lagen dabei in der lokalen IT. Bei öffentlichen *Clouds* liegen die Daten beim jeweiligen Betreiber, der sie potentiell in Rechenzentren über den ganzen Globus verteilen kann. Darin liegt eine große Gefahr für Unternehmen. Wenn in Rahmen von *BYOD* Angestellte ihre privaten Geräte im Unternehmensumfeld einsetzten dürfen, so werden sie auch ihre *Cloud-Dienste* nutzen wollen. Aus Sicht des Datenschutzes und der IT-Sicherheit ist das ein großes Problem, welches eindeutig gelöst werden muss. Dabei ist es vor allem bei multinationalen Unternehmen sehr wichtig zu beachten, das die lokalen Datenschutzbestimmung der verschiedenen Länder sehr unterschiedlich ausfallen. Deutschland hat hier sicherlich die schärfsten Vorgeben.

Um dieses Problem zu lösen, muss die Nutzung von *Cloud-Services* zum einen eindeutig über die *BYOD-Policy*, die *Security-Policy* und die *Acceptable Use Policy* festgelegt werden und zum anderen muss mit entsprechenden technischen Möglichkeiten sichergestellt werden, dass diese Vorgaben auch eingehalten werden.

Es ist wichtig zwischen der privaten und der geschäftlichen Nutzung von *Cloud-Diensten* zu unterscheiden. Weiterhin muss unterschieden werden, wo der Zugriff stattfindet. So kann ein Angestellter auf seinem privaten Gerät in seiner Freizeit *Dropbox* nutzen, um zum Beispiel seine Fotos zu synchronisieren. Während er sich im Firmennetz befindet soll dies nicht möglich sein. Dies ist über entsprechende Konfigurationen der *Firewall* möglich. Es werden einfach alle Zugriffe auf nicht erwünschte *Cloud-Dienste* geblockt. Somit kann zumindest schon mal sichergestellt werden, dass keine privaten *Cloud-Services* über das Firmennetz genutzt werden.

Viel schwieriger ist es aber nicht nur den reinen Zugriff zu regeln, sondern auch die Nutzung. Hierbei muss vor allem auf den Umgang mit Firmendaten geachtet werden. Zum Beispiel kann ein Anwender einen geheimen Vertrag als Anhang per *Mail* zugeschickt bekommen. Diesen Anhang lädt er auf sein Mobiltelefon und synchronisiert die Datei zu einem *Cloud-Speicher* seiner Wahl. Der Vertrag liegt jetzt irgendwo auf einer (oder potentiell mehreren) Festplatten irgendwo auf der Welt. Möglicherweise teilt er diesen Ordner (vielleicht sogar unwissentlich) mit weiteren Personen; schon haben Dritte Zugriff auf die Datei.

Um diesen Fall abzusichern, müssen zum einen wieder die vertraglichen Grundlagen über die *Policies* geschaffen werden und zum anderen müssen entsprechende technische Lösungen eingesetzt und überwacht werden. In diesem Fall bietet sich eine verschlüsselte *Container-Lösung* an (vgl. Abschn. 4.2). Somit kann sichergestellt werden, dass es eine strikte Trennung zwischen den privaten und den geschäftlichen Daten gibt. Weiterhin können die privaten *Apps* nicht auf die geschäftlichen Daten zugreifen und andersherum. In Abb. 4.15 werden die Zugriffsmöglichkeiten auf *Private-* und *Public-Cloud-Dienste* über ein mobiles Endgerät grafisch dargestellt.

Zusätzlich sollte mit einem *Berechtigungsmanagement* festgelegt werden, wer von wo und wann mit welchen Geräten auf welche Daten zugreifen kann. Dabei ist wiederum zwischen lesenden und schreibenden Zugriffen zu unterscheiden. Weiterhin muss festgelegt werden, ob eine Datei lokal gespeichert oder heruntergeladen werden kann.

Sind all diese Aspekte bedacht, spricht nichts gegen den privaten Einsatz von *Cloud-Diensten*.

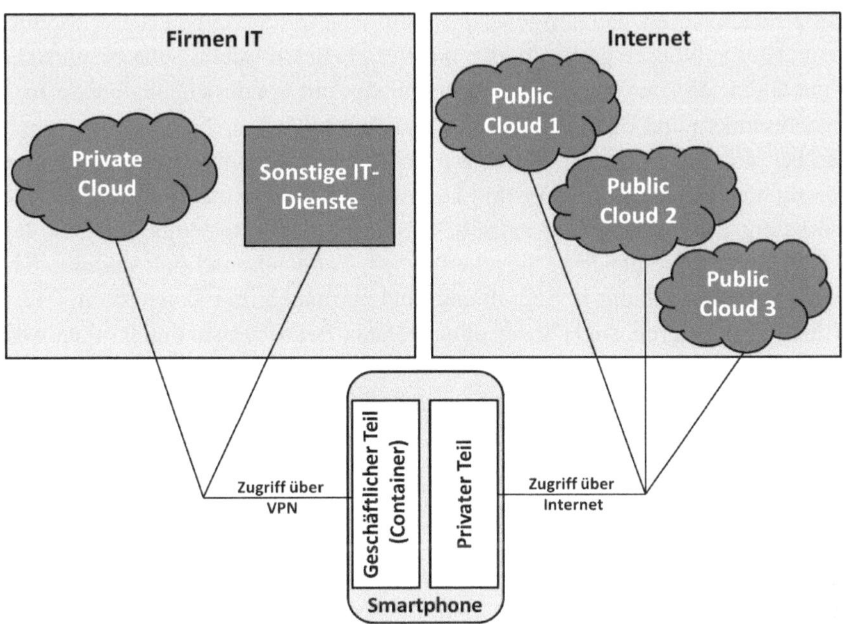

Abb. 4.15 Abbildung des mobilen Zugriffs auf *Private-* und *Public-Cloud-Dienste*

4.8 IT-Sicherheit

Smartphones und *Tablets* können aufgrund ihres Gewichts und ihrer Größe zum einen mit einfachen, tragbaren Speichermedien verglichen werden. Sie passen z. B. ohne Probleme in Jacken-, Hosen- und Handtaschen. Daher lassen sie sich im Gegensatz zu *Notebooks* nahezu überall hin bequem mitführen. Zum anderen handelt es sich bei *Smartphones* und *Tablets* aber auch um vollwertige Computersysteme mit leistungsstarken Prozessoren, die große Datenmengen speichern und verarbeiten können und selbst die Ausführung graphisch besonders anspruchsvoller Anwendungen erlauben. *Smartphones* und *Tablets* verfügen dabei in der Regel über eine Vielzahl unterschiedlicher Datenübertragungsmöglichkeiten (z. B. *WLAN*, Mobilfunk, *Bluetooth*, *NFC*) und sind dafür konzipiert, ständig eingeschaltet und permanent an das Internet angebunden zu sein sowie auch ohne explizite Nutzerinteraktion aktiv werden zu können.

Smartphones und *Tablets* sind daher ähnlich den klassischen Computersystemen zahlreichen Sicherheitsrisiken ausgesetzt. Betriebssysteme und Applikationen (*Apps*) für *Smartphones* und *Tablets* beinhalten wie bei Software allgemein üblich in der Regel Sicherheitslücken, die sie nicht selten genug per *WLAN*, Mobilfunk, *Bluetooth*, *NFC* und über das Internet angreifbar machen. Auch *Schadsoftware*, also Viren, Würmer, Trojaner und dergleichen, sowie neugierige[27] *Apps* bedrohen die Sicherheit dieser mobilen Endgeräte und der auf diesen gespeicherten und verarbeiteten Daten. Schäden entstehen aber nicht nur allein aufgrund technischer Sicherheitslücken, sondern häufig genug auch durch die Unachtsamkeit und Unvorsichtigkeit der Benutzer.

Darüber hinaus unterliegen *Smartphones* und *Tablets* aber im Gegensatz zu *Notebooks* einem erhöhten Risiko für Verlust und Diebstahl, da sie leichter verloren gehen und ihr Fehlen häufig nicht unmittelbar auffällt, z. B. bei einer Entwendung aus der Jackentasche. Und da sie im Vergleich zu Speichermedien, *Notebooks* und *PCs* wesentlich häufiger mitgeführt werden, ständig in Betrieb sind und permanent mit Datennetzen (*WLAN* und Mobilfunk) interagieren, sind sie den angedeuteten Bedrohungen und Risiken wesentlich häufiger ausgesetzt.

Auch die Hersteller von *Smartphones* und *Tablets* und deren Betriebssystemen sind sich der zugehörigen Bedrohungen und Risiken bewusst, mittlerweile sogar in recht hohem Maße. Während die entsprechenden Betriebssysteme am Anfang ihrer Entwicklung nur wenige Sicherheitsfunktionen enthielten, haben deren Hersteller in diese vor allem in den letzten Jahren, getrieben durch den zunehmenden Einzug von *Smartphones* und *Tablets* in Unternehmen, mehr und mehr Funktionen für Sicherheit und Datenschutz integriert.

In diesem Abschnitt zu IT-Sicherheit werden daher zunächst die in Betriebssystemen von *Smartphones* und *Tablets* integrierten[28] und für den Gerätenutzer sichtbaren Sicherheitsfunktionen vorgestellt. Danach erfolgt eine ausführliche Beschreibung der Bedrohungen, denen *Smartphones* und *Tablets* ausgesetzt sind. Zu guter Letzt wird auf mögliche Risiken als Resultat der Bedrohungen eingegangen. Mit dem so gewonnen Überblick über die Bedrohungs- und Risikolage leistet dieser Abschnitt insgesamt Hilfestellung bei der Ermittlung und Bewertung der Risiken für konkrete *BYOD-Szenarien*.

Die vorgestellten Funktionen, Bedrohungen und Risiken sollten daher im Rahmen der Ausgestaltung einer *BYOD-Strategie* frühzeitig mitberücksichtigt werden. Dabei gilt es insbesondere auch die Gerätenutzer in die Entscheidungen über die Ausgestaltung und Umsetzung von Sicherheitsmaßnahmen auf Basis der Sicherheitsfunktionen mit einzubeziehen und die Notwendigkeit der jeweiligen Maßnahmen anhand der Bedrohungen und Risiken transparent zu machen. Nur wenn diese Themen vorab angesprochen, bewertet und geregelt sind und sowohl das Unternehmen als auch die Beschäftigten die Spielre-

---

[27] Neugierige bzw. datenhungrige *Apps* sind solche, die der Gerätenutzer in der Regel kostenfrei installieren kann und die möglichst viele Daten über den Nutzer sammeln, um anhand dieser z. B. im Rahmen von Marktforschung oder der Einblendung von gezielter Werbung Einnahmen für den Entwickler der *App* zu generieren. Somit können auch kostenfreie *Apps* ein durchaus profitables Geschäftsmodell beinhalten, in dem der Gerätenutzer dann allerdings nicht den Kunden, sondern die veräußerte Ware darstellt.

[28] Dies gilt selbstverständlich nicht für alle Geräte gleichermaßen. Ein *Smartphone* für unter hundert Euro aus dem Discounter wird kaum denselben Umfang an Sicherheitsfunktionen bieten wie ein für Unternehmen ausgelegtes *Smartphone* für mehrere hundert Euro.

geln kennen, akzeptieren und unterstützen, kann eine *BYOD-Strategie* auch hinsichtlich der Themen Datensicherheit und Datenschutz erfolgreich umgesetzt werden.

4.8.1 Sicherheitsfunktionen

Smartphones und *Tablets* vereinen Merkmale von *Computern* und Telefonen. Wie bei *Computern* üblich enthält also jedes *Smartphone* und *Tablet* ein Betriebssystem, dass vereinfacht gesagt die vielen, technischen Komponenten des jeweiligen Geräts (z. B. *WLAN*, Mobilfunk, *GPS*, interner Speicher und Dateisystem, Kamera, Mikrofon) verwaltet, den Anwendungen bzw. *Apps* Schnittstellen für den Zugriff auf diese Komponenten bietet und dabei anhand eines integrierten Berechtigungskonzeptes einen gewissen Grad an Sicherheit und Schutz für diese Zugriffe umsetzt.

Da sich aber *Smartphones* und mit diesen auch *Tablets* von Mobiltelefonen ausgehend in Richtung der *Computer* entwickelt haben, haben sich auch die Betriebssysteme für *Smartphones* und *Tablets* von den einfachen Betriebssystemen der Telefone aus in Richtung der für *Computer* üblichen Betriebssysteme hin entwickelt[29]. So waren auch viele der von *Computern* bekannten und insbesondere für Unternehmen interessanten Sicherheitsfunktionen nicht von Anfang an in den Betriebssystemen für *Smartphones* und *Tablets* enthalten, so z. B. die Datenverschlüsselung[30], die aus Unternehmenssicht für mobile Geräte häufig unentbehrlich ist.

Unabhängig davon stellen insbesondere *Smartphones* im Vergleich zu *PCs* und *Notebooks* einen sehr viel persönlicheren Gebrauchsgegenstand dar, der ähnlich den einfachen Mobiltelefonen ständig mitgeführt wird. *Smartphones* und *Tablets* unterscheiden sich auch ansonsten in vielerlei Hinsicht von *Computern*, z. B. hinsichtlich der Dauer des Betriebs, der Anbindung an Datennetze, der Möglichkeiten der Dateneingabe (Eingabe durch Bildschirmberührung gegenüber Maus und Tastatur) sowie der Art und Umfang von verfügbaren Funktionen und zugehöriger Berechtigungskonzepte für Applikationen, die z. B. auf Kurznachrichten (*SMS*) zugreifen und selbst welche versenden können.

Zwangsläufig müssen Betriebssysteme für *Smartphones* und *Tablets* aufgrund dieser Unterschiede teilweise auch eigene Konzepte im Vergleich zu *PCs* und *Notebooks* zur Gewährleistung von Datensicherheit und Datenschutz umsetzen. Ebenso müssen auch Unternehmen ihre für andere Computersysteme definierten Anforderungen an Datensicherheit und Datenschutz anpassen. Beispielsweise lässt sich eine für *Notebooks* und *PCs*

---

[29] Eine Ausnahme stellt hier vom Ansatz her lediglich Canonicals *Smartphone-* und *Tablet-*Betriebssystem *Ubuntu for Phone* dar, welches auf dem Computer-Betriebssystem *Ubuntu* basiert. Allerdings sind erste *Smartphones* mit *Ubuntu* erst im Laufe des Jahres 2015 erschienen, so dass hier in der Breite noch kaum Erfahrungswerte vorhanden sind.

[30] Allerdings ermöglichen auch erst die auf aktuelleren *Smartphones* und *Tablets* verfügbaren Rechenleistungen und Akkukapazitäten die Integration vieler wichtiger Sicherheitsfunktionen, ohne das Nutzererlebnis durch schlechte Performanz oder zu häufigen Ladebedarf der Akkus zu beeinträchtigen.

übliche Sicherheitsanforderung hinsichtlich der Komplexität und Länge von Passwörtern für die Zugangssperre nur schwerlich in gleicher Weise auch für *Smartphones* und *Tablets* durchsetzen bzw. wäre hier für die Produktivität nicht gerade förderlich. Hier kommen die eingeschränkten Möglichkeiten der Dateneingabe zum Tragen und müssen bei der Definition von Sicherheitsanforderungen für *Smartphones* und *Tablets* berücksichtigt werden. Dennoch sollte es das Ziel sein, für *Smartphones* und *Tablets* einen ähnlichen Grad an Sicherheit umzusetzen, wie bei *Notebooks*.

Neben einigen, für den Gerätenutzer nicht wahrnehmbaren[31] Sicherheitsfunktionen kommen in Betriebssystemen für *Smartphones* und *Tablets* grundsätzlich die folgenden Sicherheitsfunktionen bzw. Sicherheitskonzepte zum Einsatz.

Berechtigungskonzepte *Apps* müssen für den Zugriff auf zentrale Funktionen des Betriebssystems (z. B. Konfiguration von Systemkomponenten, Zugriff auf zentrale Daten und Dienste wie Kamera oder *SMS*) berechtigt werden. Art und Umfang der durch den Gerätenutzer autorisierbaren Berechtigungen für *Apps* sind aber je nach Betriebssystem unterschiedlich ausgeprägt.

Kapselung von Apps und Daten *Apps* verfügen über eigene Ressourcen (Daten, Berechtigungen) und können nicht ohne Weiteres auf Daten anderer *Apps* zugreifen oder wichtige Systemdateien verändern. Dieses wird durch eingeschränkte Zugriffsberechtigungen auf Dateiebene sowie *Sandboxing-Mechanismen*[32] erreicht.

Datenverschlüsselung Nutzer können in der Regel eine Verschlüsselung des gesamten Dateisystems, also sämtlicher Daten, aktivieren. Unter *iOS* und *Android* ist diese Funktion seit Version 5 enthalten. Während diese Vollverschlüsselung unter *iOS* grundsätzlich aktiv ist, ist die Aktivierung unter *Android* mit Version 5 aber (noch) nur optional. Unter *Windows Phone* ist eine solche Funktion erst ab Version 8.1 verfügbar, kann aber auch da nur durch einen Administrator (über *ActiveSync-Richtlinien*) aktiviert werden.

Zugriffsschutz Es werden in der Regel verschiedene Authentisierungsmechanismen (z. B. PIN, Passwort, Fingerabdruck) zur Verfügung gestellt, um einen unberechtigten Zugriff zu verhindern bzw. zu erschweren. Diese kommen in der Regel dann zum Tragen, wenn das Gerät für eine bestimmte Dauer nicht mehr aktiv genutzt wird, den Bildschirm abschaltet und für eine erneute Nutzung erst wieder aktiviert und entsperrt werden muss.

---

[31] Ein Beispiel für solche Funktionen sind z. B. die *SELinux-Erweiterungen* in *Android* seit Version 4.2, die zusätzliche Sicherheit für Zugriffe auf Prozesse und Dateien etablieren.

[32] Eine *Sandbox* stellt eine eigene, abgeschlossene Umgebung für die Ausführung einer *App* dar, die die für die *App* notwendigen Inhalte und Funktionen bereitstellt und den Zugriff auf Inhalte und Funktionen außerhalb der *Sandbox* verhindert.

Eine Datenverschlüsselung ist allerdings nur dann sinnvoll, wenn auch ein Zugriffsschutz eingerichtet wird. Für den Zugriffsschutz stehen dabei die folgenden Mechanismen zur Verfügung, um einen gesperrten Bildschirm wieder zu entsperren.

Muster   Der Bildschirm wird durch das Zeichnen eines bestimmten Musters auf diesem entsperrt. Diese Methode wird auf manchen *Smartphones* und *Tablets* auch als Wischgeste bezeichnet.

PIN   Der Bildschirm wird durch Eingabe einer festgelegten Zahlenkombination entsperrt.

Passwort   Der Bildschirm wird durch Eingabe eines festgelegten Kennworts entsperrt, das sich aus Zahlen, Buchstaben und Sonderzeichen zusammensetzen kann.

Biometrische Merkmale   Der Bildschirm wird z. B. per Fingerabdruck oder Gesichtsfoto entsperrt. Auch hierzu müssen vorab einmalig entsprechende Vergleichsdaten auf dem Gerät abgespeichert werden.

Hinsichtlich der Sicherheitsfunktionen ist allerdings zu berücksichtigen, dass z. B. durch das sogenannte *Rooten* von *Android-Geräten* oder die Anwendung eines *Jailbreaks* auf einem *iOS-Gerät* viele der erwähnten Sicherheitsfunktionen und Sicherheitskonzepte außer Kraft gesetzt oder zumindest teilweise im Ausmaß ihrer Sicherheitswirkung kompromittiert werden. Daher sollte in Unternehmen das *Rooten* von bzw. die Anwendung eines *Jailbreaks* auf betrieblich genutzte *Smartphones* und *Tablets* strikt verboten werden, allerdings in einer Form, dass auch die Gerätenutzer die Gründe hierfür nachvollziehen können.

Unternehmen sollte dazu aber auch die Motivation der Gerätenutzer hinter dem *Rooten* bzw. der Anwendung eines *Jailbreaks* bekannt sein. Ohne *Root* bzw. *Jailbreak* darf ein Nutzer auf einem *Smartphone* oder *Tablet* zwar eine Vielzahl zentraler Konfigurationen vornehmen, allerdings nur im Rahmen dessen, was die Nutzerschnittstelle des jeweiligen Betriebssystems diesem gewährt. Die dadurch mögliche Kontrolle des Nutzers über das System ist dabei im Vergleich zu anderen Computersystemen nur sehr eingeschränkt.

Durch das *Rooten* bzw. die Anwendung eines *Jailbreaks* erhält der Gerätenutzer nahezu vollständige Kontrolle über das Betriebssystem und kann dieses dann umfassend auf Systemebene manipulieren. Er kann dann z. B. beliebige Anwendungen aus beliebigen, häufig auch gefährlichen Quellen aus dem Internet, installieren, oder aber das Betriebssystem wechseln. Jedoch erhalten im Zuge des *Rootens* bzw. des *Jailbreaks* in der Regel auch Applikationen (*Apps*) weitergehenden Zugriff auf das System und insbesondere auch auf Daten anderer Applikationen, so dass neugierige *Apps* noch mehr persönliche (und ggf. betriebliche) Daten ausspionieren können. Ebenso steigt nach dem *Rooten* bzw. einem *Jailbreak* auch das Risiko, dass sich *Apps* mit Schadroutinen (*Schadsoftware*) aufgrund der durch den Gerätenutzer selbst kompromittierten Sicherheitsfunktionen tiefer oder überhaupt erst in das Betriebssystem einschleichen können.

Für betrieblich genutzte *Smartphones* und *Tablets* sollten Unternehmen deshalb nicht nur Vorgaben für die Konfiguration enthaltener Sicherheitsfunktionen definieren, sondern auch technische und organisatorische Maßnahmen ergreifen, um die Kompromittierung der Sicherheitsfunktionen durch den Gerätenutzer zu verhindern. Um eine möglichst hohe Akzeptanz und Unterstützung der Vorgaben und Maßnahmen zu erreichen, sollten die Gerätenutzer auch in die Ausgestaltung dieser Regeln involviert werden.

4.8.2 Bedrohungen

Um die Risiken durch den Einsatz von *Smartphones* und *Tablets* bewerten zu können, stellt sich zunächst die Frage, welche Bedrohungen beim Einsatz von *Smartphones* und *Tablets* zu berücksichtigen sind. Erst wenn die Bedrohungen benannt und bekannt sind, können die in einem konkreten Szenario jeweils aus den Bedrohungen folgenden Risiken identifiziert und bewertet werden.

Je nach Unternehmen sowie Art und Grad der Einbindung von *Smartphones* und *Tablets* in die unternehmensspezifischen Geschäftsprozesse können aber mehr oder weniger Bedrohungen zu berücksichtigen sein. Ebenso kann auch die Wirkung von Bedrohungen im konkreten Einzelfall variieren. Deshalb ist die nachfolgende Auflistung von Bedrohungen nicht zwingend als vollständig zu verstehen, aber ebenso auch nicht in jedem Punkt als passend und notwendig für jede Art und Grad der Einbindung von *Smartphones* und *Tablets* in Geschäftsprozesse.

Neben den Bedrohungen werden in diesem Abschnitt auch einige, jeweils geeignete, Gegenmaßnahmen genannt und beschrieben, die ebenfalls nicht als vollständige Aufzählung zu verstehen sind. Ebenso sind nicht sämtliche Gegenmaßnahmen grundsätzlich zu treffen. Die Entscheidung, welche der hier beschriebenen sowie darüber hinaus im konkreten Einzelfall vielleicht noch zusätzlich verfügbaren und geeigneten Maßnahmen auch umgesetzt werden sollen, sollte inklusive der konkreten Ausgestaltung der jeweiligen Maßnahmenumsetzung als Ergebnis einer Risikoanalyse hinsichtlich der geschilderten Bedrohungen getroffen werden.

4.8.2.1 Verlust von Smartphones und Tablets

Der Vorteil von *Smartphones* und *Tablets* im Hinblick auf Mobilität – sie sind kompakt, handlich und wiegen im Vergleich zu *Notebooks* sehr viel weniger – ist gleichzeitig ein Nachteil, wenn es um das Verlustrisiko geht. Dies betrifft ganz besonders *Smartphones*, die in der Regel nur um die Hundert Gramm wiegen und in der Bekleidung mitgeführt werden. Zusätzlich sind *Smartphones* und *Tablets* auch in besonderem Maße von Diebstahl bedroht.

Rutscht ein *Smartphone* z. B. aus der Hosentasche oder wird es aus der Jackentasche entwendet, fällt dies aufgrund der kompakten Abmessungen und des geringen Gewichts nicht zwangsweise direkt auf. Dies belegt auch eine Studie von Absolute Software (vgl. [75]), laut der in Deutschland lediglich 21 % der Betroffenen es unmittelbar bemerken, wenn ihr *Smartphone* fehlt. 24 % der Betroffenen hingegen bemerken den Verlust erst nach vier oder mehr Stunden.

Smartphones und *Tablets* unterliegen also im Vergleich zu klassischen IT-Geräten einem erhöhten Verlustrisiko und der Verlust fällt nur in wenigen Fällen unmittelbar auf. Diese Bedrohung wiegt besonders schwer in Kombination mit fehlendem oder unzureichendem Zugriffsschutz und/oder fehlender Datenverschlüsselung. Unternehmen sollten diese Bedrohung daher entsprechend berücksichtigen.

4.8.2.2 Unberechtigter Zugriff

Der Zugriff auf *Smartphones* und *Tablets* kann wie bereits in Abschn. 4.8.1 erwähnt geschützt werden. Die Eingabe von Passwörtern mit Buchstaben, Zahlen und/oder sonstigen Zeichen (Satzzeichen, Sonderzeichen) über die eingeblendete Tastatur, die auf dem Display eines solchen Geräts eingeblendet wird und immer nur Platz für einen kleinen Teil des angebotenen Zeichensatzes bereitstellt, ist weit weniger komfortabel zu bedienen als physische Tastaturen an *Computern*. Darüber hinaus wird auf *Smartphones* und *Tablets* in der Regel häufiger zugegriffen, da diese überall hin mitgeführt werden und ständig in Betrieb sind. Aus diesen Gründen wird in der Regel von Passwörtern für den Zugriffsschutz auf *Smartphones* und *Tablets* abgesehen und stattdessen eine PIN eingestellt, also ein ausschließlich aus Zahlen bestehendes Kennwort.

Während sich für Angestellte in einem Unternehmen aber durchaus längere PINs (sechs oder mehr Zahlen) bis hin zu einfachen Passwörtern durchsetzen lassen, weichen insbesondere Führungskräfte gerne auf kurze PINs (vier Zahlen) aus. Dabei gilt es allerdings zu bedenken, dass eine vierstellige PIN über entsprechende Software binnen Minuten durch automatisiertes Durchprobieren ermittelt werden kann. Die in *Smartphones* und *Tablets* integrierten Schutzfunktionen gegen das einfache Durchprobieren von PINs und Passwörtern, wie z. B. steigende Wartezeiten nach jeder Fehleingabe, werden dabei einfach umgangen. Dessen müssen sich Unternehmen bewusst sein. Die Empfehlung bzgl. PINs kann deshalb nur lauten, mindestens sechs bis acht[33] Zahlen zu erfordern.

Mindestens unter *Android* lassen sich neben PIN oder Passwort auch noch Muster (Wischgesten) als Zugriffsschutz einstellen. Dabei müssen z. B. Punkte auf dem Display nach einem vorher festgelegten Muster verbunden werden, um den Zugriff auf das Gerät zu erlangen. Die Finger hinterlassen aber häufig beim Streichen über das Touch-Display Spuren, anhand derer ein Angreifer die Menge in Frage kommender Muster signifikant einschränken kann. Im Anschluss kann der Zugriff dann in der Regel schnell durch einfaches Durchprobieren erlangt werden. Von einer Verwendung von Mustern ist daher abzuraten.

Allmählich werden aber auch *Smartphones* und *Tablets* mit Fingerabdruck-Scannern angeboten. Auch hier wird in der Regel ein Passwort für den Zugriff festgelegt, dass dann

---

[33] Die eigentliche Empfehlung sollte auf acht Zahlen lauten, aber dies lässt sich nicht immer gegenüber den eigentlichen Entscheidungsträgern im Unternehmen durchsetzen, so dass in entsprechend hartnäckigen Fällen wenigstens sechs Zahlen als Kompromiss anvisiert werden sollten.

aber nur noch für den Notfall gedacht ist, wenn die Authentisierung per Fingerabdruck mal aus irgendeinem Grund nicht funktioniert. Derartige Geräte sind insbesondere für Führungskräfte interessant, die sich mit Passwörtern oder PINs mit mehr als vier Zeichen bzw. Zahlen nicht anfreunden können. Wenn ein Unberechtigter in den Besitz eines passenden Fingerabdrucks für ein solches Gerät kommt, ist zwar nicht ausgeschlossen, dass hier mit entsprechendem Aufwand ein unberechtigter Zugriff zustande kommen kann. Dennoch ist die Authentisierung per Fingerabdruck nicht wesentlich unsicherer als die per Passwort oder PIN, da letztere bei *Smartphones* und *Tablets* auch allzu häufig zumindest teilweise für Dritte sichtbar z. B. im Rahmen von Meetings oder an öffentlichen Plätzen eingegeben werden. Neben der Fälschungssicherheit sollte hier aber auch der Aspekt des Datenschutzes berücksichtigt werden. Schließlich ist ein Fingerabdruck stets ein individuelles und dauerhaftes Identifikationsmerkmal einer Person und somit im Vergleich zu einem Passwort, dass sich bei Bedarf auch wechseln lässt, besonders schützenswert.

Ein alternatives, für den Zugriffsschutz häufig zur Verfügung stehendes, biometrisches Merkmal sind Gesichtsfotos. Häufig kann ein solcher Zugriffsschutz aber auch schon mit einem Foto des entsprechenden Gesichts, also anstelle des eigentlichen Gesichts selbst, überwunden werden. Da Fotos von Gesichtern z. B. an öffentlichen Plätzen auch unbemerkt durch Dritte aufgenommen werden können, ist von einer Verwendung von Gesichtsfotos für den Zugriffsschutz abzuraten.

4.8.2.3 Öffentliche WLAN-Funknetze

Sobald *Smartphones* nicht mehr in Reichweite des *WLAN-Funknetzes* des Unternehmens oder des jeweiligen *WLANs* daheim sind, wird für Internetzugriff auf das Mobilfunknetz des jeweiligen Mobilfunkanbieters zurückgegriffen. Unterwegs ist dies aber nicht immer die einzige Möglichkeit, um auf das Internet und darüber z. B. auf Unternehmensressourcen zuzugreifen. An vielen öffentlichen Orten (z. B. Flughäfen, Bahnhöfe, Hotels, Cafés) stehen auch öffentliche *WLAN-Funknetze*[34] zur Verfügung. Über diese lässt sich im Vergleich zum Mobilfunknetz ein schneller und/oder kostenloser Zugriff auf das Internet herstellen und gleichzeitig das in der Regel beschränkte Datenvolumen für den Internetzugriff über das Mobilfunknetz schonen. Deshalb lassen sich Smartphone- und Tablet-Nutzer häufig dazu verleiten, da wo möglich auch öffentliche *WLAN-Funknetze* zu verwenden.

In der Regel bieten öffentliche *WLAN-Funknetze* (*Hotspots*) allerdings einen für jeden offenen, unverschlüsselten und anonymen Zugriff, d. h. es müssen keinerlei Zugangsdaten wie Nutzername und Passwort angegeben werden oder zumindest keine individuellen. Da noch dazu die mit dem *Hotspot* per Funk ausgetauschten Daten einfach mitgeschnitten werden können, ist die Vertraulichkeit der in öffentlichen *WLAN-Netzen* übertragenen Daten daher besonders gefährdet. Das bloße Mitschneiden (passiver Angriff) lässt sich kaum entdecken und erfordert weder teure Technik, noch muss der Datendieb in unmittelbarer Nähe seiner Opfer sitzen. *WLAN-Funksignale* können nämlich häufig auch über Kilome-

---

[34] Öffentliche *WLAN-Funknetze* werden auch als *Hotspots* bezeichnet.

ter hinweg noch ausgewertet werden. Aber auch verschlüsselte Funknetze, wie sie z. B. in einigen Hotels oder auf Messen angeboten werden, sind häufig nur schwach verschlüsselt bzw. abgesichert.

Ein Angreifer, der es auf eine bestimmte Person abgesehen hat, kann sich ohne Weiteres auch Zugang zu denselben öffentlichen *WLAN-Funknetzen* (z. B. im Café, auf dem Flughafen, im Hotel) verschaffen, und kann dann als aktiver Teilnehmer im selben Netzwerk mit den mobilen Endgeräten der Zielperson interagieren. Die Hürde, erst einmal Zugang zum Netzwerk der Zielperson erlangen zu müssen, wie sie im *Unternehmens-WLAN* und auch im privaten *WLAN-Funknetz* der Zielperson in der Regel gegeben ist, fehlt in öffentlichen *WLAN-Funknetzen*[35].

Der Schutz der ausgetauschten Daten hängt im Falle öffentlicher *WLAN-Netze* also häufig nur von der Sicherheit der auf den *Smartphones* und *Tablets* jeweils verwendeten Anwendungen (*Apps*) ab. Ist z. B. in den E-Mail-Einstellungen kein Häkchen für die Verwendung des *SSL/TLS-Protokolls*[36] gesetzt oder die *E-Mail App* so implementiert, dass ein Datendieb die *App* durch einen vorgetäuschten Fehler im Netzwerk dazu bringen kann, sich mit einer unverschlüsselten Verbindung mit dem *E-Mail-Server* zufrieden zu geben, so landen die über das unverschlüsselte *WLAN-Funknetz* ausgetauschten E-Mails auch beim Datendieb direkt im Klartext.

Neben der Bedrohung durch einen unberechtigten Zugriff auf Daten, die per *WLAN-Funk* übertragen werden, haben Datendiebe auch noch die Möglichkeit, einen eigenen *Access-Point* in Betrieb zu nehmen. Dabei vergibt der Angreifer dem *WLAN-Funknetz*, der über den eigenen *Access-Point* ausgestrahlt wird, in der Regel einen Netznamen, dem die Opfer vertrauen. Wenn der Angreifer z. B. in einem Café sitzt, in dem die Zielperson häufig das öffentliche *WLAN* nutzt, dann kann der Angreifer den Namen des zugehörigen Funknetzes für seinen eigenen *Access-Point* übernehmen. Damit die Opfer nun mit seinem und nicht mit den eigentlichen *Access-Points* des öffentlichen *WLAN-Funknetzes* des Cafés kommunizieren, benötigt der Angreifer lediglich eine Antenne, die die *Access-Points* des Cafés überstrahlt. Derartige Antennen stellen keine komplexe Technik dar und sind schon für einstellige Euro-Beträge zu haben.

Sobald die Opfer mit dem *Access-Point* des Angreifers (*Hotspot-Falle*) kommunizieren, kann der Angreifer den Datenverkehr bequem z. B. per *Notebook* auswerten. Während des Angriffs muss der Angreifer seinen Opfern aber einen Zugang ins Internet ermöglichen, denn sonst würde die Falle unmittelbar auffallen und es gäbe überdies auch nichts zu belauschen. Das stellt allerdings kein Problem dar, denn wenn ein Angreifer nicht anderweitig an ein Netzwerk mit Internetzugang angebunden ist, steht in der Regel mindestens ein Internetzugang per Mobilfunknetz zur Verfügung.

---

[35] Dies gilt nicht für verschlüsselte, öffentliche *WLAN-Funknetze* mit einer Isolierung der *WLAN-Klienten* (in der Regel mit *Wireless* bzw. *Client Isolation* bezeichnet), in denen ein *WLAN-Klient* nur mit dem *Access-Point* und über diesen mit externen Netzen kommunizieren darf. Dies dürfte aber für die wenigsten öffentlichen *WLAN-Funknetze* gegeben sein.

[36] Mit Hilfe des *SSL/TLS-Protokolls* können Kommunikationspartner wie *Client* und *Server* einen verschlüsselten Datentunnel für den eigentlichen Datenaustausch etablieren.

Immer dann, wenn ein Angreifer im selben Netzwerk aktiv mit einem Opfer kommunizieren kann oder sogar wie bei einer *Hotspot-Falle* den Zugangspunkt kontrolliert, ist dieser nicht nur auf passive Lauschangriffe beschränkt, sondern kann auch eine Vielzahl aktiver Angriffe durchführen. Ein Angreifer kann z. B. versuchen, verschlüsselte Verbindungen so zu stören, dass die zugehörigen Anwendungen als Reaktion auf die Störungen ggf. auf schwächer verschlüsselte oder sogar unverschlüsselte Verbindungen zurückgreifen. Darüber hinaus kann ein Angreifer den Datenverkehr des Opfers so manipulieren bzw. eigenen Datenverkehr für das Opfer so generieren, dass dem Opfer eine *Spionagesoftware* zur Installation angeboten wird, z. B. getarnt als Aktualisierung für das Betriebssystem oder als Applikation des Cafés. In solchen Fällen erscheint zwar oft eine Zertifikatswarnung, die dann aber auch nicht selten genug einfach gutgläubig bestätigt wird.

Daher sollten Unternehmen die Beschäftigten, die *Smartphones* und *Tablets* betrieblich nutzen, auf diese Bedrohungen hin sensibilisieren (vgl. Abschn. 6.6). Öffentliche *WLAN-Funknetze* sollten möglichst gemieden werden. Als technische Maßnahme gegenüber diesen Angriffsszenarien eignet sich der Einsatz einer geeigneten *VPN-Lösung* für die betriebliche Datenkommunikation, sofern die für diese genutzten Applikationen und Dienste nicht durchweg eine eigene, ausreichende Verschlüsselung beinhalten.

4.8.2.4 GSM und UMTS

Mobilfunknetze werden in Risikobewertungen und Sicherheitskonzepten von Unternehmen häufig vernachlässigt. Doch auch hier lauern Schwachstellen, die von Angreifern genutzt werden können, um an vertrauliche Informationen zu gelangen. Neben dem Datenzugang zum Internet sind davon aber auch Telefonate und Kurznachrichten betroffen.

Beispielsweise werden Telefonate per *GSM* nur schwach verschlüsselt und lassen sich mit einfacher Technik nahezu in Echtzeit entschlüsseln und mithören (vgl. [26]). Kurznachrichten werden im *GSM-Netz* in der Regel sogar unverschlüsselt übertragen.

Bei *UMTS* ist die Situation hinsichtlich Verschlüsselung zwar besser, allerdings nicht in einem für den aktuellen Stand der Technik angemessenen Grad. Überdies haben Schlagzeilen zum Thema SS7 (vgl. [66]) gezeigt, dass auch die Sicherheitskonzepte neuerer Mobilfunkstandards durchaus Lücken haben.

Für die Ausnutzung von Lücken in *UMTS* kommen allerdings nach den bisherigen Erkenntnissen hauptsächlich Sicherheitsbehörden und Geheimdienste in Betracht, da hier mehr als nur einfache Technik erforderlich ist. Schaffen es Angreifer aber das Mobiltelefon einer Zielperson zu einer *GSM-Verbindung* zu zwingen, statt *UMTS*, sieht die Situation schon wieder anders aus.

Unternehmen sollten ihren Beschäftigten daher für vertrauliche Telefonate und Kurznachrichten Applikationen (*Apps*) für verschlüsselte Sprachverbindungen und *Messaging-Dienste* bereitstellen oder zumindest entsprechend informieren. Für den Datenaustausch über das Mobilfunknetz eignet sich auch hier der Einsatz einer geeigneten *VPN-Lösung*, sofern die für den Datenaustausch genutzten Applikationen und Dienste nicht durchweg eine eigene, ausreichende Verschlüsselung beinhalten.

4.8.2.5 Applikationen

Eine weitere Sicherheitsbedrohung können die für *Smartphones* und *Tablets* verfügbaren Applikationen (*Apps*) selbst darstellen. Für die verbreitetsten *Smartphone-Betriebssysteme Android* und *iOS* stehen jeweils mehr als eine Million *Apps* (vgl. [79]) über die jeweiligen Herstellerquellen (*Google Play Store* und *iTunes App Store*) zur Verfügung. Auch für die übrigen Betriebssysteme sind jeweils eine hohe Anzahl an *Apps*, in der Regel im unteren sechsstelligen Bereich, verfügbar.

Eine immense Vielzahl kostenfreier *Apps*, insbesondere aus den Kategorien Unterhaltung (inkl. Spiele), *Social Media* und *Social Networking* (inkl. *Instant Messaging*) lädt Nutzer von *Smartphones* und *Tablets* dazu ein, diese unverbindlich zu testen. Dies gilt in ähnlicher Weise auch für *Apps*, die für Kleinstbeträge angeboten bzw. erst nach einer bestimmten Nutzungsdauer kostenpflichtig werden. Dass solche *Apps* kostenfrei bzw. zu Kleinstbeträgen genutzt werden können, heißt aber nicht, dass diesen kein Geschäftsmodell zugrunde liegt. Schließlich müssen auch die Hersteller solcher *Apps* ihre Kosten für die Entwicklung und ggf. auch den Betrieb zugehöriger IT-Infrastruktur decken.

In solchen Fällen basieren Geschäftsmodelle häufig auf der kommerziellen Verwertung von Nutzer- bzw. Nutzungsdaten z. B. für Marktforschungszwecke. Der Nutzer einer solchen (datenhungrigen) *App* ist also nicht der Kunde des jeweiligen Herstellers, sondern stellt vielmehr zusammen mit seinem Nutzungsverhalten das Produkt dar, mit dem der *App-Hersteller* wirtschaftet. Je nachdem, welche Berechtigungen der Gerätenutzer einer solchen (datenhungrigen) *App* erteilt, kann diese über die bloße Nutzung dieser *App* hinaus z. B. auch Kontakte, Kurznachrichten, Kalendereinträge, E-Mails, besuchte Internetseiten und dergleichen mehr auswerten und dann die gesammelten Daten eigenständig zum *App-Hersteller* transferieren. Auf betrieblich genutzten *Smartphones* und *Tablets* können in einem solchen Fall aber auch Daten betroffen sein, die aufgrund gesetzlicher Bestimmungen (z. B. BDSG, Bundesdatenschutzgesetz) und/oder vertraglicher Vereinbarungen mit den jeweiligen Dateneignern zu schützen sind.

Ob und inwiefern eine *App* Daten erhebt und verwertet kann zwar häufig zumindest in Teilen[37] den entsprechenden Nutzungsbedingungen entnommen werden, doch allzu häufig ist der Durchschnittsnutzer mit dem Umfang typischer Nutzungsbedingungen sowie deren verklausulierten und ggf. nicht in Deutsch verfügbaren Inhalten überfordert. Viele Nutzer haben es sich daher angewöhnt, entsprechende Nutzungsbedingungen und/oder Datenschutzbestimmungen grundsätzlich ungelesen zu akzeptieren.

Die Auswertung von Nutzungsbedingungen stellt ein Masseproblem dar. Unternehmen können in der Regel die Prüfung von *Apps* und deren Nutzungs- und Datenschutzbedingungen z. B. auf Anfrage der Nutzer und in der Breite nicht leisten, so dass die Nutzer diesbezüglich nicht ganz aus der Verantwortung genommen werden können. Hier können aber z. B. Untersuchungen der Stiftung Warentest nützliche Informationen zu bestimmten

---

[37] Nutzungsbedingungen orientieren sich häufig in erster Linie an den gesetzlichen Anforderungen an Datensicherheit und Datenschutz des Herkunftslandes des Anbieters der App, die je nach Land drastisch von den entsprechenden Gesetzen hierzulande abweichen können.

Apps hinsichtlich Datensicherheit und Datenschutz liefern. Darüber hinaus gibt es mittlerweile auch Dienstleister, die mehrere hundert der gängigsten *Apps* regelmäßig für die diversen *Smartphone-* und *Tablet-Betriebssysteme* bzgl. der genannten Bedrohungen untersuchen und die Ergebnisse interessierten Unternehmen gegen Gebühr zur Verfügung stellen. Bei solchen Anbietern ist es auch möglich, die Prüfung noch nicht berücksichtigter *Apps* anzufragen bzw. in Auftrag zu geben.

Smartphone- und *Tablet-Betriebssysteme* bieten zum Thema Datenschutz teilweise auch weitergehende Konfigurationsmöglichkeiten an, um die Kontrolle des Nutzers über seine persönlichen Daten zu verbessern. Beispielsweise ist es bei *iOS* möglich, den Zugriff auf die Daten z. B. im Adressbuch oder Kalender, auf Ortungsdienste oder auf das Mikrofon zentral und gezielt für einzelne *Apps* über das Einstellungsmenü (unter *Datenschutz*) zu kontrollieren und einzuschränken, auch nachträglich. *Android* hingegen bietet keine solche zentrale Zugriffskontrolle, zumindest nicht direkt im Betriebssystem integriert.

Darüber hinaus ist es auf einigen *Smartphone-Plattformen* wie z. B. *Android* möglich, *Apps* nicht nur aus offiziellen Bezugsquellen, sondern auch aus alternativen Bezugsquellen (aus dem Internet) zu beziehen. Unter den alternativen Bezugsquellen gibt es aber auch viele, die als legitime *Apps* getarnte *Schadsoftware* anbieten. Beliebte *Apps*, die in den offiziellen Bezugsquellen (z. B. *Google Play Store*) nur gegen Gebühr angeboten werden, aber über alternative Bezugsquellen vermeintlich kostenfrei zu haben sind, sind in der Regel für viele Nutzer ausreichend interessant. Insbesondere für solche, die für diese Bedrohung nicht sensibilisiert sind.

Neben den Themen Datenschutz und alternativen Bezugsquellen für *Apps* spielt aber auch die in *Apps* implementierte Sicherheit eine Rolle. Immer wieder fallen *Apps* durch Sicherheitslücken in der Datenspeicherung, der Datenverarbeitung und/oder der Datenübertragung auf. Dies gilt auch für Betriebssystem-eigene *Apps*, also selbst entwickelte und vorinstallierte *Apps* der Geräte- bzw. Betriebssystemhersteller. Dies ist der Tatsache geschuldet, dass auf dem dynamischen Markt der *Smartphones* und *Tablets* noch immer ein starker Fokus auf die Entwicklung von neuen Features gelegt wird, um das jeweilige Betriebssystem oder eine *App* im Vergleich zur Konkurrenz attraktiver zu machen. Sicherheit und Datenschutz spielen stets nur eine untergeordnete Rolle. Bei vielen *App-Herstellern*, insbesondere wenn es sich dabei um sehr junge Unternehmensgründungen handelt, fehlt sogar oft auch einfach das *Know-How*, um den Sicherheitsbedarf erfassen und ein entsprechendes, umfassendes Sicherheitskonzept ableiten und umsetzen zu können.

Unternehmen sollten ihre Beschäftigten, die *Smartphones* und *Tablets* betrieblich nutzen, hinsichtlich der aufgeführten Bedrohungen durch *Apps* sensibilisieren (vgl. Abschn. 6.6). Für geschäftskritische Anwendungen sollte eine bewusste Auswahl geeigneter *Apps* nach definierten Sicherheitsanforderungen erfolgen bzw. deren Entwicklung anhand entsprechender Kriterien in Auftrag gegeben werden. Auch *Container-Konzepte* von *EMM-Lösungen*, die die *App-Installation* im *Container* für betriebliche Daten und Anwendungen einschränken, können den in diesem Abschnitt beschriebenen Bedrohungen entgegenwirken (vgl. Abschn. 4.2).

4.8.2.6 Datensicherung und Cloud

Smartphones und *Tablets* bieten in der Regel integrierte Datensicherungsfunktionen für private Inhalte, Applikationsdaten und Systemeinstellungen an, die dann regelmäßig und direkt in die *Cloud* des jeweiligen Betriebssystem- bzw. Geräteherstellers synchronisiert werden. Diese Funktionen sind häufig von vornherein aktiviert oder werden dem Nutzer von Anfang an zusammen mit weiteren Vorteilen der *Cloud-Nutzung* angeboten. Da diese Datensicherungsfunktionen in der Regel auch wichtige Unternehmensdaten (z. B. E-Mails) inklusive Zugangsdaten[38] (z. B. für das *Unternehmens-WLAN*) umschließen, empfiehlt es sich, derartige Funktionen frühzeitig zu deaktivieren. Bei *iOS-Geräten*, die im Rahmen eines *EMM* verwaltet werden, kann dies technisch erzwungen werden. Bei *Android-Geräten* hingegen ist dies (mit Ausnahme einiger *Container-Konzepte* von *EMM-Lösungen*) nicht der Fall, so dass hier höchstens eine organisatorische Vorgabe getroffen werden kann (vgl. Abschn. 4.2).

Im Rahmen der integrierten Datensicherungsfunktionen können also vertrauliche und geheime Unternehmensdaten auf externe Systeme gelangen. Aber auch personenbezogene Daten (z. B. von Kunden, Beschäftigten) sowie vertrauliche Daten von Vertragspartnern können auf diese Weise nach außerhalb des Unternehmens gelangen, was im Missbrauchsfall Datenschutz-Bußgelder bzw. Vertragsstrafen nach sich ziehen kann, sowie Folgeschäden durch Reputationsverluste. Deshalb sollten Unternehmen diese Problematik auch in der Kommunikation gegenüber den Beschäftigten, die *Smartphones* und *Tablets* betrieblich einsetzen, besonders betonen.

Als Alternative zu einer Datensicherung in die *Cloud* steht bei einigen *Smartphone-* und *Tablet-Betriebssystemen* noch die Möglichkeit einer lokalen Datensicherung auf ein *Notebook* oder einen *PC* zur Verfügung. Für *iOS-Geräte* können Unternehmen per *EMM* erzwingen, dass die gesicherten Daten verschlüsselt auf dem *Notebook* oder *PC* landen. Insgesamt ist das Thema Datensicherung für *Smartphones* und *Tablets* aber noch mit vielen Problemen verbunden, z. B. ist eine lokale Datensicherung unter *Android* in der Regel nicht oder nur unzureichend möglich. Unternehmen müssen aber zumindest organisatorisch versuchen sicherzustellen, dass betriebliche Daten nicht unverschlüsselt auf privaten Computersystemen landen, die dann irgendwann ggf. weiterverkauft werden, ohne die Festplatten vorher ausreichend sicher[39] gelöscht zu haben. Darüber hinaus sollten betriebliche Daten nicht ausschließlich auf *Smartphones* und *Tablets* vorgehalten werden, sondern möglichst auch auf *Servern* im Unternehmen.

Neben den Datensicherungsfunktionen sind für *Smartphones* und *Tablets* auch Applikationen (*Apps*) verfügbar, um auf *Cloud-Dienste* zuzugreifen. Je nachdem, wie im jeweiligen Unternehmen das Thema *Cloud* (insbesondere *Cloud-Speicherdienste*) gehandhabt

---

[38] Bedenklich wird dies insbesondere, wenn es sich bei den auf diese Weise gesicherten Zugangsdaten um solche handelt, mit denen der Zugriff auch auf weitere Unternehmensdienste (z. B. Windows-Domänenpasswörter) ggf. sogar unabhängig vom Smartphone und/oder Tablet möglich ist.

[39] Eine sichere Löschung ist im Fall von *SSD*-Festplatten (*Solid State Drive*) für den Privatbedarf für gewöhnlich nicht möglich.

wird, müssen auch *Smartphones* und *Tablets* diesbezüglich über entsprechende technische und organisatorische Maßnahmen berücksichtigt werden.

4.8.2.7 Schadsoftware

Mit *Schadsoftware* werden Programme bezeichnet, deren Zweck es ist, einem IT-System bzw. dessen Nutzer(n) Schaden zuzufügen. *Schadsoftware* als Begriff subsummiert die vom PC bekannten Viren, Trojaner, Würmer und dergleichen. Der Schaden kann z. B. durch das Löschen von Nutzerdaten oder das Abgreifen von Zugangsdaten (Benutzerkennungen, Passwörtern) zu *Online-Shops* bzw. Bezahldiensten und deren anschließendem Missbrauch entstehen. Ebenso können mit *Schadsoftware* Überweisungen im *Online-Banking* umgeleitet oder Transaktionsnummern (*TAN*) gesammelt und für vom Nutzer ungewollte Transaktionen verwendet werden.

Im Kontext von Unternehmen kann *Schadsoftware* von Angreifern auch gezielt dazu eingesetzt werden, um sukzessive IT-Systeme des angegriffenen Unternehmens unter die eigene Kontrolle, also die der Angreifer, zu bringen und Unternehmensdaten zu stehlen. Unternehmen, deren Erfolg in besonderem Maße von der Geheimhaltung bestimmter Daten und Informationen (z. B. Geschäftsgeheimnisse in der Automobil- oder Pharmabranche) abhängt, sind besonders gefährdet. Aber auch Unternehmen, deren Erfolg nicht von eigener Forschung und Innovation sowie der Geheimhaltung entsprechender Ergebnisse abhängt, können durchaus interessant genug z. B. für einen Konkurrenten werden, denn jedes Unternehmen zahlt Gehälter, verwaltet seine Kunden, betreibt eine eigene Preispolitik, und dergleichen mehr. Mit dem Zugriff auf entsprechende Informationen könnte ein Konkurrent gezielt Personal abwerben, weitere, potentielle Kunden in Erfahrung bringen und mit gezielten Angeboten kontaktieren.

Mit dem breiten Einzug von *Smartphones* und *Tablets* in private Haushalte und Unternehmen sind diese aber auch für Entwickler von *Schadsoftware* interessant geworden. Aus Sicht der *Schadsoftware-Entwickler* bieten *Smartphones* und *Tablets* im Vergleich zu *PCs* und *Notebooks* sogar einige Vorteile, da sie sich in der Regel wie folgt von *PCs* und *Notebooks* unterscheiden.

1. *Smartphones* und *Tablets* werden rund um die Uhr betrieben.
2. *Smartphones* und *Tablets* haben rund um die Uhr Internetkonnektivität.
3. Nutzer akzeptieren häufig gutgläubig selbst weitreichende Berechtigungsanforderungen von Applikationen.
4. Applikationen auf *Smartphones* und *Tablets* können im Hintergrund aktiv werden bzw. bleiben.
5. *Smartphones* und *Tablets* eignen sich aufgrund der integrierten Mikrofone und Kameras auch als Wanzen.

Unter den Betriebssystemen für *Smartphones* und *Tablets* ist *Android* aus den folgenden Gründen bzgl. *Schadsoftware* besonders gefährdet.

Android ist laut Strategy Analytics (vgl. [3]) mit einem weltweiten Marktanteil von 81,2 Prozent in 2014 das verbreitetste Betriebssystem für *Smartphones* und *Tablets*. Das Betriebssystem *iOS* besetzt mit einem Marktanteil von 15,0 Prozent den zweiten Platz, gefolgt von *Windows Phone* mit einem Marktanteil von 3,0 Prozent. Die übrigen Betriebssysteme kommen zusammen auf einen Marktanteil von 0,7 Prozent. Mit *Schadsoftware* für *Android* können entsprechende Entwickler also weit mehr Endgeräte befallen und Nutzer schädigen, als dies mit *Schadsoftware* für *iOS* oder *Windows Phone* möglich ist.

Darüber hinaus handelt es sich bei *Android* um *Open Source Software*, das heißt der *Quellcode* von *Android* ist für jeden Interessierten frei zugänglich. Software, deren *Quellcode* nicht öffentlich zugänglich ist, ist zwar nicht unbedingt sicherer als *Open Source Software*, dennoch handelt es sich bei *Android* um ein noch relativ junges Betriebssystem, das zwar einen *Linux-Kernel* beinhaltet, sich aber ansonsten von Linux-Systemen für *PCs* und *Notebooks* stark unterscheidet und eigene Sicherheitskonzepte erfordert. Mit Version 5 des *Android Betriebssystems* (mit dem Namen *Lollipop*) werden aber die in den Versionen 4.x allmählich hinzugefügten Sicherheitsmechanismen, wie z. B. die Sicherheitserweiterung *SELinux*, noch umfassender eingesetzt und erzwungen.

Ein weiterer Grund für eine besondere Bedrohung von *Android* durch *Schadsoftware* ist die Möglichkeit (vgl. Abschn. 4.8.2.5), *Apps* auch aus alternativen Quellen zu beziehen. Während der Besitzer eines *iOS-Gerätes* (ohne *Jailbreak*) *Apps* und andere Inhalte ausschließlich aus dem *Apple iTunes Store* beziehen kann, kann der Besitzer eines *Android-Gerätes* neben dem *Google Play Store* auch beliebige, andere Quellen für *Apps* und Inhalte nutzen. Dies machen sich *Schadsoftware-Entwickler* für *Android* zunutze, indem z. B. beliebte, nicht kostenfrei erhältliche *Apps* zuerst mit entsprechendem *Schadcode* ergänzt und dann kostenlos über alternative Quellen für *Apps* angeboten werden.

Manchmal schaffen es *Apps*, die *Schadcode* beinhalten oder auch anderweitig problematisch sind, sogar in den *Google Play Store*. Zwar prüft auch Google jede *App* vor deren Einstellung in den *Google Play Store* hinsichtlich einiger inhaltlicher Aspekte sowie der Einhaltung von Googles Programmrichtlinien, jedoch gehen die Anforderungen und Kontrollen hierbei nicht so weit, wie z. B. die bei Apple für deren *iTunes Store*. Als Ergänzung der Prüfung von *Apps* bei Google wurde daher auch in den Endgeräten ab *Android* 4.2 eine Funktion hinzugefügt, die bei Installation einer *App* diese auf bestimmte Schadfunktionen hin überprüft.

Wenn nun aber eine *App* unter *Android* installiert wird, die der Nutzer für den Zugriff auf Kurznachrichten (*SMS*) berechtigt (z. B. um eine eingehende *Aktivierungs-SMS* für die betreffende *App* automatisch verarbeiten zu können), so kann diese *App* auch prinzipiell für die Nutzung von *Premium-SMS-Diensten* missbraucht werden. Nutzer z. B. von *iOS-Geräten* können *Apps* derart weitreichende Berechtigungen gar nicht erst vergeben. Apple ist in dieser Hinsicht sehr viel restriktiver, wenn es darum geht, welche Möglichkeiten *App-Entwicklern* an die Hand gegeben werden sollen.

Des Weiteren kommt bei *Android* noch hinzu, dass das Betriebssystem auf den unterschiedlichen Geräten der verschiedenen Gerätehersteller stets in unterschiedlichen Variationen vorliegt, die sich jeweils durch mehr oder weniger starke Modifikationen durch die Gerätehersteller ergeben. Wenn eine neue Version von *Android* durch Google veröffentlicht wird, ist diese daher zunächst nur für Endgeräte von Google selbst verfügbar. Die übrigen Gerätehersteller benötigen in der Regel erst noch einige Monate Zeit für ihre gerätespezifischen Modifikationen der neuen Version des grundlegenden *Android* Betriebssystems. Da die Umsetzung der Modifikationen in der Regel sogar pro Gerätemodell erfolgen muss, werden dabei aus Gründen der Wirtschaftlichkeit ältere Geräte und/oder Geräte aus niedrigeren Preissegmenten häufig erst gar nicht berücksichtigt und bleiben auf dem alten Versionsstand. Dies gilt auch dann, wenn bekannt gewordene, kritische Sicherheitslücken mit der neuen Betriebssystem-Version behoben werden.

Anfang November 2014 wurde beispielsweise Version 5 von *Android* veröffentlicht. Dennoch liefen Anfang März 2015 laut den *Android Developers Dashboards* (vgl. [4]) noch immer mehr als 7 % der aktiven *Android-Geräte* unter einer *Android-Version* 2.x. *Android* 5 selbst hatte in diesen vier Monaten gerade mal eine Durchdringung von nur 3,3 % erreicht. Auch hier sind *iOS-Geräte* das absolute Gegenbeispiel. Da bei *iOS-Geräten* sowohl Hardware als auch Software ausschließlich von Apple kommt, werden neue Betriebssystem-Versionen stets für alle Geräte gleichzeitig verfügbar gemacht. Ältere Geräte werden in der Regel über mehrere Jahre unterstützt, und zwar solange wie die Hardware-Ausstattung noch von Apple als ausreichend für die jeweils nächste Betriebssystem-Version erachtet wird.

Nutzer von *Android-Geräten* sind also besonders für die Bedrohung durch *Schadsoftware* zu sensibilisieren, sofern *Android* für eine betriebliche Verwendung zumindest im Rahmen einer *BYOD-Strategie* vorgesehen ist. Zwar sind auch die übrigen Betriebssysteme nicht immun gegen *Schadsoftware*, machen es aber *Schadsoftware-Entwicklern* an vielen Stellen[40] schwieriger, *Schadsoftware* auf die entsprechenden Geräte zu bekommen bzw. einen Schaden mit den im Vergleich zu *Android* eher eingeschränkten Möglichkeiten anzurichten.

Unternehmen sollten deshalb darauf hinwirken, dass Beschäftigte, die *Smartphones* und *Tablets* für betriebliche Zwecke nutzen, regelmäßig die Verfügbarkeit von Betriebssystemaktualisierungen prüfen und diese nach Erscheinen zeitnah einspielen. Sofern für das jeweilige Betriebssystem verfügbar sollten auch *Antivirus-Programme* für betrieblich genutzte Geräte vorgegeben werden. Falls die Auswahl an Geräten und/oder Geräteherstellern im Rahmen der *BYOD-Strategie* eingeschränkt werden soll, so ist beim Treffen dieser Auswahl auch zu berücksichtigen, wie regelmäßig und zeitnah Betriebssystemaktualisierungen von den jeweiligen Geräteherstellern geliefert werden.

4.8.2.8 Phishing und Pharming

Phishing beschreibt die Bedrohung, bei der ein Angreifer durch Nachahmung und Vortäuschung einer dem Nutzer bekannten Internetseite versucht, z. B. an dessen Zugangsdaten (z. B. Benutzerkennungen und Passwörter) oder Autorisierungstoken (z. B. Transaktions-

---

[40] Beispielsweise durch die Verhinderung alternativer Quellen für *Apps* und Inhalte, durch restriktivere Berechtigungskonzepte und mehr Optionen zum Schutz von persönlichen Daten.

nummern für Überweisungen) zu gelangen. Häufig werden dabei Internetseiten von Sparkassen, Banken, Bezahldiensten (z. B. PayPal) oder *Online-Shops* (z. B. Amazon, eBay) hinsichtlich Design, Farben und Layout kopiert bzw. imitiert, da hier aus Sicht der Angreifer mit den gestohlenen Nutzerinformationen unmittelbar Profit erzielt werden kann. Genauso können aber auch betriebliche Zugangsdaten z. B. im Rahmen einer Wettbewerbsspionage im Fokus eines *Phishing-Angriffs* stehen.

Im privaten Bereich werden *Phishing-Angriffe* in der Regel über (gefälschte) E-Mails eingeleitet, die die Opfer unter einem Vorwand auf eine innerhalb der E-Mail verlinkte *Phishing-Seite* locken sollen. Solche Angriffe erfolgen häufig so in der Breite, dass ein Teil der Empfänger nicht mal mit dem imitierten Dienst in Verbindung steht, da den *Phishern* bzgl. der *Phishing-Angriffe* schon geringste Erfolgsquoten ausreichen, um die Gewinnschwelle zu überschreiten. Die im Rahmen eines solchen *Phishing-Angriffs* gesammelten Zugangsdaten werden jedoch in der Regel nicht durch die *Phisher* selbst ausgenutzt. Stattdessen werden diese Daten in großen Mengen weiterverkauft und gelangen somit indirekt erst in die Hände von Kriminellen, die auf die monetäre Verwertung solcher Daten spezialisiert sind.

Phishing-Angriffe, die sich gegen Unternehmen richten, werden hingegen gezielter ausgeführt. Dazu werden zunächst potenziell besonders für *Phishing* anfällige und/oder besonders lohnende Zielpersonen identifiziert, z. B. aus der Geschäftsleitung oder unter den sonstigen Führungskräften (inkl. entsprechender Sekretariate). Danach werden von der jeweiligen Zielperson genutzte, externe Datendienste (z. B. soziale Netzwerke) und/oder für *Phishing* anfällige Unternehmensdienste ermittelt, die die Zielperson auch von außerhalb des Unternehmensnetzwerks in Anspruch nimmt. Besonders interessant bzw. auch häufig anfällig für *Phishing* sind dabei Unternehmensdienste, die nicht über einen *VPN-Tunnel*[41] abgesichert werden. Parallel werden möglichst viele, persönliche Informationen der Zielperson zusammengetragen, z. B. Hobbies, Familienangehörige, Freunde, häufig genutzte *Online-Shops*, häufig genutzte Paketdienste, die Bank des Vertrauens und dergleichen mehr.

Ist ein für den *Phishing-Angriff* geeigneter Dienst ausfindig gemacht, wird dann analog zum *Phishing-Angriff* aus dem privaten Bereich eine gefälschte Internetseite, passend zum jeweiligen Dienst aufgesetzt. Danach wird die Zielperson z. B. per E-Mail und ggf. unter Verwendung persönlicher Informationen der Zielperson (Stichwort *Social Engineering*) auf die entsprechende *Phishing-Seite* gelockt. Aber auch ohne Zutun der Zielperson ist ein *Phishing-Angriff* möglich, z. B. über öffentliche *WLAN-Netze*, wenn die Zielperson sich mit einem durch den Angreifer kontrollierten *Access-Point* (vgl. Abschn. 4.8.2.3) verbindet.

---

[41] Bei einem *VPN-Zugang* wird in der Regel eine verschlüsselte Verbindung zu einem festgelegten Zugangspunkt etabliert. Für einen Angreifer, der keinen Zugriff auf den Rechner des Opfers selbst hat, ist dann lediglich dieser Zugangspunkt als Ziel der Kommunikation auszumachen. Der Zugriff auf verschiedene Unternehmensdienste wird dann verschlüsselt über diesen Zugangspunkt durch geleitet, so dass die verschiedenen, nachgelagerten Zielsysteme und die zugehörigen Dienste nicht nur vor einem Angreifer gesondert geschützt, sondern für diesen nicht einmal sichtbar sind.

Die gefälschten Internetseiten lassen sich anhand der dargestellten Inhalte in der Regel kaum vom Original unterscheiden, da sich mit einfachen Mitteln zu jeder beliebigen Seite optisch nahezu identische Kopien erstellen lassen. Manchmal wird die perfekt imitierte Seite allerdings noch gezielt von den Angreifern modifiziert, z. B. wenn die gefälschte Startseite für das *Online-Banking* neben Benutzername und PIN nun noch ein zusätzliches Eingabefeld für eine *TAN* enthalten soll. Ansonsten lässt sich das *Phishing* höchstens anhand der URL (*Uniform Resource Locator*) feststellen, also der Adresse der Internetseite, sowie an ggf. fehlenden Sicherheitsmerkmalen (z. B. keine Verschlüsselung).

Wenn ein Angreifer während eines *Phishing-Angriffs* aber auch die Namensauflösung im Netzwerk beeinflussen kann, wie dies z. B. im Szenario des vom Angreifer kontrollierten *Access-Points* möglich ist, spricht man von *Pharming*. In diesem Fall kann der Zielperson die *Phishing-Seite* durch den Angreifer auch unter der Adresse der passenden Originalseite ausgeliefert werden (z. B. eine *Phishing-Seite* für PayPal unter *www.paypal.de*).

Im Falle eines gezielten Angriffs über einen vom Angreifer kontrollierten *Access-Point* kann dieser auch die Verwendung eines bestimmten Dienstes unterbinden und (z. B. per E-Mail oder wenn die Zielperson irgendeine beliebige andere Internetseite aufzurufen versucht) der Zielperson eine selbst zusammengestellte Fehlerseite für den betroffenen Dienst anzeigen, auf der dann unter einem Vorwand entsprechende Zugangsdaten verlangt werden.

Phishing und *Pharming* sind Bedrohungen, die gerade auch bei *Smartphones* und *Tablets* zu berücksichtigen sind, da *Smartphones* und *Tablets* im Vergleich zu *Notebooks* viel häufiger in Netzwerken außerhalb des Unternehmens (z. B. in öffentlichen *WLAN-Netzen* in Cafés, Hotels oder Flughäfen) aktiv sind. Darüber hinaus erschweren die im Vergleich zu *Notebooks* wesentlich kleineren Bildschirme der *Smartphones* sowie die grundlegend anders gestalteten *Internet-Browser* (Programme für den Internetzugang) die Prüfung einer Seite hinsichtlich falscher Adressen oder fehlender Sicherheitsmerkmale.

Um der Bedrohung durch *Phishing* und *Pharming* im Unternehmensumfeld entgegenzuwirken, lassen sich die folgenden Maßnahmen ergreifen.

- Verbot[42] oder Beschränkung der Nutzung öffentlicher (also fremdkontrollierter) *WLAN-Netze*.
- Durchgehende Nutzung eines *VPN-Zugangs* für möglichst alle Unternehmensdienste.
- Sensibilisierung der Mitarbeiter.

4.8.3 Risiken

In welchem Ausmaß eine Bedrohung auch ein Risiko für das Unternehmen darstellt, hängt von verschiedenen, individuellen Parametern ab.

---

[42] Ein solches Verbot oder auch die Beschränkung erfordern allerdings auch die Bereitstellung höherer Datenkontingente für den Internetzugang über den jeweiligen Mobilfunkanbieter.

Zum einen ist der mögliche Schaden als Auswirkung einer Bedrohung entsprechend der konkreten Sachlage im Einzelfall zu bewerten. Beispielsweise können bei Verlust oder Diebstahl eines *Smartphones* geschäftliche E-Mails der letzten Woche oder des ganzen letzten Jahres gefährdet sein. Die Kommunikation vertraulicher oder gar geheimer Informationen per E-Mail kann in manchen Unternehmen unter bestimmten Rahmenbedingungen zulässig sein, während sie in anderen Unternehmen grundsätzlich nicht per E-Mail erfolgen darf. Darüber hinaus ist für die Einschätzung des Risikos zu berücksichtigen, welche Unternehmensdienste und Unternehmensdaten sonst noch über das *Smartphone* zugreifbar und wie kritisch diese sind.

Ebenso kann auch die Eintrittswahrscheinlichkeit eines Schadens variieren, je nachdem, ob z. B. bei einem gestohlenen Gerät Schutzmaßnahmen wie eine Geräteverschlüsselung und ein Zugriffsschutz umgesetzt waren oder nicht. Derartige Schutzmaßnahmen erschweren den unberechtigten Zugriff auf Unternehmensdaten, so dass der erforderliche Aufwand für den unberechtigten Zugriff auf diese Daten im Idealfall nicht mehr wirtschaftlich ist.

Es gibt verschiedene Parameter, die die Risiken, die durch den betrieblichen Einsatz von *Smartphones* und *Tablets* entstehen, beeinflussen.

- Anzahl integrierter Unternehmensdienste auf *Smartphones* und *Tablets*
- Wert der auf *Smartphones* und *Tablets* bereitgestellten Unternehmensdaten
- Art und Umfang der zum Schutz der Unternehmensdaten eingesetzten Sicherheitsmaßnahmen[43]

Die ersten beiden Punkte bestimmen den möglichen Schaden, der in der Folge eines unberechtigten Zugriffs auf entsprechende Geräte zustande kommen kann. Der letzte Punkt wirkt sich auf die Eintrittswahrscheinlichkeit von Schäden aus. Neben den in diesem Abschnitt bereits eingangs beschriebenen Sicherheitsmaßnahmen (z. B. Kapselung von *Apps* und Daten, Datenverschlüsselung und Zugriffsschutz) sind auch Sicherheitsmaßnahmen für die Übertragung betrieblicher Daten z. B. durch *Apps* relevant.

Die Ausgestaltung einer *BYOD-Strategie* sollte sich in jedem Fall auf eine Risikoanalyse stützen, im Rahmen derer relevante Risiken anhand der genannten Bedrohungen (vgl. Abschn. 4.8.2) sowie diesen entgegen wirkender Sicherheitsmaßnahmen (vgl. Abschn. 4.8.1 und 4.8.2) hinsichtlich konkret in die Betrachtung eingeschlossener Geräte und der zugehörigen Betriebssysteme ermittelt und bewertet werden. Hierbei können sich auch Mindestsicherheitsanforderungen für besonders kritische Unternehmensdienste ergeben, die *Smartphones* und *Tablets* erfüllen müssen, um auf den jeweiligen Dienst mit noch akzeptablem Risiko zugreifen zu können.

---

[43] Die umsetzbaren, technischen Sicherheitsmaßnahmen werden durch die jeweiligen Betriebssystem- und Gerätehersteller sowie ggf. *EMM-Anbieter* vorgegeben, so dass die Zulassung beliebiger Endgeräte die Umsetzung einheitlicher Sicherheitsmaßnahmen erschweren kann.

Die Risikoanalyse sollte sich nach Möglichkeit an der im Unternehmen etablierten Methodik für das *IT-Risikomanagement* orientieren. Ist eine solche Methodik noch nicht etabliert, kann sich die Risikoanalyse für *BYOD* z. B. an der *OCTAVE-Methode* (vgl. [76]) oder am IT-Grundschutz des BSI (Bundesamt für Sicherheit in der Informationstechnik) (vgl. [77]) orientieren. Dabei ist allerdings zu berücksichtigen, dass diese Methoden ein ganzheitliches IT-Risikomanagement adressieren, während die Risikoanalyse für *BYOD* nur einen Teil dieses Betrachtungsgegenstands darstellt. Sie können sich hier deshalb auch an geeigneten, anderen Standards mit alternativen Ansätzen orientieren.

4.8.4 Konsequenzen für BYOD

Unter Berücksichtigung der dargestellten Bedrohungen und den daraus resultierenden Risiken für den betrieblichen Einsatz von *Smartphones* und *Tablets* gilt es deshalb auch im Rahmen einer *BYOD-Strategie* die folgenden Fragestellungen zu beantworten.

- Welche Unternehmensdienste sollen *Smartphones* und *Tablets* zur Verfügung stehen (Anwendungsfälle)?
- Welche technischen Sicherheitsmaßnahmen sollen jeweils für die Unternehmensdienste vorausgesetzt werden?
- Soll dazu die freie Auswahl an Geräten eingeschränkt[44] werden, um eine ausreichende Kompatibilität und Sicherheit mit Unternehmensdiensten zu gewährleisten?
- Welche *Smartphone-* und *Tablet-Plattformen* sollen aktiv[45] unterstützt werden?
- Welche der angedachten Unternehmensdienste sollen (sofern technisch möglich) auch *Smartphones* und *Tablets* zur Verfügung gestellt werden, die nicht aktiv unterstützt werden?

Für *BYOD* ist auch zu berücksichtigen, dass *Smartphones* und *Tablets* insbesondere aus dem Niedrigpreissegment nicht immer mit allen Unternehmensdiensten kompatibel sind oder aber nicht vernachlässigbare, sicherheitstechnische Unzulänglichkeiten aufweisen. Es wurden z. B. schon *Smartphones* als *Enterprise-Geräte* beworben, die kein *Enterprise-WLAN* (*IEEE 802.11i* in Verbindung mit IEEE 802.1X, RADIUS und EAP, vgl. Abschn. 4.6.3) beherrschten.

Hinsichtlich der aktiven Unterstützung ist je nach Unternehmen zu berücksichtigen, dass Nutzer von nicht aktiv durch das Unternehmen unterstützten Betriebssystemen

---

[44] *BYOD* bedeutet also nicht zwangsläufig, dass grundsätzlich alle auf dem Markt verfügbaren *Smartphones* und *Tablets* für die betriebliche Nutzung vollumfänglich zugelassen werden müssen.

[45] Aktive Unterstützung bedeutet hier zum einen, dass ggf. eine gezielte Ausrichtung der IT-Infrastruktur für die Anbindung und ggf. eine weitergehende Verwaltung (*MDM/EMM*) dieser Geräte erfolgt, zum anderen aber auch, dass das Unternehmen Personalressourcen für die Unterstützung der Anwender bei der Bedienung entsprechender Geräte bereitstellt und entsprechendes *Know-How* aufbaut.

und/oder Geräten häufig gar nicht in der Lage sind, den Zugriff auf Unternehmensdienste eigenständig zu konfigurieren. Wenn Geräte also zur betrieblichen Verwendung zugelassen sind, aber nicht aktiv unterstützt werden, kann es durchaus dazu kommen, dass sich Beschäftigte andere (weniger sichere) Wege suchen, um die betriebliche Verwendung zu ermöglichen.

Die aufgelisteten Fragen werden sich in der Regel auch nach Gruppen von Mitarbeitern unterschiedlich beantworten lassen. Die Geschäftsleitung könnte teilweise auf andere Unternehmensdienste über *Smartphones* und *Tablets* zugreifen, als z. B. das Marketing oder der Vertrieb. In solchen Fällen ist es durchaus sinnvoll Risikobetrachtungen für einzelne Gruppen durchzuführen, woraus dann wiederum gruppenbezogene Entscheidungen resultieren können und somit auch eine nach Gruppen differenzierte *BYOD-Strategie*. Beispielsweise ist es sinnvoll, Führungskräften möglichst sichere und mit allen erforderlichen Unternehmensdiensten kompatible Endgeräte zur Verfügung zu stellen, während diese Anforderungen für andere Beschäftigte nicht in gleicher Weise gelten müssen.

Je nach Risikobewertung können sich demnach unterschiedliche Freiheitsgrade für die *BYOD-Strategie* sowohl als Ganzes als auch hinsichtlich einzelner Gruppen von Mitarbeitern ergeben. *BYOD* kann im Minimalfall bedeuten, dass privaten Endgeräten durch das Unternehmen lediglich der Zugang zum Internet zur Verfügung gestellt wird. Ggf. können einige, wenige Unternehmensdienste dann über den Internetzugang in Anspruch genommen werden. Ebenso ist es möglich, dass das Unternehmen nur bestimmte Betriebssysteme und/oder Geräte für die Verwendung im Betrieb zulässt.

Allerdings besteht in solchen Szenarien wiederum das Risiko für die sogenannte *Schatten-IT*. Nutzer von nicht zugelassenen Betriebssystemen und/oder Geräten können dazu neigen, sich alternative Möglichkeiten für den Zugriff auf Unternehmensdaten zu verschaffen. Ein Mitarbeiter, der z. B. PowerPoint-Folien für eine Präsentation auch unterwegs stets parat haben möchte, könnte diese über eine direkte Datensynchronisation (per Kabel) mit dem Arbeitsplatzrechner auf sein *Smartphone* oder *Tablet* kopieren. Eine weitere Alternative stellen *Cloud-Speicherdienste* dar, auf die der Mitarbeiter sowohl mit seinem Arbeitsplatzrechner als auch mit seinem privaten *Smartphone* oder *Tablet* zugreifen kann, die aber ggf. für das Unternehmen wegen der *IT-Compliance* (gesetzliche und regulatorische Anforderungen an Sicherheit und Datenschutz) problematisch sind. Dies betrifft vor allem Mitarbeiter, die häufig betrieblich unterwegs sind. Auch hinsichtlich dieser Problematik zeigt sich erneut die Notwendigkeit der Einbeziehung der Beschäftigten in die Ausgestaltung der *BYOD-Strategie*.

Unternehmen sollten daher über Richtlinien für *Mobility* und *BYOD*, die für die Beschäftigten nachvollziehbar und akzeptabel[46] sein müssen, die Konformität mit gesetzlichen oder anderweitigen regulatorischen Anforderungen (z. B. unternehmensinterne Richtlinien, vertragliche Verpflichtungen sowie ggf. im Unternehmen etablierte Sicher-

---

[46] Dies kann nur erreicht werden, wenn den Beschäftigten die Risiken bekannt sind und getroffene Maßnahmen in einem angemessenen Verhältnis zu diesen Risiken stehen. *Awareness-Schulungen*, die die Beschäftigten für diese Risiken sensibilisieren, können dabei helfen.

heitsstandards wie z. B. ISO 27001) gewährleisten. Dabei sind auch die geschilderten Bedrohungen und Risiken zu berücksichtigen.

4.9 Support

Die Unterstützung von Anwendern und Lösung von technischen Problemen wird Neudeutsch als *Support* bezeichnet. Dabei wird häufig auch die Abteilung, die diesen Service zur Verfügung stellt, *Support* genannt. Die Größe der Abteilung ist abhängig von der Komplexität der zu betreibenden IT- und Technik-Infrastruktur. Normalerweise werden *Support-Dienste* für alle unternehmensweit eingesetzten Technologien und Services zur Verfügung gestellt. In großen Firmen und Behörden ist der *Support* meist eine eigene Abteilung oder zumindest ein eigenständiges Team im Bereich der IT. Diese Abteilung oder das Team kann zentral für alle Standorte zuständig sein, oder verteilt über mehrere Standorte potentiell weltweit. Multinationale Firmen betreiben oft einen *Support*, der nach dem „*Follow the sun Prinzip*" funktioniert. Das heißt, dass auf verschiedenen Kontinenten *Support-Abteilungen* betrieben werden, die sich eine Betreuung rund um die Uhr aufteilen.

Viele große Firmen haben einige oder sogar alle IT-Services über ein *Outsourcing* an Drittunternehmen abgetreten, die diese Services für den Kunden betreiben und *supporten*. Bei kleineren Firmen werden *Support-Services* oft bei Bedarf über Drittfirmen oder direkt beim Hersteller eingekauft. Der *Support* ist eine wichtige und zentrale Aufgabe der internen IT, da er dafür zuständig ist, dass im Problemfall Lösungen für IT-basierte Fehler schnell gefunden werden. Andernfalls können ein oder mehrere Mitarbeiter nicht richtig arbeiten und dadurch verliert eine Firma Zeit und damit Geld.

Moderne IT-Abteilungen legen großen Wert auf eine Standardisierung der IT-Landschaft. Damit sind *Hardware-* und *Softwaresysteme* gemeint. Durch diese Standardisierung sind die Systeme einfacher zu warten. Es wird versucht die Umgebung nicht zu komplex werden zu lassen. Durch *BYOD* ergeben sich neue Herausforderung an den *Support*, da jetzt potentiell im Bereich der mobilen Endgeräte beliebige *Hardware-* und *Software-Kombinationen* mit in das Unternehmen gebracht werden können. Deswegen sind neue Konzepte notwendig.

Durch die Einführung von *BYOD* geht die Anzahl an *Support-Fällen* für die klassische IT (*Notebooks* und *PCs*) nicht etwa zurück, sondern es kommen neue hinzu. Es wird erwartet, dass ein durchschnittlicher Mitarbeiter bald bis zu drei Geräte haben wird, mit denen er produktiv für seine Firma arbeitet. Das heißt, dass die mobilen Endgeräte nicht etwa die klassischen IT-Geräte ersetzen, sondern sie werden ergänzend eingesetzt. Dadurch steigt natürlich die Wahrscheinlichkeit für Systemfehler.

Die Benutzer erwarten von ihren mobilen Endgeräten heute eine ähnlich fehlerfreie *Software*, wie sie es von klassischen *PCs* und *Notebooks* gewohnt sind. Diese Erwartungshaltung bezieht sich zum einen auf die Stabilität der Betriebssysteme und zum anderen natürlich auch auf die installierten *Apps*. Mobile Betriebssysteme und vor allem die *Apps* sind aber viel schnelllebiger geworden und oft wird sogenannte *Bananensoftware* verteilt. Damit wird *Software* bezeichnet, die noch sehr unreif ist, aber trotzdem schon verkauft wird. Sie reift also beim Kunden. Oft werden keine oder nur sehr unregelmäßige Updates zur Verfügung gestellt.

Kommt es nun beim Einsatz einer *App* zu Problemen, kann der Benutzer sich beim *Support* melden. Hier muss eine wichtige Entscheidung getroffen werden: Werden privat gekaufte *Apps supportet*? Hiervon ist dringlichst abzuraten, denn die sich daraus ergebende Komplexität ist nicht zu überblicken. Somit sollte der Anwender sich um den privaten Teil seines Gerätes selbst kümmern müssen. Ob der Benutzer *Support* vom Hersteller der *Software* bekommt ist oft fraglich. Es muss auch die Frage erlaubt sein: Wie viel Service kann ich von einer Firma (oder einer Privatperson) erwarten, die ihre *Apps* kostenlos oder für einen Euro anbietet? Es sollten also nur zentral von der Firma vorgeschriebene und / oder verteilte *Apps supportet* werden.

Es kann aber natürlich auch zu Fehlfunktionen des mobilen Gerätes kommen, die nicht sofort auf eine *App* oder eine konkrete Einstellung zurückzuführen sind. Hier kann es schwierig werden herauszufinden, worin der Fehler liegt. Besonders, wenn der Benutzer nicht vor Ort ist, kann oft nur geraten werden. Eine Fernwartung von mobilen Geräten, bei der sich der *Support-Mitarbeiter* aus der Ferne auf das Gerät einwählen kann, um den Fehler selbst zu sehen und potentiell direkt beheben zu können, ist sehr schwierig, da diese Funktion im Grunde von mobilen Endgeräten nicht unterstützt wird. Darum müssen mobile Endgeräte oft beim *Support* eingereicht werden. Dies bedeutet aber, dass während der Fehlersuche und der Reparatur das Gerät nicht eingesetzt werden kann.

Geht es nicht um einen *Softwarefehler*, sondern ist das gesamte Gerät defekt, muss dem Mitarbeiter ein Ersatzgerät zur Verfügung gestellt werden. Wie dies genau geregelt wird, ist jeder Firma selbst überlassen. Normalerweise wird ein Gerät mit weniger Funktionen ausgeteilt, welches bis zur Reparatur des alten oder dem Kauf eines neuen Geräts eingesetzt werden kann. Hierzu muss auch ein entsprechender Prozess definiert werden. Die Reparatur oder Neubeschaffung obliegt aber dem Anwender, da es sich ja um ein Privatgerät handelt. Je nachdem, wo das Gerät gekauft wurde und welche Serviceleistungen dazu gebucht wurden, kann eine eventuelle Reparatur sehr langwierig werden, da die Geräte oft zum Hersteller eingeschickt werden müssen. Dabei ist je nach Art der Reparatur zu beachten, dass eventuell vorher geschäftliche Daten und Apps möglichst entfernt werden müssen, um den Datenschutz zu gewährleisten.

Da durch *BYOD* der *Support* komplexer wird, werden oft neue Mitarbeiter benötigt, oder die existierenden müssen speziell geschult werden. Genaue Angaben zur Größe einer *Support-Einheit* für *BYOD* sind dabei natürlich hochgradig individuell. Es ist aber zu beachten, dass für den *Support* der neuen Geräte und Apps ganz andere Fähigkeiten im Vergleich zu klassischen IT-Systemen benötigt werden. Insgesamt ist durch die steigende Komplexität mit einem höheren Kostenaufwand im Bereich *Support* zu rechnen (vgl. Abschn. 5.1).

Um die *Support-Kosten* für *BYOD* zu reduzieren, haben sich einige Vorgehensweisen als nützlich herausgestellt. Zum einen hat sich gezeigt, dass Mitarbeiter ihr Gerät vorsichtiger behandeln, da es ihr Eigentum ist. Dadurch kommt es schon zu weniger Problemen. Für die Mitarbeiter wird aus „Ein Gerät" „Mein Gerät". Weiterhin hat sich gezeigt, dass sich Mitarbeiter (zumindest im ersten Schritt) eigenständig um die Lösung von Problemen mit ihrem Mobilgerät kümmern. Um diesen Effekt zu verstärken, sollten Sie zentral ein internes Forum oder ein *Wiki* aufsetzen, in dem sich die Mitarbeiter selbst helfen können. Natürlich können die Mitarbeiter aus dem *Support* auch mit an den Lösungen arbeiten. Da die Lösungen aber zentral protokolliert werden, können Benutzer, die den selben Fehler haben, die Lösung eigenständig finden und das Problem hoffentlich selbst lösen. Zusätzlich nutzen die Mitarbeiter öfter das sogenannte „*Hey-Joe-Prinzip*" um Fehler zu lösen. Dabei fragen sie zuerst bei Kollegen oder Bekannten, bevor sie sich an den *Support* wenden.

Wie komplex ihre zukünftige IT-Umgebung aussieht, entscheiden Sie. Es empfiehlt sich aber trotz *BYOD* eine größtmögliche Standardisierung. Vielleicht erlauben Sie nur gewisse Geräteklassen oder erlauben nur ein oder zwei verschiedene mobile Betriebssysteme, um den *Support* zu entlasten. Weiterhin empfiehlt es sich auch bei dem Einsatz einer *BYOD-Strategie* einen einheitlichen *Support-Prozess* mit einem zentralen *Ticket-System* aufzubauen. Dies gewährleistet, dass sie trotz *BYOD* die Komplexität möglichst gering halten und dadurch die Aufwände und die Kosten für den *Support* in Grenzen halten.

4.10 Checkliste

1. Haben Sie sich einen Überblick über aktuell und zukünftig in Ihrem Unternehmen eingesetzte mobile Endgeräte und deren Betriebssysteme verschafft?
2. Haben Sie ein Konzept für Ihr *Enterprise Mobility Management* (*MDM*, *MCM* und *MAM*) erstellt?
3. Haben Sie die neuen Endgeräte in Ihr *IT-Lifecyclemanagement* mit aufgenommen?
4. Betreiben Sie ein ganzheitliches *IT-Management* oder ist der *BYOD-Betrieb* eine Insellösung?
5. Haben Sie geprüft, ob virtuelle *Desktops* oder Applikationen einen *(Business-)*Mehrwert darstellen und produktiv auf den mobilen Endgeräten einsetzbar sind?
6. Haben Sie alle Auswirkungen einer *BYOD-Strategie* auf Ihre Netzwerke überprüft und bei Ihrer Betriebs-, *Support-* und Kostenplanung mit einbezogen?
7. Haben Sie das komplexe Thema *Cloud Computing* in Ihrer *Mobile-Strategie* berücksichtigt und alle technischen und rechtlichen Aspekte adressiert?
8. Haben Sie das Thema *BYOD* in Ihrem IT-Sicherheitskonzept berücksichtigt? Haben Sie sich vertraglich, rechtlich und technisch hinsichtlich der Einhaltung von Sicherheitsrichtlinien und Sicherheitsmaßnahmen abgesichert?
9. Haben Sie die Auswirkungen einer *BYOD-Strategie* auf Ihren technischen *Support* ermittelt? Haben Sie entsprechende Regeln aufgestellt und ist Ihr *Support-Team* in der Lage, den geplanten *Support* anzubieten?

Im folgenden Kapitel werden wir Ihnen die finanziellen Aspekte einer *BYOD-Einführung* ausführlich vorstellen. Wichtige *Stakeholder* in diesem Bereich sind die Finanzabteilung, die Personalabteilung und der zentrale Einkauf.

Wenn im Bereich Finanzen über das Thema *BYOD* diskutiert wird, wird meist zuerst das Thema Kostenersparnisse erwähnt. Dadurch, dass die Firma oder Behörde die von den Angestellten genutzten mobilen Endgeräte nicht mehr selbst beschaffen muss, werden doch zwangsläufig Kosten eingespart. Dies ist natürlich der Fall, aber leider noch nicht mal die halbe Wahrheit. Das Thema Finanzen rund um *BYOD* ist sehr komplex, da es nicht einfach nur um die Anschaffung der Geräte geht. Es geht um viel mehr.

Durch die Integration von *BYOD* entstehen an verschiedenen anderen Stellen Kosten, die im ersten Moment vielleicht nicht so ins Auge fallen. Zusätzliche Kosten entstehen zum Beispiel durch *Management-Software* (*EMM*, vgl. Abschn. 4.2), die benötigt wird, um die neuen Geräte zu *managen* und sie in die lokale IT mit einzubinden. Dann können nicht unerhebliche Kosten durch die Anschaffung von neuer Netzwerkhardware ins Spiel kommen, da die Mitarbeiter jetzt die Erwartungshaltung haben, überall auf dem Firmengelände das *WLAN* nutzen zu können. Zusätzlich muss dafür gesorgt werden, dass auch sichere, verschlüsselte Verbindungen von außen möglich sind. Dafür wird unter Umständen eine neue *VPN* (*Virtual Private Network*, vgl. Abschn. 4.6.5) Lösung notwendig. Dann müssen Sie beachten, dass die neuen mobilen Endgeräte die klassischen *PCs* und *Laptops* nicht ersetzen, sondern zusätzlich zu diesen genutzt werden. Auf einmal müssen also potenziell viele neue Geräte durch den zentralen *Support* (vgl. Abschn. 4.9) unterstützt werden. Ist Ihr *Support* darauf vorbereitet und entsprechend geschult? Reicht die Anzahl der *Support-Mitarbeiter* noch aus?

Das nächste große Thema rankt sich rund um die Mobilfunkverträge. Wer schließt diese jetzt ab? Der Anwender oder Ihr zentraler Einkauf? Falls es der Anwender selbst macht: Wie gehen Sie mit der Flut an unterschiedlichen *Providern* um? Wie *managen* Sie die ganzen Telefonnummern? Und die wichtigste Frage: Unterstützen Sie Ihre Mitarbei-

© Springer Fachmedien Wiesbaden 2015 157
A. Kohne, S. Ringleb, C. Yücel, *Bring your own Device*, DOI 10.1007/978-3-658-03717-8_5

Abb. 5.1 Abbildung der
BYOD-spezifischen Kosten

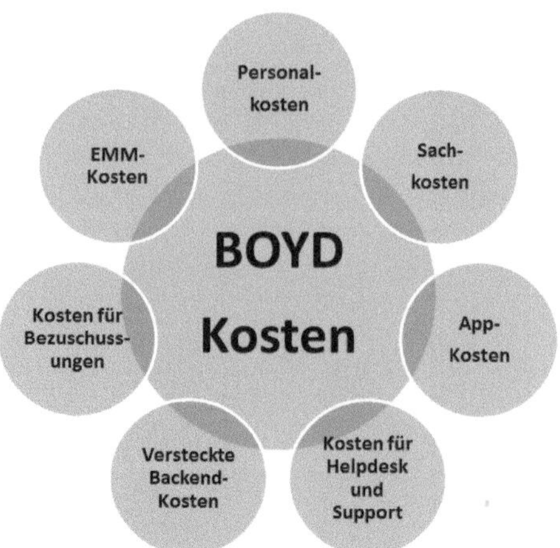

ter finanziell, indem Sie festgelegte, monatliche Raten für Verträge auszahlen? Hat das steuerrechtliche Auswirkungen?

Sie sehen also, dass das Thema wirklich komplex ist und Sie sich in Ruhe damit auseinander setzen sollten. Bitte betrachten Sie dabei aber das Thema *BYOD* nicht singulär, sondern immer im Rahmen Ihrer unternehmensweiten *Mobile-Strategie*. Vielleicht ist ein Einsatz von *BYOD* ja firmenpolitisch gewollt und eine Investition in die Zukunft und Zufriedenheit Ihrer Mitarbeiter. Vielleicht rechnet es sich trotz der zusätzlichen Kosten ja doch für Sie? Denn es kommt noch ein ganz wichtiger Aspekt ins Spiel, der sehr schwer zu quantifizieren ist: Mitarbeiterzufriedenheit. In Abb. 5.1 werden die BYOD-spezifischen Kosten grafisch zusammengefasst.

In den nächsten Abschnitten zeigen wir Ihnen Schritt für Schritt auf, welche Kostenaspekte bei einer *BYOD-Strategie* wichtig sind, welche Vor- und Nachteile sich ergeben und welche Risiken bestehen. Grundsätzlich können wir hier aber nur die jeweiligen Themen vorstellen und Ihnen einen möglichst umfassenden Einblick in das Thema Finanzen geben. In Ihrem konkreten Fall müssen Sie aber mit Ihren eigenen Spezialisten die jeweiligen Punkte besprechen und eine eigene Rechnung aufmachen.

5.1 Wirtschaftliche Betrachtung

Eine Wirtschaftlichkeitsbetrachtung des Themas *BYOD* ist sehr komplex. Es müssen viele technische, prozessuale und soziale Aspekte mit eingerechnet werden, die sich in Teilen gar nicht oder nur schwer quantifizieren lassen. In den nachfolgenden Abschnitten stellen wir die wichtigsten Kostenpunkte vor, um Ihnen einen möglichst guten Überblick zu liefern (vgl. [85]).

5.1.1 Kosten ohne BYOD

Bevor Sie mit einer Kostenplanung für einen *BYOD-Betrieb* beginnen, sollten Sie sich zuerst einen umfangreichen Überblick über die jetzigen Kosten verschaffen. Dabei sollten Sie folgende Punkte berücksichtigen:

1. *Anschaffungskosten:* Sie werden mit höchster Wahrscheinlichkeit auch jetzt schon Mobiltelefone und unter Umständen auch bereits *Tablets* an Ihre Angestellten ausgeben. Möglicherweise auch nur an ausgesuchte Mitarbeitergruppen wie zum Beispiel den Vertrieb, den Vorstand oder die Geschäftsleitung. Ermitteln Sie die Kosten, die im zentralen Einkauf für den Erwerb und den Abschluss möglicher Wartungsverträge dieser Geräte auflaufen. Achten Sie hierbei auf mögliche Massenrabatte, die Sie durch den Einkauf von größeren Gerätemengen beim Händler erhalten.

2. *Laufende Kosten:* Ermitteln Sie weiterhin die laufenden Kosten für die abgeschlossenen Mobilfunkverträge der Telefone und *Tablets*. Am besten stellen Sie eine übersichtliche Tabelle auf, die aufzeigt, welche Art von Verträgen Sie halten. Achten Sie dabei darauf, dass sich die Kostenstrukturen der unterschiedlichen Anbieter und deren Verträge stark unterscheiden können. Wahrscheinlich haben Sie einen unternehmensweiten Gruppenvertrag abgeschlossen. Listen Sie hierzu bitte die Kosten für den Mobilfunkanteil (Gespräche in das in- und ausländische Festnetz, Gespräche in das in- und ausländische Mobilfunknetz und mögliche *Flatrates*[1]), den Datenanteil (Kosten für Surf-Pakete, z. B. 500 MB oder 2 GB pro Monat, oder *Flatrate-Kosten*, also unlimitiertes Surfen, möglicherweise mit Geschwindigkeitsdrosselung ab einem vorher festgelegten Grenzwert) und die Kosten für das *Roaming*[2] auf.
   Ermitteln Sie weiterhin, wie viele real abgeschlossene Mobilfunkverträge wirklich effektiv genutzt werden. Sie werden sich wundern, wie viele nicht genutzte Geräte inklusive *SIM-Karte* sich in Schubladen finden lassen. Diese Kostenstellen sollten Sie so oder so abschaffen.

3. *Verwaltungskosten:* Hierzu zählt zum Beispiel die Verwaltung der Geräte in einem zentralen *Assetmanagement-System*. Weiterhin zählt dazu die zentrale Verwaltung der Mobilfunkverträge und die Verwaltung des Geräteeinkaufs im zentralen Einkauf. Hier können jeweils nur Schätzungen abgegeben werden, wie viel reale Arbeitszeit pro Monat auf diese Aufgaben geschlüsselt wird. Falls zur Geräteüberlassung auch Prozesse in der Personal- oder der Rechtsabteilung gehören, sind diese natürlich auch anteilig zu verrechnen. Multiplizieren Sie diese Werte mit den jeweiligen Personalkosten, um einen aussagekräftigen Wert zu erhalten.

4. *Supportkosten:* Listen Sie abschließend die Kosten auf, die anteilig im *Support* durch die Betreuung der mobilen Endgeräte entstehen. Dazu können Sie (falls vorhanden)

---

[1] Bei *Flatrates* wird die Nutzung von Diensten zum Festpreis bezogen. Der Festpreis ist dabei unabhängig vom Umfang der tatsächlichen Nutzung des Dienstes.
[2] Zusätzliche Kosten, die vom Mobilfunkanbieter erhoben werden, wenn über eine deutsche SIM-Karte im Ausland telefoniert wird.

zum Beispiel die Anzahl der monatlich auflaufenden Tickets im *Helpdesk* als Grundlage nehmen und die durchschnittliche Lösungsdauer mit Ihrem internen Kostensatz multiplizieren. Listen Sie auch mögliche Schulungskosten für die Ausbildung der *Support-Mitarbeiter* auf. Falls Sie zum jetzigen Zeitpunkt Ihre Geräte schon zentral verwalten (wenn Sie zum Beispiel mit *Blackberry* Geräten arbeiten), listen Sie auch die Kosten für den *Support* der *Backendsysteme* mit ein.

Danach sollten Sie einen ziemlich konkreten Überblick über Ihre jetzigen Kosten haben. Diese Kosten können Sie als Vergleichsbasis für die *BYOD-Einführung* heranziehen.

5.1.2 Personalkosten des BYOD-Projekts

Das *BYOD-Projekt* muss natürlich, wie jedes andere Projekt, im Vorfeld genau geplant und budgetiert werden. Dieses Budget sollte in verschiedene Teile aufgeteilt werden. Zum einen haben Sie die Personalkosten für die Planung und die konkrete Einführung von *BYOD* in Ihrem Unternehmen. Diese Kosten werden in diesem Abschnitt näher beleuchtet. Weiterhin haben Sie Kosten für die Verwaltungssoftware und möglicherweise neue Hardware. Diese Kosten werden im nächsten Abschnitt beleuchtet.

Die Projektkosten setzen sich aus den einzelnen Teilkosten für die jeweils in dem Projekt aktiven Mitarbeiter zusammen. Dazu zählen die Kosten für die Erstellung der *BYOD-Policy*, die Planung und Implementierung der neuen IT-Umgebung, das interne Marketing und so weiter (Die zu beachtenden Projektschritte finden Sie in Kap. 8). Durch Marktanalysen vor dem Kauf und ausführlichen Tests vor der Inbetriebnahme von *EMM*-Software fallen weitere Personalkosten an, die ebenfalls berücksichtigt werden sollten. Bitte vergessen Sie nicht die Kosten für ein Projektmanagement und die ausführliche Dokumentation der jeweiligen Schritte und Beschlüsse. Berechnen Sie zusätzlich auch schon die Personalkosten für die Implementierung und für den späteren, kontinuierlichen Verbesserungsprozess. Zusätzlich sollten Sie auch Puffer für nicht vorhergesehene Ereignisse mit einplanen.

5.1.3 Sachkosten des BYOD-Projekts

Die Sachkosten des *BYOD-Projekts* ergeben sich durch das Aufsummieren der Einzelkosten der neu benötigten Komponenten. Hierzu zählen die Software für das *Enterprise Mobility Management* (vgl. Abschn. 4.2 (ggf. als *Cloud-Service* bezogen). Falls Sie diese *Software* lokal (*On-Premise*) betreiben sollten, kommen zu den Lizenzkosten auch zusätzliche Kosten für die benötigten *Server-Ressourcen* hinzu.

Falls neue *WLAN-Router* benötigt werden, um einen flächendeckenden Einsatz von mobilen Endgeräten auf dem Firmengelände sicherzustellen, sind diese Geräte mit einzupreisen. Weiterhin muss geprüft werden, ob zusätzliche *Netzwerk-Hardware* benötigt wird. Dies könnten *NAC-fähige (Network Access Control) Router* oder ein neues *VPN-Gateway* sein.

Sie müssen sich auch überlegen, wie Sie mit verlorenen, gestohlenen oder defekten Geräten zukünftig umgehen wollen. Stellen Sie Ersatzgeräte? Wenn ja, sind diese Geräte gleichwertig zu den genutzten Geräten, oder stellen Sie günstigere Modelle zur Überbrückung des Ausfalls zur Verfügung? Kaufen Sie im Vorfeld Geräte und legen Sie diese auf Lager? Diese Kosten sind natürlich auch mit einzuplanen.

Zusätzlich kann weitere Software für die Verschlüsselung der mobilen Geräte, ein neues *Identity Management* und neue, mobile *Virenscanner* hinzukommen. Dazu kommen noch die Kosten für zentral angeschaffte *Apps*. Dieses Thema wird aber nochmal im nächsten Abschnitt genauer beleuchtet.

5.1.4 Kosten für Apps

Die Kosten für *Apps* sind zweigeteilt. Zum einen haben Sie Kosten für zentral angeschaffte *Standard-Apps*, die über das *MDM* (vgl. Abschn. 4.2.1) oder das *MAM* (vgl. Abschn. 4.2.2) an alle Geräte ausgerollt werden. Dazu zählen möglicherweise *Virenscanner*, *Office-Apps*, oder spezielle *Business-Anwendungen*. Diese *Apps* werden oft als *Productivity-Apps* bezeichnet und können bei den großen Anbietern wie *Apple* oder *Google* auch als Gruppenlizenz gekauft und dann zentral verteilt werden.

Zum anderen haben Sie möglicherweise Kosten für *Apps*, die speziell für Sie entwickelt werden müssen. Dies werden meist spezielle *Business-Apps* sein, die konkrete Anforderungen von Ihnen umsetzen und die im Rahmen der zentralen *Mobile-Strategie* geplant wurden. Hier muss zuerst eine klassische „*Make-or-Buy*" Entscheidung getroffen werden. Es ist aber in den meisten Fällen davon auszugehen, dass Sie das zur Programmierung solcher *Apps* benötigte *Know-How* nicht in der Firma haben.

Vergessen Sie an dieser Stelle nicht die Personalkosten für Test, Integration, Wartung und Pflege der durch die IT bereitgestellten *Apps*. Die Kosten für die von den Anwendern privat angeschafften *Apps* müssen natürlich nicht betrachtet werden.

5.1.5 Kosten für Helpdesk und Support

Die Kosten für den *Support* von *BYOD* werden meist unterschätzt. Sie stellen aber einen nicht zu verachtenden Anteil an den laufenden Kosten dar. Denken Sie daran, dass zur Zeit nur spezielle, durch die IT freigegebene Geräte eingesetzt und *supportet* werden müssen. Zukünftig können potenziell (fast) beliebige Endgeräte mit unterschiedlichen Betriebssystemen, unterschiedlichen Einstellungen und unterschiedlichen *Softwareständen* eingesetzt werden. Hier muss im Vorfeld genau festgelegt werden, wo der *Support* beginnt und wo er endet. Zum Beispiel kann vertraglich festgelegt werden, dass die Mitarbeiter für private Geräte auch einen privaten *Supportvertrag* abschließen müssen, um den zentralen

Support zu entlasten. Dieser *Service-Vertrag* kann dann wiederum möglicherweise vom Unternehmen bezuschusst werden.

Es muss genau geschaut werden, welche *Skills* im *Support* zukünftig benötigt werden. Die *Support-Mitarbeiter* müssen also wahrscheinlich noch geschult werden. Diese Kosten sind auch mit zu beachten. Weiterhin ist zu prüfen, ob die Anzahl der Mitarbeiter im *Support* zukünftig ausreicht, oder ob zusätzliche Mitarbeiter eingestellt werden müssen. Die zusätzlichen Personalkosten sind dann natürlich ebenfalls mit ein zu kalkulieren.

Um die Anzahl der *Support-Anfragen* zu reduzieren, bietet es sich an, ein zentrales Forum oder ein *Wiki* zur Verfügung zu stellen, in dem sich die Mitarbeiter untereinander austauschen können. Weiterhin hat sich gezeigt, dass Mitarbeiter private Geräte besser und sorgsamer behandeln als Geschäftsgeräte. Sie versuchen auch oft Probleme im ersten Schritt selbst zu lösen. Dies bezieht sich aber nur auf die privat genutzten *Apps* und nicht auf die *Geschäfts-Apps*. Hier wird natürlich wieder auf den zentralen *Support* zurückgegriffen. Hierdurch entstehen wieder Kosten, die im Vorfeld zumindest abgeschätzt werden müssen.

5.1.6 Versteckte Backend-Kosten

Zusätzlich zu den offensichtlichen Kosten für die *EMM-Software* und möglicherweise neue *Netzwerkhardware* können noch weitere, versteckte Kosten durch einen *BYOD-Betrieb* entstehen. Diese werden hier beleuchtet.

Dadurch, dass auf einmal viel mehr mobile Endgeräte im Firmennetz angemeldet sind, kann es dazu kommen, dass die vorhandene Netzwerkbandbreite (in Gebäudeteilen) nicht mehr ausreicht. Dies zieht eine Neuinvestition in Netzwerkkomponenten und möglicherweise sogar in die Verkabelung nach sich. Dieser Sachbestand sollte im Vorfeld so genau wie möglich abgeschätzt und eine eventuelle Investition in die Gesamtkosten mit einbezogen werden.

Weiterhin kann es möglich sein, dass Sie neue *Softwaremodule* zur Verwaltung und/oder Inventarisierung der mobilen Endgeräte benötigen. Genauso können zusätzliche Module für das *Monitoring* Ihrer Infrastruktur und der Endgeräte hinzukommen, die jeweils zusätzliche Kosten produzieren.

Ebenfalls kann es nötig sein, dass Sie Ihre Prozesse und die darin genutzten *Softwareprodukte* im Bereich des *Reportings* von Problemen, Fehlern und Verstößen ergänzen müssen. Dies zieht Kosten nach sich. Gleichzeitig sollten Sie darauf Acht geben, welche Auswirkungen *BYOD* auf die sonstigen *Compliance-Regeln* Ihres Unternehmens haben kann. Hier müssen eventuell Anpassungen durchgeführt werden, die auch Kosten produzieren können.

Viele der hier erwähnten Kosten können wahrscheinlich vor Projektbeginn nur abgeschätzt werden. Nichtsdestotrotz müssen diese Kosten mit betrachtet werden.

An dieser Stelle weisen wir darauf hin, dass in Ihrem Unternehmen oder Ihrer Behörde noch weitere, verdeckte Kosten durch ein *BYOD-Projekt* entstehen können. Somit erheben wir hier keinen Anspruch auf Vollständigkeit.

5.1.7 Kosten für Bezuschussungen

Ein sehr wichtiger Teil der gesamten Kosten eines *BYOD-Betriebs* liegt in dem Bereich der Bezuschussung für private Mobilfunkverträge und Endgeräte. Es dreht sich also um die Frage: Wer trägt die Kosten?

Es gibt verschiedene Modelle, wie diese Kosten verteilt werden können. Diese Modelle stellen wir Ihnen im folgenden Abschnitt genauer vor. Dazu beginnen wir mit den Kosten für die Mobilfunkverträge.

Grundsätzlich gibt es verschiedene Arten von privaten und geschäftlichen Mobilfunkverträgen. Dazu muss immer zwischen den Kosten für das reine Telefonieren (welches bei *Tablets* wegfällt) und den mobilen Datenverbindungen unterschieden werden. Bei den Telefonkosten wird dann nochmal zwischen Gesprächen in das jeweilige (zum Beispiel deutsche) Festnetz und in das Mobilfunknetz unterschieden. Für Telefonate in ausländische Netze entstehen weitere Kosten. Es gibt sogenannte *Flatrates*, die es erlauben, beliebig lange zu telefonieren. Die Kosten für eine *Flatrate* sind dazu monatlich gedeckelt. Die Nutzung des mobilen Internets erzeugt zusätzliche Kosten. Hier gibt es Verträge, die die Menge an monatlichem Datenvolumen, welches mobil abgerufen werden kann, limitiert. Gängige Grenzen liegen bei 200 und 500 MB bis hin zu 1 bis 5 GB Datentransfer pro Monat. Es ist wichtig zu beachten, dass Daten, die über *WLAN-Verbindungen* abgerufen werden, nicht zu diesem Kontingent zählen. Auch hier gibt es wieder *Flatrate-Verträge*, die entweder unlimitierten Datentransfer bei maximalem Datendurchsatz zulassen oder Verträge, die nach einem gewissen Datendurchsatz im Monat die Durchsatzgeschwindigkeit drosseln.

Prepaid-Angebote, bei denen ein bestimmtes Kontingent an Einheiten (für Telefon- und/oder Internetdienste) im Voraus gekauft wird und dann vertelefoniert und versurft werden kann, kommen im geschäftlichen Umfeld fast nie vor und werden deshalb hier nicht weiter berücksichtigt.

Ein wichtiger Kostentreiber, der vor allem bei internationalen Firmen mit viel Reisetätigkeit zu Buche schlägt, ist das sogenannte *Roaming*. Unter *Roaming* werden die zusätzlichen Kosten zusammengefasst, die die Netzbetreiber erheben, wenn ein Mitarbeiter im Ausland Gespräche führt oder mobile Datendienste nutzt. Diese Kosten schwanken stark von Land zu Land und von Anbieter zu Anbieter. Zur Zeit gibt es Bestrebungen seitens der Regierung diese Kosten zu deckeln, aber Sie sollten diesen Aspekt dennoch gründlich betrachten.

Grundsätzlich stellt sich die Frage: Wer schließt die Verträge mit den Mobilfunkanbietern ab? Sie als Firma oder jeder Angestellte für sich selbst? Beides hat Vor- und Nachteile.

Es lässt sich aber sagen, dass es einfacher und meist auch insgesamt günstiger ist, wenn Sie die Verträge zentral abschließen.

Durch einen zentralen Firmenvertrag können Sie Kosten durch die Vorteile eines Gruppenvertrags mit dem Mobilfunkanbieter einsparen. Es empfiehlt sich dazu im Vorfeld das Nutzungsverhalten der Angestellten zu untersuchen, um Sie nutzungsabhängig in verschiedene Klassen einteilen zu können. Es benötigt sicher nicht jeder Mitarbeiter den größten Tarif mit *Flatrates* in alle Netze und unlimitiertem Datendurchsatz. Hier lassen sich weitere Kosten sparen. Zusätzlich gibt es bei Problemen genau einen Ansprechpartner und es wird nur eine Kostenstelle belastet, was interne Prozesse vereinfachen kann. Ein weiterer Vorteil, der nicht sofort auffällt, ist der, dass Sie die Rufnummern zentral verwalten. Verlässt beispielsweise ein Mitarbeiter Ihre Firma, so können Sie diese Nummer einfach weiter vergeben. Weiterhin können Sie alle Rufnummern zentral portieren lassen, falls Sie irgendwann den Anbieter wechseln. Dies bedeutet, das alle Rufnummern gleich bleiben, obwohl Sie zu einem anderen Mobilfunkanbieter wechseln.

In diesem Fall tragen Sie zentral alle Kosten, die durch die Mobilfunkverträge entstehen. Dabei gehören Ihnen auch die *SIM-Karten* (*Subscriber Identity Module*), die dann an die Mitarbeiter ausgegeben werden.

Eine weitere Möglichkeit besteht darin, dass die Mitarbeiter ihre Mobilfunkverträge selbst abschließen dürfen. Dies hat den Vorteil, dass jeder den Vertrag und Anbieter auswählen kann, der am besten zu seinem Nutzungsverhalten passt. Bei der privaten Anbieterwahl spielt das Thema Kosten und Erreichbarkeit natürlich auch eine Rolle. Zusätzlich spielen aber auch weitere Faktoren eine Rolle. Zum Beispiel: Welches Netz nutzen die übrigen Familienmitglieder? Kann ein Mobilfunkvertrag mit einem Festnetzvertrag gekoppelt werden? Erhalte ich mein *Wunsch-Smartphone* über eine monatliche *Subvention*? Und so weiter.

In diesem Fall müssen sich alle Mitarbeiter privat um einen Vertrag kümmern und dafür Sorge tragen, dass dieser gültig ist, bezahlt wird und die Erreichbarkeit gegeben ist. Natürlich können Sie auch ein Mischmodell anbieten, bei dem jeder wählen kann, ob er seinen Vertrag über die Firma beziehen oder selbst abschließen möchte. Dieses Vorgehen wird aber nicht empfohlen, da Sie dadurch die Aufwände verdoppeln.

Wenn die Angestellten ihre Verträge eigenständig abschließen, können Sie die dadurch entstehenden Kosten auf monatlicher Basis subventionieren. Sie können zum Beispiel monatliche Bezuschussungen zu den Mobilfunkkosten anbieten, die mit dem Gehalt ausgezahlt werden. Diese Zuschüsse können dann auch wieder in gewisse Nutzungsklassen geordnet werden. Achten Sie aber bei dieser Regel darauf, wie Sie mit *Roaming-Gebühren* umgehen. Es muss hier eine Regelung gefunden werden, die zwischen Dienst- und Privatgesprächen unterscheiden kann. Andernfalls muss die Bezuschussung insgesamt für alle genutzten Dienste gedeckelt werden.

Bei privat abgeschlossenen Verträgen müssen die Mitarbeiter auf die jeweilige Laufzeit achten und entsprechende Verträge gegebenenfalls eigenständig kündigen oder verlängern. Ein weiteres Problem ist die Rufnummer. Bei rein privaten Verträgen müssen Sie sicher stellen, dass es einen Prozess gibt, der die jeweiligen Nummern intern und extern (für Partner und Kunden) kommuniziert. Ändert sich eine Nummer durch einen neuen Vertrag oder verlässt ein Mitarbeiter das Unternehmen, müssen diese Änderungen entsprechend bekanntgemacht werden.

Der zweite Kostenblock bezieht sich auf die mobilen Endgeräte (zum Beispiel *Smartphones* oder *Tablets*). Der Sinn von *BYOD* ist ja gerade, dass die Angestellten ihre privaten Endgeräte mit in das Unternehmen bringen dürfen. Somit entstehen nominell für die Anschaffung keine Kosten für Sie. Grundsätzlich kann aber auch der Erwerb eines Gerätes durch die Firma bezuschusst werden. Dies verleiht dem Angestellten mehr Möglichkeiten bei der Endgeräteauswahl und entlastet ihn z. B. bei der Anschaffung teurerer, dafür aber für betriebliche Zwecke ggf. geeigneterer Geräte. Hierzu können auch wieder verschiedene Subventionsklassen definiert werden. Dabei kann die Bezuschussung zum Beispiel nach der Rolle der Person im Unternehmen oder der Stellung differenziert gestaffelt werden. Zusätzlich können Sie auch die Wahl der Endgeräte durch Vorgaben eingrenzen, da sich nicht alle am Markt erhältlichen Endgeräte ohne Weiteres in die Unternehmens-IT einbinden lassen. Dies ist über die *BYOD-Richtlinien* festzulegen (vgl. Abschn. 2.3). Grundsätzlich muss hier auch noch geklärt werden, wie das Thema Ersatzgeräte für den Fall von Verlust und Defekt gehandhabt wird. Ist dafür der Mitarbeiter zuständig oder stellt das Unternehmen Übergangsgeräte?

Sie sehen also, dass das Thema Bezuschussung ein sehr komplexes ist, dass von jedem Unternehmen individuell definiert werden muss. In diesem Abschnitt haben wir versucht, alle dazu relevanten Punkte zu erwähnen. Wie auch immer Sie sich bei der konkreten Umsetzung in Ihrem Haus entscheiden, setzen sich die Kosten aus folgenden Blöcken zusammen (dabei können einzelne Positionen auch nicht relevant, also „0" sein):

BYOD-Subventionskosten: Kosten für firmeneigene Mobilfunkverträge + Kosten für die Bezuschussung von privaten Mobilfunkverträgen + Bezuschussung der Endgerätekosten

5.1.8 Risikomanagement

Zur Durchführung eines Projekts gehört auch immer eine ausführliche Risikobetrachtung. Natürlich muss eine solche Betrachtung auch im Rahmen eines *BYOD-Projekts* durchgeführt werden. Zuerst muss festgestellt werden, welche potentiellen Risiken in dem Projekt stecken. Hierzu gehören technische, prozessuale und sonstige Risiken. Jedes Risiko muss dann einzeln bewertet werden: Wie wahrscheinlich ist das Risiko und was sind die Kosten / Auswirkungen dieses Risikos. Danach sollten Sie entsprechende Gegenmaßnahmen ergreifen.

Vergegenwärtigen Sie sich, was *BYOD* bedeutet: Angestellte Ihres Unternehmens nutzen private Geräte, um darauf potenziell geschäftskritische Daten und Informationen Ihrer Firma zu verarbeiten. Führen Sie also lieber eine *Worst-Case-Analyse* durch. Danach sollten Sie die entsprechenden Schlüsse ziehen und die technischen und vertraglichen Leitplanken errichten, innerhalb derer die Mitarbeiter sich bewegen sollen.

Zuerst sollten Sie sich Ihre Daten anschauen und festlegen, welche davon Ihre „Kronjuwelen" sind. Was sind Ihre Firmengeheimnisse? Rezepte, Baupläne, Angebote? Sichern Sie diese Daten besonders ab und klären Sie für sich, welche Mitarbeiter Zugriff auf diese Daten benötigen. Weiterhin muss geklärt werden, welche Daten überhaupt über mobile Endgeräte zugänglich sind.

Stellen Sie sich vor, was passiert, wenn ein unzureichend gesichertes Mobiltelefon mit unbegrenztem Zugriff auf Ihre Firmendaten in die falschen Hände gerät. Leider passiert dies viel zu oft. Industriespionage ist das eine Thema (vgl. auch Abschn. 3.1.6). Das andere Thema ist ein potenzieller *Image-Schaden* für Ihr Unternehmen. Bedenken Sie was ein Datenverlust durch Diebstahl oder durch Versehen für Folgen haben könnte.

Heutige *Smartphones* haben genug internen Speicher, um den Diebstahl (absichtlich oder unabsichtlich) aller Ihrer wichtigen Daten zu ermöglichen. Investieren Sie also ausreichend Zeit und Geld in die Sicherung Ihrer IT und schaffen Sie mit *BYOD* keine unnötigen Löcher in Ihrem Sicherheitskonzept. Die hierdurch entstehenden Kosten müssen natürlich dem Projekt zugerechnet werden.

Das Risikomanagement ist aber, wie der kontinuierliche Verbesserungsprozess, kein einmaliger Prozess, sondern muss regelmäßig durchgeführt werden. Bedrohungen verändern sich, neue kommen hinzu und Ihre Firma verändert sich auch. Achten Sie also stets auf die Sicherheitslage Ihres Unternehmens. Und beziehen Sie dies bitte nicht nur auf *BYOD*, sondern auf die gesamte Firma.

Neuerdings gibt es die ersten *Cyber-Versicherungen*. Sie sichern einen potenziellen Produktionsausfall, die Kosten zur Datenwiederherstellung und einiges mehr im Falle eines *Cyber-Angriffs* ab. Informieren Sie sich am besten ausführlich zu diesem Thema und entscheiden Sie dann anhand Ihrer Risikoanalyse, ob eine solche Versicherung für Sie interessant sein kann. Die Kosten dieser Versicherung müssten dann (zumindest anteilig) auch dem *BYOD-Projekt* zugerechnet werden.

5.1.9 Nicht-monetäre Aspekte

Um wirklich eine umfassende finanzielle Betrachtung von *BYOD* anstellen zu können, müssen auch nicht-monetäre Aspekte betrachtet werden. Dies sind Aspekte, die nicht oder nicht eindeutig mit konkreten Kosten belegt werden können. Im folgenden Abschnitt stellen wir die wichtigsten Faktoren vor.

Ein Aspekt, der sich mit entsprechendem Aufwand messen lässt, ist höhere produktive Auslastung der Mitarbeiter. Die Mitarbeiter sind zum Beispiel öfter erreichbar, da sie ihr privates Telefon eigentlich immer bei sich tragen. Weiterhin reagieren die Mitarbeiter oft auch außerhalb der Arbeitszeiten auf *E-Mails* und sonstige Nachrichten. Zusätzlich können die Mitarbeiter mit den mobilen Endgeräten zu jeder Zeit und an jedem Ort zumindest einen Teil ihrer Arbeit verrichten. Natürlich können diese Aussagen nicht pauschalisiert werden, da nicht jeder Mitarbeiter immer und überall arbeiten kann. Dies gilt größtenteils nur für sogenannte Wissensarbeiter.

Eine großangelegte Studie zu diesem Thema von *Cisco* hat ergeben, dass der durchschnittliche Zeitgewinn durch *BYOD* über alle Länder gesehen 37 Minuten pro Woche beträgt. Die USA liegen bei dieser Studie mit 81 Minuten ganz vorne und Deutschland, mit nur vier Minuten Zeitgewinn, bildet das Schlusslicht. Dabei sagen 24 % der Deutschen, dass sie mehr als zwei Stunden pro Woche Nettoarbeitsgewinn durch *BYOD* haben. Genauer betrachtet sagen 8 %, dass sie 2–3 % mehr Zeit haben, 5 % sagen, dass sie drei bis vier Stunden Zeitgewinn haben und 11 % sagen, dass sie vier oder mehr Stunden gewinnen. Diese Studie wurde in den USA, Großbritannien, Deutschland, China, Indien und Brasilien durchgeführt (vgl. [57]).

Durch *BYOD* und die generelle Möglichkeit, immer und überall arbeiten zu können, verwischen Arbeits- und Freizeit. Dies kann auf der einen Seite als positiv von den Mitarbeitern gesehen werden, da sie ihre Arbeitszeit flexibler einteilen können. Auf der anderen Seite steckt darin ein sehr großes Stresspotential. Diese ständige Erreichbarkeit ist aber ein allgemeines, soziales Problem (vgl. Abschn. 6.2). Wie Ihre Mitarbeiter zu dem Thema stehen, kann sicherlich nicht allgemeingültig beantwortet werden. Sie können hier aber durch „gesunde" Regeln einen Rahmen vorgeben, in dem die Arbeit im Privaten nicht überhand nimmt. Erstellen Sie hierzu nicht nur Regeln oder zumindest Vorschläge, sondern leben Sie es Ihren Mitarbeitern vor. Sonst können Sie schnell in Diskussionen kommen, ob zum Beispiel das Beantworten von *Mails* des Chefs nach Dienstschluss auch als Arbeitszeit gilt.

Ein weiterer Aspekt, der nicht in Geld zu messen ist, ist die Mitarbeiterzufriedenheit. Durch *BYOD* steigt bei vielen Mitarbeitern die gefühlte Zufriedenheit. Weiterhin wird die positive Identifikation mit dem Unternehmen gestärkt. Dieser Punkt ist vor allem für eine gute Mitarbeiterbindung sehr wichtig. Heutzutage wollen Mitarbeiter über Ihren Arbeitsplatz mitbestimmen können. Wenn sie dazu auch noch ihre Arbeitsgeräte selbst aussuchen dürfen, steigt die Zufriedenheit und dadurch auch die Motivation.

Dadurch, dass die mobilen Geräte den Angestellten privat gehören, gehen sie auch nachweislich pfleglicher mit den Geräten um. Zusätzlich versuchen sie selbst, das Gerät mit all seinen Möglichkeiten besser zu verstehen und einfache Probleme selbst zu beheben. Dies erspart Ihnen möglicherweise Schulungskosten und hohe Kosten für defekte Geräte und einen erhöhten Aufwand im *Support*.

Als letztes können sich durch *BYOD* auch Vorteile für ihre Geschäftsprozesse ergeben. Dies kann daran liegen, dass die Mitarbeiter mit Ihren privaten Geräten schneller umgehen können als mit Unternehmensgeräten. Dadurch können Prozesse schneller ablaufen. Genauso ist es aber auch möglich, dass Mitarbeiter versuchen, alle Aufgaben mit den mobilen Endgeräten zu erledigen. Dies wird sicherlich nicht oder nur schwer möglich sein. Dadurch kann es natürlich auch wieder zu Zeitverlust kommen.

Sie sehen also, dass das Thema sehr komplex und vor allem sehr individuell ist. Wir können Ihnen hier keine konkreten Zahlen, Daten oder Metriken an die Hand geben. Setzen Sie Sich mit dem Thema auseinander und versuchen Sie für sich herauszufinden, ob es nicht-monetäre Aspekte gibt, die die Kosten einer *BYOD-Einführung* bei Ihnen beeinflussen können, positiv wie auch negativ.

5.2 TCO und ROI für BYOD

Wenn über die Kosten von einem Projekt oder einer Anschaffung gesprochen wird, wird oft über die *TCO* (*Total Cost of Ownership*, Gesamtbetriebskosten) gesprochen. Hierbei handelt es sich um die ganzheitlichen Kosten, die durch Anschaffung und Betrieb einer Lösung oder eines Produkts entstehen. Für den Betrieb einer *BYOD-Strategie* ist dies genauso gültig. Die *TCO* berechnet sich grundsätzlich aus den folgenden Teilkosten: *TCO* = Anschaffungskosten (*Hardware, Software, Services*) + Betriebskosten (*Hardware, Software, Support*) + versteckte Kosten (nicht direkt zuordenbare Kosten).

Die *TCO* für Ihr *BYOD-Projekt* setzen sich also aus den Teilkosten zusammen, die in den letzten Abschnitten ausführlich beschrieben wurden. Wenn Sie die jetzigen Kosten für Anschaffung und Betrieb von mobilen Endgeräten sowie die *TCO* für den geplanten *BYOD-Einsatz* bestimmt haben, können Sie daraus errechnen, ob sich der Einsatz von *BYOD* in Ihrem Unternehmen oder Ihrer Behörde rechnerisch lohnt. Die Erfahrung zeigt, dass die Einsparungen, die daraus resultieren, dass die Mitarbeiter ihre Endgeräte privat anschaffen, durch die Kosten für die zusätzlich benötigte Verwaltungssoftware und den *Support* wieder ausgeglichen werden. Diese Rechnung ist aber hochgradig individuell und muss für jede Firma einzeln aufgestellt werden.

Grundsätzlich ist es immer ratsam, die *TCO* im Vorfeld eines Projekts so genau wie möglich zu bestimmen. Weiterhin sollten Sie im laufenden Betrieb die Kosten permanent im Auge behalten, um im Zweifel gegensteuern zu können.

Der *ROI* (*Return on Investment*) ist eine weitere Messgröße, die gerne zur Rentabilitätsüberwachung von Projekten herangezogen wird. Der *ROI*, der sich im klassischen Sinne aus dem Verhältnis von Gewinn zu eingesetztem Kapital ergibt, wird auch dazu genutzt, die Amortisierungsdauer von Investitionen zu bestimmen. So kann der *ROI* dazu eingesetzt werden, um zu berechnen, nach wie vielen Jahren (oder Monaten) sich eine Investition rechnet. Der *ROI* berechnet sich in diesem Fall wie folgt: *ROI* = Investitionskosten / Einsparungen pro Jahr (vgl. [15]). Um den Wert für die Einsparungen berechnen zu können, müssen die aktuellen Kosten für die Betreuung der Mobilgeräte den Projekt- und Betriebskosten für eine *BYOD-Lösung* gegenübergestellt werden. Sind die neuen Betriebskosten niedriger als die alten, so lässt sich ein positiver *ROI* berechnen. Damit die Einführung von *BYOD* in wirtschaftlicher Hinsicht ein Erfolg ist, sollte der *ROI* eine Amortisierung innerhalb von fünf Jahren indizieren.

Die reine Kostenersparnis ist aber oft nicht der einzige Treiber für ein *BYOD-Projekt*. Wie bereits oben beschrieben, gibt es viele nicht-monetäre Aspekte, die sich auf ein *BYOD-Projekt* auswirken. So sollte vor einem Projekt eine Kosten-Nutzen-Analyse durchgeführt werden. Hierbei können Sie die reinen Kosten auf der einen Seite mit dem Nutzen für Ihr Unternehmen und für die Anwender auf der anderen Seite gegeneinander abwiegen. Die endgültige Entscheidung für oder gegen ein *BYOD-Projekt* muss im Endeffekt von der Geschäftsleitung getroffen werden. In der Kosten-Nutzen-Analyse sollten aber alle *Stakeholder* mit einbezogen werden.

5.3 CAPEX vs. OPEX

Die Begriffe *CAPEX* und *OPEX* stammen aus dem Englischen und bedeuten *Capital Expenditure* (Kapitalaufwände) und *Operational Expenditure* (Betriebsaufwände). Mit *CAPEX* werden in der Betriebswirtschaftslehre die Investitionskosten für neue Anschaffungen bezeichnet. *OPEX* hingegen sind die Betriebskosten, die während des laufenden Betriebs einer Unternehmung auflaufen. Beide Kostenarten werden mit *TOTEX* (*Total Expenditure*, Gesamtaufwände) zusammengefasst. Werden die Kostenstrukturen im *BYOD-Umfeld* betrachtet, ergibt sich, dass die *CAPEX* sinken, da die Endgeräte durch die Angestellten selbst beschafft werden. Gleichzeitig steigen aber (meist) die *OPEX*, da die technische Umgebung für das *Management* der Geräte komplexer wird. Wie bereits am Anfang des Kapitels beschrieben, gleichen sich die Kostenarten in den meisten Projekten gegenseitig aus, sodass es durch die Einführung von *BYOD* nicht zu einer Kostenersparnis kommt. In vielen Fällen übersteigen auch die zusätzlichen Betriebskosten die Einsparungen durch die Gerätebeschaffung durch die Angestellten. Sollte eine Kostenersparnis der einzige Grund für ein *BYOD-Projekt* sein, so bedarf es einer sehr genauen Planung und eines sehr gut organisierten Betriebs.

5.4 Steuerliche Auswirkungen

BYOD kann steuerliche Auswirkungen haben. Im folgenden werden ein paar wichtige Punkte dazu angeführt. Bitte beachten Sie auch hier wieder, dass dieses Buch kein Ersatz für eine rechtsgültige Beratung (z. B. durch einen Steuerberater) ist und nur den aktuellen Stand widerspiegelt.

Grundsätzlich ist der Arbeitgeber verpflichtet, die Betriebsmittel / Geräte, die zur Arbeit benötigt werden, allen Mitarbeitern zur Verfügung zu stellen. Dies ändert sich aber, wenn eine *BYOD-Strategie* eingeführt wird, da die Mitarbeiter dann auch private Mobilgeräte ins Unternehmen bringen und geschäftlich einsetzen können. Wird die Anschaffung des Geräts z. B. finanziell unterstützt, so muss geprüft werden, ob ein einmaliger oder in Raten gezahlter Ausgleich für den Mitarbeiter steuerrechtliche Vorteile für das Unternehmen hat. Weiterhin muss der Mitarbeiter klären, ob die Bezuschussung des Geräts als geldwerter Vorteil angesehen wird. Möglicherweise können Teile der Anschaffungskosten auch als Werbungskosten geltend gemacht werden kann.

Laut § 3 Nr. 45 EStG sind die Vorteile des Angestellten aus der privaten Nutzung von betrieblichen Datenverarbeitungs- und Telekommunikationsgeräten seit Neustem steuerfrei (vgl. [51]). Es ist aber nicht geklärt, ob das auch für betrieblich genutzte Geräte gilt, die dem Angestellten selbst gehören und die ggf. vom Unternehmen in irgendeiner Form bezuschusst werden.

BYOD kann auch Auswirkungen auf die Umsatzsteuer haben. Hier sind aber noch keine gültigen Regelungen für *BYOD* im Gesetz verankert.

Insgesamt ist das Thema Steuern ein sehr komplexes, welches, wie alle Rechtsthemen einem ständigen Wandel unterliegt und international sehr unterschiedlich ausgelegt wird. Darum kann an dieser Stelle nur nochmal darauf hingewiesen werden, dass im Rahmen von *BYOD* ein klarer Vertrag zwischen Arbeitgeber und Arbeitnehmer geschlossen werden muss, der im Vorfeld genau von fachlichen Experten aus den Bereichen Recht und Steuern hinsichtlich der jeweils aktuellen Rechtsprechung zu prüfen ist.

Weitere Informationen zu diesem Thema finden Sie auch in dem Kap. 3 und in einem Sonderband des BITKOM (vgl. [9]).

5.5 Checkliste

1. Welche finanziellen Ziele verfolgen Sie mit *BYOD*?
2. Wie hoch sind Ihre jetzigen Kosten im Bereich der mobilen Geräte?
3. Haben Sie alle relevanten Kosten Ihres *BYOD-Projekts* im Blick?
4. Wollen Sie die privaten Geräte bezuschussen?
5. Haben Sie die nicht-monetären Faktoren im Blick?
6. Haben Sie die steuerrechtlichen Aspekte im Blick?

Der Einsatz mobiler Geräte wirkt sich nicht nur auf technische und wirtschaftliche, sondern auch auf viele soziale Aspekte aus, die hier nicht vernachlässigt werden sollen. So ist die Nutzung mobiler Geräte und ihre Auswirkungen Thema zahlreicher Studien in verschiedenen Geisteswissenschaften wie Sozialwissenschaft, Psychologie, Kommunikationswissenschaft und Pädagogik – um nur einige zu nennen. Wie schon an den aufgezählten Wissenschaftsbereichen zu erkennen ist, wird sowohl das Sozial- als auch das Privatleben von der Nutzung mobiler Geräte beeinflusst. Davon sind die in *BYOD* praktizierenden Unternehmen tätigen Mitarbeiter in besonderer Weise betroffen, da sie ihre privaten Geräte auch beruflich nutzen. Welche Auswirkungen dies nicht nur für die Mitarbeiter selbst, sondern auch auf ihre Vorgesetzten und die Unternehmenskultur haben kann, wird in diesem Kapitel erläutert. Zusätzlich werden soziale Aspekte thematisiert, die bei der Einführung von *BYOD* nicht außer Acht gelassen werden sollten. Nur wenn diese bekannt sind, kann von den Vorteilen profitiert und den Nachteilen entgegengewirkt werden.

Diese Aspekte sind insbesondere für die Personal- und Personalentwicklungsabteilung, die interne Marketingabteilung sowie Führungskräfte relevant. Die Mitarbeiter selbst sollten ebenfalls zumindest über einige der in diesem Kapitel thematisierten Aspekte informiert werden, da sie davon direkt betroffen sein werden (z. B. Vermischung von Arbeits- und Privatleben).

6.1 Produktivitätssteigerung

Die sinnvolle Einbindung mobiler Geräte in bestehende Geschäftsprozesse kann sich nicht nur finanziell (z. B. durch Zeit- und Kosteneinsparungen) positiv bemerkbar machen. Pousttchi et. al. (vgl. [69]) nennen als Beispiele für den Nutzen eine höhere Kunden- oder Mitarbeiterzufriedenheit, bessere Datenqualität oder neue Marktopportunitäten. Diese Faktoren können den Autoren zufolge (ebd.) in Effizienz- und Effektivitätssteigerungen

© Springer Fachmedien Wiesbaden 2015

171

A. Kohne, S. Ringleb, C. Yücel, *Bring your own Device*, DOI 10.1007/978-3-658-03717-8_6

unterteilt werden. Das Nutzenpotenzial kann mit entsprechenden Kennzahlen gemessen werden, die sich auf die Effizienz und Effektivität beziehen. Wenn die Geschäftsprozesse bereits mobile Geräte beinhalten, ist eine Integration privater mobiler Geräte – natürlich unter Berücksichtigung der rechtlichen und sicherheitsrelevanten Fragen (vgl. Kap. 3 und Abschn. 4.8) – relativ einfach möglich. Ist dies nicht der Fall, können die Prozesse an die Verwendung mobiler Geräte angepasst oder komplett überarbeitet werden, was allerdings meistens mit erheblichem Mehraufwand und zusätzlichen Kosten verbunden ist. Dabei ist zu beachten, dass Produktivitätssteigerungen nur erfolgen können, wenn das *BYOD*-Konzept mit einer hohen Benutzerfreundlichkeit einhergeht. Sind die für private mobile Geräte vorgesehenen Geschäftsprozesse zu umständlich, kompliziert oder zu restriktiv, wird möglicherweise auf die Verwendung der mobilen Geräte verzichtet und mit den unternehmenseigenen Geräten gearbeitet. Von den 91 im Rahmen der Lünendonk-Studie befragten Unternehmen (vgl. [40]) haben mehr als die Hälfte (56 %) eine *Mobile Enterprise Strategie*, die u. a. den Einsatz von *Business Apps* beinhaltet. Diese ist meistens Bestandteil der allgemeinen IT-Strategie und bei den verschiedenen Unternehmen unterschiedlich ausgeprägt. Von den Unternehmen, die eine *Mobile Enterprise Strategie* verfolgen, setzen der Studie zufolge 80 % ein *Mobile Device Management System* ein und 49 % brechen bestehende IT-Prozesse auf, um sie an mobile Geräte anzupassen.

6.2   Erreichbarkeit

Mobile Geräte wie Smartphones können die Erreichbarkeit von Mitarbeitern steigern. Vor allem für Außendienstmitarbeiter bieten sie viele Vorteile: sie sind nun nicht mehr nur telefonisch zu erreichen, sondern können auch mittels anderer Medien kommunizieren, also z. B. ihre geschäftlichen E-Mails lesen und auf unternehmensinterne Daten zugreifen. Diese Kommunikationsmöglichkeiten können sich positiv auf Geschäftsprozesse auswirken, da sie den Informationsfluss verbessern: Mitarbeiter, die gut informiert sind, haben eine bessere Entscheidungsgrundlage für ihre Handlungen, die sie so besser auf die Unternehmensziele abstimmen können. So führen beispielsweise Vertriebsmitarbeiter, die durch mobile Geräte mit den aktuellsten Hintergrundinformationen ausgestattet sind, ihre Verkaufsgespräche vermutlich erfolgreicher. Zudem haben Außendienstmitarbeiter durch die mobilen Geräte die Möglichkeit, sich schnell erforderliche Informationen einzuholen oder mit ihren Kollegen oder Vorgesetzten Rücksprache zu halten.

Erreichbarkeit, unabhängig davon, wo sich ein Mitarbeiter gerade aufhält (z. B. auf Dienstreise, im Außendienst, auf einer Messe, in einem Meeting, etc.), hat für die Kommunikation, den Informationsaustausch sowie die kollegiale Zusammenarbeit viele Vorteile. Davon profitieren auch Mitarbeiter, die im *Homeoffice*, also von zu Hause aus arbeiten, sowie Selbstständige (*Freelancer*). Mobile Geräte werden unterwegs laut einer Bitkom-Studie (vgl. [7], s.u.) vor allem dazu verwendet, um auf E-Mails und den Kalender zuzugreifen (28 %). 15 % der Mitarbeiter nutzen auch andere betriebliche Anwendungen und bearbeiten Dokumente.

Die durch mobile Geräte gegebene ständige Erreichbarkeit hat aber natürlich auch ihre Schattenseiten. So können Mitarbeiter, die in den genannten Situation ständig erreichbar sind, das Gefühl bekommen, kontrolliert zu werden. Nicht wünschenswert ist auch, wenn unter der Erreichbarkeit die persönliche *face-to-face* Kommunikation und somit der soziale Kontakt mit den Arbeitskollegen oder den Kunden leidet, wie es beispielsweise bei „Phubbing" der Fall ist (vgl. Abschn. 6.7).

Schwierig wird es, wenn sich die Erreichbarkeit nicht nur auf die reguläre Arbeitszeit beschränkt, sondern auch in der Freizeit gegeben ist. Pangert und Schüpbach (2013) definieren arbeitsbezogene Erreichbarkeit als „eine häufig durch neue Informations- und Kommunikations-Medien ermöglichte Verfügbarkeit von Arbeitenden für Arbeitsbelange bzw. von Arbeitsbelangen für Arbeitende außerhalb der regulären Arbeitszeit und unabhängig vom regulären Arbeitsort, welche ein unterschiedliches Ausmaß annehmen kann" (vgl. [67]). Die zunehmende Erreichbarkeit von Arbeitnehmern wird von verschiedenen Studien bestätigt. Als Ursachen für diese Entwicklung nennt Strobel (vgl. [80]) folgende:

- die allgemeine Zunahme von Erreichbarkeit durch neue Informations- und Kommunikationstechnik (IKT),
- eine Arbeitsverdichtung, die mit höheren Leistungsanforderungen einhergeht,
- eine Beschleunigung im Arbeitsleben, die sich u. a. in Erwartungen von schnellen Reaktionen äußert,
- die Flexibilisierung und Entgrenzung von Arbeit, also die Auflösung von Regelungen und Grenzen in Bezug auf Arbeitszeit und Arbeitsort,
- sowie die mit der Globalisierung einhergehende Internationalisierung.

Wie aus der Studie „Arbeit 3.0" des Bitkom (vgl. [7]) hervorgeht, trifft dies auf die Mitarbeiter von 53 % der befragten Unternehmen in verschiedenen Ausprägungen zu: 19 % der Unternehmen verlangen, dass ihre Mitarbeiter abends, 17 % am Wochenende und 17 % jederzeit abends erreichbar sind. Einige wenige möchten die Arbeitnehmer auch im Urlaub (4 %) oder nachts (4 %) erreichen können, wobei dies auch mit bestimmten Aufgaben zusammenhängen könnte (z. B. technische Bereitschaft, Nachtdienst, usw.). Hinzu kommen 28 % der Unternehmen, für die Mitarbeiter zumindest in Ausnahmefällen verfügbar sein sollen. Trotz dieser Erwartungen an die Erreichbarkeit von Mitarbeitern haben 62 % der Unternehmen keine strukturierten Vereinbarungen zu diesem Thema (ebd.). Von den Beschäftigten sind gut zwei Drittel bereit, nach Feierabend noch für dienstliche Fragen erreichbar zu sein. Dabei zeigen der Studie zufolge jüngere Mitarbeiter und Frauen eine etwas höhere Bereitschaft zur Erreichbarkeit in der Freizeit. Die Erreichbarkeit außerhalb der regulären Arbeitszeiten führt zunehmend zu einer Vermischung von Beruf und Privatleben (vgl. Abschn. 6.5). Dies hat einige Vorteile, wie z. B. flexiblere Arbeitszeiten und -orte und eine bessere Vereinbarkeit von Beruf und Familie (vgl. [67]). Als Nachteile werden vor allem negative Auswirkungen auf die *Work-Life-Balance* genannt, die in vielen Fällen auch zu Einschränkungen des Wohlbefindens und der Fähigkeit, sich zu erholen und abzuschalten, führen kann. Im schlimmsten Fall drohen durch den Stress gesundheitliche Probleme wie Schlafstörungen, Bluthochdruck, Unruhezustand bis hin zu Burnout und Depressionen (vgl. Strobel [80]).

Mögliche Präventionsmaßnahmen gibt es sowohl auf der Ebene des Mitarbeiters (individuelle Ebene) als auch auf der Unternehmensebene bzw. Organisationsebene. Strobel ([80]) nennt hierzu

1. auf individueller Ebene:

- ständige Erreichbarkeit nicht selbst anbieten
- ein eigenverantwortlicher Umgang mit Erreichbarkeit (z. B. E-Mails nicht sofort beantworten, sondern zu bestimmten Zeiten)
- bewusste Freizeitgestaltung
- Freiräume zur Entschleunigung schaffen (Zeiten und Orte ohne mobile Geräte)
- wenn das alles nicht hilft: das Problem im Unternehmen ansprechen und auf der Organisationsebene kollektiv lösen

und 2. auf Organisationsebene:

- Handlungsbedarf erkennen
- das Thema in die Unternehmenskultur aufnehmen
- eine Leitlinie auf Unternehmensebene erstellen
- Konkretisierung auf Abteilungs- und Teamebene
- Kommunikation über das Thema: gegenseitige Erwartungen klären und daraus Regelungen ableiten
- Führungskräfte als Vorbild und Kulturpromotoren
- Vereinbarungen treffen und evtl. verschriftlichen (was den Nutzen einer Verschriftlichung betrifft, gibt es unterschiedliche Meinungen).

6.3   Vernetzung durch *Social Media*

Seit der Entwicklung des Internets zum „Web 2.0" nimmt die Bedeutung von *Social Media* stetig zu. Immer mehr Unternehmen schufen kollaborative Online-Plattformen, um verschiedene Inhalte – seien es Kurznachrichten, Mitteilungen, Fotos, Videos, Präsentationen oder andere – bereitzustellen und mit anderen auszutauschen, zu kommentieren oder zu „liken" und weiterzuverbreiten. *Facebook*, *Twitter*, *YouTube* und Co werden nicht nur im privaten Bereich gerne genutzt. Da heutzutage jeder mit allen möglichen Personen über verschiedene Plattformen vernetzt ist, sind *Social Media* wichtig für den privaten und beruflichen Austausch. Da die meisten Anbieter von *Social Media* Plattformen eine App oder Web-App anbieten, eignen sich mobile Geräte hervorragend, um diese zu nutzen.

Unternehmen haben das Potential von *Social Media* erkannt und so wird die Nutzung solcher Medien im heutigen Arbeitsleben immer wichtiger. Der Einsatz von sozialen Medien beschränkt sich dabei nicht nur auf die Kommunikation nach außen (z. B. Marketing,

PR, Personalgewinnung), sondern auch auf andere Bereiche wie z. B. interne Kommunikation, Aufbau von persönlichen Netzwerken, kollaborative Zusammenarbeit (*Computer
Supported Collaborative Working* bzw. *CSCW*), Datenaustausch und Wissensmanagement. Dabei ist zu unterscheiden, ob es sich um (private) *Social Media* für die Angestellten
oder um *Social Media* für die Firma handelt. Manchmal gibt es auch Vermischungen. Das
beste Beispiel dafür ist *XING*: als Privatperson wird ein Account bei der sozialen Plattform *XING* geführt, der dort mit den beruflichen Kontakten wie Geschäftspartnern und
Kunden vernetzt wird. Bei einem Austritt aus dem Unternehmen kann dies zu rechtlichen
Fragen führen, wie z. B., wem die Kontakte gehören (vgl. [16]).

Allerdings sind *Social Media* Fluch und Segen zugleich: neben den vielen Vorteilen
(z. B. Netzwerkbildungs- und Kommunikationsgelegenheiten, Vernetzung mit Stakeholdern wie Kunden und Partnerunternehmen, Mitarbeiterbindung) gibt es bei der Nutzung
auch einige Dinge zu beachten. Dabei steht die Außenwirkung der Firma an oberster Stelle. Unterschiedliche soziale Medien einzusetzen, um das Ansehen des Unternehmens zu
verbessern, ist allerdings kein Selbstläufer. Es reicht nicht aus, beispielsweise nur einen
Facebook-Account für die Firma zu erstellen. Der Account muss „leben", d. h. regelmäßig mit nützlichen Informationen gefüllt werden. Diese sollten regelmäßig aktualisiert
werden, so dass sie immer auf dem neuesten Stand sind. Anfragen müssen ernst genommen und bearbeitet werden. Ein solcher Account sollte ständig vom Marketing mit Hilfe
von *Monitoring-Tools* überwacht und gepflegt werden. Auch die Wirkung regelmäßiger
Kommunikation mit den Kontaktpersonen aus dem eigenen Netzwerk sowie die „richtige" Reaktion auf Krisen sollte nicht unterschätzt werden. Dies erfordert feste Regeln,
die beinhalten, welche Inhalte weitergegeben werden dürfen bzw. welche nicht, wie auf
Anfragen und vor allem auf Kritik reagiert wird, usw. (vgl. Abschn. 2.3). Gibt es keine
klare Kommunikationsstrategie für die Öffentlichkeitsarbeit in sozialen Medien, können
z. B. unbedachte Äußerungen schnell zu einem „Shitstorm" führen, also einer großen
Menge Kritik in Form von (häufig nicht gerade konstruktiv geäußerten) Kommentaren,
die sich schnell weiterverbreiten: negative *Publicity*, die kein Unternehmen gebrauchen
kann.

Der Bitkom-Studie „Arbeit 3.0" (vgl. [7]) zufolge verwenden gut zwei Drittel der Unternehmen soziale Medien für die unternehmensinterne Kommunikation. Ein Intranet wird
dabei am häufigsten eingesetzt. Ratsam ist, ein eigenes *Social Media* Netz zu verwenden,
da die Datenschutzrichtlinien der bekannten Plattformen wie Facebook und Co. ein Sicherheitsproblem darstellen könnten, da interne Informationen bei einem Anbieter – noch
dazu mit Sitz im Ausland – gespeichert und ggf. weiterverwendet werden. Sicherer ist daher, einen Anbieter zu wählen, bei dem das Netzwerk auf die Firmenangehörigen begrenzt
ist und die Informationen nicht an Außenstehende weitergegeben werden können. Darüber
hinaus ist wichtig, dass keine Firmeninterna oder gar Firmengeheimnisse von Mitarbeitern
in öffentliche Netze gestellt werden. Um dies zu verhindern, sollten klare Regeln, z. B. in
Form von *Social Media Policies* und Kommunikations- und Verhaltensregeln („Netiquette") vereinbart werden (vgl. Abschn. 2.3). Nur wenn sich jeder über die Gefahren von
Social Media bewusst ist und gewisse Regeln einhält, kann das Unternehmen von den

Vorteilen profitieren. Für die Gewinnung und Bindung von Mitarbeitern spielen soziale Medien ebenfalls eine wichtige Rolle (vgl. Abschn. 6.4).

6.4 Mitarbeiterbindung

Zur *Generation Y* zählen Personen, die nach 1982 geboren wurden und mit digitalen Medien aufgewachsen sind. Aufgrund der Jahrtausendwende, die in ihrer Jugendzeit liegt, werden sie auch als „Millenials" bezeichnet. Bei den heutigen Berufsanfängern, die dieser *Generation Y* angehören, sieht das Arbeitsleben anders aus, als bei vorherigen Generationen. Damals wurde nach der Ausbildung oder dem Studium ein Job gesucht, der dann bis zur Rente ausgeübt wurde. Jobwechsel kamen vermutlich seltener vor als heute und Berufswechsel waren wohl eher die Ausnahme. Wer heutzutage sein Berufsleben beginnt, findet kaum noch einen Job, den er bis zu seiner Rente ausüben kann. Mobilität und Flexibilität ist gefragt, lebenslanges Lernen ebenfalls. Vor allem in IT-nahen Unternehmen gibt es eine hohe Fluktuation der Mitarbeiter, die häufig bereits nach 3–4 Jahren die Firma wechseln.

Doch nicht nur die Anforderungen der Arbeitgeber an neue Mitarbeiter hat sich geändert, sondern auch die Ansprüche der Mitarbeiter an ihren Arbeitsplatz. Neue Mitarbeiter erwarten heute einen modernen Umgang mit Daten, Medien, Geräten, *Social Media* und anderen Dingen. Gerade was die Arbeit mit mobilen Geräten und *Social Media* betrifft, möchten junge Mitarbeiter ungern auf den Komfort verzichten, den diese ihnen im Privatleben bieten. In Schule, Ausbildung und Studium ist beispielsweise die Nutzung verschiedener, kollaborativer *Cloud-Dienste* sowie die Synchronisation der Daten über verschiedene Geräte hinweg selbstverständlich. In Unternehmen sieht dies aufgrund des Datenschutzes (vgl. Kap. 3) meist anders aus: öffentliche Cloud-Dienste sind häufig verboten und es werden stattdessen unternehmensinterne File-Server für die Datenspeicherung verwendet. Zudem erhält nicht jeder Mitarbeiter ein dienstliches Smartphone oder kann sein eigenes verwenden. Der Umgang eines Unternehmens mit diesen Themen kann für den Arbeitssuchenden ein wichtiger Entscheidungsgrund für oder gegen einen Arbeitgeber sein. Denn diese Kriterien tragen zum „Wohlfühlfaktor" bei.

Gerade in Zeiten des Fachkräftemangels buhlen Firmen um gute Mitarbeiter. Im sogenannten „War for Talents" geht es vor allem darum, gute, talentierte und junge Mitarbeiter zunächst für das Unternehmen zu begeistern. Sind sie erst mal angestellt, stellt sich für das Unternehmen die Herausforderung, diese Mitarbeiter in der Firma zu halten. Denn vor allem talentierte Mitarbeiter wollen auch etwas von der Firma geboten bekommen. *BYOD* kann zum positiven Image eines Unternehmens beitragen und bei der Personalgewinnung als Vorteil des Unternehmens genannt werden. Mitarbeiter, denen der Aspekt wichtig ist, eigene mobile Geräte zu verwenden und somit eine freie(re) Gerätewahl zu haben, werden sich eher für ein Unternehmen mit *BYOD*-Strategie entscheiden. Auch die Nutzung von *Social Media* für die interne Kommunikation kann ein Anreiz für neue Mitarbeiter sein, bei einem Unternehmen einen Job anzunehmen.

BYOD kann auch als Belohnung oder Auszeichnung für Mitarbeiter eingesetzt werden. Für besonders gute Leistungen dürfen in diesem Fall private, mobile Geräte verwendet werden. Wird eine solche Belohnung in Aussicht gestellt, werden andere Mitarbeiter dazu motiviert, ebenso gute Leistungen zu erbringen.

Da das Arbeitsverhalten insgesamt flexibler geworden ist, ist zudem eine gute *Work-Life-Balance* wichtig (vgl. Abschn. 6.5).

6.5 Vermischung von Arbeit und Privatleben

Durch mobile Geräte ist heute fast jeder „immer" online bzw. „always on". Oftmals geht dies mit der Erwartungshaltung einer „Sofortness" einher: alles muss immer sofort erledigt werden. Trotz ständiger Erreichbarkeit (vgl. Abschn. 6.2) bedeutet das allerdings nicht, dass jeder immer für dienstliche Zwecke erreichbar sein muss, denn sonst droht eine erhöhte Gefahr, an Burnout zu erkranken. Es geht auch anders: Daimler hat z. B. ein hausinternes Mitarbeiterprogramm namens „Mail on holiday" eingeführt, bei dem während des Urlaubs eines Mitarbeiters dessen eingehende Mails gelöscht werden, damit die Mitarbeiter im Urlaub keine E-Mails lesen und nach dem Urlaub keine vollen Postfächer vorfinden, und bei VW gibt es eine E-Mail-Pause nach Feierabend (vgl. [56]). Eine gute Work-Life-Balance muss von den Vorgesetzten vorgelebt werden, so dass diese ihre Mitarbeiter nicht mehr in der Freizeit anrufen, keine Erreichbarkeit nach Dienstschluss erwarten, usw. Denn sonst können die Mitarbeiter nicht mehr abschalten und zur Ruhe kommen, wenn sie ständig das (Pflicht-)Gefühl haben, noch einmal die E-Mails checken zu müssen.

Neben der Erreichbarkeit und Arbeit außerhalb der regulären Arbeitszeiten (nach Feierabend, am Wochenende, im Urlaub) kann eine Vermischung von Arbeitszeit und Freizeit auch umgekehrt stattfinden: wenn private Angelegenheiten (per Chat, E-Mail, Telefon, *Facebook*, usw.) während der Arbeitszeit erledigt werden.

Die Vermischung von Arbeit und Privatleben kann jedoch nicht nur in Bezug auf die Erreichbarkeit vorkommen. Ein weiteres wichtiges Thema ist die Datenhaltung. Denn bei der Nutzung privater mobiler Geräte für dienstliche Zwecke besteht die Gefahr, geschäftliche und private Daten zu vermischen. Es sollte daher auf eine saubere Datentrennung geachtet werden. Eine mögliche Lösung für ein *Mobile Device Management System* sind z. B. Container-Lösungen (vgl. Abschn. 4.2.1.2). Dabei spielt auch der Datenschutz (vgl. Abschn. 3.1.4) eine wichtige Rolle: Was passiert beispielsweise, wenn das Kind abends an Papas Smartphone spielt und dabei Unternehmensdaten löscht, geheime E-Mails liest oder diese an Unbefugte weiterleitet?

Nicht zu vernachlässigen sind Lizenzen für Apps, Musik oder Fotos. Hier stellt sich beispielsweise die Frage, ob private Apps, Musik usw. im geschäftlichen Umfeld genutzt werden dürfen, oder ob diese anders lizensiert werden müssen, ggf. mit zusätzlichen Kosten. Ein falscher Umgang damit kann zu rechtlichen Problemen führen (vgl. Kap. 3).

6.6 Schulungen und E-Learning

Das Thema „Schulung und E-Learning" kann aus zwei Blickwinkeln betrachtet werden:

1. Wie können die privaten mobilen Geräte für die berufliche und/oder betriebliche Weiterbildungen genutzt werden?
2. Inwieweit und in welchen Bereichen sind Schulungen von Mitarbeitern bei der Einführung von *BYOD* erforderlich?

6.6.1 Weiterbildung

In der betrieblichen Weiterbildung werden inzwischen nicht mehr nur Präsenzschulungen, sondern auch immer häufiger verschiedene E-Learning-Formate angeboten: z. B. *Web Based Trainings* (*WBTs*), Webinare und kleine Lerneinheiten in Form von Videos, Texten oder ähnlichem. Diese werden meistens online zur Verfügung gestellt – entweder auf einer Webseite im Intranet oder einer Lernplattform (*LMS*). *LMS* sind sogenannte *Lernmanagement-Systeme*, also digitale Lernumgebungen, die einen großen Funktionsumfang bieten und sich für verschiedene Lernszenarien eignen, da sie die Lerninhalte in ihren unterschiedlichen Formaten in einer einheitlichen Benutzeroberfläche online darbieten. *LMS* werden vor allem in größeren Unternehmen gerne eingesetzt, da sie eine zentrale Plattform für E-Learning-Kurse bieten. Zudem beinhalten sie meistens auch eine Teilnehmerverwaltung, so dass Mitarbeiter nur Zugang zu den für sie relevanten Kursen haben und der Lernfortschritt nachverfolgt werden kann. *WBTs* sind Lernprogramme, die mit Hilfe von E-Learning-Autorentools erstellt werden. Im Gegensatz zu den früher verwendeten *Computer Based Trainings (CBTs)*, müssen *WBTs* nicht mehr auf einem Computer installiert oder von einer CD-ROM gelesen werden. *WBTs* werden online auf einer Webseite oder Lernplattform zur Verfügung gestellt. Als *Webinare* werden synchrone Online-Veranstaltungen bezeichnet, die mit Hilfe einer dafür bestimmten Software in einem sogenannten „virtuellen Klassenzimmer" durchgeführt werden. Werden *Webinare* aufgezeichnet und das Video der Präsentation später veröffentlicht, handelt es sich um eine asynchrone Veranstaltung. Die Teilnahme an *Webinaren* ist auch von mobilen Geräten aus möglich, da diese heute über die technischen Voraussetzungen verfügen: Internetverbindung, Mikrofon- und Audio-Funktionalität. Unter dem Begriff „mobiles Lernen" (manchmal auch als „Ubiquitous Learning" oder „Mobile Learning" bezeichnet) werden die Möglichkeiten verstanden, mobile Geräte für Lernzwecke einzusetzen. Dies können beispielsweise speziell entwickelte *Apps* sein (z. B. mit Lernkarten, Produktinformationen, Arbeitsanleitungen), der Zugriff auf *LMS* und Lerninhalte oder das Einlesen von *QR-Codes* an bestimmten Orten (z. B. Arbeitsstationen in einer Fabrik). Mobiles Lernen ist vor allem für Unternehmen interessant, wenn deren Mitarbeiter viel unterwegs sind. Mit Hilfe mobiler Geräte können sie Reise- und Wartezeiten effizient nutzen, indem sie sich weiterbilden. Wenn Mitarbeiter häufig ihren Arbeitsort wechseln

(z. B. mobile Pflegekräfte, Arbeiter in Fabriken mit unterschiedlichen Aufgabenbereichen, Außendienstmitarbeiter), ist mobiles Lernen eine Möglichkeit, an jedem Ort auf das dort relevante Wissen zuzugreifen bzw. sich dieses anzueignen.

Der beruflichen Weiterbildung dienen jedoch nicht nur betriebliche Schulungen und E-Learning-Einheiten. Seitdem in Amerika 2011 die ersten renommierten Universitätsprofessoren kostenlose, mehrwöchige Online-Kurse für über 100.000 Teilnehmer durchgeführt haben, werden zahlreiche solcher *„Massive Open Online Courses"* (auch *„MOOCs"* genannt) von verschiedenen Anbietern – darunter auch viele Universitäten – angeboten. Es werden zwei verschiedene Arten von *MOOCs* unterschieden:

1. ***xMOOCs oder extended MOOCs:***
   xMOOCs orientieren sich an behaviouristischen und kognitivistischen Lerntheorien und eignen sich daher besonders gut zur Vermittlung von explizitem und deklarativem Wissen. *xMOOCs* bestehen meistens aus kurzen Videos und Multiple-Choice-Aufgaben. Nach ein- bis zweiwöchigen Lerneinheiten gibt es meistens eine umfangreichere Aufgabe und am Ende des Kurses eine Abschlussprüfung.
2. ***cMOOCs oder connectivist MOOCs:***
   cMOOCs orientieren sich an der konstruktivistischen Lerntheorie und am Konnektivismus, einer Lerntheorie, die durch die *cMOOCs* entstanden ist. In *cMOOCs* stehen Kommunikation, Vernetzung und von Anwendern erfasste Inhalte (user-generated Content) im Vordergrund. Die Veranstalter liefern nur Impulse (z. B. durch Blogeinträge, Videos oder Webinare) und moderieren die Beiträge der Teilnehmer. *cMOOCs* eignen sich daher vor allem für Inhalte mit Diskussionsbedarf und unterschiedlichen Lösungsalternativen.

Die *Deutsche Telekom* hat 2014 einen unternehmensinternen *MOOC* durchgeführt (Magenta *MOOC*), in dem es darum ging, die neuesten Trends im digitalen Zeitalter kennenzulernen und kollaborativ neue Produktideen zu entwickeln.

Mobile Geräte bieten ein großes Potential in Bezug auf lebenslanges Lernen und berufliche Weiterbildung. Durch *BYOD* kann dieses noch besser ausgeschöpft werden.

6.6.2 Schulungen in Bezug auf *BYOD*

In Bezug auf *BYOD* sollten spezielle Schulungen durchgeführt werden. Als Zielgruppe kommen dabei nicht nur die Administratoren von *Mobile Device Management* Lösungen in Frage, sondern alle Mitarbeiter, die *BYOD* nutzen. Interessant sind vor allem Schulungen, die ein Bewusstsein für die Sicherheitsgefahren mobiler Geräte schaffen. In solchen Awareness-Schulungen kann z. B. der berufliche Umgang mit den privaten mobilen Geräten thematisiert und ein Verständnis für Sicherheitsvorkehrungen wie lange Passwörter geschaffen werden. Die unternehmenseigenen Richtlinien und Prozesse können ebenfalls vermittelt werden. Zu beachten ist, dass das Schulungskonzept an den Anforderungen der jeweiligen Zielgruppe ausgerichtet ist:

1. Anforderungen und Besonderheiten der Zielgruppe identifizieren
2. Welche Inhalte sollen vermittelt werden?
3. Wie sollen die Inhalte vermittelt werden? (methodisch-didaktisches Konzept, Medien)

6.7   Phubbing

Der Begriff „Phubbing" ist eine Komposition der englischen Wörter „phone" und „snub-bing" („vor den Kopf stoßen", „schroffe Abweisung"), der im Jahr 2012 im Rahmen einer sarkastischen Marketing-Kampagne für einen australischen Verlag für Wörterbü-cher verbreitet wurde (s. http://stopphubbing.com/). Unter dem Begriff „Phubbing" wird die ständige (in vielen sozialen Situationen als unhöflich empfundene) Beschäftigung mit dem Smartphone verstanden. Dies ist ein heutzutage sehr häufig vorkommendes Phäno-men, dass überall zu beobachten ist – wo auch immer man gerade unterwegs ist, schaut jemand auf sein Smartphone: in der Bahn, als Fußgänger auf der Straße, im Wartezimmer, im Restaurant sowie im Büro, in Meetings und bei Präsentationen. Fast suchtartig wird auf das Smartphone geschaut, sobald es sich z. B. aufgrund einer eingehenden Benachrichti-gung bemerkbar macht. Vor allem in der Anwesenheit von Kommunikationspartnern gilt ein solches Verhalten als unhöflich und respektlos gegenüber dem Gesprächspartner bzw. Vortragenden. Auch wenn die Person dadurch möglicherweise wichtig oder unentbehrlich wirkt, kann es einen schlechten Eindruck (z. B. bei Kunden oder Geschäftspartnern) hin-terlassen, wenn die Beschäftigung mit dem Smartphone der Person anscheinend wichtiger ist als sein Gesprächspartner. Bei der Einführung von *BYOD* kann die Gefahr bestehen, das als „Phubbing" bezeichnete Verhalten noch zu verstärken, denn es kann nicht nachvoll-zogen werden, ob die Beschäftigung mit dem Smartphone zu privaten oder beruflichen Zwecken erfolgt. Es könnte sein, dass Mitarbeiter durch *BYOD* eine Legitimation für Phubbing erhalten. Daher ist es wichtig, Regeln für den Umgang mit mobilen Geräten aufzustellen und diese an die Mitarbeiter zu kommunizieren (vgl. Abschn. 2.3).

6.8   Auswirkungen bei einem Verbot oder Einschränkung von *BYOD*

Entscheidet sich ein Unternehmen gegen *BYOD*, sollte es die möglichen Reaktionen der Mitarbeiter kennen, die das Verbot der Nutzung privater, mobiler Geräte nach sich ziehen kann. Wichtig ist in diesem Fall vor allem die interne Unternehmenskommunikation. Die Gründe für die Entscheidung gegen *BYOD* müssen den Angestellten mitgeteilt werden. Denn sonst kann es sein, dass die Mitarbeiter sich ungerecht behandelt fühlen, unzufrieden sind und sich vielleicht auch über das Verbot hinwegsetzen. Mit einer Erklärung hingegen, warum private mobile Geräte nicht im Unternehmen verwendet werden sollen, können die Mitarbeiter die Entscheidung (eher) nachvollziehen und Verständnis dafür aufbringen. Dies gilt insbesondere dann, wenn diese Entscheidung nach einem *BYOD*-Versuch getroffen wird. Denn vermutlich wird es den Angestellten schwerer fallen, auf die Nutzung ihrer privaten Geräte zu verzichten, wenn diese schon einmal erlaubt war, sie die Arbeit damit gewohnt sind und von den Vorteilen profitiert haben.

Falls sich ein Unternehmen also z. B. aus Sicherheits- oder rechtlichen Gründen (vgl. Abschn. 3.1.2) gegen *BYOD* entscheidet, muss diese Entscheidung nicht nur den Mitarbeitern mit Hilfe einer internen Kommunikationsstrategie nachvollziehbar mitgeteilt werden, sondern auch konsequent durchgezogen werden. Dazu gehört, dass das Verbot in einer unternehmensinternen Richtlinie festgehalten sowie von den Mitarbeitern in Form einer Unterschrift zur Kenntnis genommen und auch befolgt wird. Ein Verbot sollte konsequent durchgesetzt werden, ohne Ausnahmen für Vorgesetzte oder einzelne Mitarbeiter, da sonst Neid und Missgunst unter den Mitarbeitern entstehen kann, was sich wiederum negativ auf das Betriebsklima auswirkt. Zudem rufen solche Ausnahmen Unverständnis bei den Mitarbeitern hervor, was die Motivation der Mitarbeiter und ihre Identifikation mit dem Unternehmen bzw. der Unternehmenskultur beeinträchtigen kann. Eine Nichtbefolgung des Verbots muss Konsequenzen nach sich ziehen (die ebenfalls in der Richtlinie genannt werden), um eine Schatten-IT mit unerlaubten privaten, mobilen Geräten zu vermeiden.

Falls sich ein Unternehmen für eine *BYOD*-Strategie entscheidet, ist diese meistens nicht ganz ohne Einschränkungen für die Mitarbeiter zu realisieren. Diese Einschränkungen ergeben sich meistens aus Sicherheitsvorkehrungen, die mit *Mobile Device Management Systemen (MDM-Systemen)* umgesetzt werden. Dazu gehören beispielsweise Nutzungseinschränkungen wie via *Blacklist/Whitelist*-Regelung gesperrte Apps, die Sperrung von Diensten wie *GPS* oder der Kamera, einzuhaltende Passwortvorgaben usw. (vgl. Abschn. 4.2.1). Die unternehmensinterne Kommunikation (vgl. Abschn. 6.9) spielt auch in diesem Fall eine wichtige Rolle, damit die *BYOD*-Strategie, so wie sie realisiert wird, von den Mitarbeitern akzeptiert und unterstützt wird. Insbesondere Maßnahmen bei Verlust des Gerätes wie eine Sperrung oder Fernlöschung des Gerätes bedürfen der (schriftlichen) Zustimmung der Mitarbeiter. Bei Einschränkungen von bestimmten Gerätetypen, die z. B. daraus resultieren, dass das eingesetzte *MDM-System* nur bestimmte Gerätetypen bzw. Plattformen (vgl. Abschn. 4.1) unterstützt, können eventuell (finanzielle) Anreize geschaffen werden, um das private Gerät zu wechseln. Wird die Kostenübernahme durch das Unternehmen eingeschränkt, muss dies so kommuniziert werden, dass die Mitarbeiter Verständnis dafür aufbringen, und erkennen, dass sie trotzdem Vorteile durch *BYOD* haben.

6.9 Kommunikation

Bei der Einführung von *BYOD* kommt der internen Kommunikation eine besondere Rolle zu. Die Mitarbeiter sollten regelmäßig über den aktuellen *BYOD*-Projekt-Status informiert werden. Keine oder zu wenig Informationen herauszugeben, kann zu Problemen führen. Entscheidungen der Unternehmensleitung können dann möglicherweise von den Mitarbeitern nicht nachvollzogen werden. Daher ist es wichtig, die Angestellten „mitzunehmen". Die Meinungen, Ideen und Befürchtungen der Angestellten sollten ernst genommen werden, indem sie in den Projektverlauf mit einbezogen werden. Eine einseitige Berichterstattung, also entweder nur die Vorteile von *BYOD* zu nennen oder – beispielsweise bei einem Verbot – *BYOD* zu „verteufeln", ist ebenfalls problematisch. Es sollten sowohl die positiven, als auch die negativen Auswirkungen aufgezeigt werden. Wie aus Kap. 3 hervorgeht (vgl. Abschn. 3.1.2), dürfen die Arbeitnehmer entscheiden, ob sie ihre privaten, mobilen Geräte beruflich nutzen möchten. Um eine solche Entscheidung für sich treffen zu können, sollte jeder umfassend über die Konsequenzen aufgeklärt werden.

Die Kommunikation muss dabei zentral aus dem internen Marketing heraus geplant und durchgeführt werden. Eine solche Kommunikationsstrategie enthält natürlich nicht nur die inhaltlichen Aspekte und die Art ihrer Kommunikation, sondern auch die verwendeten Informationskanäle. Die Informationen zur Einführung von *BYOD* sollten über geeignete und unterschiedliche Marketing-Instrumente erfolgen. Dies sind bereits im Unternehmen etablierte Medien wie z. B. Intranets, Aushänge, Newsletter, interne Zeitungen, Blogs, Wikis, Foren oder andere. Um die Mitarbeiter in den mit der Einführung von *BYOD* stattfindenden Change-Prozess einzubeziehen, sollte ihnen eine Möglichkeit gegeben werden, um Feedback zu geben, Fragen zu stellen, usw. Besonders hilfreich ist es, wenn die Angestellten einen zentralen Ansprechpartner zur Verfügung haben, der ihre Anfragen zum Thema „*BYOD*" beantworten kann. Alternativ können dafür auch ein Wiki, ein Forum, eine Hotline, eine Mailbox oder ähnliches eingesetzt werden. Wichtig ist zudem, dass die Kommunikation an die Bedürfnisse und die Erreichbarkeit der Mitarbeiter angepasst wird:

- ein Außendienstmitarbeiter ist nicht immer und wenn, dann nur über mobile Geräte erreichbar,
- ein Fabrikarbeiter ohne festen IT-Arbeitsplatz liest zwar keine E-Mails, dafür aber die Aushänge am Schwarzen Brett,
- ein Büromitarbeiter kann jederzeit auf das Intranet zugreifen,
- usw.

Die Zwischenergebnisse im Entscheidungsprozess sowie die begründete Entscheidung für oder gegen *BYOD* sollten den Arbeitnehmern mitgeteilt werden. Dazu gehören neben den Vor- und Nachteilen auch die gesetzlichen und unternehmensinternen Regelungen. Die *BYOD*-Richtlinie muss auf jeden Fall bekannt gegeben werden und jederzeit zugänglich sein. Die Dokumente können beispielsweise zentral auf einem *File-Server* abgelegt und im Intranet verlinkt werden. Ein Verweis auf die zentrale Ablage ist dann ausreichend.

6.10 Checkliste

1. Gibt es eine unternehmensinterne Regelung bezüglich der Erreichbarkeit von Mitarbeitern außerhalb der regulären Arbeitszeiten?
2. Kann einem Ungleichgewicht in der *Work-Life-Balance* proaktiv entgegengewirkt werden?
3. Ist eine interne Kommunikationsstrategie zum Thema „*BYOD*" vorhanden?
4. Wie werden die Mitarbeiter ausreichend informiert?
5. Für welche Zielgruppen sind Schulungen zum Thema „*BYOD*" erforderlich?
6. Ist das Schulungskonzept an der jeweiligen Zielgruppe ausgerichtet?
7. Wird die Entscheidung für oder gegen *BYOD* konsequent durchgesetzt?
8. Werden Ausnahmen bei einer Entscheidung gegen *BYOD* zugelassen?
9. Gibt es unternehmensinterne Richtlinien für den Umgang mit mobilen Geräten und die Kommunikation in sozialen Medien?
10. Sind diese Regeln den Mitarbeitern bekannt?
11. Wird nicht nur die betriebliche, sondern auch die private Nutzung (z. B. während der Arbeitszeit) thematisiert?
12. Können die privaten, mobilen Geräte für die betriebliche Weiterbildung eingesetzt werden?
13. Gibt es im Unternehmen ein zentrales *Lern-Management-System* (*LMS*) für E-Learning-Inhalte?
14. Ist das *LMS* von privaten mobilen Geräten zugänglich (via Internet oder *VPN*-Verbindung)?

Das Thema *BYOD* hat auch unternehmenspolitische Auswirkungen. Zum Beispiel wird der Betriebsrat bei der Erstellung der *BYOD-Policies* sehr stark mit eingebunden werden müssen, da die Rechte der Angestellten in vielen Bereich geschützt und entsprechend vertreten werden müssen. Bei multinationalen Unternehmen ist darauf zu achten, dass jedes Land andere Gesetze und in Teilen sicherlich auch andere *Compliance-Regeln* hat. Hier muss intern darauf geachtet werden, dass die *BYOD-Strategie* entsprechend flexibel ist, ohne dabei den Datenschutz und die Datensicherheit aufs Spiel zu setzen. Wächst ein Unternehmen durch einen Zukauf (*Merger and Acquisition*), müssen die beiden Unternehmen integriert werden. Das betrifft natürlich auch die IT-Umgebungen und somit hat es auch wieder Auswirkungen auf möglicherweise bestehende *BYOD-Strategien*. Nachdem wir auf all diese Punkte eingegangen sind, gehen wir nochmal dediziert auf den *BYOD-Einsatz* in Behörden ein.

7.1 Betriebsrat

In jedem deutschen Unternehmen, das mindestens fünf ständige Angestellte beschäftigt, darf ein Betriebsrat gegründet werden. Der Betriebsrat bildet die Mitbestimmung im Unternehmen und vertritt die Angestellten und deren Rechte gegenüber der Geschäftsleitung. Er achtet zum Beispiel darauf, dass die Arbeitnehmer gesetzeskonform behandelt werden. Somit beschäftigen sich die Mitarbeiter im Betriebsrat zum Beispiel mit Themen wie dem Arbeitsschutz, dem Umweltschutz, den Rechten von Mitarbeitern mit Behinderung, den ausländischen und den älteren Mitarbeitern. Weiterhin kümmern sie sich um Gleichberechtigung von Mann und Frau im Unternehmen, um Leistungsentgelte und sie haben natürlich auch ein Interesse an vielen IT-Themen, die die Angestellten betreffen (Arbeitsplatz-Ergonomie, Heimarbeit, Erreichbarkeit und so weiter).

Da eine *BYOD-Strategie* oft nach konkreten Anfragen aus der Belegschaft erarbeitet wird und die Rechte der Angestellten in weiten Teilen betroffen sind, ist der Betriebsrat

© Springer Fachmedien Wiesbaden 2015

A. Kohne, S. Ringleb, C. Yücel, *Bring your own Device*, DOI 10.1007/978-3-658-03717-8_7

von Anfang an in ein solches Projekt mit einzubeziehen. Möglicherweise wird das Thema *BYOD* auch erst durch den Betriebsrat bei der Geschäftsleitung angesprochen.

Der Teil des *BYOD-Projekts*, in dem der Betriebsrat am intensivsten involviert ist, ist sicherlich die Erstellung der *BYOD-Policy* (vgl. Abschn. 2.3). In den *Policies* werden viele wichtige Eckpunkte festgelegt, die direkt die Angestellten betreffen. So sollte der Betriebsrat bei der Art der Bezuschussung mit einbezogen werden, da sich dies auf die Bezahlung der Angestellten auswirkt. Weiterhin sollte der Betriebsrat genau festlegen, wie mit dem Thema Mehrarbeit in der Freizeit umgegangen wird. Wie kann sichergestellt werden, dass die Mitarbeiter nicht rund um die Uhr erreichbar sein müssen? Wie wird mit signifikanter Mehrarbeit umgegangen? Ist das Lesen und Beantworten von *E-Mails* nach Dienstschluss als Arbeitszeit zu werten? Kann Mehrarbeit in der Freizeit vom Chef eingefordert werden? Und so weiter (s. auch Abschn. 6.2 und 6.5).

Sie sehen also, dass es viele Punkte im Rahmen von *BYOD* gibt, die direkt die Rechte der Angestellten betreffen und somit von der Mitarbeitervertretung mitdiskutiert und mitentschieden werden müssen. Vor allem, weil durch einen *BYOD-Einsatz* die Grenzen zwischen Arbeitszeit und Freizeit mehr und mehr verschwimmen.

7.2 Multinationale Unternehmen

Die immer stärker werdende Globalisierung hat dazu geführt, dass viele Firmen Geschäfte in vielen verschiedenen Ländern betreiben. Dazu gründen sie oft weitere, internationale Standorte oder kaufen ausländische Firmen ein. Möchte eine solche multinationale Firma eine *BYOD-Strategie* entwickeln, ergeben sich zusätzliche Herausforderungen. Es ist wichtig zu verstehen, dass der Einsatz von *BYOD* nicht weltweit vereinheitlicht werden kann. Dazu sind die lokalen Gesetze und Vorgaben zu unterschiedlich. Eine Möglichkeit, die aber nicht wirklich praktikabel ist und die meisten Anwender unzufrieden stimmen wird, ist es, die *BYOD-Strategie* an den Gesetzen und Anforderungen des strengsten Landes auszurichten. Dies dürfte in den meisten Fällen das deutsche Recht sein (soweit die Firma in Deutschland eine Niederlassung hat). Da die Rechtslage in den meisten anderen Länder aber in vielen Bereichen der Sicherheit und des Datenschutzes weniger restriktiv ist, würden dadurch die Mitarbeiter in den übrigen Ländern unnötig in ihren Rechten beschnitten werden. Dies würde zu Unmut führen.

Es hat sich als beste Lösung herausgestellt, eine allgemeine, firmenweite *Mobile-Strategie* vorzugeben und daraus ein Set an allgemeinen Regeln zum Thema *BYOD* abzuleiten. Diese Basis-Regeln gelten in jedem Land. Die Regeln werden dann im jeweiligen Land um landesspezifische Regeln ergänzt. Somit sind die Kernvorgaben in allen Ländern gleich und doch können die lokalen Vorgaben erfüllt werden. Dies erfordert natürlich, dass die lokalen Niederlassungen sich jeweils mit dem Thema befassen und diese lokalen *BYOD-Ausprägungen* erarbeiten, kommunizieren, überwachen und durchsetzen.

Es müssen auch Sonderregelungen getroffen werden, die klären, was passiert, wenn Mitarbeiter für eine gewisse Zeit an einem anderen Standort arbeiten müssen, oder sie beruflich komplett in ein anderes Land ziehen. Zusätzlich muss sichergestellt werden, dass weltweit ein technischer *Support* angeboten wird, der auch die jeweiligen gesetzlichen Vorgaben und deren Auswirkungen auf den *BYOD-Einsatz* kennt und berücksichtigt. Dazu sollten klare Vorgaben für den *Support* erstellt und weltweit kommuniziert werden. Möglicherweise ist der *Support* auch an einer zentralen Stelle gebündelt. Um den *Support* und den Betrieb zu erleichtern, sollten so viele Unternehmensstandards wie möglich entwickelt werden.

Vor allem bei multinationalen Firmen muss der Datenschutz an erster Stelle stehen. Es werden immer mehr Fälle von Industriespionage bekannt und dies ist sicher nur die Spitze des Eisbergs. Alle Geräte und Zugänge zu ihren Firmendaten müssen überall und zu jeder Zeit stark abgesichert werden. Durch Industriespionage entstehen nicht nur hohe wirtschaftliche Schäden, es können auch *Imageschäden* entstehen, deren finanzielle Auswirkungen teilweise gar nicht beziffert werden können. Sorgen Sie also für klare Regeln und setzen Sie diese so strikt es geht durch, ohne den Mitarbeiter zu sehr in seiner persönlichen Freiheit zu beschneiden.

7.3 Mergers

Merger ist ein Fachbegriff aus dem Englischen und bedeutet soviel wie Verschmelzung oder Fusionierung. Damit wird die Übernahme und Integration eines fremden Unternehmens in die eigene Unternehmensstruktur bezeichnet. Im Rahmen von Firmenwachstum werden oft weitere Firmen hinzugekauft, um schneller in bestimmten Märkten zu wachsen, um spezielles *Know-How* dazuzugewinnen oder um schnell mehr Kunden und Umsatz zu haben. Solche *Merger* haben eine lange Vorlaufphase, in der die zu kaufende Firma ausgiebig auf Bonität und Marktkraft geprüft wird (*Due Diligence Phase*). Nach der rechtlichen und vertraglichen Übernahme der Firma beginnt die eigentliche Arbeit. Es folgt die *Post Merger Integration* Phase. Hierbei müssen die beiden Firmen auf Arbeitsebene miteinander verschmolzen werden. Dabei müssen natürlich auch die beiden IT-Landschaften integriert werden.

Die Integration einer kompletten IT Landschaft kann sehr komplex werden. Dies hängt natürlich von vielen Faktoren ab, die hier nicht weiter beleuchtet werden. Es muss aber zum Beispiel geklärt werden, wer zukünftig federführend in der IT ist. Im Normalfall gibt die kaufende (und damit meist die größere Firma) die IT-Strategie vor.

Ein *Merger* hat natürlich auch Auswirkungen auf *BYOD*. Es ergeben sich folgende Möglichkeiten:

1. ***Keine Firma hat bisher eine BYOD-Strategie:*** In diesem Fall muss nicht sofort gehandelt werden. Es gilt aber im Rahmen der gemeinsamen, neuen Firmenstrategie zu prüfen, inwieweit *BYOD* in die *Mobile-Strategie* zu integrieren ist. Besitzen die Firmen auch noch keine *Mobile-Strategie* sollte hier begonnen werden. Ansonsten muss

überprüft werden, ob die *Mobile-Strategie* auch die neuen Bereiche abdeckt, ob sie für die neuen Bereiche übernommen werden kann, oder ob sie angepasst werden muss.

2. ***Beide Firmen haben bereits eine BYOD-Strategie:*** Haben beide Firmen bereits eine *BYOD-Strategie*, gilt es diese beiden Strategien zu harmonisieren. Dabei ist zum einen die technische Seite zu beachten, zum anderen auch die vertragliche Seite. Es empfiehlt sich, die *Managementsysteme* zu harmonisieren und nur noch ein zentrales System für das *EMM* einzusetzen. Gleichzeitig sind die *BYOD-Policies* anzupassen. Dabei ist stark darauf zu achten, dass die Regeln, die bisher für die Mitarbeiter galten, nicht zu stark verändert werden. Dies ist vor allem der Fall, wenn Rechte zu sehr eingeschränkt werden.

3. ***Nur eine der beiden Firmen hat bereits eine BYOD-Strategie:*** In diesem Fall muss geschaut werden, ob die kaufende oder die gekaufte Firma bereits *BYOD* eingeführt hat. Nutzt die kaufende Firma schon *BYOD*, kann diese Strategie auch auf die neu hinzugekommene Firma ausgeweitet werden. Im anderen Fall gilt es zu prüfen, ob die kaufende Firma *BYOD* überhaupt zulässt, oder ob es zum Beispiel rechtliche oder sonstige Gründe gibt, warum *BYOD* nicht eingesetzt werden kann. Im schlimmsten Fall kann es dazu kommen, dass *BYOD* gestrichen wird und nur noch zentral verwaltete, firmeneigene Geräte zulässig sind. Dies muss ausgiebig geprüft und im Zweifel über das interne Marketing bekannt gegeben werden. Dabei sollten die Alternativen direkt vorgestellt werden. Die offene Kommunikation kann helfen, einen Unmut über den Verlust von *BYOD* nicht als Beschneidung der Rechte zu sehen.

Vor allem bei Zukäufen von Firmen im Ausland oder von internationalen Firmen muss auf die unterschiedliche, rechtliche Situation geachtet werden. So kann es sein, dass Regeln und Gesetze, die *BYOD* betreffen, in einem Land gelten und in einem weiteren nicht. Dieser Punkt muss sorgfältig geprüft und in landesspezifischen *BYOD-Policies* entsprechend berücksichtigt werden.

Insgesamt ist es sehr wichtig, dass die beiden IT-Landschaften (zumindest mittelfristig) harmonisiert werden. Dabei muss nicht nur die Technik zusammengefügt werden, sondern auch die Verträge mit Lieferanten und Anwendern müssen überarbeitet und zentralisiert werden. Auch das *Management* der IT-Umgebung muss zentralisiert werden, um nicht zwei getrennte Systeme zu betreiben. Ebenfalls müssen die *Support-Strukturen* angepasst werden, um die Mitarbeiter beider Firmen unterstützen zu können. Es empfiehlt sich, im Rahmen der IT-Integration ein eigenes Projekt zum Thema *BYOD* (oder allgemeiner: *Mobile Strategie*) aufzusetzen. In diesem Projekt sollten *Stakeholder* beider Firmen involviert werden.

7.4 Unterschiede zwischen privatem und öffentlichem Sektor

Die Themen *Consumerization* und *BYOD* sind natürlich auch in den Behörden ange-kommen. Auch der öffentliche Sektor muss sich mit diesen Themen beschäftigen und Antworten auf die Fragen der Angestellten finden. Behörden haben aber im Vergleich zum privaten Sektor mit viel mehr Herausforderungen zu kämpfen. Die gesetzlichen Vorgaben zum Thema Sicherheit und Datenschutz sind hier (vor allem in Deutschland) sehr viel strikter als sie schon für Unternehmen sind. Zusätzlich kommen auch noch große techni-sche Herausforderungen hinzu, die viele Behörden mit bestehenden Mitteln und Personal nicht bewältigen können.

Natürlich stellen sich die Behörden die gleichen Fragen: Wo ist ein Einsatz von mobilen Endgeräten sinnvoll? Wo kann dadurch ein Mehrwert entstehen? Nach und nach erobern auch *Smartphones* und *Tablets* die Behörden. Aber bei weitem nicht in der Geschwin-digkeit, wie es im privaten Sektor geschieht. In großen Teilen werden die Geräte aber zentral von der Behörde gekauft, betrieben und den Angestellten zur Verfügung gestellt. Der Einsatz von privaten Geräten spielt nur eine untergeordnete oder gar keine Rolle.

Das Bundesamt für Sicherheit in der Informationstechnik (BSI) hat zu den Themen *Consumerization* und *BYOD* ein Überblickspapier herausgebracht, welches das Themen-gebiet kurz zusammenfasst und einige Empfehlungen abgibt (vgl. [32]). Das Thema *BY-OD* hat aber noch keinen Eingang in den BSI-Grundschutz-Katalog gefunden, der als Basis zum Thema Datensicherheit in den Behörden eingesetzt wird. Dies liegt daran, dass das Thema sehr komplex ist und viele Aspekte berücksichtigt werden müssen. Außerdem ist die Rechtslage zu diesem Thema auch noch nicht abschließend geklärt. Somit ist *BYOD* für die meisten Behörden keine Alternative.

Behörden haben große Probleme, junge Leute zu gewinnen, da sie heutzutage oft nicht als interessante Arbeitgeber angesehen werden. Dieses Problem verstärkt sich durch die immer größer werdende Erwartungshaltung junger Leute an die IT-Umgebung bei einem zukünftigen Arbeitgeber. Die IT-Ausstattung und die Erreichbarkeit ist für viele heute ein wichtiges Kriterium bei der Auswahl des Arbeitgebers. Darum müssen sich auch die Behörden ernsthaft mit dem Thema *Consumerization* und *BYOD* beschäftigen, um ein attraktiver Arbeitgeber zu sein.

In den USA und anderen Ländern gibt es aber schon erfolgreiche *BYOD-Umsetzungen* bei öffentlichen Arbeitgebern. Hier sind die gesetzlichen Vorgaben zum Thema Sicherheit und Datenschutz aber auch nicht so hoch wie in Deutschland oder der EU. Für Deutsch-land und die EU lässt sich festhalten, dass es Unternehmen aus dem privaten Sektor einfacher fallen wird, eine *BYOD-Strategie* aufzusetzen.

7.5 Checkliste

1. Haben Sie bei Ihrem *BYOD-Projekt* von Anfang an den Betriebsrat mit einbezogen?
2. Sind Ihre *BYOD-Policies* flexibel genug, um auch über Ländergrenzen hinweg einheitlich eingesetzt zu werden?
3. Berücksichtigen Ihre *BYOD-Policies* das gültige Recht jedes Landes, in dem Sie mit einer Niederlassung tätig sind?
4. Haben Sie bei einem *Merger* alle *BYOD-relevanten* Aspekte im Rahmen der Integration des neuen Unternehmens im Blick?
5. Ist in Ihrer Behörde der Einsatz privater Geräte überhaupt grundsätzlich erlaubt, oder ist dies (Datenschutz-)rechtlich von vornherein gar nicht vorstellbar?

In diesem Kapitel beschreiben wir den prototypischen Ablauf einer *BYOD-Implementierung*. Dabei handelt es sich natürlich um ein klassisches Projekt. Wir gehen hier bewusst nicht auf ein konkretes Projektvorgehen ein, da sich jede Firma oder Behörde für ein bevorzugtes Projektmanagementvorgehen entscheiden kann. Grundsätzlich werden hier die wichtigsten Schritte und Verantwortlichkeiten beschrieben, die es bei einem *BYOD-Projekt* zu berücksichtigen gilt. Im Verlauf dieses Kapitels werden wir immer wieder Bezug auf die vorherigen Kapitel nehmen und entsprechend auf sie verweisen, um Dopplungen weitestgehend zu vermeiden.

Im Folgenden gehen wir davon aus, dass die Entscheidung für ein *BYOD-Projekt* bereits gefallen ist. Diese Entscheidung basiert natürlich auf einem Vorprojekt welches eine entsprechende Entscheidungsvorlage erarbeitet hat. Der Entschluss für ein *BYOD-Projekt* setzt also voraus, dass dieses Vorgehen zu der allgemeinen *Mobile-Strategie* passt (vgl. Abschn. 2.1). Weiterhin setzt diese Entscheidung voraus, dass eine ausführliche Betrachtung der Faktoren Kosten, Nutzen und Gefahren durchgeführt wurde. Zusätzlich muss im Vorfeld auch beleuchtet werden, welche Auswirkungen eine *BYOD-Einführung* auf andere Bereiche hat. Müssen zum Beispiel neue Anwendungen entwickelt oder eingekauft werden? Müssen existierende Anwendungen angepasst werden, usw.? Vielleicht ergeben sich in diesem Zusammenhang auch Diskussionen über ganz neue Arten mobil zu arbeiten.

Für eine systematische Bewertung bietet sich die sogenannte *SWOT-Analyse* (*Strengths* (Stärken), *Weaknesses* (Schwächen), *Opportunities* (Möglichkeiten), *Threats* (Gefahren, Bedrohungen, Risiken)) an (vgl. [68]). Bei der *SWOT-Analyse* wird ein Thema, hier der Einsatz von *BYOD*, strukturiert bewertet. Abbildung 8.1 zeigt den grafischen Aufbau einer *SWOT-Analyse*. Da die Beweggründe und dadurch die Chancen und Risiken für *BYOD* bei jeder Firma und Behörde sehr unterschiedlich sein können, überlassen wir die konkrete Bewertung Ihnen. Die *SWOT-Analyse* ist aber ein hervorragendes Werkzeug sich einer Entscheidung zu nähern.

© Springer Fachmedien Wiesbaden 2015   191
A. Kohne, S. Ringleb, C. Yücel, *Bring your own Device*, DOI 10.1007/978-3-658-03717-8_8

Abb. 8.1 Die *SWOT-Analyse*

Da die Entscheidung für ein *BYOD-Projekt* aber bereits gefallen ist, können wir an dieser Stelle den konkreten Projektablauf beschreiben. Bevor das Projekt gestartet werden kann, müssen noch einige Rahmenparameter festgelegt werden. Zum Beispiel: Wer gibt das Projekt intern in Auftrag? Dies sollte im Normalfall die Geschäftsleitung sein. Wer ist der Projektleiter usw.? Weiterhin müssen natürlich das Projekt-Budget und ein Zeitrahmen festgelegt werden. Sind all diese Rahmenparameter definiert, kann das Projekt begonnen werden.

In Abb. 8.2 wird der prototypische Projektverlauf eines *BYOD-Projekts* grafisch dargestellt. Es lässt sich erkennen, dass einige Phasen parallel ablaufen können und dass zum Beispiel das interne Marketing ein stetiger Prozess ist.

Falls sich gegen eine *BYOD-Einführung* entschieden wird, wäre es aber fatal anzunehmen, dass nach der Entscheidung keine weiteren Aufgaben auf einen zukommen. Nachdem Sie alle bereits erwähnten Aspekte beleuchtet haben und eine begründete Entscheidung gegen *BYOD* getroffen haben, muss ebenfalls ein Projekt folgen, welches die technischen und organisatorischen Rahmenbedingungen schafft, so dass ein Einsatz von privaten, mobilen Endgeräten auch wirklich nicht möglich ist. Möglicherweise muss dann ein weiteres Projekt gestartet werden, in dem geregelt wird, wie zukünftig mit firmeneigenen, mobilen Endgeräten umgegangen wird. Diese Projekte werden hier nicht im einzelnen beschrieben, aber bedenken Sie bitte die folgenden Punkte:

- *Technisch:* Sollte der Einsatz von privaten, mobilen Endgeräten in der Firma oder Behörde nicht erlaubt sein, so muss dies auch technisch durchgesetzt werden. Es müssen also zum Beispiel die firmeninternen Drahtlosnetzwerke so konfiguriert werden, dass sich keine unternehmensfremden Geräte einwählen können. Weiterhin muss verhindert werden, dass Mitarbeiter über private Geräte Zugriff auf Firmendaten und *Mailserver* erhalten.

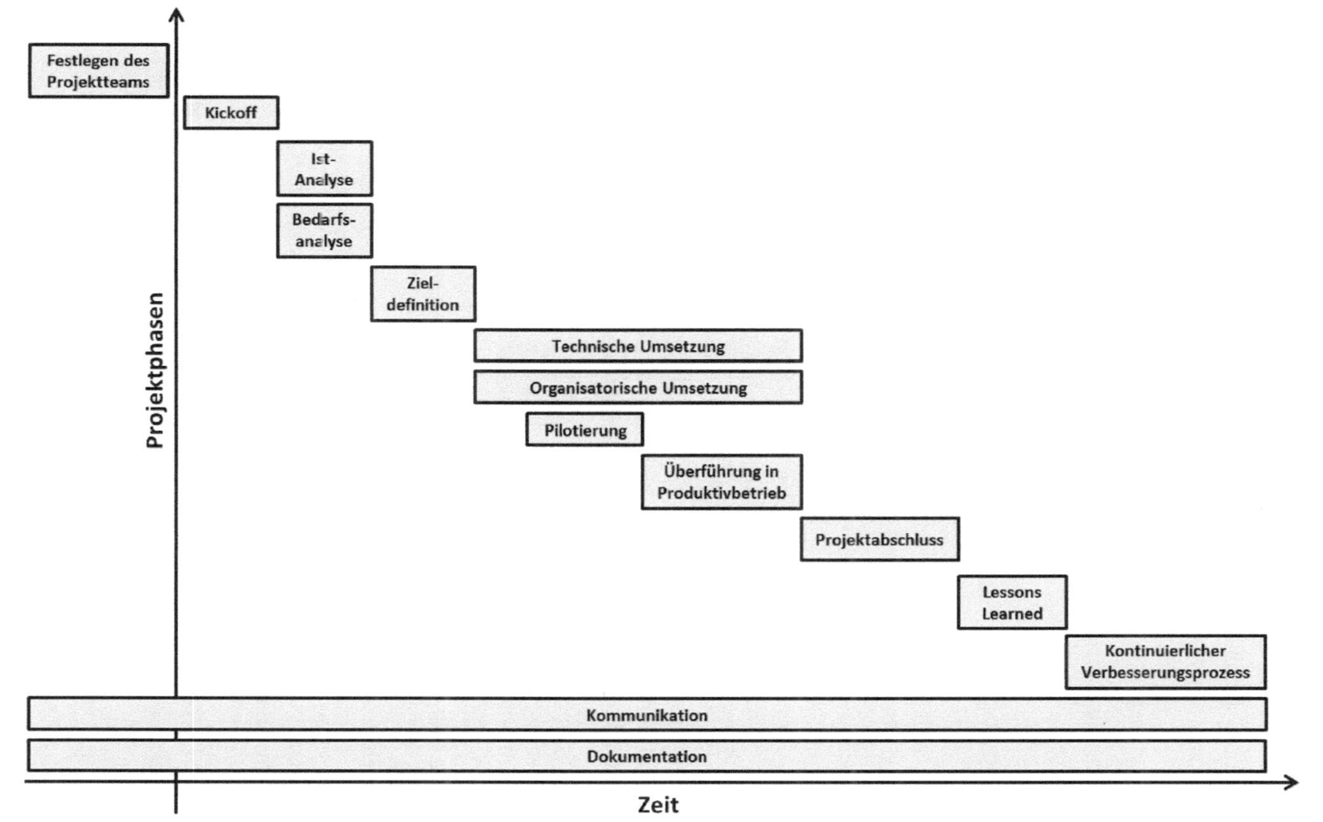

Abb. 8.2 Grafische Darstellung eines prototypischen *BYOD-Projekts*

- *Organisatorisch:* Zusätzlich zu den technischen Vorkehrungen sollten Sie den Einsatz von privaten Geräten im geschäftlichen Umfeld auch vertraglich verbieten. Ergänzen Sie dazu am besten bestehende und zukünftige Verträge mit einer entsprechenden Klausel. Bitte klären Sie dies mit Ihrer Rechtsabteilung oder mit einem externen, juristischen Berater. Denn nur, wenn Sie die Nutzung von privaten Geräten technisch und organisatorisch unterbinden, sichern sie sich gegen eventuelle Rechtsforderungen ab.

In den folgenden Abschnitten wird das Projekt zur Implementierung einer *BYOD-Strategie* Schritt für Schritt mit allen Verantwortlichkeiten vorgestellt.

8.1 Festlegung des Projektteams

Bevor das eigentliche Projekt starten kann, muss das Projektteam, definiert werden. Zusätzlich müssen alle *Stakeholder* mit einbezogen werden (vgl. Abschn. 2.2). Dabei ist zu beachten, dass in dem Projektteam nicht gezwungenermaßen alle *Stakeholder* Mitglied sind. Einige *Stakeholder* müssen sicherlich nur informiert oder bei einigen Entscheidungen mit einbezogen werden. Somit sollten Sie ein Kern-Projektteam bilden und einen größeren Kreis an Personen definieren, die im Rahmen des Projekts involviert sind, aber im Tagesgeschäft nicht an jedem *Meeting* teilhaben müssen. Im Lenkungsausschuss sollten sicherlich die höchsten Entscheider, der oder die Projektverantwortliche und der Projektleiter anwesend sein. Dabei ist zu beachten, dass es genau einen Projektverantwortlichen und einen Projektleiter mit entsprechenden Befugnissen gibt. Natürlich müssen diese Rollen, genau wie alle weiteren Rollen, mit (Urlaubs- oder Krankheits-) Vertretern besetzt werden.

Wie in jedem anderen Projekt auch, ist es äußerst wichtig, dass jede Rolle einen klar abgegrenzten Verantwortungsbereich besitzt. Weiterhin muss das Gesamtbudget und das Budget für die Teilprojekte klar definiert sein, um von Anfang an böse Überraschungen zu vermeiden.

Das Kernprojektteam an sich sollte aus einem Projektleiter und den Hauptverantwortlichen der jeweiligen *Stakeholder* bestehen. Es ergeben sich drei große Teilprojekte mit ihren jeweiligen Teammitgliedern. Jedes dieser Teilprojekte kann dann wiederum weitere Teilprojekte mit eigenen Mitgliedern haben.

- *Teilprojekt 1: Technik* In diesem Teilprojekt sollten sich vor allem IT-nahe Mitarbeiter und Techniker aus den Bereichen IT-Betrieb, Netzwerk, Sicherheit, Betriebssysteme, Applikationen und Endgeräte befinden. Je nach Größe der Firma kann eine Person natürlich auch mehrere Aufgaben übernehmen. Die Mitglieder dieses Teilprojekts sind dann für die Analyse, Planung, Umsetzung und Betrieb der technischen Voraussetzungen für den *BYOD-Einsatz* zuständig.
- *Teilprojekt 2: Organisation* In diesem Teilprojekt sollten vor allem Mitarbeiter aus den Bereichen Personal und Recht eingeplant werden. Weiterhin sollte (falls vorhanden)

hier auch der Betriebsrat mit einbezogen werden. Die Mitglieder dieses Teilprojekts sind für die Planung, Abstimmung, Umsetzung und Überwachung der vertraglichen Voraussetzungen für einen *BYOD-Betrieb* zuständig.

- ***Teilprojekt 3: Kommunikation*** Dieses Teilprojekt sollte mit Mitarbeitern aus der internen Marketingabteilung besetzt werden. Hier werden die im Projekt erarbeiteten Ergebnisse aufgearbeitet und über die verschiedensten Kommunikationswege den Mitarbeitern zur Verfügung gestellt. Gleichzeitig können über dieses Team auch Fragen und Wünsche zentral gesammelt, weitergeleitet und beantwortet werden.

Natürlich beeinflussen sich diese Teilprojekte auch untereinander. Deshalb ist es wichtig, sich regelmäßig im Kernprojektteam zu treffen und, falls nötig, auch Teilprojekte zu definieren, die mit Mitgliedern aus den Bereichen Technik, Organisation und Kommunikation besetzt sind, um Synergien zu nutzen.

Da es sich bei der Umsetzung einer *BYOD-Strategie* um ein sehr umfangreiches Projekt handelt, wird an dieser Stelle nochmal ausdrücklich darauf hingewiesen, dass Sie für Ihr Projekt externe Unterstützung mit hinzuziehen sollten. Vor allem die Bereiche Technik und Organisation (zum Beispiel im Hinblick auf juristische Fragen) sind sehr komplex und erfordern ein großes Fachwissen, welches darauf spezialisierte Beratungsunternehmen beisteuern sollten.

8.2 Interne Kommunikation

Die interne Kommunikation während eines *BYOD-Projekts* ist sehr wichtig und sollte daher ein zentraler Baustein des *BYOD-Projekts* sein. Da es zu jeder Zeit die unterschiedlichsten Informationen an die verschiedenen Mitarbeitergruppen zu verteilen gilt, sollte die interne Kommunikation als ein permanenter Prozess verstanden werden, der das gesamte Projekt begleitet.

Schon bei der Entscheidungsfindung für oder gegen eine *BYOD-Strategie* sollte die Meinung der *Stakeholder* eingeholt werden. Ihre Wünsche und Bedenken sollten in die Entscheidung mit einfließen. Dies trägt dazu bei, dass die Entscheidung akzeptiert und unterstützt wird.

Die Implementierung von *BYOD* im Unternehmen wird ebenfalls durch interne Kommunikationsprozesse begleitet. Zum einen müssen die verschiedenen Mitglieder des Projekt-Teams regelmäßig über den aktuellen Projektstatus informiert werden. Solche Statusmeldungen können beispielsweise in Form von *Meetings*, Telefonkonferenzen oder per *E-Mail* erfolgen, je nachdem wie es in der jeweiligen Unternehmenskultur für andere Projekte bereits gehandhabt wird. Zum anderen müssen die betroffenen *Stakeholder*, die nicht Teil des Projekt-Teams sind, an verschiedenen Stellen miteinbezogen werden. Zum Beispiel:

- die Geschäftsleitung und der Betriebsrat bei der Entscheidungsfindung für oder gegen *BYOD*.
- Mitarbeiter, die am Pilotprojekt beteiligt sind.
- Anwendungsentwickler, wenn es darum geht, *Business-Anwendungen* für den mobilen Gebrauch bereitzustellen bzw. anzupassen.
- Trainer für die Planung und Durchführung von Schulungen.

Im Rahmen eines kontinuierlichen Verbesserungsprozesses spielt *Feedback* eine wichtige Rolle. Dies gilt insbesondere für *Change-Prozesse* bzw. Veränderungen im Unternehmen, wie die Einführung einer *BYOD-Strategie*. Vor allem in Test- und Pilotierungs-Phasen kann konstruktives *Feedback* Schwierigkeiten sichtbar machen und Verbesserungsprozesse initiieren.

Bevor die *BYOD-Strategie* und ihre technische und vertragliche Umsetzung in den *Live-Betrieb* gehen, sollten natürlich auch die Mitarbeiter über die intern verwendeten Kommunikationsmedien informiert werden.

Die *BYOD-Strategie* sollte dabei möglichst transparent an die verschiedenen Zielgruppen kommuniziert werden. Es sollte z. B. für die Betroffenen deutlich werden, warum nur bestimmte Gerätetypen unterstützt werden, warum die Installation bestimmter *Apps* nicht erwünscht ist und warum es wichtig ist, dass bestimmte Richtlinien bei der Verwendung privater, mobiler Endgeräte im Unternehmenskontext eingehalten werden müssen. Wenn den Mitarbeitern beispielsweise die Risiken bestimmter *Apps* bewusst gemacht werden, können sie besser nachvollziehen, warum sie diese nicht auf dienstlich genutzten Geräten installieren dürfen. Eine gute, interne Kommunikationsstrategie weist natürlich nicht nur auf die negativen Auswirkungen hin, sondern hebt vor allem den Nutzen der *BYOD-Strategie* für das Unternehmen und seine Mitarbeiter hervor.

8.3 Dokumentation

Die ausführliche Dokumentation aller Projektschritte und Entscheidungen sollte eigentlich vorausgesetzt werden. Die Erfahrung hat aber gezeigt, dass dieses Thema gerne (absichtlich) vergessen oder sträflich vernachlässigt wird. Darum widmen wir diesem Thema diesen Abschnitt.

Eine ordentliche und zentral verwaltete Dokumentation erleichtert jedes Projekt. Auch wenn sie von vielen als überflüssig und zeitaufwendig abgetan wird, so bietet sie doch viele Vorteile. Zu Beginn des Projekts sollte einmal festgelegt werden, wie, wann und in welcher Form Projektergebnisse und Entscheidungen dokumentiert und zentral abgelegt werden. Hierfür sollte es im besten Fall schon unternehmensweite Vorgaben geben. Durch eine saubere Dokumentation wird sichergestellt, dass alle wichtigen Schritte und Entscheidungen festgehalten und allen zugänglich gemacht werden. Dies kann in vielen Fällen langwierigen Diskussionen vorbeugen und macht die einzelnen Schritte des Projekts nachvollziehbar und transparent.

Bitte dokumentieren Sie fortlaufend, wann wer welche Entscheidungen warum getroffen hat, welche Schritte von wem bis wann unternommen wurden (oder werden sollen), halten Sie den Projektfortschritt fest und vergleichen Sie ihn regelmäßig mit dem Projektplan, um mögliche Projektverzögerungen frühzeitig feststellen und diesen entgegenwirken zu können.

Eine saubere Dokumentation sorgt dafür, dass Sie Ihr *BYOD-Projekt* zielgerichtet zum Erfolg führen.

8.4   Projekt-Kickoff

Per Definition hat ein Projekt einen klar definierten Start- und Endpunkt. Der Start eines Projekts wird oft als *Projekt-Kickoff* bezeichnet. Meist ist das *Projekt-Kickoff* mit einem *Meeting* verbunden, in dem das gesamte Projekt-Team zusammen kommt und das komplette Projekt nochmal vorgestellt wird.

Auch ein *BYOD-Projekt* sollte mit einem *Kickoff* beginnen. Hier sollten das genaue Ziel, das Budget, die Dauer des Projekts, die wichtigsten Teilprojekte und Personen vorgestellt werden. Wichtig zu beachten ist, dass das *Kickoff-Meeting* keine inhaltlichen Diskussionen zu technischen oder organisatorischen Themen beinhaltet. Dies wird zu einem späteren Zeitpunkt in den *Meetings* der jeweiligen Teilprojekte stattfinden. Es handelt sich um eine rein informative Veranstaltung, bei der sich alle Verantwortlichen und sonstigen *Stakeholder* treffen und sich gegebenenfalls kennenlernen können.

Ziel des *Kickoff-Meetings* ist ein gemeinsames Verständnis des Projekts. Gleichzeitig ist es sozusagen der offizielle Startschuss. Nach dem *Meeting* gilt das Projekt als gestartet und es kann in den jeweiligen Teams mit der Ausarbeitung der jeweiligen Themen begonnen werden.

8.5   Ist-Analyse

Die erste Projektphase besteht aus einer Ist-Analyse . Diese dient dazu, die aktuelle Situation im Unternehmen zu ermitteln. Dabei geht es um folgende Fragen:

- Wieviele mobile Endgeräte werden im Unternehmen zur Zeit verwendet?
- Welche/r Gerätetyp(en) ist/sind im Einsatz (Plattform, Version)?
- Welche Mitarbeiter besitzen ein dienstliches mobiles Endgerät? Welche Mitarbeiter dürfen eins benutzen?
- Welche vertraglichen Vereinbarungen gibt es? (mit *Suppliern* für die Beschaffung und den *Support* mobiler Geräte, mit Telekommunikationsanbietern für die Bereitstellung des Netzzugangs, mit Mitarbeitern für den Umgang mit mobilen Geräten, ...)
- Welche Aufgaben werden mit Hilfe mobiler Geräte erledigt?

- Welche Funktionalitäten der mobilen Geräte werden verwendet? Mit welchen *Apps* wird gearbeitet?
- An welchen Orten werden die mobilen Geräte bevorzugt eingesetzt? (Unternehmenssitz, bei Kunden, zu Hause, Inland/Ausland)

8.6 Bedarfsanalyse

Im Rahmen einer Bedarfsanalyse werden die Anforderungen an die *BYOD-Strategie* ermittelt. Eine erfolgreiche Implementierung einer *BYOD-Strategie* kann nur gelingen, wenn die unternehmensspezifischen Anforderungen im Vorfeld bekannt sind und diese in der Ausarbeitung der Strategie entsprechend berücksichtigt werden. Hierbei wird angenommen, dass ein allgemeiner Bedarf an *BYOD* besteht. Dabei geht es um folgende Fragen:

- Welche Geschäftsprozesse haben Bedarf mit privaten, mobilen Geräten unterstützt zu werden?
- Welche Abteilungen oder Geschäftsbereiche haben einen begründeten Bedarf an *BYOD*?
- Welche Anwendungen, die im Unternehmen im Einsatz sind, sollen auch mobil genutzt werden? Welche davon auch über private Geräte?
- Welche Daten und Inhalte des Unternehmens sollen auch mobil verfügbar sein? Welche davon auch für private Geräte?
- Welche Anforderungen gibt es in den Bereichen Sicherheit, Datenschutz, Technik, Datenzugriff, Datenaustausch usw.?

8.7 Zieldefinition

Nachdem in der Bedarfsanalyse festgestellt wurde, welche Anforderungen an den zukünftigen *BYOD-Einsatz* bestehen, wird in der Zieldefinition genau festgelegt, wie das technische und organisatorische System später aussehen soll. Dies bedeutet, dass aus den Anforderungen diejenigen herausgesucht werden, die unternehmerisch am wertvollsten sind, oder die durch einen entsprechenden Beschluss besonders hoch bewertet werden. Wichtig zu beachten ist, dass nicht alle Anforderungen zwingend auch umgesetzt werden müssen. In der Zieldefinition sollten mindestens die folgenden Punkte festgelegt werden:

- Welche Personen dürfen ein privates Gerät einsetzen, welche nicht (und warum)?
- Welche Geräte werden zukünftig erlaubt (welche Mobiltelefone, welche *Tablets* usw.)?
- Welche Betriebssysteme in welchen Versionen werden unterstützt?
- Wie sieht die technische Zielarchitektur aus?

- Wie wird das *EMM* umgesetzt? Welche *Tools* werden zur Verwaltung benötigt und wie werden sie in die bestehende IT eingebunden?
- Welche neuen Prozesse werden benötigt?
- Wie sehen die neuen *Policies* und Verträge aus?
- Wie wird mit dem *Support* umgegangen?

8.8 Technische Umsetzung

Die technische Umsetzung einer *BYOD-Strategie* ist abhängig von der vorhandenen technischen Infrastruktur für die Einbindung von *Smartphones* und *Tablets*. Dabei sind die folgenden Fälle zu unterscheiden:

- Es besteht bereits eine technische Infrastruktur, nur wurden bislang ausschließlich betrieblich angeschaffte *Smartphones* und/oder *Tablets* über diese in die Geschäftsprozesse eingebunden.
- Noch besteht keinerlei technische Infrastruktur für die Einbindung von *Smartphones* und *Tablets*, so dass die technische Umsetzung der *BYOD-Strategie* mit der Implementierung einer solchen Infrastruktur einhergeht.

Mit technischer Infrastruktur sind IT-Systeme gemeint, die für die Einbindung von *Smartphones* und *Tablets* in das Unternehmen und deren Zugriff auf Unternehmensdienste notwendig sind bzw. die Einbindung unterstützen. Diesbezüglich ist vor allem der Kap. 4 (bzgl. Gerätevielfalt, Verwaltung, Netzwerke, Sicherheit und *Support*) zu berücksichtigen.

Smartphones und *Tablets* können innerhalb des Unternehmensgebäudes über *WLAN* und von außerhalb (unterwegs) über das Mobilfunknetz des jeweiligen Mobilfunkanbieters mit dem Unternehmensnetzwerk verbunden werden bzw. mit Unternehmensdiensten interagieren. Für die Verbindung mit dem Unternehmensnetzwerk über die *WLAN-Infrastruktur* des Unternehmens ist die *WLAN-Abdeckung* in relevanten Büros und Räumen sowie anderen Gebäudeteilen sicherzustellen.

Falls *Smartphones* und *Tablets* netzwerktechnisch auch unterwegs (über das Mobilfunknetz) weitgehend mit dem Unternehmensnetzwerk verbunden bleiben sollen, ist hierzu eine *VPN-Lösung* erforderlich. Im Unternehmen bereits vorhandene *VPN-Produkte* sind dann daraufhin zu untersuchen, inwiefern eine Anbindung von *Smartphones* und *Tablets* möglich ist. In der Regel werden dabei nur verbreitete *Smartphone-* und *Tablet-Plattformen* gut unterstützt. Sollte noch keine *VPN-Lösung* im Unternehmen etabliert sein oder eine bereits vorhandene nur eine unzureichende Unterstützung für *Smartphones* und *Tablets* bzw. entsprechende Plattformen (z. B. *Android, iOS, Windows Phone, BlackBerry*) bieten, so ist die Etablierung einer neuen bzw. zusätzlichen *VPN-Lösung* in Erwägung zu ziehen. Dazu ist der zugehörige Aufwand für Auswahl, Implementierung und Betrieb sowie die Kosten einer solchen Lösung dem Nutzen einer ständigen, netzwerktechnisch weitgehenden Anbindung von *Smartphones* und *Tablets* in das Unternehmensnetzwerk gegenüber zu stellen.

Die Alternative zu einer derartigen Anbindung von *Smartphones* und *Tablets* (per *VPN*) ist das Ermöglichen des Zugriffs auf relevante Unternehmensdienste direkt über das Internet. Dazu kann es notwendig sein, die IT-Infrastruktur entsprechend anzupassen oder zu ergänzen, doch nicht jeder Dienst lässt sich ohne Weiteres ausreichend sicher direkt über das Internet zur Verfügung stellen.

Bei der technischen Umsetzung einer *BYOD-Strategie* im Rahmen eines *Enterprise Mobility Managements* ist darauf zu achten, dass die Authentisierung für den Zugriff auf die verschiedenen Dienste für mobile Endgeräte möglichst einheitlich und angemessen ist. Darüber hinaus ist darauf zu achten, dass nach außen (*Internet*) nur möglichst wenige Schnittstellen für den Zugriff auf die diversen Unternehmensdienste für *Smartphones* und *Tablets* bereitgestellt werden. In diesem Zusammenhang stellen *Reverse-Proxies*[1] eine gute Lösung dar, um die Zahl der externen Schnittstellen zu reduzieren und Unternehmensdienste den mobilen Endgeräten auch ohne *VPN* möglichst sicher zur Verfügung zu stellen.

Beinhaltet die *BYOD-Strategie* auch die Verwaltung von privaten Endgeräten per *Mobile Device Management* (*MDM*), so sind die in Abschn. 4.2 zum Thema *Enterprise Mobility Management* (*EMM*) aufgezeigten Aspekte zu berücksichtigen. Muss eine *MDM/EMM-Lösung* dazu im Unternehmen erst noch installiert werden, so sind die auf dem Markt verfügbaren *EMM-Lösungen* bzgl. der Aspekte (inkl. *BYOD*) aus Abschn. 4.2 orientiert an den Ergebnissen der Bedarfsanalyse (vgl. Abschn. 8.6) zu bewerten.

Eine Bewertung solcher Lösungen kann zunächst anhand von Systemdokumentationen und Produktpräsentationen der *EMM-Anbieter* und unabhängigen Test- bzw. Erfahrungsberichten erfolgen, um eine Vorauswahl in Frage kommender *EMM-Anbieter* ohne allzu großen Aufwand treffen zu können. Abschließend lässt sich die Eignung einer *MDM/EMM-Lösung* allerdings nur durch eine praktische Erprobung beurteilen.

Unterschiedliche *Smartphone-* und *Tablet-Betriebssysteme* und Gerätemodelle werden von unterschiedlichen *EMM-Herstellern* unterschiedlich gut unterstützt. Der Aufwand einer technischen Erprobung von *EMM-Lösungen* hängt daher auch von der Anzahl der zu unterstützenden *Smartphone* und *Tablet* Betriebssysteme und Geräte ab. Eine Einschränkung auf bestimmte Betriebssysteme und Gerätemodelle kann deshalb helfen, den Aufwand überschaubar zu halten.

Ebenso ist es auch schon während des Tests wichtig, eine *EMM-Teststellung* von außerhalb des Unternehmensnetzwerks erreichbar zu machen, falls Anwendungsfälle, wie z. B. die Registrierung eines *Smartphones* im *EMM* über das Mobilfunknetz, im Rahmen der Erprobung berücksichtigt werden sollen. Da die praktische Erprobung generell mit

---

[1] Ein *Reverse-Proxy* stellt eine Schnittstelle zwischen *Clients* und *Diensten* dar, der den Zugriff auf verschiedene Unternehmensdienste über eine einzige Schnittstelle realisiert. Noch dazu kann in der Kommunikation zwischen *Clients* und *Reverse-Proxy* ein Mindestmaß an Sicherheit unabhängig von der Sicherheit der Unternehmensdienste gewährleistet werden und die *Server* im Hintergrund bleiben den *Clients* (im Internet) verborgen.

Aufwand verbunden ist, gilt es für diese eine möglichst kleine, aber dennoch repräsentative Menge von Kandidaten aus den verschiedenen, relevanten Unternehmensbereichen auszusuchen.

Sobald die zu berücksichtigenden *EMM-Lösungen* und die zu unterstützenden *Smartphone-* und *Tablet-Betriebssysteme* und Geräte feststehen, beginnt die technische Erprobung mit der Implementierung und Evaluation der *EMM-Lösung*. Eine *EMM-Lösung* muss, wie bereits angedeutet, zum einen in der Lage sein, die relevanten *Smartphones* und *Tablets*, die im Rahmen der *BYOD-Strategie* (aktiv) unterstützt werden sollen, technisch zu verwalten und die IT sowie die Anwender bei der Einbindung entsprechender Geräte in das Unternehmen sowie der Konfiguration von Funktionen zur Datensicherheit und Datenschutz (z. B. Geräteverschlüsselung, Zugriffssperre) maximal zu entlasten. Zum anderen muss die *EMM-Lösung* aber auch in der Lage sein, die gewünschten Anwendungsfälle für den betrieblichen Einsatz der *Smartphones* zu ermöglichen.

Beispiele für solche Anwendungsfälle (Unternehmensdienste) sind:

- Zugriff auf *Mails*, Kontakte und Kalender
- Anbindung an das Unternehmensnetzwerk über das *Firmen-WLAN*
- Anbindung an das Unternehmensnetzwerk über *VPN*
- Zugriff auf Unternehmensdaten in Form von Dateien (Dateiaustausch)
- Zugriff auf interne Anwendungen
- Nutzung von betrieblichen *Apps* (Applikationen für mobile Endgeräte)

Ab einer gewissen Unternehmensgröße bzw. einer hohen Anzahl an *Smartphones* und *Tablets*, die über das *EMM* verwaltet werden sollen, kann es je nach *EMM-Lösung* auch erforderlich sein, eine komplexere *EMM-Architektur* mit mehreren *EMM-Servern* ggf. mit Techniken zur Lastverteilung aufzustellen. Dieser Aspekt ist deshalb frühzeitig mit den relevanten *EMM-Anbietern* abzustimmen und ggf. für die technische Umsetzung zu berücksichtigen.

Bei der Evaluation verschiedener *EMM-Lösungen* sollten auch generelle Qualitätsaspekte von Anwendungen eine Rolle spielen, so z. B. eine effiziente Bedienbarkeit für Administratoren und Anwender sowie die Nutzerakzeptanz. Dazu ist eine Testumgebung notwendig, die der Produktivumgebung möglichst nahe kommt, zumindest insofern, dass die für die betriebliche Nutzung von *Smartphones* vorgesehenen Anwendungsfälle im Rahmen der Evaluation berücksichtigt werden können.

Ebenso ist erneut die Wichtigkeit einer repräsentativen Auswahl von Testnutzern aus den verschiedenen Anwenderzielgruppen (z. B. Vertrieb, Produktion/Entwicklung, *Management*, Logistik) zu betonen, damit am Ende der Evaluation eine belastbare Aussage z. B. über die Unterstützung der Anwendungsfälle oder die Bedienbarkeit eines *Self-Service-Portals* unter Berücksichtigung aller in Frage kommenden Anwendergruppen getroffen werden kann.

Nach der Erprobung ist auf Basis der gesammelten Erfahrungswerte und des *Feedbacks* der Testnutzer die konkrete Implementierung der einzelnen Aspekte der technischen

Umsetzung (Konfiguration der Dienste für mobile Endgeräte, *Reverse-Proxies*, *EMM*, Anbindung an das Unternehmensnetzwerk per *WLAN* und/oder per *VPN*, ...) der *BYOD-Strategie* zu entscheiden.

8.9 Organisatorische Umsetzung

Die organisatorische Umsetzung der *BYOD-Strategie* kann in großen Teilen mit der technischen parallelisiert werden. Sie beeinflussen sich aber auch gegenseitig, sodass zum Beispiel Vorgaben aus dem Datenschutz Auswirkungen auf die technische Implementierung haben können. Wichtige Projektmitglieder sollten aus den Bereichen Personal, Recht, Finanzen und IT kommen. Grundsätzlich müssen in diesem Teilprojekt die bereits in Abschn. 2.3 ausführlich beschriebenen Richtlinien beschlossen und verbindlich festgehalten werden. Zusätzlich dazu müssen weitere Themen definiert werden. Zum Beispiel, wie zukünftig die neuen Geräte, deren Verbindungen und Anwendungen unterstützt (*Support*) werden sollen. Dazu müssen im Zweifel neue Mitarbeiter eingestellt, oder existierende geschult werden. Natürlich muss dazu erst mal festgehalten werden, ab welchem Punkt überhaupt *Support* angeboten wird und bis wohin der Benutzer für sein privates Gerät selbst zuständig ist.

In diesem Teilprojekt muss auch definiert werden, ob die Nutzung von privaten, mobilen Endgeräten auch die Benutzung von privaten Mobilfunkverträgen bedingt, oder ob dieses Thema weiterhin zentral geregelt wird. Daran schließen sich direkt die Definitionen der finanziellen Unterstützung des Unternehmens an. Hierbei muss festgelegt werden, ob und wie das Unternehmen den die *BYOD-Anwender* finanziell unterstützt (vgl. Kap. 5).

Weiterhin muss in diesem Teilprojekt auch der kontinuierliche Verbesserungsprozess definiert und gestartet werden. Er hilft, dass permanent *Feedback* in die Umsetzung einfließt und mögliche Probleme erkannt und behandelt werden können. Dadurch stellt er sicher, dass die *BYOD-Umsetzung* im Unternehmen oder der Behörde stets den aktuellen Anforderungen entspricht und eine bestmögliche Integration und Anwenderzufriedenheit bietet.

8.10 Pilotierung

Bei der Pilotierung wird die finale Umsetzung der *BYOD-Strategie* für den Produktivbetrieb und mit Produktivdiensten durchgeführt. Dies kann auch die Installation einer *EMM-Lösung* und deren Einbindung in die produktive IT-Infrastruktur beinhalten, wenn die *BYOD-Strategie* die Verwendung eines *Mobile-Device-Managements* einschließt und ein solches im Unternehmen noch nicht vorhanden ist.

Die Pilotierung stellt in technischer Hinsicht die Fortsetzung der technischen Umsetzung (vgl. Abschn. 8.8) dar. Auch für die Pilotierung werden Anwender aus den verschiedenen, relevanten Organisationseinheiten (z. B. Marketing, Vertrieb, *Management*,

Logistik) ausgesucht. Im Gegensatz zur vorhergegangenen technischen Umsetzung sollten dabei allerdings je nach Unternehmensgröße mehr Mitarbeiter berücksichtigt werden.

Danach gilt es die Funktionalität sämtlicher, im Rahmen der *BYOD-Strategie* vorgesehenen Anwendungsfälle zu verifizieren. Dabei sollten möglichst auch alle Plattformen (z. B. *Android, iOS, Windows Phone, BlackBerry*) berücksichtigt werden, für die im Rahmen der *BYOD-Strategie* ein (aktiver) *IT-Support* (durch entsprechendes Personal) vorgesehen ist. Der Fokus der Pilotierung liegt also auf der Sicherstellung einer intensiven Unterstützung aller von Unternehmensseite gewünschten Anwendungsfälle unter besonderer Berücksichtigung der aktiv zu unterstützenden *Smartphone-* und *Tablet-Plattformen*.

Auch während der Pilotierung ist es wichtig, regelmäßig *Feedback* von den Gerätenutzern und den Administratoren zum aktuellen Grad der Unterstützung ihrer Anwendungsfälle einzuholen. So können bei festgestellten Problemen technische Prozesse anhand des *Feedbacks* der Anwender optimiert werden, bei Bedarf sogar unter Einbeziehung externer Parteien (z. B. Hersteller von *Smartphones* und *Tablets*, Anbieter von *EMM-Lösungen*, …).

Beinhaltet die *BYOD-Strategie* auch die Verwaltung privater Geräte per *EMM*, so müssen ggf. noch weitere Aspekte berücksichtigt werden. In der Regel werden in Unternehmen auch vor der Umsetzung einer *BYOD-Strategie Smartphones* und *Tablets* (z. B. im *Management* oder im Vertrieb) betrieblich genutzt. Je nach Unternehmensgröße und Ausgestaltung der *BYOD-Strategie* ist ggf. mit einer großen Anzahl von Endgeräten zu rechnen, die zukünftig per *EMM* verwaltet mit Unternehmensdiensten interagieren sollen.

In der Phase der Pilotierung kann dann schon die Planung erstellt werden, wie bzgl. der Integration der Bestandsgeräte ins *EMM* vorgegangen werden soll. In einer solchen Phase können durch technische Probleme und Fragen der Gerätenutzer enorme *Support-Aufwände* entstehen. Daher werden Bestandsgeräte typischerweise nur sukzessive in jeweils überschaubarer Anzahl über einen entsprechend langen Zeitraum verteilt in das *EMM* integriert.

Im Rahmen der Pilotierung sollten Fragen von Gerätenutzern, die an der Pilotierung teilnehmen, nicht nur beantwortet, sondern vor allem auch gesammelt werden. Aus dieser Sammlung von Fragen und Antworten können dann besonders relevante oder häufige Fragen in Form einer Fragen-und-Antworten Liste (*FAQ, Frequently Asked Questions*) für alle Beschäftigten zur Verfügung gestellt werden. Ebenso sind auch anhand der Erfahrungen aus den Tests und der Pilotierung (plattformabhängige) Anleitungen für die Beschäftigten bereitzustellen, die diese bei der Einbindung ihrer Geräte in die Unternehmensinfrastruktur bzw. für die Nutzung von Unternehmensdiensten unterstützen. So kann der notwendige *Support-Aufwand* für Beschäftigte, die zu einem späteren Zeitpunkt ein *Smartphone* oder *Tablet* an das Unternehmen anbinden bzw. in ein *EMM* aufnehmen wollen/sollen, reduziert werden.

Darüber hinaus müssen sich, insbesondere bei Einsatz einer *EMM-Lösung*, auch die IT-Administratoren intensiv mit der Einbindung von *Smartphones* und *Tablets* auseinandersetzen und die Handbücher relevanter *Smartphones* und *Tablets* sowie ggf. der *EMM-Lösung* auswerten. Ggf. können auch Schulungen die Administratoren z. B. mit der Bedienung des jeweiligen *EMM-Produkts* vertraut machen. Je nach Strategie ist auch das *Support-Personal* bzgl. der *BYOD*-Strategie, den aktiv zu unterstützenden *Smartphones* und *Tablets* und ggf. der eingesetzten *EMM-Lösung* ausreichend zu informieren.

Des Weiteren ist zu bedenken, dass für *Smartphones* und *Tablets* nur ein Teil der von klassischen IT-Systemen bekannten, technischen Sicherheitsmaßnahmen zur Verfügung stehen. Ebenso stehen auf privaten Geräten, die im Rahmen der *BYOD-Strategie* auf Unternehmensdienste zugreifen dürfen, in der Regel weniger technische Sicherheitsfunktionen und Kontrollmöglichkeiten zur Verfügung, als auf Geräten, die auch auf Unternehmen ausgerichtet sind. Den Bedrohungen auf *Smartphones* und *Tablets* kann also nicht nur auf technischem Wege begegnet werden, so dass hier der Faktor Mensch eine noch sehr viel wichtigere Rolle spielt, als bei klassischen IT-Systemen (vgl. Abschn. 3.1.7).

Deshalb sind auch organisatorische Maßnahmen notwendig. Für die Gerätenutzer sollten daher über Anleitungen und *FAQ-Listen* hinaus auch Informationen zu Bedrohungen und *Mobility-Richtlinien* zusammengestellt werden. Weiterhin sollten entsprechende Nutzungsvereinbarungen für *Smartphones* und *Tablets* verfasst und von den Beschäftigten akzeptiert werden (vgl. Abschn. 2.3). Dabei muss auch die Nachvollziehbarkeit der Richtlinien und deren Akzeptanz auf Seiten der Nutzer durch entsprechende Kommunikationsmaßnahmen sichergestellt werden. Inwiefern ggf. auch Sanktionen für fahrlässiges oder bewusstes Fehlverhalten angemessen sind, ist stark von der Unternehmenskultur und den aus dem Einsatz von *Smartphones* und *Tablets* (je nach Art und Umfang genutzter Unternehmensdienste) resultierenden Risiken abhängig.

8.11 Überführung in den Produktivbetrieb

Die Überführung in den Produktivbetrieb folgt aus der Pilotierung durch sukzessive Anbindung aller Bestandsgeräte. Bis zum endgültigen Produktivbetrieb gilt es im Rahmen der Überführung mögliche Probleme zu entdecken und zu behandeln, die im Rahmen der technischen Umsetzung z. B. aufgrund der geringen Teilnehmerzahl von Testnutzern noch nicht aufgefallen waren.

Der Produktivbetrieb ist dann erreicht, wenn alle erkannten Probleme der Pilotierungsphase behandelt wurden und auch die Dokumentation für die Gerätenutzer (Informationsmaterial zur *BYOD-Strategie*, Richtlinien, Anleitungen, Vereinbarungen) finalisiert wurde. Werden im Rahmen der *BYOD-Strategie* nur ausgewählte *Smartphone-* und *Tablet-Plattformen* aktiv unterstützt, jedoch weitere *Smartphone-* und *Tablet-Plattformen* z. B. für eine eingeschränkte, betriebliche Anbindung ohne *Support* zugelassen, so ist auch dieses in der Dokumentation zu betonen und zu kommunizieren. Dabei muss den Beschäftigten klar werden, für welche Fragen und Probleme insbesondere auf privaten Endgeräten *IT-Support* in Anspruch genommen werden darf. Dies spielt eine wichtige Rolle, da die Beschäftigten sonst auch mit von Unternehmensseite nicht unterstützten Endgeräten oder nicht Unternehmens-relevanten Problemen auf den *IT-Support* zugehen.

8.12 Projektabschluss

Nachdem alle Vorarbeiten abgeschlossen sind, das Pilotprojekt erfolgreich durchgeführt wurde und das ganze Projekt in den Produktivbetrieb überführt wurde, ist es an der Zeit das Projekt abzuschließen. Wenn alle Meilensteine erfolgreich (und hoffentlich pünktlich) erreicht wurden, sollten alle Projektmitglieder noch einmal zusammenkommen. In einem offiziellen *Meeting* wird das Projekt vom Auftraggeber abgenommen und der *Projektmanager* sowie das gesamte *Projektteam* entlastet. Damit gilt das Projekt offiziell als erfolgreich abgeschlossen. Ab jetzt sollten alle Mitarbeiter, die die Erlaubnis haben und dies auch wollen, in der Lage sein, ihr privates Mobilgerät im Unternehmen produktiv einzusetzen. Glückwunsch: Sie haben erfolgreich *BYOD* in Ihrem Unternehmen oder Ihrer Behörde eingeführt.

8.13 Lessons Learned

Nach dem offiziellen Projektabschluss empfehlen wir ein sogenanntes *Lessons Learned* Treffen (vgl. [10]). Dabei treffen sich alle Projektmitglieder und *Stakeholder* und stellen nacheinander die im Projekt gewonnen Erkenntnisse bei der Durchführung des Projekts vor. Dies hat den Sinn, dass möglicherweise aufgetretene Fehler, Gefährdungen und weitere Erkenntnisse allen bekannt gemacht werden, damit im nächsten Schritt daraus gelernt werden kann. Hierzu werden in der Runde mögliche Verbesserungen diskutiert und danach schriftlich festgehalten. Das daraus gewonnene Dokument sollte dann zentral abgelegt werden und weiteren Interessenten im Rahmen des Qualitätsmanagements zugänglich gemacht werden.

Falls dieser Prozess nicht bereits etabliert ist, empfehlen wir, jedes Projekt mit einem *Lessons Learned* zu beenden und jedes neue Projekt mit der Sichtung der vorherigen *Lessons Learned* Dokumentationen ähnlich gelagerter Projekte zu beginnen. So lässt sich vermeiden, dass Fehler wiederholt werden, wodurch die Qualität der Projekte stetig steigt.

8.14 Kontinuierlicher Verbesserungsprozess

Der kontinuierliche Verbesserungsprozess ist unverzichtbarer Teil eines professionellen Qualitätsmanagements und er sollte in jeder Firma und für alle Bereiche genutzt werden (vgl. [86]). Im Rahmen dieses Prozesses werden alle internen und externen Dienstleistungen, Prozesse, Projekte und Produkte permanent überwacht und mögliche Verbesserungen diskutiert. Diese Verbesserungsvorschläge können zum einen durch *Lessons Learned* oder zum anderen durch internes oder externes *Feedback* eingehen. Wichtig ist, dass jegliches *Feedback* ernsthaft und systematisch dokumentiert und berücksichtigt wird. Dazu muss das *Feedback* in einem ständigen Prozess in das weitere Produkt-, Prozess- oder Projektvorgehen mit einfließen. Ein erfolgreich gelebter, kontinuierlicher Verbesserungsprozess hilft dabei die eigene Qualität stetig zu verbessern.

8.15 Checkliste

1. Haben Sie eine ausführliche *SWOT-Analyse* durchgeführt und alle Chancen und Risiken herausgearbeitet?
2. Haben Sie ein passendes Projektteam zusammengestellt, dass alle Aspekte eines *BYOD-Projekts* abdecken kann (möglicher Weise mit externer Unterstützung)?
3. Sind alle *Stakeholder* von Anfang an involviert?
4. Haben Sie gemeinsam mit Ihrem Marketing eine interne Kommunikationsstrategie erstellt, die das gesamte Projekt begleitet?
5. Haben Sie eine umfangreiche Ist- und Bedarfsanalyse durchgeführt und das Ziel Ihres *BYOD-Projekts* genau definiert?
6. Haben Sie alle wichtigen Aspekte in Ihrer zukünftig geltenden *BYOD-Policy* berücksichtigt?
7. Haben Sie die technische und organisatorische Umsetzung Ihrer *BYOD-Strategie* unter Einbeziehung konkreter Lösungsalternativen und repräsentativer Testnutzer eingeplant?
8. Haben Sie eine ausführliche Pilotphase inkl. *Feedback-Runden* eingeplant?
9. Haben Sie *BYOD* in Ihren kontinuierlichen Verbesserungsprozess mit aufgenommen?

Nachdem in diesem Buch ausführlich die *BYOD-Strategie* mit all ihren Aspekten beschrieben wurde, nehmen wir uns jetzt noch die Zeit, um die beiden wichtigsten Alternativen vorzustellen. Hierbei handelt es sich um die *CYOD- Strategie* (*Chose Your Own Device*) und die recht neue *COPE-Strategie* (*Corporate Owned Personally Enabled*). *BYOD* ist dabei sicherlich die komplexeste Strategie, da sie dem Benutzer die meiste Freiheit gewährt. Dies bezieht sich zum einen auf die Geräte- und *Providerwahl*, und zum anderen auf die Wahl der Applikationen auf dem Endgerät. Diese Flexibilität wirkt sich konkret auf die Sicherheit aus. Es handelt sich somit um eine klassische *Trade-Off-Situation*, bei der sich zwei gegenläufige Ziele beeinflussen. Beide Ziele vollständig zu erreichen, ist dabei nicht möglich. Somit müssen die Ergebnisse gegeneinander abgewogen werden. Mitarbeiterzufriedenheit und IT-Sicherheit müssen dabei individuell für jede Firma austariert werden. Die wichtigsten Einflussfaktoren wurden dazu in den letzten Kapiteln ausführlich diskutiert.

Bei *CYOD* und *COPE* stellen sich viele der genannten Fragen auch, aber die beiden Strategien limitieren die Flexibilität des Anwenders in einigen Bereichen. Dies erlaubt es der Administration mehr Kontrolle in die IT zu bringen, ohne dem Anwender die Nutzung mobiler Endgeräte zu untersagen. In den folgenden Abschnitten werden die beiden Strategien vorgestellt und untereinander und zu *BYOD* abgegrenzt. Als letztes gehen wir noch kurz auf *BYOX* (*Bring Your Own X*) ein. Hierbei kann der Mitarbeiter potentiell jegliches IT-Gerät mit in die Firma bringen und in Betrieb nehmen.

9.1 COPE

COPE (*Corporate Owned Personally Enabled*) ist zur Zeit die am meisten diskutierte Alternative zu *BYOD*. Bei dieser Strategie stellt das Unternehmen die mobilen Endgeräte selbst zur Verfügung. Dies ist der zentrale Unterschied zu *BYOD*. Nicht der Anwender, sondern die Firma kauft das Gerät. Somit besitzt die Firma das Gerät und überlässt es

© Springer Fachmedien Wiesbaden 2015
A. Kohne, S. Ringleb, C. Yücel, *Bring your own Device*, DOI 10.1007/978-3-658-03717-8_9

dem Endanwender. Dies bedeutet, dass im Gegensatz zu *BYOD*, wo dienstliche Daten auf einem privatem Gerät gespeichert und verarbeitet werden, es sich bei *COPE* (wie auch bei *CYOD*) genau andersherum verhält.

Der Benutzer kann das Gerät seiner Wahl aus einem internen Warenkatalog mit mehreren Geräten auswählen. Dabei sollte dieser Katalog nicht zu klein sein, damit jeder Mitarbeiter ein für ihn passendes Gerät findet. Die aufgenommenen Geräte sollten im Vorfeld genau geprüft werden: Wie lassen sie sich konfigurieren? Wie lassen sie sich bedienen? Können sie in das Firmennetz eingebunden werden? Ist die *MDM-Software* darauf lauffähig? Wie teuer sind die Geräte? Sind diese Geräte bei den Benutzern überhaupt beliebt und nachgefragt?

Diese Geräteeinschränkung bietet viele Vorteile: Dem zentralen Einkauf bieten sich zum Beispiel Möglichkeiten, beim Einkauf der Geräte Geld durch Rabatte zu sparen, die mit der Abnahme größerer Stückzahlen einhergehen. Weiterhin wird zentral nur ein *Provider* ausgewählt. Hierdurch ergeben sich weitere Einsparpotenziale, da Gruppenrabatte für Großkunden genutzt werden können, die ein Privatanwender mit einem Einzelvertrag nicht nutzen könnte. Es können dann durch den Einkauf verschiedene Vertragsmodelle angeboten werden, die sich im Inklusiv-Datenvolumen, Gesprächsguthaben und der inbegriffenen *SMS-Anzahl* unterscheiden. Auch Flatrates sind natürlich möglich und bei häufiger Nutzung ratsam. Durch die zentrale Verwaltung der *SIM-Karten* und deren Verträgen kommt es auch nicht zu Problemen, wenn ein Mitarbeiter das Unternehmen verlässt: Die Nummer verbleibt beim Arbeitgeber und der Vertrag kann an einen anderen Mitarbeiter weitergereicht werden.

Beim *COPE-Modell* erhält jeder Mitarbeiter ein vorkonfiguriertes Gerät, welches er dann selbst personalisieren kann. In der Vorkonfiguration sind schon alle für das Unternehmen wichtigen Einstellungen von der IT vorgenommen worden. Dies betrifft wichtige Einstellungen am Betriebssystem sowie sicherheitsrelevante Einstellungen. Weiterhin sind schon alle Applikationen installiert, die für die Arbeit notwendig und vorgeschrieben sind. Zusätzlich kann die eingesetzte *MDM-Software* und / oder *Container-Lösung* sowie ein Virenscanner im Vorhinein installiert und konfiguriert werden. Natürlich ist auch bereits eine *SIM-Karte* eingelegt und das Gerät für den *WLAN-Zugriff* in der Firma vorbereitet. Abschließend wurde das Gerät auch schon inventarisiert und in das Systemmanagement aufgenommen. Somit hat die IT-Abteilung zu jeder Zeit (und vor allem im Notfall) die Kontrolle über das Gerät und kann es bei Bedarf aus der Ferne (teil-)löschen oder den Zugriff auf das Firmennetz bzw. Unternehmensdienste und -daten unterbinden.

Nach der Übergabe kann der Benutzer das Gerät nach seinen Vorlieben anpassen. Er kann eigene Einstellungen vornehmen (z. B. Bildschirmhintergrund, Klingelton usw.) und vor allem Applikationen installieren, die er auch privat nutzen möchte. Hierbei ist zu beachten, dass im Rahmen der *COPE-Richtlinie* vorgeschrieben werden kann, dass nur Applikationen aus bestimmten Quellen installiert werden dürfen. Weiterhin können *White-* oder *Blacklists* für bestimmte Anwendungen eingesetzt werden, um zu verhindern, dass ungewollte Anwendungen installiert werden.

Beim *COPE-Modell* muss der Benutzer sein Gerät nicht nur selbst einrichten, sondern er muss das Gerät auch selbst pflegen. Dazu benötigt er das entsprechende *Know-How*. Dieses muss aber nicht von der Firma zur Verfügung gestellt werden. Es muss also darauf geachtet werden, dass die Benutzer mit ihren Geräten überhaupt zurecht kommen. Im Vergleich zu *BYOD* und *CYOD* erhalten die Mitarbeiter nämlich bei der *COPE-Strategie* in der Regel keinen *Basissupport*. Das bedeutet, dass bei kleinen Vorfällen, wie Betriebssystem- oder Anwendungsabstürzen kein zentraler *Support* zur Verfügung steht. Der Benutzer muss solche Probleme selber klären. Hierzu kann die Firma aber zum Beispiel ein spezielles Forum oder ein *Wiki* für den internen Erfahrungsaustausch zur Verfügung stellen. Dass die Benutzer sich größtenteils selbst um ihre Geräte kümmern und die Geräteauswahl in der Regel stark eingeschränkt wird, sind klare Vorteile für den *Support*. Der *Support* muss sich nicht mehr, wie bei *BYOD*, um potenziell beliebige Geräte kümmern, sondern hat einen klar abgegrenzten Zuständigkeitsbereich. Weiterhin werden nur spezielle Fragen, zum Beispiel zu Verbindungsproblemen mit Firmenressourcen, oder Fragen zu Anwendungen, welche das Unternehmen bereitstellt, beantwortet. Dies spart Zeit und somit Geld.

Das *COPE-Modell* kann eine gute Alternative zu *BYOD* sein. Es erleichtert viele Diskussionen über die Themen Sicherheit, *Support* und Kosten, da die Geräte dem Unternehmen gehören und den Angestellten neben der betrieblichen Nutzung auch (ggf. eingeschränkt) für den privaten Einsatz überlassen werden. Hierdurch ergeben sich zwar auch wieder rechtliche Implikationen, aber diese sind schon aus dem Bereich der Überlassung von klassischen Mobiltelefonen bereits bekannt. Trotzdem bestehen die gleichen Sicherheitsbedenken, wie auch bei *BYOD*, da privat genutzte, mobile Endgeräte auf Firmendaten zugreifen. Auch hier sollte der Benutzer einen gesonderten Nutzungsvertrag unterzeichnen. Es stellen sich also an vielen Stellen die gleichen Fragen, wenn auch bei *COPE* das Unternehmen die Rolle des Eigentümers innehat.

Im Vergleich zu *BYOD* stellt die *COPE-Strategie* einen weiteren Schritt in Richtung IT-Standardisierung dar, da die Auswahl an Geräten, deren Integration in das Firmennetz und deren Management von der IT festgelegt werden. Bei *BYOD* muss die IT einen sicheren Rahmen schaffen, in dem potenziell beliebige Geräte eingesetzt werden können. Bei *COPE* sind die Geräte von Anfang an bekannt. Dadurch kann die Integration der Geräte viel stärker standardisiert und an die bestehenden Vorgaben und *Policies* der Firma angepasst werden.

9.2 CYOD

CYOD (*Choose Your Own Device*) ist eine weitere Alternative zu *BYOD*. Hierbei wird, genau wie bei der *COPE-Strategie*, das Gerät durch die Firma gekauft und den Mitarbeitern zur Verfügung gestellt. Die Mitarbeiter können sich auch bei dieser Strategie wieder aus einer, von der IT-Abteilung vorgegebenen Liste an Geräten ihr Wunschmodell aussuchen. Im Gegensatz zu *COPE* ist eine private Nutzung des Gerätes bei *CYOD* nicht unmittelbar vorgegeben. Das Gerät kann auch rein zu geschäftlichen Zwecken von der Firma überlassen werden. Soll das Gerät aber trotzdem privat genutzt werden dürfen, so muss auch hier wieder ein zusätzlicher Vertrag mit dem Mitarbeiter abgeschlossen werden, der die genauen Richtlinien vorgibt.

Im Gegensatz zur *COPE-Strategie* wird bei *CYOD* ein vollwertiger *Support* durch die IT angeboten. Durch die begrenzte Auswahl an Endgeräten ergeben sich aber auch hier wieder die bereits im vorherigen Abschnitt beschriebenen Vorteile. Auch die *CYOD-Strategie* unterstützt somit wieder eine Standardisierung der IT.

Obwohl die beiden hier vorgestellten Strategien potenziell sicherer aussehen, darf nie unterschätzt werden, dass selbst bei einer optimalen Absicherung des Gerätes und aller seiner Verbindungen, der Faktor Mensch immer eine große Rolle spielt. So können die Benutzer immer noch vertrauliche Daten in *Cloud-Speichern* ablegen, oder weitere sicherheitsrelevante Verstöße begehen. Deshalb müssen die Anwender in jedem Fall gut geschult werden und laufend für Sicherheitsbedrohungen sensibilisiert werden (ein wichtiges Stichwort in diesem Zusammenhang ist „*Awareness*", s. auch Abschn. 3.1.7).

9.3 BYOX

Bisher bezog sich das Buch größtenteils auf die Nutzung von mobilen Endgeräten wie *Tablets* und *Smartphones*. Bei *BYOX (Bring Your Own X)* können die Mitarbeiter potentiell jegliche IT-Geräte mitbringen und im geschäftlichen Umfeld produktiv einsetzen. Diese Strategie geht damit weit über das hier ausführlich vorgestellte *BYOD* hinaus und stellt vor allem die IT vor große Herausforderungen. Bisher gibt es wohl noch kein Unternehmen, welches eine *BYOX-Strategie* komplett umgesetzt hat, da die Aufwände zur Absicherung der IT und für den *Support* einfach unüberschaubar sind. Ganz zu schweigen von der rechtlichen Situation. Grundsätzlich kann aber natürlich darüber nachgedacht werden, ob Mitarbeiter neben den bereits erwähnten mobilen Endgeräten, weitere IT-Geräte geschäftlich einsetzen dürfen. Hierbei kann es sich zum Beispiel um Bildschirme oder Drucker handeln. Es gilt aber immer ausführlich zu beleuchten, warum ein solcher *BYOX-Einsatz* von Vorteil wäre. Der Aspekt der Kosteneinsparungen sollte dabei keine oder nur eine untergeordnete Rolle spielen, da wir ja bereits gezeigt haben, dass sich Kosteneinsparungen, die sich durch die private Anschaffung von Geräten ergeben, schnell an anderen Stellen ausgleichen, wenn nicht sogar durch die Integration und das zusätzliche *Management* und den *Support* höhere Kosten entstehen. Deshalb sollten schon konkrete Anforderungen seitens der Anwender bestehen, die einen echten *Business-Vorteil* bringen. Andernfalls lohnt sich eine *BYOX-Strategie* höchstwahrscheinlich nicht.

Wir hoffen, dass wir Ihnen in diesem Buch aufzeigen konnten, dass die Veränderungen, die durch die neuen mobilen Endgeräte und die *Consumerization* ausgelöst wurden, nicht mehr zu stoppen sind, und, dass Sie sich mit dem Thema *BYOD* befassen sollten. Zum einen benötigen Sie eine zukunftsweisende Strategie, die diese neuen Strömungen berücksichtigt und zum anderen müssen Sie schon allein aus rechtlicher Sicht dafür Sorge tragen, dass der Einsatz von mobilen Endgeräten in Ihrem Unternehmen gesetzeskonform geschieht. Die *Mobile Enterprise Strategie* wird dabei immer wichtiger, da nicht nur Ihre Angestellten mobile Geräte nutzen, sondern auch Ihre Kunden und Partner. Somit sollten Sie genau überlegen, in welchen Bereichen es sich lohnt, in mobile Technologien zu investieren.

Ein Bereich, den es ganz genau zu prüfen gilt, ist der Bereich des Einsatzes von mobilen Endgeräten in Ihrem Unternehmen. Wollen, können und dürfen Sie dabei erlauben, dass Ihre Mitarbeiter ihre privaten Geräte geschäftlich nutzen? Wenn ja, dann ist *BYOD* genau das richtige für Sie. *BYOD* kann dann als Konsequenz Ihrer *Mobile Strategie* umgesetzt werden. Dies sollte aber nicht spontan, sondern wohl überlegt und begründet geschehen. Beachten Sie bereits frühzeitig in der Planung alle wichtigen Aspekte. Wir haben versucht, alle relevanten Aspekte in diesem Buch herauszuarbeiten und Ihnen einen Überblick über die komplexen Auswirkungen und Voraussetzungen von *BYOD* zu geben.

Bitte setzen Sie sich ausführlich mit dem Thema auseinander und beziehen Sie frühzeitig alle wichtigen *Stakeholder* mit in das Projekt ein. Nur so kann gewährleistet werden, dass das Projekt ein Erfolg wird. Um Sie bei Ihrem Projekt zu unterstützen, haben wir Ihnen weiterhin in diesem Buch einen exemplarischen Projektverlauf aufgezeigt, an dem Sie sich orientieren können. Bitte beachten Sie aber, dass das Thema *BYOD* sehr individuell ist und jede Firma oder Behörde ihren eigenen Weg finden muss. Dabei raten wir Ihnen, sich professionell unterstützen zu lassen, da viele Themen sehr komplex sind und teilweise schwerwiegende, rechtliche Folgen mit sich bringen.

Vergessen Sie bei dem ganzen Projekt nie die Zielgruppe: Ihre Angestellten. Beziehen Sie auch diese frühzeitig in die Planung mit ein, berücksichtigen Sie Sorgen und Wünsche

© Springer Fachmedien Wiesbaden 2015 211
A. Kohne, S. Ringleb, C. Yücel, *Bring your own Device*, DOI 10.1007/978-3-658-03717-8_10

und berichten Sie regelmäßig den Projektfortschritt. Kommunizieren Sie weiterhin alle relevanten Informationen, Verträge, Regeln, Vorschriften und Bedingungen. Nur so kann das Projekt auch den gewünschten Erfolg erzielen.

Abschließend wollen wir Sie noch einmal ermutigen, sich intensiv mit dem Thema *BYOD* auseinander zu setzen. Es hilft nicht, die Augen zu verschließen und zu hoffen, dass alles vorübergeht. Entwickeln Sie Ihre persönliche Unternehmensstrategie und setzen Sie sie um, sonst riskieren Sie, dass sich eine Schatten-IT bildet, die Sie nicht mehr unter Kontrolle haben. Entscheiden Sie sich bewusst für oder gegen *BYOD* und stellen Sie dann sicher, dass dies auch wirklich umgesetzt wird. Dazu ist in beiden Fällen ein Projekt notwendig. Entweder Sie erstellen Regeln und Verträge, die einen Umgang mit privaten Geräten erlauben oder aber welche, die dies verbieten. Weiterhin müssen Sie in beiden Fällen auch technisch dafür Sorgen, dass Ihre Entscheidung durchgesetzt wird. Entweder ist der Einsatz erlaubt, oder er darf technisch auch nicht mehr möglich sein. Falls Sie sich weder für noch gegen BYOD, sondern für eine der vorgestellten Alternativen (s. Kap. 9) entscheiden, gilt dies natürlich ebenfalls. Dann müssen die Regeln und Verträge entsprechend der ausgewählten Strategie angepasst werden.

Egal, wie Sie sich entscheiden, wir wünschen Ihnen viel Erfolg!

10.1 Entscheidungsbaum

Zum Abschluss unseres Buches stellen wir Ihnen alle wichtigen Aspekte auf dem Weg zu einem erfolgreichen *BYOD-Projekt* in Form eines Entscheidungsbaums zusammen. In Abb. 10.1 finden Sie den Baum, der in Bezug auf *BYOD* die wichtigsten, anstehenden Entscheidungen darstellt. Der Entscheidungsbaum hat dabei keinen Anspruch auf Vollständigkeit und kann in jedem Unternehmen und jeder Behörde unterschiedlich ausgeprägt sein. Er liefert aber einen guten Überblick zum Thema *BYOD* und kann als Leitplanke für Ihre weitere Planung eingesetzt werden.

Sie müssen die einzelnen Punkte individuell für sich und Ihre Firma oder Behörde klären und insgesamt entscheiden, ob *BYOD* eine Lösung für Sie sein kann. Die einzelnen Entscheidungen setzen das in den jeweiligen Kapiteln beschriebene Wissen voraus. Darum verweisen wir an den jeweiligen Stellen im Diagramm auf die entsprechenden Kapitel dieses Buches, in denen Sie sich tiefer mit der Materie auseinandersetzen können. Bitte nutzen Sie auch die Checklisten am Ende der Kapitel, um zu überprüfen, ob Sie alle relevanten Fragen für sich klären konnten.

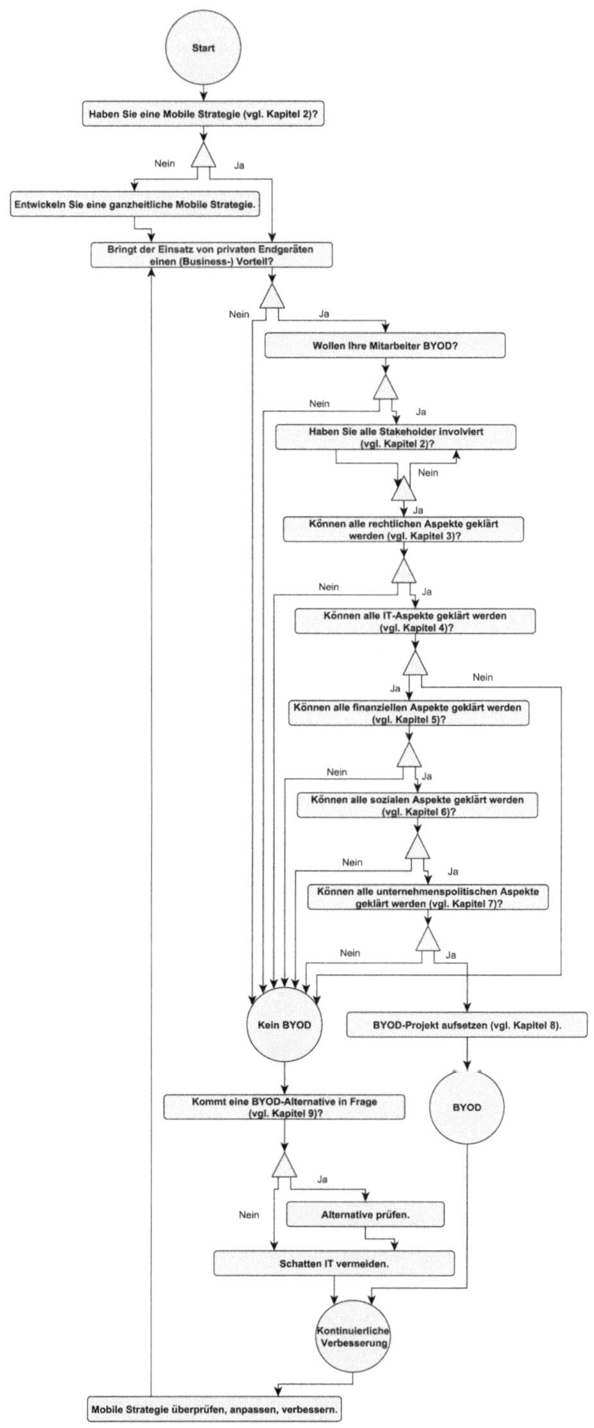

Abb. 10.1 Der *BYOD-Entscheidungsbaum*

In den letzten Jahrzehnten hat sich die Technik um uns herum rasant weiterentwickelt und die Geschwindigkeit nimmt immer noch zu. Was vor einigen Jahren noch *Science Fiction* war, ist heute bereits Realität. Schon heute sind viele Menschen auf der Welt permanent mit dem Internet verbunden, tauschen sich aus, informieren sich und arbeiten zusammen. Dazu nutzen sie immer öfter nicht nur *PC* oder *Laptop*, sondern auch *Smartphones* und *Tablets*. Gerade im privaten Bereich haben es *Smartphones* und *Tablets* sogar geschafft, *PCs* und *Laptops* bei einigen Verbraucher-Zielgruppen zu verdrängen. Zukünftig werden immer mehr Geräte rund um die Uhr mit dem Internet verknüpft sein. Hierbei wird von *Ubiquitous Computing* gesprochen. Alles ist vernetzt. Holografische Datenbrillen sind die nächsten Geräte, die die Kommunikation zwischen den Menschen und die Arbeit beeinflussen werden. Gleichzeitig werden immer mehr „*smarte*" Geräte direkt am Körper getragen, sogenannte *Wearables*: Pulsmesser, Herzsensoren, *Smartwatches* und so weiter. Auch vor dem Auto macht der Fortschritt keinen Halt. Internetanschluss und Surfen im Auto sind schon länger keine Seltenheit mehr. Zukünftig werden die Autos sogar autonom fahren. Rein durch Technik gesteuert. Zeitgleich werden auch die Häuser immer „*smarter*". Der Trend geht zum „*Smart Home*". Zukünftig werden sich alle wichtigen Eigenschaften wie Beleuchtung, Temperatur, Alarmanlage und vieles mehr aus der Ferne steuern und überwachen lassen. Alles um uns herum wird immer mehr digital verknüpft, aber dadurch auch immer gläserner.

Wie bei allen Entwicklungen gibt es immer Chancen und Risiken. Sie, als Verantwortlicher in einer Firma oder Behörde, müssen diese technischen Strömungen genau im Blick behalten und permanent beurteilen, welche Technologien Ihr Geschäft beeinflussen könnten. Im positiven wie im negativen Sinne. Verstehen Sie, wie Ihre Mitarbeiter und Kunden diese neuen Möglichkeiten einsetzen und wägen Sie ab, ob daraus ein *Business-Mehrwert* entstehen kann, oder ob eine Gefahr besteht. Ziehen Sie daraus die entsprechenden Schlüsse und passen Sie Ihre IT-Strategie entsprechend an. Sorgen Sie dafür, dass Chancen genutzt und Risiken vermieden werden. Sichern Sie sich dazu vertraglich und technisch in jedem Fall entsprechend ab. Entwickeln Sie schon heute ein möglichst klares Bild vom

© Springer Fachmedien Wiesbaden 2015

A. Kohne, S. Ringleb, C. Yücel, *Bring your own Device*, DOI 10.1007/978-3-658-03717-8_11

Arbeitsplatz der Zukunft: Wie sieht der aus? Welche Geräte werden eingesetzt? Wie wird kommuniziert? Wo kann und wird gearbeitet werden? Wie muss Ihre IT dafür zukünftig aufgestellt sein? Welche Schritte können Sie schon heute einleiten, um für die Zukunft optimal aufgestellt zu sein?

Ganz egal, was die Zukunft noch bringen wird, stellen Sie sicher, dass Sie Ihre IT so gestalten, dass Ihre Benutzer und Ihre Kunden im Mittelpunkt stehen. Denn optimale Arbeitsbedingungen garantieren zufriedene Angestellte und dadurch letztendlich zufriedene Kunden. Wir wünschen Ihnen auf diesem Weg viel Erfolg.

Checklisten

Im folgenden Abschnitt geben wir Ihnen noch einige *Checklisten* an die Hand, die Sie entweder direkt als Kopiervorlage oder aber als Anregung für Ihre eigenen Listen nehmen können. Nutzen Sie die Listen, um Ihr *BYOD-Projekt* optimal vorzubereiten und durchzuführen. Wir haben versucht, zu möglichst vielen Themenbereichen Checklisten zu erstellen und hoffen, dass sie Ihnen eine Hilfe sind.

12.1 Stakeholder

In dieser *Checkliste* (vgl. Tab. 12.1) sind alle wichtigen *Stakeholder* zusammengetragen, die Sie für Ihr *BYOD-Projekt* benötigen. Denken Sie daran, dass Sie alle *Stakeholder* von Anfang an mit in das Projekt involvieren und für jede wichtige Person im Projekt ein Vertreter zu benennen ist.

Tab. 12.1 *Checkliste* für die *Stakeholder*

Stakeholder	Name	Vertreter	Involviert (J/N)
IT-Abteilung			
Rechtsabteilung			
Personalabteilung			
Finanzabteilung			
Marketingabteilung			
Management			
Betriebsrat			
Anwender			

© Springer Fachmedien Wiesbaden 2015   217
A. Kohne, S. Ringleb, C. Yücel, *Bring your own Device*, DOI 10.1007/978-3-658-03717-8_12

12.2   SWOT-Analyse

Diese *Checkliste* (vgl. Tab. 12.2) kann als Grundlage für eine *SWOT-Analyse* genutzt werden, in der Sie herausarbeiten können, ob *BYOD* zu Ihrem Unternehmen passt und was Sie alles beachten müssen.

Tab. 12.2   Vorlage für eine *SWOT-Analyse*

SWOT Analyse	Strengths (Stärken)	Weaknesses (Schwächen)
Opportunities (Chancen)		
Threats (Risiken)		

12.3 BYOD-Policy

In dieser *Checkliste* (vgl. Tab. 12.3) können Sie festhalten, welche *Policies* Sie schon erstellt haben und in welcher Art und Weise Sie sie Ihren Angestellten bekannt gemacht haben. Diese Liste sollte stets aktuell gehalten werden.

Tab. 12.3 *Checkliste* für die *BYOD-Policies*

Policy	Verantwortlich	Status	Version	Wo abgelegt?	Wie und wo veröffentlicht?
BYOD-Policy					
Berechtigungs-regeln					
Regeln zur Privatsphäre					
Finanzierungs-regeln					
Betriebsregeln					
BYOD-Vertrag					
Acceptable Use Policy					
Security Policy					
EMM-Strategie					
Social Media Policy					

12.4 Kommunikationsstrategie

In dieser *Checkliste* (vgl. Tab. 12.4) können Sie die einzelnen Schritte der internen Kommunikation nachverfolgen. Halten Sie hier fest, wer wann was und in welcher Form zum Fortschritt des *BYOD-Projekts* bekanntgegeben hat.

Tab. 12.4 *Checkliste* für die *Kommunikationsstrategie*

Kommuni-kation	Inhalt	Zielgruppe	Verant-wortlich	Datum	Wo abgelegt?	Wie und wo veröffent-licht?
1.						
2.						
3.						
4.						
5.						
6.						
7.						
8.						
9.						
10.						

12.5 Geräte-Lifecycle

In dieser *Checkliste* (vgl. Tab. 12.5) können Sie festhalten, wer in der IT für welchen Abschnitt im *Geräte-Lifecycle* verantwortlich ist. Halten Sie hier ebenfalls die Vertreter und die einzelnen Schritte fest. Diese *Checkliste* kann dann an die entsprechenden IT-Mitarbeiter ausgegeben werden. Halten Sie diese Liste bitte stets aktuell.

Tab. 12.5 *Checkliste* für den *Smartphone- und Tablet-Lifecycle*

Lifecycle-Phase	Verantwortlich	Vertretung	To Do
Rollout			
Registrierung			
Konfiguration			
Installation			
Absicherung			
Update			
Patch			
Außerbetriebnahme			

12.6   Pro und Contra BYOD

In dieser Checkliste (vgl. Tab. 12.6) können Sie alle Pro- und Contra-Argumente zum Thema *BYOD* in Ihrem Unternehmen, die während der Planung aufkommen, festhalten.

Tab. 12.6 Pro- und Contra-Liste für die Einführung von *BYOD*

BYOD-Aspekt	Pro	Contra
Rechtliche Aspekte		
IT-Aspekte		
Finanzielle Aspekte		
Soziale Aspekte		
Unternehmenspolitische Aspekte		
Sonstige Aspekte		

12.7 Mobile Endgeräte Ist-Situation

In der folgenden Checkliste (vgl. Tab. 12.7) können Sie alle zur Zeit in Ihrem Unternehmen eingesetzten mobilen Endgeräte sammeln. Dies stellt dann die Ausgangssituation dar. Von hier kann dann überlegt werden, welche Geräte zukünftig weiter unterstützt werden sollen und welche Vertragsarten in Frage kommen.

Tab. 12.7 Liste der aktiven Endgeräte

Nr.	Hersteller	Modell	Betriebssystem-version	Vertragsart
1.				
2.				
3.				
4.				
5.				
6.				
7.				
8.				
9.				
10.				

12.8 Mobile Endgeräte Soll-Situation

In der folgenden Checklsite (vgl. Tab. 12.8) können Sie festhalten, welche mobilen Endgeräte Sie mit welchen Betriebssystemständen zukünftig unterstützen wollen. Achten Sie hierbei darauf, dass Sie eine Begründung finden, die Sie gleichzeitig auf Ihren Mitarbeitern kommunizieren sollten. Achten Sie weiterhin darauf, dass Sie die Liste stets aktuell halten, da ständig neue Endgeräte auf den Mark kommen und sich die mobilen Betriebssysteme permanant erneuern.

Tab. 12.8 Liste der zukünftigen Endgeräte

Nr.	Hersteller	Modell	Betriebssystem-version	Begründung
1.				
2.				
3.				
4.				
5.				
6.				
7.				
8.				
9.				
10.				

12.9 Enterprise Mobility Management

Die folgende Checkliste (vgl. Tab. 12.9) dient als Beispiel, wie Sie *EMM-Lösungen* hinsichtlich gewünschter *EMM-Funktionen* vergleichen können. Im Beispiel werden dazu die Betriebssysteme *Android* (And), *iOS* (iOS) und *Windows Phone* (Win) berücksichtigt. Im konkreten Einzelfall kann es aber auch sinnvoll sein, z. B. *Android* weiter nach relevanten Geräteherstellern (z. B. Samsung, HTC, Sony, ...) zu differenzieren (vgl. Abschn. 4.2.1.3) oder weitere bzw. andere Betriebssysteme zu berücksichtigen (z. B. BlackBerry).

Die in der Tabelle betrachteten *EMM-Funktionen* können nach Bedarf im konkreten Einzelfall noch weiter differenziert werden, z. B. die Geräte-Inventarisierung hinsichtlich bestimmter Geräteparameter, wenn diese von Unternehmensseite her erfasst werden sollen, dies aber nicht von jeder der betrachteten *EMM-Lösungen* gewährleistet wird. Ebenso kann die Provisionierung weiter unterteilt werden, z. B. um Inkompatibilitäten einzelner *EMM-Produkte* hinsichtlich für das konkrete Unternehmen relevanter Funktionen anzuzeigen, wie z. B. die Provisionierung des VPN-Zugangs. Darüber hinaus kann die Tabelle um beliebige, weitere *EMM-Funktionen* ergänzt werden, wenn diese z. B. durch eine oder mehrere der betrachteten *EMM-Produkte* bereitgestellt werden und für das konkrete Unternehmen relevant sind bzw. sein können.

Tab. 12.9 Liste von *EMM-Funktionen* für die Auswahl einer passenden *EMM-Lösung*

EMM-Funktionen	EMM-Produkt 1			EMM-Produkt 2			EMM-Produkt 3			...
	And	iOS	Win	And	iOS	Win	And	iOS	Win	...
Geräte-Inventarisierung										
Provisionierung (E-Mail, WLAN, ...)										
Zugriffssperre (PIN, Passwort, ...)										
Dateiverschlüsselung										
Datenfernlöschung										
Container-Funktion(en)										
Content-Management										
Application-Management										
...										

Der Grad der Differenzierung und des Umfangs der Checkliste für *Enterprise Mobility Management* sollte sich nach dem Bedarf richten, der sich aus der *BYOD-Strategie* ableiten lässt. Falls private Geräte lediglich wenige Unternehmensfunktionen in Anspruch nehmen sollen, können in der Regel einige Aspekte des *Enterprise Mobility Managements* hinsichtlich eines Vergleichs entsprechender Produkte ausgespart werden. So ist z. B. *Mobile Application Management* für einen Vergleich von *EMM-Produkten* irrelevant, wenn private Geräte lediglich Zugriff auf betriebliche E-Mails, Kontakte und Kalender über betriebssystemeigene Apps erhalten sollen.

12.10 IT-Sicherheit

Die Risiken sind in Abhängigkeit von den Unternehmensdiensten zu betrachten, die auf den einzelnen, im Rahmen der BYOD-Strategie berücksichtigten Betriebssystemen bzw. Gerätemodellen zur Verfügung stehen (sollen). Dabei können Betriebssysteme und/oder Gerätemodelle auch zu Gruppen zusammengefasst werden, wenn sich diese z. B. hinsichtlich des Umfangs und der Art der Sicherheitsfunktionen ähnlich sind. Eine solche Gruppierung bietet sich aber auch für Betriebssysteme und/oder Gerätemodelle an, für die die zu erwartende Risikolage ähnlich ist, z. B. Geräte, die im Rahmen der BYOD-Strategie nicht aktiv unterstützt werden sollen und lediglich Zugriff auf wenige und/oder weniger kritische Unternehmensdienste und Unternehmensdaten erhalten.

Die Risikoanalyse sollte die folgenden Punkte (ggf. mit Wiederholungen) umfassen (vgl. Tab. 12.10).

1. Bewertung der Relevanz einer Bedrohung für die einzelnen Betrachtungsgegenstände, also Betriebssysteme und Gerätemodelle sowie jeweils für diese zugreifbar zu machende Unternehmensdienste und Unternehmensdaten.
2. Gruppierung (nach Bedarf) der Betrachtungsgegenstände anhand ähnlicher Ausprägungen relevanter Merkmalen (z. B. Umfang und Art von Sicherheitsfunktionen und/oder Umfang und Art des Zugriffs auf Unternehmensdienste und Unternehmensdaten).
3. Bewertung des Risikos hinsichtlich der Bedrohungen für die einzelnen (gruppierten) Betrachtungsgegenstände unter Berücksichtigung der eingesetzten bzw. einzusetzenden Sicherheitsmaßnahmen (vgl. Abschn. 4.8.1. Die Risikobewertung für einen gruppierten Betrachtungsgegenstand sollte sich dabei stets an dem maximalen Risiko der einzelnen Gruppenmitglieder orientieren.
4. Entscheidung über den Bedarf für weitere Maßnahmen zur Risikobehandlung (Risikominderung, Risikoübertragung, Risikovermeidung) oder Risikoakzeptanz.

Tab. 12.10 Liste von Bedrohungen für mobile Endgeräte (vgl. Abschn. 4.8.2) für die Risikobewertung

Bedrohungen	OS/Modell 1	Gruppe A	OS/Modell 2	…
Verlust von Geräten (Daten)				
Unberechtigter Zugriff				
Öffentliche *WLAN-Netze*				
Mobilfunknetze (*GSM, UMTS, …*)				
Applikationen (*Apps*)				
Datensicherung und *Cloud*				
Schadsoftware				
Phishing und *Pharming*				
…				

12.11 Mobiler Servicezugriff

In dieser *Checkliste* (vgl. Tab. 12.11) können Sie festhalten, welche internen *IT-Services* Sie zukünftig für mobile Endgeräte freischalten wollen. Beachten Sie über welche Wege der Zugriff stattfinden soll und wie er abgesichert wird.

Tab. 12.11 Liste der internen Services, die mobil erreichbar sein sollen

Nr.	Service	Version	Zugriffsart	Berechtigung
1.				
2.				
3.				
4.				
5.				
6.				
7.				
8.				
9.				
10.				

12.12 BYOD-Kosten

In dieser Checkliste (vgl. Tab. 12.12) können Sie die gesamten Kosten für ein *BYOD-Projekt* festhalten. Dieser Überblick erleichtert es Ihnen die einzelnen Kostenpunkte im Auge zu behalten und erlaubt einen Vergleich mit den jetzigen Kosten.

Tab. 12.12 Auflistung der *BYOD-Kosten*

Kostenart	Kosten
Personalkosten	
Sachkosten	
App-Kosten	
Helpdesk-Kosten	
Versteckte Backend-Kosten	
Bezuschussungen	
EMM-Lizenz-Kosten	
Summe	

Literatur

1. Richard Absalom. International Data Privacy Legislation Review: A Guide for BYOD Policies. Zugriff am 01. April 2015 http://www.webtorials.com/main/resource/papers/mobileiron/paper5/Guide_for_BYOD_Policies.pdf, 2012.

2. Open Handset Alliance. Open Handset Alliance. Zugriff am 01. April 2015 from http://www.openhandsetalliance.com/oha_overview.html.

3. Strategy Analytics. Android shipped 1 billion smartphones worldwide in 2014. Zugriff am 01. April 2015 von http://blogs.strategyanalytics.com/WSS/post/2015/01/29/Android-Shipped-1-Billion-Smartphones-Worldwide-in-2014.aspx, 2015.

4. Android. Android developers dashboards (platform versions). Zugriff am 01. April 2015 von https://developer.android.com/about/dashboards/index.html#Platform, 2015.

5. Android. Android for work. Zugriff am 01. April 2015 von https://www.android.com/work/, 2015.

6. IEEE Standards Association. Ieee 802.11: Wireless lans. Zugriff am 01. April 2015 von http://standards.ieee.org/about/get/802/802.11.html, 2015.

7. Bitkom. Arbeit 3.0. Arbeiten in der digitalen Welt. 2013.

8. Bitkom. Digitale Angriffe auf jedes zweite Unternehmen. Zugriff am 01. April 2015 from http://www.bitkom.org/de/presse/8477_82074.aspx, 2015.

9. Telekommunikation und neue Medien e. V. BITKOM, Bundesverband Informationswirtschaft. Bring Your Own Device. Zugriff am 01. April 2015 http://www.bitkom.org/files/documents/20130404_LF_BYOD_2013_v2.pdf, 2013.

10. Elisabeth Bittner and Walter Gregorc. *Abenteuer Projektmanagement: Projekte, Herausforderungen und Lessons Learned.* John Wiley & Sons, 2010.

11. Blackberry. Blackberry OS 10 Architecture. Zugriff am 01. April 2015 from http://developer.blackberry.com/native/documentation/core/com.qnx.doc.neutrino.sys_arch/topic/about.html.

12. Dionysus Blazakis. The Apple Sandbox. *Arlington, VA, January*, 2011.

13. BSI. IT-Grundschutz-Kataloge. Zugriff am 01. April 2015 from https://www.bsi.bund.de/DE/Themen/ITGrundschutz/ITGrundschutzKataloge/itgrundschutzkataloge_node.html, 2015.

14. Cisco. BYOD and Virtualization. Zugriff am 01. April 2015 https://www.cisco.com/web/about/ac79/docs/BYOD.pdf, 2012.

15. Anthony M. Cresswell. Return on Investment In Information Technology: A Guide for Managers. *Center for Technology in Government, University at Albany, SUNY*, 2004.

© Springer Fachmedien Wiesbaden 2015 231

A. Kohne, S. Ringleb, C. Yücel, *Bring your own Device*, DOI 10.1007/978-3-658-03717-8

16. Nina Diercks. Gut zu Wissen: Wem gehören eigentlich xing-Kontakte und Social Media accounts? – oder: Der herausgabeanspruch des arbeitgebers. 2013.

17. Claudia Eckert. *IT-Sicherheit – Konzepte, Verfahren, Protokolle (6. Aufl.)*. Oldenbourg, 2009.

18. Jens Eckhardt. Rechtliche Grundlagen der IT-Sicherheit. *Datenschutz und Datensicherheit-DuD*, 32(5):330–336, 2008.

19. Scott R. Fluhrer, Itsik Mantin, and Adi Shamir. Weaknesses in the key scheduling algorithm of rc4. In *Revised Papers from the 8th Annual International Workshop on Selected Areas in Cryptography*, SAC '01, pages 1–24, London, UK, UK, 2001. Springer-Verlag.

20. Fortinet. Fortinet Internet Security Census 2012. Zugriff am 01. April 2015 http://www.fortinet.com/press_releases/120619.html, 2012.

21. Bundesamt für Sicherheit in der Informationstechnik. Technische Richtlinie sicheres Wlan. Zugriff am 01. April 2015 von https://www.bsi.bund.de/SharedDocs/Downloads/DE/BSI/Publikationen/TechnischeRichtlinien/TR03103/TRS_WLAN_Praesentation_pdf.pdf?__blob=publicationFile, 2005.

22. Bundesamt für Sicherheit in der Informationstechnik. TR sicheres Wlan – Teil 2 – Vorgaben eines Wlan Sicherheitskonzepts. Zugriff am 01. April 2015 von https://www.bsi.bund.de/SharedDocs/Downloads/DE/BSI/Publikationen/TechnischeRichtlinien/TR03103/Teil2_TRS-WLAN_pdf.pdf?__blob=publicationFile, 2005.

23. Bundesamt für Sicherheit in der Informationstechnik. TR sicheres Wlan – Teil 3a – Auswahlkriterien für Wlan-Systeme. Zugriff am 01. April 2015 von https://www.bsi.bund.de/SharedDocs/Downloads/DE/BSI/Publikationen/TechnischeRichtlinien/TR03103/Teil3a_TRS-WLAN_pdf.pdf?__blob=publicationFile, 2005.

24. Bundesamt für Sicherheit in der Informationstechnik. TR sicheres Wlan – Teil 3b – Prüfkriterien für Wlan-Systeme. Zugriff am 01. April 2015 von https://www.bsi.bund.de/SharedDocs/Downloads/DE/BSI/Publikationen/TechnischeRichtlinien/TR03103/Teil3b_TRS-WLAN_pdf.pdf?__blob=publicationFile, 2005.

25. Bundesamt für Sicherheit in der Informationstechnik. Mobile Endgeräte und mobile Applikationen. Zugriff am 01. April 2015 von https://www.bsi.bund.de/SharedDocs/Downloads/DE/BSI/Publikationen/Broschueren/Mobile_Endgeraete_pdf.pdf?__blob=publicationFile, 2006.

26. Bundesamt für Sicherheit in der Informationstechnik. Öffentliche Mobilfunknetze und ihre Sicherheitsaspekte. Zugriff am 01. April 2015 von https://www.bsi.bund.de/cae/servlet/contentblob/487520/publicationFile/30774/oefmobil_pdf.pdf, 2006.

27. Bundesamt für Sicherheit in der Informationstechnik. Drahtlose Kommunikationssysteme und ihre Sicherheitsaspekte. Zugriff am 01. April 2015 von https://www.bsi.bund.de/SharedDocs/Downloads/DE/BSI/Publikationen/Broschueren/Drahtlose-Komsysteme_pdf.pdf?__blob=publicationFile, 2009.

28. Bundesamt für Sicherheit in der Informationstechnik. Sichere Nutzung von Wlan (isi-l). Zugriff am 01. April 2015 von https://www.bsi.bund.de/SharedDocs/Downloads/DE/BSI/Internetsicherheit/isi_wlan_leitlinie_pdf.pdf?__blob=publicationFile, 2009.

29. Bundesamt für Sicherheit in der Informationstechnik. Überblickspapier Netzzugangskontrolle. Zugriff am 1. April 2015 from https://www.bsi.bund.de/SharedDocs/Downloads/DE/BSI/Grundschutz/Download/Ueberblickspapier_Netzzugangskontrolle.pdf?__blob=publicationFile, 2011.

30. Bundesamt für Sicherheit in der Informationstechnik. Überblickspapier Smartphone. Zugriff am 01. April 2015 from https://www.bsi.bund.de/SharedDocs/Downloads/DE/BSI/Grundschutz/Download/Ueberblickspapier_Smartphone_pdf.pdf?__blob=publicationFile, 2011.

31. Bundesamt für Sicherheit in der Informationstechnik. Überblickspapier Apple iOS. Zugriff am 01. April 2015 from https://www.bsi.bund.de/SharedDocs/Downloads/DE/BSI/Grundschutz/Download/Ueberblickspapier_Apple_iOS_pdf.pdf?__blob=publicationFile, 2013.

32. Bundesamt für Sicherheit in der Informationstechnik. Überblickspapier Consumerisation und BYOD. Zugriff am 01. April 2015 from https://www.bsi.bund.de/SharedDocs/Downloads/DE/BSI/Grundschutz/Download/Ueberblickspapier_BYOD_pdf.pdf?__blob=publicationFile, 2013.

33. Bundesamt für Sicherheit in der Informationstechnik. Überblickspapier Android. Zugriff am 01. April 2015 from https://www.bsi.bund.de/SharedDocs/Downloads/DE/BSI/Grundschutz/Download/Ueberblickspapier_Android_pdf.pdf?__blob=publicationFile, 2014.

34. Bundesamt für Sicherheit in der Informationstechnik. Kryptographische Verfahren: Empfehlungen und Schlüssellängen. Zugriff am 01. April 2015 von https://www.bsi.bund.de/SharedDocs/Downloads/DE/BSI/Publikationen/TechnischeRichtlinien/TR02102/BSI-TR-02102_pdf.pdf?__blob=publicationFile, 2015.

35. Bundesamt für Sicherheit in der Informationstechnik. Verwendung von Internet Protocol Security (IPSEC) und Internet Key exchange (ikev2). Zugriff am 01. April 2015 von https://www.bsi.bund.de/SharedDocs/Downloads/DE/BSI/Publikationen/TechnischeRichtlinien/TR02102/BSI-TR-02102-3_pdf.pdf?__blob=publicationFile, 2015.

36. Bundesamt für Sicherheit in der Informationstechnik. Verwendung von Transport Layer Security (TLS). Zugriff am 01. April 2015 von https://www.bsi.bund.de/SharedDocs/Downloads/DE/BSI/Publikationen/TechnischeRichtlinien/TR02102/BSI-TR-02102-2_pdf.pdf?__blob=publicationFile, 2015.

37. Gesellschaft für Unterhaltungs-und Kommunikationselektronik. CONSUMER ELECTRONICS MARKTINDEX DEUTSCHLAND (CEMIX). Zugriff am 01. April 2015 from http://www.gfu.de/srv/easyedit/_ts_1376656042000/page:home/marktzahlen/markt/sl_1376582650052/args.link01/de_CEMIX_Q1-Q2_2013.pdf, 2013.

38. Nisarg Gandhewar and Rahila Sheikh. Google Android: An emerging software platform for mobile devices. *International Journal on Computer Science and Engineering*, 1(1):12–17, 2010.

39. Gartner. Magic quadrant for enterprise mobility management suites. Zugriff am 01. April 2015 von https://www.gartner.com/doc/2757817/magic-quadrant-enterprise-mobility-management, 2014.

40. Lünendonk GmbH. Lünendonk Trendstudie 2014. Mobile Enterprise Review. Mehr Strategie wagen. 2014.

41. Google. Android for work. Zugriff am 01. April 2015 von https://www.google.com/work/android/, 2015.

42. Björn Greif. Google nimmt mit Android for work Unternehmen ins Visier. Zugriff am 01. April 2015 von http://www.zdnet.de/88220197/google-nimmt-mit-android-work-unternehmen-ins-visier/, 2015.

43. Victor Guana, Fabio Rocha, Abram Hindle, and Eleni Stroulia. Do the stars align? Multidimensional analysis of Android's layered architecture. In *Mining Software Repositories (MSR), 2012 9th IEEE Working Conference on*, pages 124–127. IEEE, 2012.

44. IDC. Mobile Content Management in Deutschland 2014. Zugriff am 01. April 2015 von http://idc.de/de/research/multi-client-projekte/mobile-content-management-in-deutschland-2014, 2014.

45. IDC. Western European Mobile Phone Market Shows Clear Signs of Saturation as Total Shipments Decline Again in 2014, but Smartphones Hit a Record High, says IDC. Zugriff am 01. April 2015 from http://www.idc.com/getdoc.jsp?containerId=prUK25438915, 2015.

46. Apple Inc. Developer Library. Zugriff am 01. April 2015 from http://developer.apple.com/library/ios/navigation.

47. Google Inc. Android. Zugriff am 01. April 2015 from http://www.android.com/about.

48. Google Inc. Compatibility Program. Zugriff am 01. April 2015 from http://source.android.com/compatibility/overview.html.

49. Google Inc. Developer Reference Guide. Zugriff am 01. April 2015 from http://developer.android.com/guide/components/fundamentals.html.

50. Google Inc. Programmrichtlinien für Entwickler. Zugriff am 01. April 2015 from http://play.google.com/about/developer-content-policy.html.

51. Dr. iur. Lorenz Franck. Bring your own device – Rechtliche und tatsächliche Aspekte. *RDV 2013*, 2013.

52. Florian Kalenda. Umfrage: Cios setzen lieber auf IOS als auf Android. Zugriff am 01. April 2015 von http://www.zdnet.de/88215378/umfrage-cios-setzen-lieber-auf-ios-als-auf-android/, 2015.

53. Heinrich Kersten and Gerhard Klett. *Mobile Device Management*. mitp, Heidelberg, 2012.

54. P. Köhler. *ITIL*. Springer, 2006.

55. Elektronik Kompendium. Grundlagen Mobilfunk. Zugriff am 01. April 2015 from http://www.elektronik-kompendium.de/sites/kom/0406221.htm.

56. Sarah Kramer. E-mail-Stopp im Urlaub. *Die Zeit*, 8 2014.

57. Jeff Loucks, Richard Medcalf, Lauren Buckalew, and Fabio Faria. Finanzielle Auswirkungen von BYOD, Ein Modell der Vorteile von BYOD für globale Unternehmen. Zugriff am 01. April 2015 from https://www.cisco.com/web/about/ac79/docs/re/byod/BYOD-Economics_Top-10-Insights_DE.pdf, 2013.

58. P. Mandl. *Grundkurs Betriebssysteme. Architekturen, Betriebsmittelverwaltung, Synchronisation, Prozesskommunikation*. Vieweg & Sohn Verlag, 2008.

59. Ade McCormack. DIY (Do It Yourself) IT. Zugriff am 01. April 2015 http://www8.hp.com/uk/en/pdf/Auridian_Paper3_aw_High_tcm_183_1339311.pdf, 2012.

60. Telespiegel Medien. Mobilfunk-Geschichte. Zugriff am 01. April 2015 from http://www.mobilfunk-geschichte.de/.

61. Microsoft. Unencapsulated ms-chap v2 authentication could allow information disclosure. Zugriff am 01. April 2015 von https://technet.microsoft.com/library/security/2743314, 2012.

62. Microsoft. Microsoft by Numbers. Zugriff am 01. April 2015 from www.microsoft.com/en-us/news/bythenumbers/index.html, 2014.

63. Microsoft. Windows Phone Features. Zugriff am 01. April 2015 from http://www.windowsphone.com/de-DE/features#start, 2014.

64. Ben Morris. *The Symbian Architecture Sourcebook*. Wiley, 2007.

65. David Moschella, Doug Neal, Piet Opperman, and John Taylor. The "Consumerization" of Information Technology, Position Paper. *CSC Position Paper*, 2004.

66. Spiegel Online. UMTS-Verschlüsselung umgangen: Hacker entdecken Sicherheitslücke im Mobilfunknetz. Zugriff am 01. April 2015 von http://www.spiegel.de/netzwelt/netzpolitik/mobilfunknetz-umts-hacker-entdecken-sicherheitsluecke-in-protokoll-ss7-a-1009413.html, 2014.

67. Barbara Pangert. Die Auswirkungen arbeitsbezogener erweiterter Erreichbarkeit auf Life-Domain-Balance und Gesundheit. 2013.

68. Waldemar Pelz. *Strategisches und operatives Marketing in Übersichtsdarstellungen: ein Leitfaden für die Erstellung eines professionellen Marketing-Plans*. BoD–Books on Demand, 2004.

69. PD Dr Key Pousttchi and Dipl-Kfm Frank Becker. Gestaltung Mobil-integrierter Geschäftsprozesse. *HMD Praxis der Wirtschaftsinformatik*, 49(4):15–22, 2012.

70. Martin Sauter. *Grundkurs Mobile Kommunikationssysteme: UMTS, HSPA und LTE, GSM, GPRS, Wireless LAN und Bluetooth*. Springer-Verlag, 2013.

71. Markus Schlichting. Die Android Plattform: Aktueller Stand und Ausblick. *Hochschule der Medien Stuttgart, August*, 2008.

72. A. Schmoll-Trautmann and C. Schartel. Das BlackBerry Z10 mit BlackBerry 10 im ausführlichen Test. Zugriff am 01. April 2015 from http://www.cnet.de/88105625/blackberry-z10-mit-blackberry_10_im-test/.

73. D. Schraeder and J. Hanlon. Android-Grundlagen: Bedienung, Funktionen, Widgets & Apps. Zugriff am 01. April 2015 from http://www.cnet.de/41535396/android-grundlagen-bedienung-funktionen-widgets-apps/, 2010.

74. Jim Smith and Ravi Nair. *Virtual machines: versatile platforms for systems and processes*. Elsevier, 2005.

75. Absolute Software. 2013 Germany mobile enterprise risk survey. Zugriff am 01. April 2015 von http://www.absolute.com/en/resources/research/mobile-enterprise-risk-germany, 2013.

76. Carnegie Mellon University Software Engineering Institute. Octave (operationally critical threat, asset, and vulnerability evaluation). Zugriff am 01. April 2015 von http://www.cert.org/resilience/products-services/octave/index.cfm, 2001.

77. Carnegie Mellon University Software Engineering Institute. BSI-Standard 100-3 – Risikoanalyse auf der Basis von IT-Grundschutz. Zugriff am 01. April 2015 von https://www.bsi.bund.de/SharedDocs/Downloads/DE/BSI/Publikationen/ITGrundschutzstandards/standard_1003_pdf.pdf?__blob=publicationFile, 2008.

78. Michael Spreitzenbarth, Felix Freiling, Florian Echtler, Thomas Schreck, and Johannes Hoffmann. Mobile-sandbox: having a deeper look into android applications. In *Proceedings of the 28th Annual ACM Symposium on Applied Computing*, pages 1808–1815. ACM, 2013.

79. Statista. Anzahl der angebotenen Apps in den top App-Stores im jahr 2014. Zugriff am 01. April 2015 von http://de.statista.com/statistik/daten/studie/208599/umfrage/anzahl-der-apps-in-den-top-app-stores/, 2015.

80. Hannes Strobel. Auswirkungen von ständiger Erreichbarkeit und Präventionsmöglichkeiten. Teil 1: Überblick über den Stand der Wissenschaft und Empfehlungen für einen guten Umgang in der Praxis. *iga.report*, 23, 2013.

81. Jürg Stuker. Mobile Strategie. Zugriff am 01. April 2015 http://blog.namics.com/files/2014/03/eGovernment-Forum_Mobile-Strategie_5Mar2014_v1.pdf, 2014.

82. A.S. Tanenbaum. *Moderne Betriebssysteme*. Pearson Studium, 3 edition, 2009.

83. David Tilson, Carsten Sorensen, and Kalle Lyytinen. Change and control paradoxes in mobile infrastructure innovation: the Android and iOS mobile operating systems cases. In *System Science (HICSS), 2012 45th Hawaii International Conference on*, pages 1324–1333. IEEE, 2012.

84. Henk CA Van Tilborg and Sushil Jajodia. *Encyclopedia of cryptography and security*. Springer, 2011.

85. Techrepublic Will Kelly. 10 considerations for BYOD cost/benefit analysis. Zugriff am 01. April 2015 from http://www.techrepublic.com/blog/10-things/10-considerations-for-byod-cost-benefit-analysis/, 2013.

86. Jürgen Witt and Thomas Witt. *Der kontinuierliche Verbesserungsprozess:(KVP); Konzept-System-Maßnahmen; mit Tabellen*. Sauer, 2001.

Sachverzeichnis